Littérature

Terminale L

Œdipe Roi, Sophocle/Pasolini
Les Faux-Monnayeurs,
Journal des Faux-Monnayeurs,
André Gide

Myriam Canolle-Cournarie
Stéphanie d'Espiès

ellipses

ISBN 9782340-013506

32, rue Bargue 75740 Paris cedex 15

www.editions-ellipses.fr

Introduction générale

Les objets d'étude

Objets d'étude 1 : « Littérature et langages de l'image »

L'œuvre au programme :

- ***Œdipe Roi,* la pièce de théâtre** de Sophocle (Ve siècle avant J.-C.).
- ***Œdipe Roi* , le film** (du même titre *Edipo Re*) de Pier Paolo Pasolini (1967).

Pour l'*Œdipe Roi* de Sophocle, l'édition est au choix du professeur : celle que nous proposons et à laquelle nous nous référons est l'édition Folio, la traduction de Paul Mazon étant excellente : elle est fidèle au texte grec tout en étant très accessible à un public contemporain. Il est conseillé de se procurer le film seul ou à plusieurs.

Objets d'étude 2 : « Lire, écrire, publier »

Il vous faudra toujours concevoir l'œuvre en fonction de ces trois directions :

- ***Lire*** représente l'analyse de l'œuvre en tant que telle
- ***Écrire*** *s'*intéresse au travail de l'écrivain (genèse, temps et difficultés de rédaction, style, texte annexe évoquant le travail de l'écrivain : *Le Journal des Faux-Monnayeurs).*
- ***Publier*** concerne le résultat d'une « tension » (BO) entre le journal de bord d'une création littéraire et son aboutissement : la publication du roman *Les Faux-Monnayeurs.*

L'œuvre au programme :

Les Faux-Monnayeurs et ***Le Journal des Faux-Monnayeurs*** d'André Gide.

Pour *Les Faux-Monnayeurs*, nous avons choisi l'Édition Folio et *Le Journal des Faux-Monnayeurs* n'existe qu'en *Imaginaire Gallimard.*

Présentation générale de l'épreuve

L'épreuve consiste à répondre à deux questions sous forme de dissertations ; une question est notée sur 8 points et l'autre sur 12 points. Le cœfficient de cette épreuve, qui dure deux heures, est de 4. Il est plus judicieux de commencer par la question à 12 points qui rapporte évidemment plus de points.

I L'enjeu des deux sujets

- **La question à 8 points**

  La question à 8 points porte sur un aspect ou sur un motif de l'œuvre, dont vous devez montrer l'importance et le rôle. Le terme « motif » renvoie à un objet symbolique ou un événement signifiant. Ce motif, qu'il soit récurrent ou singulier, est essentiel ; en effet il parcourt l'œuvre et fait partie de ses fils conducteurs :

  > dans *Œdipe Roi*, la peste, par exemple, n'est évoquée que dans une partie de l'œuvre (pièce et film) mais la symbolique de la souillure que ce fléau génère est omniprésente.

  > dans *Les Faux-Monnayeurs* et *Le Journal des Faux-Monnayeurs*, la fausse monnaie, par exemple, ou les lettres font partie des motifs des *Faux-Monnayeurs*...

  Cette question à 8 points peut aussi porter sur un personnage, principal ou secondaire.

- **La question à 12 points**

  La question à 12 points porte sur l'ensemble de l'œuvre ; elle en requiert donc une connaissance presque parfaite, disponible immédiatement. Plus vous aurez, au cours de l'année, envisagé de thèmes, plus ceux-ci vous apparaitront interdépendants. Nous dresserons plus tard une liste des éléments incontournables, à ne jamais oublier quelle que soit la question posée.

Ces deux questions seront à envisager selon les objets d'études :

- **Dans l'objet d'étude : « Littérature et langages de l'image »**, vous devrez traiter les questions en abordant systématiquement les deux œuvres ensemble.
- **Dans l'objet d'étude : « lire écrire, publier »,** vous devrez traiter les questions en abordant nécessairement l'œuvre et ses annexes.

Les deux dissertations sont construites sur un plan analytique qui vous permettra de montrer votre connaissance de l'œuvre et votre capacité à l'analyser. Plus vous citerez le texte, plus votre dissertation sera valorisée. Il vous faudra donc bien connaître le cours et vous entrainer en deux heures.

Comment s'entraîner de façon à pouvoir rapidement dans l'année traiter les deux questions en 2 heures ?

- **Devoirs maison et exposés**

  Pour les devoirs maison et les exposés que vous propose votre professeur, entraînez-vous d'abord en commençant par deux heures et demi puis réduisez peu à peu votre temps de rédaction jusqu'à composer impérativement vos deux dissertations en deux heures.

  N'excédez pas cinquante minutes pour la rédaction de la question à 8 points.

- **Début de l'année**

  Au début de l'année, il vous est encore difficile d'avoir une vue d'ensemble de l'œuvre, c'est pourquoi il est préférable de vous entraîner d'abord sur des questions à 8 points.

- **Premier entraînement**

  Pour votre premier entraînement, vous pouvez par exemple commencer par une question à 8 points rédigée, puis continuer en faisant le plan détaillé d'une autre question à 8 points, en 2 heures.

  Ensuite, pour votre second entrainement, traitez deux questions à 8 points, rédigées, en 2 heures.

- **Par la suite**

  Enfin, une fois que l'œuvre commence à vous être assez familière pour envisager une question à 12 points, rédigez la question à 8 points d'abord, puis proposez un plan détaillé de la question à 12 points, en 2 heures.

  Il faudra toujours procéder ainsi, en temps limité, de façon à parvenir vers le mois de décembre à traiter les deux questions (8 et 12 points), en 2 heures. Ne vous inquiétez donc pas si vous n'y arrivez pas dès le début, vous y parviendrez dans la durée.

Œdipe Roi,

Sophocle/Pasolini

Introduction au projet d'étude : « Littérature et langages de l'image »

L'analyse d'*Œdipe Roi* s'inscrit dans l'objet d'étude : « Littérature et langages de l'image ».

Ne perdez pas de vue que cet Objet d'études **est double**.

Il faut donc toujours envisager l'analyse des deux œuvres en lien l'une avec l'autre. Les sujets (que ce soit la question à 8 points ou celle à 12 points) porteront nécessairement sur les deux œuvres que l'on doit traiter conjointement et non séparément.

Le film de Pasolini est une réécriture cinématographique au XXe siècle d'une tragédie grecque du Ve siècle avant Jésus-Christ. Il s'agira de réfléchir à la manière dont Pasolini a mis en images cette tragédie et passé ainsi d'une pièce de théâtre antique, respectant les unités de temps, de lieu et de ton, à un film qui se déroule dans un espace vaste et sur une longue durée : bien que Sophocle respecte l'unité de lieu (devant le palais de Thèbes), les personnages évoquent dans leurs récits d'autres lieux, que le cinéma permettra de montrer. Pasolini prend d'ailleurs quelques libertés qui seront développées plus tard.

Le metteur en scène se sert du texte écrit par Sophocle pour traduire en images les éléments essentiels et l'atmosphère tragique qui y sont déjà présents. Gardez toujours à l'esprit ce passage du verbe à l'image.

Nous verrons par exemple comment Pasolini passe du texte théâtral à l'image en mouvement (ce qui est le sens étymologique du mot « cinématographie »).

Il faudra aussi s'interroger sur une spécificité du théâtre antique, la présence du chœur, qui peut sembler archaïque à un public contemporain et donc difficile à représenter au cinéma.

I. Des repères pour étudier l'œuvre

Méthodologie

Objectifs

- Comment travailler les œuvres ?
- Acquérir la méthodologie
- Se repérer et maîtriser les grands thèmes d'*Œdipe Roi*

Première lecture

Lisez attentivement une première fois la pièce de Sophocle en notant vos impressions et en réfléchissant à la façon dont vous la mettriez en scène.

Lectures suivantes

Lisez-la une seconde fois en réfléchissant aux thèmes proposés ci-dessous. Vous la relirez plusieurs fois dans l'année au fur et à mesure des questions traitées en classe.

En troisième étape, visionnez le film en comparant tout de suite les deux œuvres.

Lectures complémentaires

Il faudra aussi lire obligatoirement *Œdipe à Colone*. En effet le film reprend des éléments de cette pièce qui se trouve dans le folio recommandé, puisqu'il rassemble sept tragédies de Sophocle.

Structure et progression de la pièce

Dès la première lecture, vous devrez repérer la structure de l'œuvre de Sophocle (la progression de l'action) et la noter, c'est-à-dire les 4 épisodes auxquels vous donnerez un titre et les chants du Chœur correspondants : notez alors précisément, avec la pagination, les péripéties essentielles propres à chaque épisode et les personnages en présence.

Thèmes, motifs et échos

Repérez les thèmes abordés dans chaque épisode et leurs échos proches ou lointains. N'hésitez pas à placer de nombreux post-it dans votre livre en fonction des différents thèmes repérés.

Espace et temps

Sophocle respectant l'unité de temps et de lieu, la pièce se déroule devant le palais de Thèbes en une seule journée, mais d'autres lieux sont évoqués dans les récits et dialogues, ainsi que d'autres moments du passé et de l'avenir. Il vous faudra les noter.

Banque de données

Vous devez impérativement vous créer « une banque de données » disponible, quel que soit le sujet.

Deux ou trois citations par personnages et par thèmes.

« Les incontournables »

Il est également essentiel de connaître par cœur les incontournables, c'est-à-dire les thèmes qui doivent apparaître dans toutes les questions à 12 points, ainsi que des citations d'ordre général qui les illustrent. Pour éviter des recherches répétitives, notez les pages de vos citations.

Les plans et séquences du film

Il vous faudra aussi mémoriser des plans et des séquences du film, afin d'être capable de les décrire et de les analyser de mémoire. Notez les minutages afin de pouvoir facilement visionner à nouveau un passage.

Introduction

Le théâtre grec au Ve siècle

Le Ve siècle est l'apogée du théâtre et notamment de la tragédie, dont les dramaturges les plus célèbres sont Eschyle, Sophocle et Euripide. Ces tragédies étaient représentées lors des grandes Dionysies, fêtes en l'honneur du dieu du vin Dionysos, l'ivresse étant aux yeux des Grecs de l'antiquité liée à l'idée de libération. Il s'agit de se libérer pendant un temps donné des contraintes imposées par la vie en société. Vous avez sans doute étudié en classe de première la fonction cathartique de la tragédie selon *La Poétique* d'Aristote. La tragédie grecque obéit à certaines règles qui ont dicté celles de nos tragédies classiques ; elles respectaient en effet les trois unités et la bienséance, les personnages tragiques appartenaient à la noblesse ou à des familles princières, etc.

Cependant la tragédie grecque, à la différence de celle du XVIIe, obéit à une double structure, faisant alterner les passages de Chœur [qui se tient dans l`orchestre] et des dialogues d`acteurs [qui se tiennent sur la *skênê*]. L'espace même du théâtre reflète donc cette spécificité structurelle. Dans certains passages particulièrement émouvants, le Chœur dialogue avec les acteurs [il s'agit du *kommos*].

Les tragédies grecques sont toutes composées sur le même modèle :

- Il y a d'abord un Prologue qui permettait aux spectateurs [qui connaissaient tous les mythes] de savoir à quel moment de la légende la pièce débute.
- Ce Prologue est suivi de la Parodos qui est l'entrée du Chœur dans l'Orchestre.
- La pièce est alors constituée d'une série d'épisodes séparés par les chants du Chœur ou *stasima*. Ceux-ci ne font pas avancer l'action, ils la commentent et parfois le Coryphée (ou chef du Chœur) donne des conseils aux protagonistes. Le Chœur permet de créer une sorte de pause, de respiration musicale qui allège la tension tragique. En effet, à la différence de notre théâtre classique, il n'y a ni actes ni scènes, ni entracte.
- La pièce se termine par l'Exodos, qui est la sortie du Chœur.

La pièce d'*Œdipe Roi*

Elle se situe à Thèbes en Béotie et constitue un épisode essentiel du cycle thébain. Il s'inscrit dans le cycle de la famille des Labdacides, qui, comme la famille des Atrides, est une famille maudite. Cette famille descend de Cadmos, le premier roi de Thèbes. Le père d'Œdipe, Laïos, a commis une faute grave en abusant de l'hospitalité de son hôte, le roi Pélops ; d'après la légende la plus connue, il se prend de passion pour Chrysippos, le fils de Pélops, et enlève le jeune homme. Dans certaines versions de la légende, Chrysippos, honteux, se suicide. Les dieux, pour punir Laïos, le condamnent à ne pas avoir de descendance mais il transgresse cet interdit, épouse Jocaste et conçoit un enfant avec elle. C'est à partir de cette faute et de cette désobéissance que se dessine le destin tragique d'Œdipe, victime de la double faute de son père.

Cette légende est antérieure au Ve siècle [Homère y fait déjà allusion lorsqu'Ulysse se rend aux Enfers, au chant XI de l'*Odyssée*). Comme pour tous les grands mythes, les origines de celui-ci se perdent dans la nuit des temps. De nombreux auteurs se sont intéressés à cette histoire et en ont proposé différentes versions.

L'histoire d'Œdipe n'est pas seulement une légende mais prend les dimensions d'un **mythe**, c'est-à-dire une histoire appartenant à la mémoire d'un peuple et dont les événements renvoient à des comportements et des questions universels.

Ces éléments d'introduction font partie des **incontournables** puisque l'un ou plusieurs d'entre eux devront être évoqués quelle que soit la question :

- Lien entre la tragédie et le culte dionysiaque et fonction cathartique de celle-ci
- Présence et fonction du Chœur tragique
- Structure de la tragédie
- Le mythe

Résumé *analytique* de la pièce *Œdipe Roi* de Sophocle

I Prologue

La pièce d'*Œdipe Roi* se déroule à Thèbes devant le palais du roi.

Les personnages principaux autour d'Œdipe sont son épouse Jocaste, le frère de celle-ci Créon et le devin Tirésias. À ceux-ci viennent se joindre le prêtre, le Corinthien, l'ancien serviteur de la maison de Laïos, le messager à la fin. Les enfants d'Œdipe, ses deux filles Antigone et Ismène et ses deux fils Etéocle et Polynice, sont évoqués sans apparaître (sauf les deux petites filles, très brièvement à la fin).

La pièce commence au moment où le destin d'Œdipe est déjà accompli. Ce dernier règne sur Thèbes depuis de nombreuses années. C'est un roi, un époux et un père heureux.

Dans le Prologue nous apprenons que la peste s'est abattue sur Thèbes, rendant stériles les femmes et les animaux.

La peste était considérée comme une punition des dieux (Cf. le début de l'*Iliade* d'Homère, où Apollon punit Agamemnon en faisant tomber la peste sur ses armées).

Les habitants de Thèbes, par l'intermédiaire du prêtre de Zeus, viennent supplier Œdipe de leur porter secours : qu'il délivre la ville de la peste comme il l'a autrefois délivrée de la sphinge.

Œdipe, dès le Prologue, est montré comme celui qui a mérité de régner sur Thèbes par le salut qu'il lui a apporté autrefois. Il apparaît donc comme sauveur et responsable de ses sujets qui, non seulement le vénèrent, mais encore s'abandonnent à sa protection bienveillante. Œdipe va tâcher d'assumer ce rôle jusqu'au bout.

Œdipe a envoyé son beau-frère Créon à Delphes pour qu'Apollon suggère une solution. Celui-ci arrive alors, radieux, porteur d'une réponse divine sur « la nature du mal » thébain : il faut venger la mort de l'ancien roi Laïos et punir ses assassins.

La pièce prend d'emblée l'allure d'une quête qu'Œdipe se propose de conduire avec la plus grande rigueur et le plus grand dévouement.

L'ironie tragique se présente ainsi dès le début de la pièce, puisqu'Œdipe se sent, comme roi, proche de Laïos ; et à ce titre il prend à cœur la recherche du régicide.

Parodos

Le Chœur est composé de vieillards, habitants de Thèbes. Il exprime tout de suite son angoisse, sous forme de prière aux dieux [Apollon, Athéna, Artémis] il se lamente sur les malheurs de Thèbes. Il invoque ensuite d'autres dieux, dont Zeus et Bacchus, pour lutter contre Arès.

Nous reconnaissons ici la fonction du Chœur, qui est de commenter l'action sans la faire avancer. La place des dieux dans ces passages lyriques est essentielle et rappelle un élément indispensable à la tragédie, qui est la transcendance. Il ne peut pas y avoir de tragédie sans transcendance.

Premier épisode

Épisode en deux parties :

1. Œdipe s'adresse au Coryphée et invite les habitants de Thèbes à révéler tout ce qu'ils savent du coupable et à le rejeter hors de la ville, comme une souillure. Il lance alors des imprécations contre ce dernier, le condamnant à une vie misérable, « sans joie ». Il s'engage solennellement à tout faire pour le trouver, c'est pourquoi il fait venir Tirésias qui est le seul à savoir la vérité.
2. Œdipe dialogue avec Tirésias, venu de Delphes.
   L'entrevue avec le devin est un passage essentiel car il contient tous les enjeux de la pièce : Œdipe l'interroge sur l'identité du coupable recherché. Comme Tirésias refuse de répondre, il perd patience et l'accuse d'ignorance. Son irritation le pousse même à l'injurier et à le traiter de criminel et de conspirateur. Agacé à son tour, Tirésias révèle de façon voilée à Œdipe la vérité sur lui-même et les crimes qu'il a accomplis. Œdipe renvoie le devin sans avoir compris le sens de ses révélations.

   La dernière tirade de Tirésias annonce à Œdipe toute la vérité sur l'assassin de Laïos et sur son double crime (parricide et inceste) ; cependant l'anonymat des personnes évoquées ne permet pas à Œdipe de comprendre qu'il s'agit de lui et de sa famille. Il comprend seulement que Tirésias l'accuse d'avoir tué le roi de Thèbes.

   Cette scène de conflit entre deux pouvoirs (le pouvoir politique, éphémère et fragile du roi et le pouvoir spirituel et invincible des dieux représenté par Tirésias) inaugure un conflit plus profond : Œdipe lutte tout au long de la pièce pour trouver la vérité qui, sans qu'il le sache encore, dépasse la seule ville de Thèbes et le roi Laïos, pour aboutir à un bouleversement radical de son identité.

   Ce conflit met aussi l'accent sur la situation tragique des hommes qui ont l'illusion, par la présence des devins, de pouvoir accéder à la connaissance des mystères divins. Or, le manque de clarté des paroles du devin accentue l'ignorance des hommes et les induit même en erreur.

   Les paroles prononcées par Tirésias n'ont pas été comprises par Œdipe mais il les a entendues ; elles vont, malgré son déni, s'avérer peu à peu ; cette révélation progressive est le sujet de la pièce. Certaines paroles à double sens de Tirésias sont en revanche comprises du spectateur, confirmant ainsi l'ironie tragique inaugurée dans le Prologue.

De plus, les accusations d'ignorance, échangées entre les deux hommes et les allusions à la cécité (qu'elle soit réelle ou symbolique) annoncent la fin de la pièce lorsqu'Œdipe, enfin clairvoyant, s'aveugle lui-même.

Chant du Chœur

Le Chœur évoque Œdipe à mots couverts comme un criminel qui, poursuivi par Apollon et les Erynnies, tâche d'échapper aux oracles. Il met en doute les paroles du devin et refuse d'admettre la culpabilité d'un Labdacide. En effet, il rappelle à quel point la victoire d'Œdipe sur la Sphinge a révélé ses vertus.

Le Chœur, qui traditionnellement fait écho aux sentiments spontanés partagés par le public et par les hommes en général [ici les habitants de Thèbes], s'exprime entre questionnement et lamentation. Ce chant très poétique par le jeu des métaphores, des périphrases et autres figures de style, introduit un contraste bienfaisant avec la violence de l'épisode précédent. Le Chœur éprouve à la fois de l'inquiétude et de la compassion pour l'inconnu poursuivi par les dieux.

Second épisode

Deux parties :

1. Œdipe et Créon s'affrontent : Créon s'étonne auprès du Coryphée des rumeurs le concernant. Dès qu'Œdipe le voit, il lui tient des propos outrageants, l'accusant de comploter contre lui pour usurper le trône. Créon se défend alors d'avoir le moindre goût pour le pouvoir mais Œdipe, qui ne le croit pas, le menace d'exil avec violence.
   Entre les deux parties, le Chœur intervient rapidement en s'adressant à Œdipe, le suppliant de se montrer plus patient et amical envers son beau-frère.
2. Jocaste intervient et cherche à calmer le courroux des deux hommes. Œdipe ne cède pas et Créon s'en va. Le Chœur s'adresse alors à Jocaste qui vient d'entrer. Œdipe lui annonce que Créon et Tirésias l'accusent d'avoir tué Laïos. La reine met tout de suite en doute la parole des devins. Elle pense lui apporter la preuve qu'il n'a pas pu tuer Laïos puisque, alors que celui-ci était destiné à être tué par son fils, il a été tué par des brigands. De plus, Jocaste révèle à Œdipe que Laïos, pour échapper au destin, a fait abandonner leur fils sur « un mont désert ».
   L'ironie tragique est à son comble dans cet épisode : Jocaste croit apaiser Œdipe par ses révélations, alors qu'au contraire elle provoque chez lui une inquiétude qui va s'accroître tout au long de la pièce. En effet, Œdipe, inquiet, interroge Jocaste sur les circonstances de la mort de Laïos. Ses réponses augmentent son inquiétude ; le seul moyen d'apaiser cette crainte serait de rencontrer le serviteur témoin du crime. Jocaste, pleine de sollicitude pour son époux, lui demande les raisons de son tourment. Œdipe lui confie alors des éléments de son passé qu'il ne lui avait jamais révélés : son enfance princière dans le palais du roi de Corinthe, son altercation avec un Corinthien aviné le traitant d'enfant supposé, son voyage à Delphes pour faire la lumière sur ses origines. Il fait part ensuite à Jocaste de l'oracle lui prédisant qu'il devait tuer son père et épouser sa mère. Il ajoute qu'il a pris la décision de fuir loin de Corinthe pour échapper à cet oracle. C'est au cours de cette fuite qu'il rencontre un vieil homme qui lui barre la route. S'ensuivent une dispute et un échange de coups d'une telle violence qu'Œdipe finit par tuer tous ses adversaires. La ressemblance

entre les événements narrés par Jocaste et vécus par Œdipe conduit à penser qu'il est bien le régicide qu'il recherche. L'épisode s'achève sur les lamentations d'Œdipe. Seul le témoignage de l'ancien serviteur, qui a assisté à ce crime, peut dissiper ce mystère.

Dans cet épisode, Œdipe commence à s'approcher de la vérité. C'est donc une étape-clé sur le chemin de sa quête. Il croyait procéder à une enquête extérieure à lui-même et il se découvre au cœur du mystère. Jocaste, elle, semble loin de soupçonner la vérité.

Chant du Chœur

Le Chœur, en écho à ce que vient de dire Jocaste, déplore que l'on écarte les oracles « rendus à l'antique Laïos », rappelant ainsi aux spectateurs le respect dû aux oracles.

Le Chœur obéit ainsi à sa fonction traditionnelle : il est hors du tragique et condamne l'hybris.

Troisième épisode

Un vieillard venu de Corinthe (désigné par la périphrase « le Corinthien »] rencontre Jocaste et se dit porteur d'une bonne nouvelle pour Œdipe et pour elle.

C'est ce qu'Aristote appelle une péripétie ou retournement de situation : cette bonne nouvelle va au contraire s'inverser en mauvaise nouvelle et confirmer les angoisses d'Œdipe.

Il lui annonce la mort de son père Polybe, le roi de Corinthe, et, par conséquent, l'accès d'Œdipe au trône corinthien. Œdipe se dit rassuré puisque la mort de Polybe confirme à ses yeux la fausseté de la prédiction delphique, mais il avoue craindre encore la réalisation de la seconde partie de la prophétie, à savoir, l'inceste maternel. Le Corinthien, soucieux de le rassurer, lui révèle que Polybe et Mérope ne sont pas ses parents mais qu'ils l'ont adopté ; il lui explique que c'est un berger de la maison de Laïos qui lui a donné l'enfant, alors qu'il devait l'exposer sur le mont Cithéron. Cette révélation terrasse Jocaste qui, avant de s'en aller, cherche à préserver Œdipe en lui demandant, sans lui expliquer pourquoi, d'interrompre sa quête. Elle prononce alors des paroles tragiques, soulignant l'intensité du malheur qui s'abat sur Œdipe. Ce dernier ne comprend pas les conseils de Jocaste qui, pense-t-il, a honte des origines éventuellement modestes de son époux. Il est obsédé par sa quête de la vérité, à laquelle se mêle désormais celle de ses origines et de son identité.

Le spectateur est déchiré entre la lucidité de Jocaste et l'aveuglement d'Œdipe. Il mesure l'injustice de l'hostilité du roi envers Jocaste, qui fait preuve de noblesse, de générosité et de dignité, à la hauteur de son rang.

Il ressent alors « terreur et pitié », ce qui est conforme à la fonction de la tragédie selon Aristote dans *La Poétique*.

Chant du Chœur

Le Chœur danse et entonne un chant à la louange du Cithéron afin de distraire Œdipe de son angoisse.

Quatrième épisode

La rencontre avec le serviteur tant attendu par Œdipe occupe ce dernier épisode. Le Coryphée et le Corinthien reconnaissent aussitôt ce vieillard : celui-ci répond d'abord aux questions concernant ses anciennes fonctions de gardien de troupeaux sur le mont Cithéron. Il hésite toutefois à reconnaitre le Corinthien et refuse de parler à propos de l'enfant qu'il lui a confié, des années auparavant. Œdipe le menace de violence et peu à peu, le serviteur finit par admettre les éléments suivants :

- il a bien remis un enfant au Corinthien contre l'ordre de Laïos, par pitié pour le bébé ;
- cet enfant était thébain, fils de Laïos et de Jocaste ;
- il devait être tué pour éviter l'accomplissement de l'oracle, qui faisait de lui le meurtrier de ses parents.

Œdipe a maintenant tous les éléments pour comprendre ses origines et les forfaits qu'il a accomplis malgré lui. Il prononce alors un adieu au soleil, comme le font traditionnellement les personnages tragiques avant de se donner la mort. Œdipe en effet, meurt à lui-même ; il dit adieu au personnage qu'il était ou qu'il croyait être.

Chant du Chœur

Le Chœur se lamente sur la souffrance des hommes, dont Œdipe est l'exemple le plus frappant. Il souligne en effet le contraste inouï entre la hauteur humaine, sociale et morale à laquelle Œdipe était parvenu et l'ampleur de sa chute. Celui-ci devient ainsi l'archétype de l'homme malheureux. Le Chœur se lamente surtout sur l'inceste commis et ses conséquences. Il compatit au point de trouver insupportable ce qui arrive à Œdipe.

Lévi-Strauss analyse la présence de l'inceste comme une absence de civilisation. A contrario, dès qu'il y a civilisation, l'inceste devient proscrit.

Exodos

Comme on ne peut pas représenter sur la scène des actions violentes ou la mort d'un personnage, le récit de la mort de Jocaste et de l'aveuglement d'Œdipe est fait par un messager. Ici, c'est un esclave, venant d'assister au drame qui vient de se dérouler à l'intérieur du palais. Il fait son récit au présent de narration et crée ainsi, par une description très réaliste d'actions très violentes ou sanglantes, une hypotypose pour le Chœur et les spectateurs. Nous apprenons que Jocaste s'est pendue et qu'Œdipe s'est crevé les yeux avec les agrafes qu'il vient de détacher des vêtements de son épouse. Œdipe apparaît la face sanglante.

S'instaure alors un dialogue entre Œdipe et le Coryphée, comme il arrive souvent lorsque les personnages sont au comble de l'émotion. On appelle cela un mélodrame ou kommos. Œdipe se lamente sur lui-même et aurait préféré mourir plutôt que de vivre ce qu'il a vécu. Au Coryphée qui lui reproche de s'être aveuglé au lieu de se tuer, il justifie son acte de la façon suivante :

- il aurait eu honte de croiser le regard de ses parents dans les Enfers et celui des autres sur terre, surtout celui de ses enfants ;
- il veut empêcher la souillure de s'échapper de ses yeux ;

- il a accompli aussi un acte symbolique de fermeture au monde ;
- il se retire ainsi du monde.

Créon entre alors et Œdipe lui livre ses dernières volontés. Il lui confie ses quatre enfants et notamment ses filles, sur lesquelles il pleure car elles sont désormais vouées à la solitude.

Œdipe sorti, c'est le Coryphée qui conclut la pièce par une réflexion sur le bonheur et le malheur.

Résumé *analytique* du film *Œdipe Roi*

Voici, ici, le résumé analytique du film *Œdipe Roi* de Pasolini en comparaison avec la pièce de Sophocle : ressemblances et différences entre les deux œuvres.

Le film comporte trois grandes parties : le récit du mythe est enchâssé entre un Prologue et un Épilogue qui se situent au XXe siècle.

1re séquence après générique

Cette séquence, ou Prologue, a lieu en été en Italie, (en basse Lombardie) dans les années 20, période qui correspond à celle de l'enfance de Pasolini. « L'enfant du Prologue, c'est moi, son père est mon père, l'officier d'infanterie, et sa mère, une institutrice, est ma mère. Je raconte ma vie, mythifiée, naturellement, rendue épique par la légende d'Œdipe. Mais, comme c'est le plus autobiographique de mes films, Œdipe est celui que je considère avec le plus d'objectivité et de détachement...! », confie Pasolini lors d'un entretien avec Jean Narboni pour les *Cahiers du cinéma*. Cependant, nous voyons une borne sur laquelle est gravé le nom de la ville de TEBE. Le nom de la ville grecque volontairement écrit en italien montre le parti-pris d'universalisme de Pasolini. De plus, les lieux de tournage choisis par le metteur en scène sont l'Italie et le Maroc, et non pas la Grèce.

On assiste par une fenêtre de maison à la naissance d'un bébé. Puis on voit un pique-nique sur l'herbe : le bébé est posé sur une couverture et semble abandonné, ce qui pourrait annoncer l'un des thèmes essentiels de l'œuvre ; sa mère et d'autres jeunes femmes jouent au loin. On retrouvera plus tard cette scène de la mère, qui semble insouciante et joue avec ses amies. Puis elle prend son bébé, le berce, le nourrit, semble heureuse mais son visage se rembrunit, comme si elle éprouvait une angoisse ; elle se penche à nouveau vers son bébé puis le repose à terre. Elle regarde le ciel, les arbres, la nature de façon circulaire. Le point de vue adopté est alors tour à tour celui de la mère et de l'enfant.

2e séquence

La mère promène l'enfant dans un landau ; il a grandi ; elle croise alors un militaire qui regarde l'enfant d'un air sombre. Ce dernier, apeuré, met sa main devant ses yeux, geste qu'il reproduira souvent plus tard. Cette première partie du film est muette, les pensées des personnages apparaissent sur des intertitres ou cartons. Ainsi lisons-nous ce que le militaire pense : « Tu es né pour prendre ma place dans ce monde, me rejeter dans le néant et me voler ce qui m'appartient. C'est elle, que tu me voleras en premier, elle, la femme que j'aime. D'ailleurs tu me voles déjà son amour. » Le spectateur comprend qu'il s'agit des sentiments de jalousie du père à l'égard de l'enfant et donc d'une lecture freudienne du mythe. Pasolini insiste sur l'enfance d'Œdipe, rapidement évoquée dans Sophocle.

3e séquence

C'est le soir, le militaire se fait très pressant envers la mère, dont il est manifestement très épris. Les parents laissent l'enfant seul, endormi et sortent. Mais le petit garçon se réveille, se lève et voit sa mère danser langoureusement avec le soldat. Un feu d'artifice explose à ce moment-là, ce qui effraie l'enfant. Ce dernier semble seul et apeuré. Dans la scène suivante, la mère et le militaire se retrouvent dans leur chambre sur le lit. Les plans alternent entre les parents, amoureux l'un de l'autre, et l'enfant, seul, éveillé dans son lit, ce qui souligne la séparation entre les parents et l'enfant. Dans la nuit, le militaire prend les pieds de l'enfant et les serre tellement fort qu'il pleure et appelle sa mère.

La transition entre cette séquence et la suivante se fait par l'intermédiaire de deux éléments : les pieds meurtris du bébé et des sons de flûte et de tambour.

4e séquence

Elle se situe dans un paysage de montagnes très arides qui fait sans doute référence à la Grèce et au mont Cithéron. L'époque reste incertaine et nous savons que le film a été tourné au Maroc. Pasolini reprend la légende de l'abandon d'Œdipe, proposant, à la différence de Sophocle, une structure chronologique de la vie d'Œdipe. Ces lieux très arides peuvent symboliquement renvoyer à la dureté du destin d'Œdipe.

Un homme porte un bébé attaché à un bâton, par les pieds et les mains tel un animal. Le bébé pleure. Il pose l'enfant à terre, semble vouloir le tuer avec une lance mais renonce et s'échappe en courant ; en s'en allant, il croise un autre berger qui, guidé par les pleurs, découvre l'enfant, s'en empare avidement et joyeusement ; il l'apporte au roi de Corinthe qui, très heureux, l'appelle à plusieurs reprises « enfant de la fortune » puis « cadeau des dieux ». On aperçoit les remparts de la cité et le mont Cithéron. La reine reçoit le bébé avec joie. Elle le désigne par l'expression « pieds gonflés » puis « mon petit Œdipe ». Ainsi, insiste-t-on sur ce qui caractérise le personnage dès ses débuts dans la vie : le mystère de ses origines et sa blessure aux pieds ; celle-ci justifie son nom et est la marque du rejet dont il est l'objet dès sa naissance.

5e séquence

L'enfant est désormais un adolescent. On le voit jouer au lancer de disque ; il triche, se déclare gagnant, et à cause de cela se bat contre un camarade. C'est là une nouvelle image du protagoniste : de tels défauts peuvent faire de lui un anti-héros. Le camarade, vaincu et furieux d'avoir perdu, lui dit qu'il est « un enfant trouvé, fils de la fortune, faux enfant de (s)on père et de (s)a mère ». Œdipe rit puis exprime de l'anxiété. Inquiet, il veut alors se rendre à Delphes pour se faire expliquer un rêve qu'il a fait la nuit précédente, dit-il à la reine. Il leur fait ses adieux et la mère pleure avec angoisse.

Il se retourne en quittant Corinthe, ce qui est un geste significatif pour le spectateur qui sait qu'il ne reviendra jamais. Il part, seul, à pied, selon ses volontés. C'est à ce moment-là qu'il retrouve la solitude de sa première enfance, solitude qui, désormais, ne le quittera plus.

6e séquence

Il arrive à Delphes où la Pythie rend son oracle sous un arbre. Elle porte un masque, qui cache son visage, et mange du riz à pleines mains. Œdipe patiente parmi les autres pèlerins. Lorsqu'arrive son tour, la Pythie éclate d'un rire dément et lui annonce qu'il tuera son père et fera l'amour avec sa mère. Elle le chasse alors comme un être malfaisant. Ce masque, ainsi que son attitude, la rendent à la fois mystérieuse et inquiétante, à la frontière entre l'humain et l'inhumain.

7e séquence

Œdipe repart et se sent seul dans la foule des suppliants. Il retraverse une contrée aride, troublé et incommodé par la chaleur ; puis il se trouve devant la borne indiquant la direction de Corinthe et s'enfuit, de peur de commettre les forfaits que lui a prédits la Pythie.

Il est à nouveau seul et pleure amèrement. On le voit marcher longtemps, le visage souvent entre ses mains. Ici, en effet, commencent à la fois son errance et son destin tragique, dans un paysage désertique, à l'image de sa détresse et de son isolement : Il retraverse une plaine, se retrouve devant des remparts : « Où va ma jeunesse ? Où va ma vie ? », lit-on sur un intertitre.

Il s'en éloigne, laisse le destin choisir sa direction en tournant plusieurs fois sur lui-même, les yeux fermés. Il accomplit ce geste à deux reprises. Il croise alors des gens accueillants et se retrouve à nouveau devant une borne indiquant Thèbes. Un homme l'emmène dans une sorte de labyrinthe, au bout duquel on aperçoit brièvement une jeune fille dévêtue.

8e séquence

Sur un chemin étroit, il gêne, sans le vouloir, le passage d'un char. Le spectateur reconnaît les deux personnages qui s'y trouvent : le père de l'enfant, qui apparaissait dans le Prologue et le serviteur chargé d'abandonner cet enfant ; le père a vieilli et porte désormais une barbe. Œdipe et le vieil homme se regardent longuement avec une hostilité presque haineuse ; aucun des deux ne veut manifestement céder. Ainsi retrouve-t-on dans cette scène l'hostilité des premières scènes. Il s'enfuit en courant après avoir jeté une pierre à l'un des gardes ; les autres gardes le poursuivent ; il est terrifié et épuisé. Puis ils se battent et Œdipe tue les soldats les uns après les autres. La lumière en contre-jour empêche de voir les tueries. Œdipe est heureux d'avoir échappé à la mort. Il revient alors vers le char, blesse un dernier soldat et tue le roi sur son char. Le serviteur du roi saute du char et s'enfuit. Œdipe contemple longuement le roi mort, achève le soldat blessé, revêt le casque de celui-ci et continue son chemin.

Cet homme, non seulement violent mais égaré, qui court sans cesse, hébété, aveuglé par le soleil, presque pris de vertige et terrifié, ne correspond pas à l'image que l'on se fait du héros de Sophocle.

La longueur de cette scène du parricide souligne son importance.

9e séquence

S'avance alors vers lui, une foule de gens habillés de noir, en pleurs, semblant fuir quelque chose ou quelqu'un. Œdipe rencontre un jeune homme qui se présente comme « le Messager » et lui demande de lui expliquer ce qui se passe. Le messager le prend par la main et le conduit devant celui qu'il nomme Tirésias, le prophète. Œdipe regarde, fasciné, Tirésias jouer de la flûte. Ses pensées apparaissent sur des intertitres : « [...] J'aimerais être à ta place. Ton chant te place au-delà du destin... ».

À la différence de la Pythie et du Sphinx, Tirésias ne porte pas de masque. Le Messager montre ensuite à Œdipe le rocher dans lequel vit un monstre qui terrifie la ville. Voilà pourquoi les Thébains fuient leur ville. Le monstre a un corps d'homme mais porte un masque comme la Pythie ; ce masque africain le déshumanise et le rend effrayant. Pasolini présente ici une vision très personnelle de la rencontre entre Œdipe et la Sphinge. Le monstre dit en effet à Œdipe : « Une énigme assombrit ta vie. Quelle est-elle ? ». Œdipe refuse d'en savoir davantage et combat ce monstre ; le Sphinx résiste peu et lui dit avant de mourir : « L'abîme dans laquelle tu veux me rejeter est au plus profond de toi ». Cette scène est une innovation par rapport à la pièce de Sophocle où la scène avec la Sphinge est inexistante. De plus, Pasolini masculinise ce monstre. Et surtout, cet Œdipe, « qui ne veut pas savoir » et ne déchiffre aucune énigme, est le contraire de celui de Sophocle.

10e séquence

Le messager danse et chante de joie en prévenant les habitants de Thèbes que le Sphinx est mort. Œdipe est alors accompagné en triomphe à Thèbes ; il rencontre la reine Jocaste qui vient au-devant de lui. C'est la même actrice (Silvana Mangano) qui joue la mère dans le Prologue et Jocaste, ce qui souligne le lien entre le Prologue et la suite du récit.

11e séquence

Le peuple festoie pour les noces de Jocaste et d'Œdipe. «Mon amour », lui dit-il.

12e séquence

On voit un cadavre tuméfié ; non loin de là, un bébé à quatre pattes pleure, des vautours planent, on voit d'autres cadavres. L'on peut noter que ces cadavres apparaissent juste après la scène d'amour incestueux, comme si ces souillures étaient les conséquences l'une de l'autre.

> ICI COMMENCE LA PIECE DE SOPHOCLE

Une troupe de Thébains arrive auprès d'Œdipe et dialogue avec lui. Parmi eux se trouve le grand prêtre, joué par Pasolini lui-même. Les propos échangés entre les habitants de Thèbes et leur roi sont proches de ceux qu'on trouve dans la pièce de Sophocle. En effet, la première phrase est identique à celle qui débute la pièce antique. Or, c'est Pasolini lui-même qui la prononce, sous les trais du grand prêtre. On y retrouve la confiance d'un côté et la grandeur de l'autre. Œdipe se présente comme un roi responsable et plein de compassion pour ses sujets.

Le Messager prévient que Créon arrive. Celui-ci annonce que le malheur qui s'abat sur la ville disparaîtra, quand le criminel qui a tué Laïos sera arrêté. Il ajoute : « Ce que l'on refuse de voir n'existe pas alors que ce qu'on admet existe ».

Œdipe pose des questions à Créon sur les circonstances de la mort du roi et proclame que l'on fasse tout pour retrouver ce meurtrier. Jocaste écoute par la fenêtre. Son visage semble inquiet. Pasolini manie comme son prédécesseur antique l'ironie tragique. « Je vengerai le roi assassiné comme s'il s'agissait de mon père », dit Œdipe.

13e séquence

Œdipe monte rejoindre la reine pendant que l'on continue à enterrer les morts. Une foule porte les cadavres revêtus de tissus multicolores et les jette dans un immense brasier à l'extérieur de la ville.

14e séquence

Œdipe siège devant le palais ; le Messager guide Tirésias et l'amène devant le roi. Tirésias est très réticent à parler. Œdipe l'injurie et le supplie de dire quelque chose ; il l'accuse même d'avoir tué Laïos. Tirésias lui dit alors que c'est lui le coupable.

Les deux hommes se disputent. Tirésias est de plus en plus clair et Œdipe le chasse mais Tirésias réitère clairement son accusation : il est le père et le frère de ses enfants, il est le mari et le fils de sa mère, il a tué son père. En entendant cette accusation, Jocaste rit. Cette scène reste très proche de celle de Sophocle : même agacement jusqu'à la colère d'Œdipe, mêmes échanges.

15e séquence

Jocaste sort du palais en courant avec ses compagnes, ce qui rappelle la scène du Prologue. Œdipe vient la chercher, ils vont dans leur chambre et s'unissent.

16e séquence

Coucher de soleil sur la ville ; Œdipe sort de la chambre à coucher et Créon vient à sa rencontre. Ils se disputent violemment : en effet, Œdipe est persuadé que son beau-frère veut le pouvoir... Là encore, le film suit de très près le texte source. Il en est de même pour les séquences suivantes.

17e séquence

Cette séquence reprend la double révélation du second épisode de la pièce. Jocaste parle de la prophétie de Laïos à Œdipe et celui-ci commence à comprendre alors que Jocaste ne semble pas réagir. Les époux s'unissent une nouvelle fois. Œdipe se persuade que le roi Polybe et la reine Mérope sont ses vrais parents. Il avoue à Jocaste qu'il a tué un homme et quatre soldats en arrivant à Thèbes, et Jocaste a probablement compris, d'autant plus qu'Œdipe l'appelle « madre ».

18e séquence

Jocaste annonce qu'elle va prier. Un serviteur arrive alors de Corinthe (le Corinthien) pour annoncer la mort de Polybe et le désir des habitants qu'Œdipe devienne leur roi.

Un vieil homme construit un fossé avec de la terre glaise et Œdipe arrive avec le Corinthien qui lui rappelle ce qu'il a fait de nombreuses années auparavant. Le vieil homme finit par avouer que le bébé qu'on lui avait donné à exposer sur le mont Cithéron, était le « propre fils de Laïos ». « Personne n'est plus au courant que ta femme Jocaste ». Il rappelle les prophéties concernant ce bébé et Œdipe lui demande alors pourquoi il l'a laissé vivre : « Par pitié » répond-il.

19e séquence

Jocaste joue avec ses suivantes, dehors. On entend une corne dans le lointain. Œdipe rentre au palais et voit Jocaste pendue dans leur chambre. Œdipe hurle! Il y a donc une ellipse dans le temps. De plus, ce qu'il est inconvenant de montrer au théâtre est ici visible. Il lui enlève sa robe, prend les agrafes qui l'attachaient et se crève les yeux en hurlant toujours ! « Ainsi, je ne verrai plus le mal que j'ai fait » [...] « Pour renfermer mon malheureux corps en lui-même ».

Il sort du palais devant la foule des Thébains, les yeux ensanglantés. Le Messager s'approche, lui tend une flûte, en joue lui-même et la lui redonne. Il le guide hors de la ville. Il a donc entre les mains la flûte de Tirésias, instrument de sagesse, et celui, qui accompagnait le devin, l 'accompagne désormais. Ainsi est-il clair qu'il a pris la place du prophète. Cela peut faire penser aux paroles qu'il avait prononcées lors de sa première rencontre avec le devin : « [...] J'aimerais être à ta place. Ton chant te place au-delà du destin ».

20e séquence

> RETOUR AU TEMPS PRÉSENT À BOLOGNE DANS LES ANNÉES 60.

Œdipe et Angelo sont dans une rue. Œdipe, vieilli, joue de la flûte sur les marches d'une église. Sa veste est trouée à l'épaule gauche. Les passants le regardent. Le Messager est là, il s'appelle maintenant Angelo, ce qui signifie à la fois « ange et messager ». Il guide encore Œdipe aveugle dans une banlieue près d'une voie ferrée et d'une usine. Œdipe fait le geste de se mordre le dos de la main, comme Jocaste le faisait autrefois ainsi que lui-même. Il appelle à nouveau Angelo qui joue au ballon.

Ils partent et arrivent à la campagne devant la maison où il est né. On voit les arbres de façon circulaire, comme au début du film. Œdipe demande à Angelo où ils se trouvent car il a l'intuition qu'il est revenu au lieu de sa naissance. Œdipe adresse un adieu au soleil puis dit : « La vie finit là où elle a commencé ». Cette dernière scène reprend la fin de la pièce d'*Œdipe à Colone* de Sophocle. Le film se termine par un plan sur le gazon où sa mère le posait autrefois. En effet, la boucle est bouclée, le film finit par où il a commencé et Œdipe ne se détache jamais du lien maternel.

Les grandes thématiques

Parmi les grandes thématiques, se trouvent des thématiques communes à toute œuvre littéraire : les personnages et leurs relations entre eux, l'espace et le temps, la structure de l'œuvre.

Voici la liste des personnages :

- Œdipe, Jocaste, Tirésias et Créon sont les plus importants.
- Laïos n'apparaît pas dans la pièce (il fait partie de récits rapportés) mais est présent dans le film.
- Il en est de même pour les parents adoptifs d'Œdipe, le roi et la reine de Corinthe, Polybe et Mérope.
- Le grand prêtre.
- Les deux bergers : le serviteur de la maison de Laïos et le Corinthien.
- Angelo est un personnage assez important dans le film, c'est une création de Pasolini. Tirésias est accompagné d'un enfant dans la pièce, qui n'intervient pas dans l'intrigue.
- Le Chœur est un groupe de personnages.
- Le Sphinx ou la Sphinge peut être considéré comme un personnage, qui apparaît dans le film.

Thématiques propres à la tragédie

- **Terreur et pitié, la catharsis, l'ironie tragique, l'hybris**

  Selon les principes du philosophe Aristote dans *La Poétique*, les tragédies provoquent chez le spectateur des sentiments comme la terreur et la pitié.

  Aristote écrit aussi que la catharsis est inhérente à la tragédie. Elle signifie en grec « purgation » ou « purification ». Tout homme possède de la violence en lui. Dans la vie en société, il doit normalement la refouler, la contraindre et l'empêcher de s'exprimer. Or, dans les tragédies, cette violence est au contraire représentée et parfois jusqu'à son paroxysme. Le spectateur d'une tragédie se purifie de sa propre violence en la voyant représentée sur scène. C'est la catharsis.

- **L'ironie tragique**

  L'ironie tragique apparaît, elle aussi, dans *La Poétique*. Elle est particulièrement manifeste dans *Œdipe Roi*. Elle est liée au destin dont les hommes sont victimes, comme s'il se moquait d'eux. Elle est liée aussi au principe de la double énonciation, car le spectateur connaît l'histoire, que les personnages découvrent avec effroi tout au long de l'œuvre. Elle est inséparable de la parole, du « mot malheureux », que les personnages prononcent sans s'en rendre compte. Ils ne comprennent pas le sens profond de leurs paroles.

- **L'hybris**

  L'hybris est propre à toute tragédie. C'est une notion typiquement grecque qui est difficile à traduire en français. Les philosophes grecs prônaient un idéal de sagesse où les hommes faisaient preuve de maîtrise, de prudence et de mesure. L'hybris est le contraire de cela. Elle signifie en grec démesure et orgueil. Œdipe est nécessairement dans l'hybris.

- **Le thème de la violence est inséparable de la catharsis et de l'hybris**

Thématiques spécifiques à *Œdipe Roi*

Les grandes thématiques sont communes aux deux œuvres mais ne sont pas traitées de la même façon. Elles sont souvent inséparables les unes des autres et feront l'objet de questions à 12 points. Elles font aussi partie des « incontournables » : en effet, quelle que soit la question traitée, elles apparaissent.

- **Le mythe**
- **Le nom d'Œdipe**

  Ce thème est lié au titre, au destin et au motif du pied.

- **La quête d'Œdipe**

  Cette question traverse toute l'œuvre et fait partie de sa structure : Œdipe est d'abord en quête de l'assassin de Laïos puis cette quête, qu'il croit extérieure à lui-même, devient intérieure. C'est à la fois une quête de soi et de la vérité.

- **La peste, la souillure**

  La peste et la souillure envahissent la ville de Thèbes, elles sont les causes de la quête d'Œdipe. Elles sont liées aux crimes d'Œdipe (le parricide et l'inceste). C'est pourquoi cette souillure habite toujours Œdipe à l'issue de cette quête. Jocaste se suicide et Œdipe se voit contraint de se crever les yeux et de s'exiler.

- **La fatalité**

  L'accomplissement de la fatalité est inséparable de la découverte de la vérité. La fatalité a ici une particularité : à la différence des autres tragédies, elle est déjà accomplie quand la pièce commence. Il ne s'agit donc pas de son accomplissement mais de sa découverte.

- **La liberté**

  Ce thème est inséparable de celui de la fatalité.

- **Le dévoilement, la révélation**

  Ce thème est lié à celui de la quête, de la fatalité, du savoir et de l'ignorance, de la vérité, et de l'aveuglement,

- **Le héros tragique et le tragique**

  C'est à l'issue de cette quête qu'Œdipe se révèle le héros tragique par excellence et la pièce, une tragédie.

- **La solitude**

  La solitude est liée à son statut de héros et à cette quête qu'il affronte seul et qui, finalement, le renvoie au paroxysme de la solitude. Il est d'abord un enfant rejeté, puis un roi solitaire et enfin un être souillé et en exil.

- **Grandeur et déchéance**

  Œdipe est d'abord un roi puissant, aimé et estimé, le sauveur de Thèbes. La découverte de ses origines et de ses actes le fait descendre au plus bas, le faisant passer de la grandeur à la déchéance, mais son courage et sa dignité le grandissent.

- **Le pouvoir des hommes et le pouvoir des dieux**

  Ces questions ouvrent sur d'autres thématiques comme le titre, la fatalité, les dieux et le personnage de Tirésias.

  Œdipe est roi et donc au sommet du pouvoir des hommes. Tirésias appartient à Apollon et est à son service. Ses connaissances divines et prophétiques le rapprochent des dieux. Ces deux hommes et leurs pouvoirs s'opposent dès le début, lorsqu'Œdipe interroge Tirésias pour savoir la vérité. À la fin de la pièce, Œdipe se révèle victime des dieux et du destin. Les dieux ont un rôle primordial puisqu'ils ont condamné Œdipe dès sa naissance.

- **Le bonheur et le malheur**

  Ces thèmes sont inséparables de tous les thèmes précédents.

- **La cécité, le savoir et l'ignorance, la vérité**

  Ces quatre thèmes sont inséparables. Tirésias est aveugle et Œdipe le devient en se crevant les yeux. La cécité a un sens symbolique ; elle est liée aux thèmes du savoir et de l'ignorance qui sont au cœur de la quête d'Œdipe : Tirésias, qu'Œdipe traitait d'ignorant, se révèle à la fois aveugle et savant. Et Œdipe passe de l'ignorance au savoir, puis du savoir à la cécité. L'aveuglement est de plus une punition et un exil symbolique qu'il s'inflige. Il est donc lié à la souillure.

- **Les crimes d'Œdipe : parricide et inceste**

  Ces crimes sont liés à la quête, à la souillure...Ils feront l'objet d'une interprétation freudienne dans le film.

- **Thématique propre au film**

  Une œuvre autobiographique.

  Cette thématique peut être rattachée à celle de la mère, de l'inceste, de la quête et de la faute.

Vocabulaire spécifique pour l'étude du film de Pasolini

La narration filmique fonctionne comme la narration littéraire : il s'agit d'organiser l'espace et le temps : c'est le montage du film, avec un temps chronologique, linéaire ou une chronologie plus complexe ; avec des prolepses et des analepses ou flash-back, des ellipses. Le point de vue (ou la focalisation) est le même qu'en littérature. Il faut analyser aussi les sons (avec la voix off par exemple), la lumière, les couleurs, les décors. Certains termes techniques sont à connaître pour analyser le film. Nous ne présenterons que quelques techniques utilisées dans ce film.

- « **Un film est une suite de plans** ».

  Le **plan** est une prise de vues, comprise entre le moment où on allume la caméra et où on l'éteint (entre les deux impératifs célèbres du tournage, « Action ! » et « Coupez ! »). La durée des plans donne son rythme au film.

- « **Cette suite de plans s'organise en un certain nombre de sous-ensembles appelés séquences ou scènes,** formant une unité narrative (unités de lieu, temps et action). Ce film comporte 20 séquences, comme le montre le résumé. Elles ne sont pas toutes de la même longueur : quelques exemples : le Prologue forme une séquence assez longue, ainsi que la séquence du parricide.

Le cadrage et le champ

I Le cadre et ses différents plans

- **Le plan séquence**

  Un plan assez long : on filme toute une scène sans la couper. C'est le cas du moment où Œdipe quitte Corinthe jusqu'au moment où il sort de la ville. Ainsi, en s'éloignant pour toujours de Corinthe, Œdipe déclenche-t-il l'accomplissement de son destin.

  Long plan fixe pour le pré dans le Prologue et dans l'Épilogue : le cinéaste insiste ainsi sur un lieu emblématique du bonheur originel (lié à la présence maternelle). Le contraste est renforcé entre cette prairie verdoyante et les terres arides du Sud marocain (Cf. Sujet sur les lieux).

- **Le plan général ou d'ensemble**

  Le spectateur voit l'ensemble d'un décor ou d'un paysage dans lequel il peut y avoir des personnages :

  Exemple Œdipe va voir la Pythie : on voit au fond, un arbre immense, séparé de la foule des pèlerins, par un grand espace désert. L'arbre, sous lequel se trouve la Pythie, apparaît gigantesque et l'homme minuscule, soulignant la distance entre l'homme et la Pythie.

  Le choix d'un tel plan met donc en valeur l'idée que l'homme n'est rien face au destin, qui peut l'écraser, comme ce sera le cas pour Œdipe.
- **Le plan de demi-ensemble** : une partie du décor, un personnage dans son environnement.
- **Le plan moyen** : un ou plusieurs personnages en entier
- **Le plan américain** : le personnage est cadré à mi-cuisses : c'est le cas lorsqu'Angelo donne la flûte à Œdipe désormais aveugle : c'est un moment important : Œdipe devient symboliquement Tirésias.
- **Le plan rapproché** : le personnage est cadré à la ceinture ou à la poitrine : la reine Jocaste est cadrée ainsi lorsqu'elle est amenée à Œdipe pour la première fois, sur une sorte de brouette. C'est la première fois qu'apparaît Jocaste. Nous reconnaissons alors la mère du Prologue.
- **Le gros plan** : le visage est cadré de près : Œdipe, angoissé, se mord la main. Ce plan est important : il fait ce geste depuis qu'il est petit. Il y a beaucoup de gros plans des personnages dans ce film. Cela permet de lire toutes les émotions qui passent sur leur visage.
- **Plan de détail** : plan très rapproché sur un détail important (un objet, une partie du corps...) : ici, la broche de Jocaste, qui va servir à l'aveuglement d'Œdipe.

  Plusieurs cadrages peuvent être combinés : on peut filmer un personnage en gros plan et un autre en plan moyen.

I Le champ

- **La profondeur de champ**

  C'est un moyen d'organiser l'espace, elle permet de jouer sur la netteté des différents plans. Selon la profondeur de champ, on peut avoir un personnage net en plan rapproché devant un décor flou ou net devant un décor net. Exemple : lorsqu'arrive le Corinthien, Jocaste apparaît en plan rapproché, se détachant nettement de ses suivantes derrière elle.
- **Le champ, le champ-contrechamp, le hors-champ**

  > Le **champ** est ce que voit la camera et apparaît à l'écran, c'est la portion d'espace délimitée par le cadre

  > Le **hors champ** par définition renvoie à ce que le spectateur ne voit pas. Mais ces éléments non visibles sont cependant présents pour le spectateur : par exemple, lorsque Jocaste écoute ce que Créon et Œdipe se disent : même lorsqu'on ne la voit pas, on sait qu'elle est là. On peut aussi entendre un personnage sans le voir. On parle alors de voix hors-champ.

  > On parle de **champ-contrechamp** si la camera se place à l'opposé.

Exemple Dans la scène entre Tirésias et Œdipe, toute la scène est tournée ainsi, en passant d'un visage à l'autre. Comme on entend Tirésias sans le voir, on l'entend alors en voix hors champ.

Cette technique de champ contre-champ permet de montrer tour à tour chacun des deux personnages. Ici, c'est une scène qui oppose au lieu de réunir. Le champ contre-champ renforce cette impression de rupture entre le devin et le roi. Le même principe est appliqué lors du conflit entre Créon et Œdipe ainsi que pendant l'interrogatoire du berger.

Les angles de prise de vue

La plongée

La **plongée** est une prise de vue de haut en bas : elle est faite depuis un point plus élevé que le sujet, qui paraît alors petit, dominé. Lorsque dans le Prologue, l'enfant regarde la cour depuis le balcon, sa solitude est flagrante face à cet espace vide et ténébreux.

La contre-plongée

La **contre-plongée** est le contraire : la prise de vue est faite de bas en haut, depuis un point d'observation au dessous du sujet qui semble alors immense, important. C'est le cas pendant la scène de double révélation. Œdipe est couché aux pieds de Jocaste, la tête sur ses genoux. Il lève la tête vers elle comme il le faisait dans le Prologue, lorsqu'il était bébé. Cela donne à Jocaste de l'importance et renforce l'impression d'une relation où la femme, ici, à la fois épouse et mère, est mise sur un piédestal.

Les mouvements de caméra

- Le **panoramique** : la caméra pivote autour de son pied, qui reste fixe. Nous avons un grand nombre de panoramiques dans le film : la plupart sont **horizontaux**.

  Exemple Dans la scène qui précède l'abandon de l'enfant, nous avons un long panoramique sur les crêtes des montagnes. Ainsi, le lieu de l'abandon apparaît démesuré, amplifiant la solitude et la souffrance du petit enfant.

- Le **travelling avant, arrière, latéral, ascendant, descendant** : dans le travelling, c'est la caméra qui se déplace. Après le meurtre de Laïos, Œdipe marche vers Thèbes et croise des foules : il est filmé selon une succession de travellings avant et latéraux.
- **Ne pas oublier la technique du zoom.**

Les liaisons

Le montage agence les liaisons entre les différents plans et les différentes séquences : c'est une sorte de ponctuation.

- On parle de « montage cut » (ou « coupe franche ») quand les plans ou séquences se succèdent de façon abrupte sans lien (cela correspond à l'asyndète en littérature) : par exemple, entre la fin du Prologue et le début de la partie mythique.
- Le raccord est l'art de passer d'une scène à une autre ou d'un plan à un autre, c'est la transition qui permet la continuité de deux plans successifs. L'on parle de faux raccord lorsqu'il y a un effet de discontinuité entre deux plans, ce qui arrive fréquemment pendant la scène du meurtre, soulignant l'état second du personnage qui n'agit pas de façon cohérente.
- Les changements de lieu ou de temps sont marqués par des liaisons ou fondus.

> Les **fondus** sont des « trucages conduisant à l'apparition ou à la disparition progressive des images »[1] : ce sont des techniques de transitions entre deux plans ou deux scènes.

> Le **fondu enchaîné** : « une image est progressivement remplacée par une autre[2] » : fait disparaître progressivement la fin d'un plan en lui superposant graduellement le début du suivant.

À la fin de la discussion avec le berger, Jocaste quitte la scène et Œdipe dit ne pas se soucier de son départ mais de sa propre quête de la vérité. Un fondu enchaîné permet la transition avec la scène suivante, qui commence par un long panoramique sur la campagne (une région verte, fertile, marécageuse) avec les montagnes apparaissant au fond. Œdipe est tendu vers la rencontre avec le vieux berger de Laïos, qui a lieu juste après. Il ne pense plus à Jocaste.

> Le **fondu au noir** (l'écran devient noir) en début ou fin de plan, fait apparaître ou disparaître progressivement l'image.

Exemple À Corinthe, les parents adoptifs d'Œdipe sont heureux et sourient. Polybe embrasse les pieds de l'enfant. L'écran devient noir. L'on voit des mains de femmes tressant des fleurs. Œdipe est devenu un jeune homme. Ce fondu au noir met en valeur la longue ellipse dans le temps qui fait passer Œdipe de l'âge de nourrisson à l'adolescence.

Dans la dernière scène où Jocaste apparaît vivante, l'on voit Jocaste courir et s'amuser avec les autres femmes ; elle s'arrête soudain et se retrouve seule. Son visage, tourné vers la caméra, exprime une immense angoisse, une sorte de terreur. L'écran est soudain noir. Œdipe apparaît et entre dans le palais. Il découvre alors Jocaste pendue. Ce fondu au noir permet aussi une ellipse dans le temps. On ne voit pas en effet le moment où Jocaste entre dans la chambre et se donne la mort…

---

1 Dictionnaire Larousse du cinéma.
2 idem.

Le carton ou intertitre

Ce procédé est à l'origine utilisé dans les films muets : c'est un plan arrêté sur un carton : le texte qui y est écrit sert à commenter l'action ou à indiquer des paroles prononcées par un personnage. Ainsi Pasolini introduit-il, de façon très originale, dans un film parlant, des procédés du cinéma muet, ce qui donne l'impression d'un cinéma intemporel, à l'image du mythe. Dans ce film, cela permet de lire dans les pensées du personnage, celles du père dans le Prologue par exemple ; ou celles qu'Œdipe adresse à Tirésias lorsqu'il le rencontre pour la première fois et le voit jouer de la flûte. L'on peut penser alors que Tirésias sait ce que pense Œdipe et que les personnages communiquent en pensée.

Ces différents plans sont à mémoriser afin de pouvoir être évoqués dans les dissertations.

En dehors de ce vocabulaire spécifique, il faut être attentif aux décors, aux masques et aux costumes, aux couleurs, aux sons et à la musique.

Quelques exemples :

- Le **contrejour, les effets de flou** : certains plans à contrejour, selon le point de vue d'Œdipe, montrent un personnage troublé, aveuglé. C'est le cas de la longue séquence du meurtre de Laïos et notamment des gardes. De même, dans la scène de la rencontre avec la Pythie. Œdipe est pris d'une sorte de vertige qui se traduit par une vision floue.
- Les **éclairages** : le palais d'Œdipe, et notamment la chambre, lieu de l'inceste, sont des lieux très sombres. Les couloirs du palais le sont également.

  Lorsqu'Œdipe s'aveugle, la scène est tellement sombre que le spectateur a du mal à la voir. Cela donne l'impression d'entrer dans les ténèbres en même temps qu'Œdipe.
- **Les sons**

  Il y a des parties muettes ou quasiment muettes comme le Prologue

  Certaines musiques sont associées à des personnages : une musique militaire pour le père, le quatuor de Mozart pour la mère, la flûte pour Tirésias.
- **Les masques et les costumes**

  L'épée gigantesque d'Œdipe accentue le décalage entre lui et les gardes ou le Sphinx qu'il tue.

II. Méthodologie du sujet à 8 points

Fiche méthode générale

Introduction

L'introduction doit être brève. Elle se fait en 3 étapes :

1. **Présentation de l'œuvre**
   La première phrase a pour fonction de présenter l'œuvre (ou les œuvres) et de précéder l'annonce du sujet. Si vous trouvez rapidement une phrase d'ordre général (ou phrase dite « d'accroche ») qui serve d'entrée en matière, c'est mieux. Mais ne perdez pas de temps à chercher une accroche séduisante, cela a peu d'importance.
2. **Annonce de la question**
   Vous reprenez la problématique proposée.
3. **Plan**
   En deux parties.

Développement

Le développement est une suite d'arguments illustrés par un exemple commenté.

Vérifier si le fil conducteur du sujet est bien présent et rappelé dans chaque partie.

Chaque partie et chaque sous-partie doivent être reliées à la précédente et à la suivante par **une transition**. Ces transitions permettent de vérifier la cohérence du plan.

Il faut éviter un écueil courant : celui de raconter au lieu d'analyser. Et pour éviter cela, il faut sans cesse y penser et vérifier que les propos analysent les œuvres au lieu d'en évoquer le contenu narratif.

Conclusion

C'est un bilan rapide.

[Il est inutile d'ouvrir sur un autre sujet à moins de pouvoir ouvrir sur la question à 12 points].

Méthodes et sujets

Sujets portant sur un personnage

Méthode

Plan type

1. **Présentation du personnage en relation avec les autres**
   - **a.** Description du personnage
   - **b.** Apparitions et relations avec les autres personnages

   Transition

2. **Importance du personnage dans l'œuvre**
   - **a.** Place du personnage dans l'intrigue
   - **b.** Rôle symbolique du personnage

Ce type de plan permet de donner une progression au sujet :

- du moins important au plus important ;
- de l'observation à l'analyse.

Remarque Il est évident qu'il ne faut pas adopter systématiquement ce plan sans avoir préalablement réfléchi au sujet. Il peut être modifié en fonction du personnage et de l'intitulé du sujet. Mais ces axes sont incontournables.

Applications

Sujet 1 Quel est le rôle du personnage de Tirésias dans l'*Œdipe Roi* de Sophocle et de Pasolini ?

Conseils avant de commencer

- **Analyser la question**
- **Quel est le (quels sont les) terme(s) essentiel(s) du sujet ?**

  Ici, il s'agit du devin Tirésias et le sujet demande de réfléchir sur l'importance du personnage : sa spécificité est qu'il est devin et donc lié au sacré, aux prophéties et à la fatalité.

  Il peut être important par sa présence (connaître les scènes où il apparaît et où il est mentionné), par ses paroles ou son autorité. Il peut aussi jouer un rôle dans l'intrigue et être porteur d'une forte symbolique.
- **Rassembler ses idées et des citations**

  Pensez à réunir la banque de données de citations qui concernent ce personnage.
- **Élaborer un plan**

  Il faut veiller à bien garder le fil conducteur en vérifiant si le schéma proposé s'adapte à la spécificité de ce personnage. Traiter aussitôt le sujet après avoir vérifié la cohérence du plan envisagé.

  Introduction

  1. Présentation du personnage en relation avec les autres

  a. Description de Tirésias

  Un vieil aveugle digne de respect

  À savoir Dans le théâtre antique, les acteurs portaient des masques et des vêtements selon leur fonction ou leur appartenance sociale, cette description va donc être très brève.
  En revanche, au cinéma, les choix du metteur en scène sont primordiaux : le choix de l'acteur, son apparence, sa diction et sa gestuelle doivent être étudiés minutieusement.

  b. Apparitions et relations de Tirésias avec les autres personnages

  Les apparitions brèves mais essentielles d'un personnage d'autorité.

Remarque **Cette autre sous-partie** rappelle nécessairement, non seulement la fréquence de ses apparitions dans l'œuvre mais encore ses temps de parole et ses relations avec les autres personnages.

Transition

2. Quel est le rôle de Tirésias ?

- **a.** Place du personnage dans l'intrigue
- **b.** Rôle symbolique du personnage

Remarque **Cette deuxième sous-partie** élargit le sujet aux dimensions symboliques du personnage, c'est-à-dire ce qu'il représente : cela peut être un thème, un type humain, une vertu ou un vice, une visée critique de l'auteur.

> ***À retenir*** En aucune façon il ne faut séparer l'analyse de la pièce et du film. Ces deux analyses doivent être conjointes. Il est conseillé de commencer par évoquer la pièce (texte source) puis le film (réécriture).

Rédaction de la dissertation

Remarque Ce corrigé présente la dissertation avec des pages, des titres, des sous-titres et des indications de méthode en gras : n'oubliez pas que, comme en classe de 1re, rien de tout cela ne doit apparaître. Ces indications ne sont présentes ici que pour vous guider. Il en est de même pour les pages indiquées.

Les citations et passages-clés à retenir sont soulignés.
→ *Cf. Contenu du devoir sur Tirésias.*

Introduction

— ***Annonce du sujet***

(Phrase d'ordre général qui introduit le sacré et ainsi le personnage de Tirésias). Le sacré est à l'origine des tragédies grecques qui sont liées au culte du dieu Dionysos et étaient représentées lors de fêtes en l'honneur des dieux.

— ***Commentaire rapide du sujet si nécessaire***

(**Présentations des œuvres et du sujet en lien avec la phrase précédente.**)

Ce sacré est très présent à travers le personnage du devin Tirésias dans *Œdipe Roi* de Sophocle (joué pour la première fois en 425 av. J.-C.) et dans sa réécriture, le film du même titre de Pasolini (datant de 1967). En effet, les parents d'Œdipe et Œdipe lui-même consultent à plusieurs reprises l'oracle de Delphes, dont ils fuient ou ne comprennent pas les prédictions.

_ ***Problématique*** **C'est pourquoi nous pouvons nous demander quel rôle joue le personnage du devin dans ces deux œuvres.**

_ ***Annonce du plan en 2 parties*** Nous étudierons comment et quand Tirésias apparaît (I), pour nous intéresser ensuite à la fonction de ses paroles dans l'intrigue et à son rôle symbolique (II).

Développement

➤ Première partie

1. Présentation du personnage en relation avec les autres

a. Description et représentation de Tirésias, un vieil aveugle digne de respect

_ ***Argument*** *Ici, description physique*

Dans la pièce, le personnage de Tirésias est aveugle et sans doute âgé. il est accompagné par un enfant. C'est pourquoi Pasolini choisit un homme d'une soixantaine d'années, recouvert d'une houppelande comme un ermite, très pâle, dont les yeux sont perdus dans le vague. L'enfant qui l'accompagne dans la pièce, est ici un jeune homme, prénommé Angelo et joueur de flûte.

_ ***Argument*** *Notoriété du personnage*

Tirésias est un devin et les devins sont des personnages vénérables.

_ ***Exemple***

Dans la pièce, au moment où il arrive à Thèbes, le Coryphée, p. 194, présente Tirésias à Œdipe en soulignant qu'il possède comme le dieu Apollon « *le don de clairvoyance* » ; il témoigne de son respect en le désignant par la périphrase « *l'auguste devin* » et en utilisant une hyperbole : « *Celui qui, seul, parmi les hommes, porte en son sein la vérité* ». Œdipe l'a en effet fait venir pour découvrir la vérité. Dans le film, à son arrivée à proximité du palais, la foule se redresse sur son passage, témoignant ainsi de la notoriété du vieillard. De la même façon, lorsqu'il s'approche du roi, les soldats s'inclinent devant lui, soulignant ainsi le respect qui est dû à un devin.

_ ***Commentaire***

Ces manifestations de respect correspondent aux paroles prononcées dans la pièce de théâtre, où il est aussitôt évoqué par le Coryphée comme un personnage vénérable au point d'être l'égal des dieux.

_ ***Argument*** *Nouvelle description révélant la fragilité du personnage*

Le devin semble incommodé par la chaleur (il s'essuie le front et Angelo lui fait de l'ombre avec son chapeau). Il trébuche, tombe et reste à terre, provoquant l'émotion d'Œdipe qui s'approche de lui.

_ ***Commentaire***

Ce personnage se montre paradoxal dès son apparition, puisqu'il attire à la fois le respect et la compassion, à cause de sa grande fragilité. Nous verrons que derrière cette apparente fragilité, ce personnage possède une autorité et une force extraordinaires.

Transition

Tirésias, malgré son importance, apparaît peu et est rarement mentionné.

b. Apparitions et relations de Tirésias avec les autres personnages, les apparitions brèves mais essentielles d'un personnage d'autorité

_ ***Argument***
Les apparitions de Tirésias

Nous allons voir que Tirésias apparaît peu mais que les paroles qu'il prononce sont essentielles. Le dialogue entre Œdipe et Tirésias occupe le premier épisode de la pièce alors que dans le film, l'entrevue avec Tirésias a lieu à la séquence 9, avant la rencontre entre Œdipe et le sphinx. Cette apparition est silencieuse. Dans les deux œuvres, il se lamente aussitôt sur son savoir :

_ ***Exemple***

Pasolini reprend les premiers mots du devin dans la pièce de Sophocle : « *Hélas ! Hélas ! Qu'il est terrible de savoir quand le savoir ne sert à rien à celui qui le possède* », p. 195.

_ ***Commentaire***

Il y a donc d'emblée un contraste entre le savoir, précédemment évoqué par le Coryphée, et la souffrance qu'il semble procurer à celui qui le possède. Le dialogue du film est très proche de celui de la pièce et en reprend les éléments essentiels.

_ ***Argument***
Il est en conflit avec Œdipe

Tirésias refuse d'abord de parler puis, lorsqu'il accepte de répondre aux questions d'Œdipe, ses paroles restent énigmatiques pour le roi. Ce manque de communication va très vite susciter un conflit entre les deux personnages. Les premières déclarations de Tirésias scandalisent Œdipe :

_ ***Exemple***

« *N'attends pas que je révèle mon malheur, pour ne pas dire le tien* ». — « *Ne comprends-tu pas que tu nous trahis et perds ton pays* », lui répond Œdipe, p. 196.

_ ***Commentaire***

Révolté parce que Tirésias refuse de parler, Œdipe, qui ne peut ni accepter ni comprendre une telle attitude, s'impatiente très vite ; cependant Tirésias reste calme. Son ton est solennel. Dans le film le devin conserve, lorsqu'il parle, l'autorité d'un personnage qui prophétise au nom des dieux. Celui-ci répond à la colère et aux reproches d'Œdipe par des paroles aussitôt augurales, dont Œdipe ne peut saisir le sens. En effet, seul, celui qui sait, peut déchiffrer de tels propos.

_ ***Argument***
Le rôle de Tirésias

Les dernières paroles de Tirésias sont très proches de celles de la pièce. Elles invitent Œdipe à réfléchir.

_ ***Exemple***

« *Rentre à présent, médite mes oracles, et, si tu t'assures que je t'ai menti, je veux bien alors que tu dises que j'ignore tout de l'art des devins* », p. 200.

_ ***Commentaire***	L'impératif « Rentre à présent » signifie en réalité « entrer en soi-même » et non à l'intérieur du palais. Chaque parole de Tirésias est plus lourde de sens qu'elle ne paraît. Œdipe n'en comprendra le véritable sens qu'à la fin de la pièce. La présence du devin n'est plus nécessaire. Ses paroles vont peu à peu se révéler, comme il l'a lui-même prédit.
_ ***Argument*** *Présence in absentia*	**Dans les épisodes et chapitres suivants, sa présence se fait sentir *in absentia*.** Absent physiquement des épisodes suivants, le devin est pourtant aussitôt mentionné par Jocaste dans le 2e épisode lorsqu'elle explique à Œdipe que personne ne sait prédire, p. 209. Il en est de même dans le film, où les personnages prononcent les mêmes phrases.
_ ***Exemple***	Puis, au cours du dialogue avec elle, Œdipe pris de frayeur dit : « *Je perds terriblement courage à l'idée que le devin ne voie trop clair* », p. 210.
_ ***Commentaire***	**Il pressent déjà la vérification progressive des paroles du devin.** Pasolini, tout en proposant une fin différente à son récit, suit Sophocle puisqu'il transforme lui aussi les paroles en actes : Œdipe est devenu Tirésias, comme celui-ci le lui avait prédit et comme Œdipe lui-même l'avait souhaité la première fois qu'il l'avait vu : « [...] J'aimerais être à ta place. Ton chant te place au-delà du destin... ».
_ ***Exemple*** *Référence à une autre réécriture moderne d'Œdipe Roi*	On retrouve cela dans *La Machine infernale* de Cocteau : dans la dernière scène, Tirésias offre à Œdipe, désormais aveugle, son bâton d'augure.
Transition	La présence brève de Tirésias dans la pièce et dans le film (un épisode sur 4 et un chapitre sur 8) manifeste que l'importance de ce personnage réside essentiellement dans ses paroles.

➤ Deuxième partie

2. Quel est le rôle de Tirésias ?

a. Place de Tirésias dans l'intrigue, des paroles prononcées au nom des dieux, déterminantes dans la quête d'Œdipe

_ ***Argument*** *Les propos de Tirésias sont essentiels*	Les paroles, qu'il prononce et qu'Œdipe refuse, sont une sorte de mise en abyme de la tragédie toute entière. Œdipe, dans son cheminement intérieur vers la vérité, ne fera que constater la véracité des propos du devin.
_ ***Exemple***	Lorsque ce dernier déclare de façon solennelle : « *Ce jour te fera naître et mourir à la fois* »,

— *Commentaire*

il lui annonce l'issue de la pièce (qui ne dure qu'une journée) et de sa quête. La découverte de ses origines précipitera Œdipe dans le malheur absolu. L'ancien Œdipe mourra pour faire place à un nouvel Œdipe qui sera l'envers du premier et qui aura tout perdu (gloire, pouvoir, estime de soi, famille, patrie...). Dans le film, les paroles du devin illustrent un passé qu'Œdipe ignore encore mais que le spectateur a déjà vu dans les chapitres précédents ; alors que dans la pièce de Sophocle, le spectateur grec de l'antiquité sait tout cela parce qu'il connaît l'histoire d'Œdipe ; la structure de la pièce correspond au cheminement d'Œdipe, qui ne découvre son passé que plus tard, au terme de son enquête.

— *Argument*
Tirésias annonce l'issue de la pièce

Les propos de Tirésias mettent en valeur son rôle qui consiste à dévoiler le dénouement de la pièce :

— *Exemple*

« *Les malheurs viendront bien seuls* ».

— *Commentaire*

Ainsi, renvoie-t-il toujours Œdipe à lui-même. Son rôle, en effet, n'est pas de lui révéler la vérité mais de le pousser à la chercher. Plus la conversation avance et s'envenime, plus Tirésias mène Œdipe sur un chemin qui le trouble et lui renvoie une image inversée de lui-même. Ainsi, face à la colère grandissante d'Œdipe qui va jusqu'à l'accuser d'être le criminel qu'il recherche, Tirésias lui retourne l'accusation en insistant par une formule emphatique :

— *Exemple*

« Je dis que c'est toi l'assassin recherché », p. 197. Il évoque enfin *« le commerce infâme »* qu'il a avec les personnes *« les plus proches »*. À de nombreuses reprises, Tirésias renvoie Œdipe à son ignorance : *« tu ne sais pas, tu ne vois pas »*.

— *Commentaire*

Ces affirmations sont riches de sens : elles opposent l'ignorance d'Œdipe au savoir de Tirésias, c'est-à-dire, celle des hommes face à l'omniscience des dieux et des devins. Les paroles de Tirésias soulignent aussi à la fois la cause de la souffrance d'Œdipe et le sens de sa quête. Elles annoncent, telle une prolepse, le dénouement : lorsqu'Œdipe saura, il sera en quelque sorte l'égal de Tirésias et deviendra aveugle comme lui.

— *Mini conclusion sur le rôle de Tirésias : fil conducteur*

C'est pourquoi, la progression de la pièce, épisode après épisode, reprend les unes après les autres les déclarations de Tirésias ; ce sont les éléments qu'Œdipe va découvrir et qui sont en fait des parties de lui-même et de son passé, comme une sorte de puzzle qu'il reconstituerait : à la fin du second épisode il craint d'être lui-même le meurtrier recherché et qui doit être exilé ; au quatrième épisode, il découvre qu'il est le fils de l'homme qu'il a tué et donc parricide ; puis il comprend que la femme qu'il a épousée et avec laquelle il a eu quatre enfants est sa mère ; enfin, dans l'Exodos, il s'aveugle, rejoignant Tirésias à la fois dans son savoir et dans sa cécité.

Ce premier épisode permet aussi de comprendre le véritable sens de la pièce. Il ne s'agit pas d'une pièce sur la fatalité mais sur son accomplissement. L'intérêt de cette tragédie est la découverte de cette fatalité par celui qui en est la victime.

En effet, Œdipe accomplit son destin aussitôt qu'il mésinterprète les paroles de la Pythie.

b. Rôle symbolique de Tirésias, un personnage lié aux dieux et paradoxe d'un aveugle clairvoyant

_ ***Argument***
Un pouvoir divin

Tirésias est lié aux dieux et possède un pouvoir qui lui permet d'être au-dessus des hommes. Œdipe, malgré toutes ses qualités humaines, ne peut rien ni contre les dieux, ni contre Tirésias, qui représente leur pouvoir.

Tirésias est notamment lié à Apollon et au sanctuaire de Delphes, lieu des prophéties. Dans son dialogue avec Œdipe, il insiste sur son pouvoir et son invincibilité. Les dieux et la vérité, qu'il détient, le protègent. Face au pouvoir temporel du roi que représente Œdipe, il est l'incarnation du pouvoir éternel des dieux.

_ ***Exemple***

« *Je demeure hors de tes atteintes : en moi vit la force du vrai* », p. 197, « *Mon destin n'est pas de tomber sous tes coups : Apollon n'aurait pas de peine à te les faire payer* », p. 198. « *Je ne suis pas à tes ordres, je suis à ceux de Loxias* », p. 199.

_ ***Exemple (suite)***

On peut voir qu'il joue toujours sur des structures binaires, comparant son sort à celui d'Œdipe. Dans le film, en effet, la camera passe de l'un à l'autre, par des gros plans successifs en champs contrechamps, pour souligner leur conflit, alors qu'au théâtre le spectateur voit les deux acteurs en même temps.

_ ***Argument***
Conséquences

Œdipe face à Tirésias rejoint les hommes, dans leur fragilité, face aux dieux : en outre, les deux hommes ne communiquent pas vraiment et c'est en quelque sorte un dialogue de sourds. L'incompréhension d'Œdipe est ici tragique. L'existence des devins et des prophéties plonge les hommes dans l'illusion d'accéder à des mystères auxquels ils ne peuvent pas accéder en vérité : leur passé, leur avenir, les secrets des dieux. En ne transmettant aux hommes que des messages obscurs qu'ils ne peuvent comprendre, ils accentuent leur ignorance et leur fragilité toute humaine au lieu de les aider. Apollon lui-même est désigné sous le nom de Loxias, qui signifie « l'oblique »

_ ***Exemple***

« *Tu ne peux donc user que de mots obscurs et d'énigmes* », p. 200, reproche Œdipe à Tirésias.

Commentaire

Cette incompréhension des messages célestes correspond à l'abîme qui sépare les deux mondes, divin et humain. Il est impossible à l'homme de déchiffrer une parole divine dans son intégrité. Une partie lui en échappe toujours. L'ambigüité des propos de Tirésias rappelle l'ambiguïté des messages delphiques lorsqu'Œdipe est allé consulter la Pythie pour la première fois. Il n'a pas été capable de comprendre ces paroles pythiques, parce qu'elles ne révélaient qu'une partie de la vérité. Les messages des dieux grecs sont toujours ambigus, renforçant la frontière infranchissable entre le monde fini des hommes et le monde infini des dieux. Le tragique en est renforcé. Ajoutons qu'il n'y a pas de tragique sans transcendance, or, (fil conducteur) Tirésias représente cette transcendance. Il est, pour toutes ces raisons, particulièrement lié au tragique.

Transition vers un autre argument

La cécité de Tirésias, qui est due dans la mythologie à un châtiment d'Athéna (parce qu'il l'avait vue nue, involontairement), est ici inséparable de sa fonction de devin. Elle a donc une valeur symbolique. Athéna lui offre d'ailleurs ce don en contrepartie de sa cécité.

Argument
Tirésias voit au-delà

Rappelons que le plus grand poète grec Homère est souvent représenté aveugle d'après la légende. Et lorsqu'un personnage devient aveugle, il arrive qu'il se mette soudain à prophétiser.

Pour les Grecs, l'incapacité de voir le monde autour de soi, permet d'accéder à une autre façon de voir ; il est question non plus de vue mais de vision, c'est-à-dire voir au-delà du visible ; il s'agit de la vision de ce qui est caché aux hommes, l'invisible, comme les secrets des dieux, des origines et de l'avenir.

Dans le premier épisode, Œdipe s'adresse d'abord à Tirésias en soulignant que sa cécité ne l'empêche pas de savoir, au contraire.

Exemples

« *Tu as beau être aveugle, tu n'en sais pas moins...* », p. 195 ; puis, sous l'effet de la colère, Œdipe dit le contraire de ce qu'il a affirmé précédemment : « *Non, pas chez un aveugle, dont l'âme et les oreilles sont aussi fermées que les yeux* », p. 197.

Commentaire

C'est Tirésias qui explique à Œdipe la symbolique de la cécité, opposant sans cesse la vision à la vue :

Exemple

« *Tu me reproches d'être aveugle ; mais toi, toi qui vois, comment ne vois-tu pas à quel point de misère tu te trouves à cette heure ?* », p. 199.

En outre, il lui prédit son aveuglement prochain :

Exemple

« *Tu vois le jour : tu ne verras bientôt plus que la nuit* ».

Commentaire

On peut comprendre ces paroles au sens propre et au sens figuré : Œdipe sera à la fois aveugle et le plus malheureux des hommes.

Conclusion

_ *Bilan*

Ce personnage, à l'apparition éphémère, joue un rôle primordial dans l'œuvre puisqu'à l'image des dieux, il maîtrise le temps, connaissant à la fois le passé et l'avenir.

_ *Réponse synthétique à la problématique*

Les paroles qu'il prononce s'accomplissent en vérité, ce qui est propre au théâtre et au principe divin. La progression du récit n'est qu'une vérification de la véracité de ses propos, inversant le sort de toute la famille royale. La découverte de cette vérité fait basculer Œdipe et les siens dans l'horreur. Il est, avec Œdipe, le personnage le plus important.

Pour aller plus loin

Liste de quelques autres sujets possibles à traiter :

- **Sujets similaires**
  > Quelle est l'importance du dialogue entre Tirésias et Œdipe dans le premier épisode ?

  > Quels sont la place et le rôle des prophéties ?
- **Sujet comprenant des éléments communs**
  > Comment se manifeste le destin (ou la fatalité) dans *Œdipe Roi* de Sophocle et *Œdipe Roi* de Pasolini ? Cf. Plan, p. 81.

  > Sujets sur l'importance du regard ou la cécité, Cf. Sujet à 12 points traité : Quelle est la symbolique de la cécité dans *Œdipe Roi* de Sophocle et *Œdipe Roi* de Pasolini ?

  > Ce sujet rejoint aussi des sujets sur le lien subtil entre voir/ ne pas savoir et ne pas voir/ savoir.

  > La rivalité entre Tirésias et Œdipe, les reproches d'Œdipe feront l'objet de certains aspects d'un sujet sur la politique ou le pouvoir des hommes et des dieux : exemples : « Peut-on considérer cette œuvre comme une œuvre politique ? » « Quelle est la relation entre les hommes et les dieux dans *Œdipe Roi* de Sophocle et *Œdipe Roi* de Pasolini ? », Cf. Sujet sur Œdipe, roi déchu.
- **Sujet en lien mais différent**
  > Peut-on considérer Tirésias comme un double d'Œdipe ?

Remarque Pour chaque devoir traité, vous devez relever les citations qui vous semblent les plus importantes et qui reviennent d'un devoir à l'autre. Faites-vous ainsi une « banque de citations ». Prenez les plus générales.

Sujet 2 Quelle est l'importance du rôle de Créon dans *Œdipe Roi* de Sophocle et de Pasolini ?

Conseils avant de commencer

- **Analyser la question**
- **Quel est le (quels sont les) terme(s) essentiel(s) du sujet ?**

  Ici, il s'agit de l'importance d'un personnage.

  Il peut être important par sa présence (connaître les scènes où il apparaît et où il est mentionné), par ses paroles ou par son autorité. Il peut aussi jouer un rôle dans l'intrigue et être porteur d'une forte symbolique.

  Pour trouver le plan, relisez la pièce et suivez l'ordre des apparitions de Créon : il est d'abord présent in absentia. Puis il est décrit.

  Comme il vient de Delphes il est d'emblée présenté comme le porte-parole d'Apollon.

  Il se réfère sans cesse à la parole divine, qu'il respecte infiniment, et il se montre pieux et soumis aux dieux jusqu'aux derniers instants de la pièce ; en cela il diffère d'Œdipe. Son caractère reste égal face aux emportements d'Œdipe et de son hybris. Il apparaît ainsi hors du tragique.

- **Élaborer un plan**

  Le plan découle facilement de cette rapide analyse.

  Présentation du personnage en relation avec les autres :

  1. Créon, intermédiaire entre les dieux et les hommes

  a. Créon le porte-parole des dieux

  b. Un homme religieux, plein de sagesse

  Rôle de Créon dans l'intrigue et sur un plan symbolique :

  2. Créon, un personnage hors du tragique

  a. Face à l'hybris

  b. Face au désespoir

Rédaction de la dissertation

- **Vérifier si le fil conducteur du sujet** (le personnage de Créon et son rôle) est bien présent et rappelé dans chaque partie.
- **Rassembler ses idées et des citations.** Pensez à réunir la banque de données de citations qui concernent ce personnage.

Les citations et passages-clés à retenir sont soulignés.

Introduction

_ ***Annonce du sujet***

Les personnages des tragédies antiques appartenaient tous à la mythologie et les spectateurs étaient déjà familiers avec le destin des protagonistes. Ceux-ci apparaissaient parfois dans plusieurs pièces et traversaient les intrigues successives.

_ ***Commentaire***
Rapide si nécessaire

C'est ainsi que le personnage de Créon apparaît chez Sophocle, dans les pièces *Œdipe Roi* comme « fils de Ménécée et frère de Jocaste », *Œdipe à Colone* comme «frère de Jocaste, futur roi de Thèbes » et *Antigone*, en tant que « roi de Thèbes ».

_ ***Problématique***

Dans la pièce *Œdipe Roi*, il n'apparaît que dans trois épisodes sur quatre et ses interventions, si elles sont toujours graves, n'en sont pas plus nombreuses. Il s'agit alors de réfléchir à l'importance du rôle de Créon dans *Œdipe Roi* de Sophocle et son adaptation cinématographique de Pasolini.

_ ***Annonce du plan***

Pour cela, nous étudierons la présence de Créon comme l'intermédiaire entre les dieux et les hommes et enfin ce personnage hors du tragique, image de la mesure face à l'hybris.

Développement

➤ Première partie

1. Créon, intermédiaire entre les dieux et les hommes

a. Créon le porte-parole des dieux

_ ***Argument***
Créon, intermédiaire entre les dieux et les hommes

Créon, fils de Ménécée (descendant de Cadmos, fondateur de la ville de Thèbes) est d'abord présent dans la pièce in absentia. Œdipe évoque sa mission auprès de la Pythie pour comprendre la cause de la peste. Petit à petit, dans la pièce et dans le film, il se rapproche, *« l'air radieux » et « le front paré d'une large couronne de laurier florissant »*. Il est donc décrit, dans la pièce, avant que les spectateurs ne l'aperçoivent. Dans le film, il arrive en courant, agitant les mains en signe de bonne nouvelle. Pasolini suit ainsi de près le texte de Sophocle.

Exemple — *« Ô prince, cher beau-frère, ô fils de Ménécée, quelle réponse des dieux nous rapportes-tu donc ? »*, p. 187, lui demande Œdipe avec, à la fois, beaucoup d'affection et d'impatience.

Commentaire — Ainsi, Créon apparaît-il d'emblée comme l'intermédiaire entre les dieux et les hommes, puisqu'il arrive de Delphes dans la Parodos, chargé de la parole du dieu Phœbos.

Argument *Créon semble porteur de bonne nouvelle* — Sa première réplique, dans la pièce et dans le film, prétend apporter une parole porteuse de bonheur de la part de Phœbos.

Exemple — *« Crois-moi, les faits les plus fâcheux, lorsqu'ils prennent la bonne route, peuvent tourner au bonheur »*, p. 188.

Commentaire — Les quatre phases de cette réplique peuvent se décomposer ainsi : « Crois-moi » demande à Œdipe d'avoir la foi (comme on a foi en Dieu) ; « les faits les plus fâcheux » évoquent la peste et la souillure ; « lorsqu'ils prennent la bonne route » rappelle le destin aléatoire et enfin « peuvent tourner au bonheur » est rempli d'ironie tragique. Ainsi, la première réplique de Créon contient-elle — comme en abyme — toutes les composantes de la tragédie qui va se dérouler devant les yeux des spectateurs.

Argument *Créon messager des dieux* — Il exprime la volonté du dieu avec fermeté et exactitude, sans interprétation personnelle qui pourrait en affadir le sens.

Exemple — *« Sire Phœbos nous donne l'ordre exprès de chasser la souillure de ce pays »* ou encore *« le dieu nous enjoint nettement de le venger et de frapper ses assassins »* et enfin *« le dieu les dit en ce pays »*, répète-t-il à Œdipe qui ne cesse de l'interroger, p. 188.

Commentaire — Ainsi, Créon s'abrite-t-il derrière la volonté du dieu en rapportant avec fidélité les oracles prononcés à Delphes. On sent qu'il accorde une grande foi aux paroles divines qu'il transmet au roi.

Transition — Il apparaît comme un homme pieux et craignant les dieux.

b. Un homme religieux, plein de sagesse

Argument *Créon, un homme religieux* — À la fin de la pièce, après le drame du suicide de Jocaste et de la mutilation d'Œdipe, Créon évoque encore le dieu pour chercher où se trouve son devoir, maintenant qu'il va devenir souverain de Thèbes. Il voudrait que l'on consulte encore l'oracle pour savoir que faire du roi déchu.

Exemple — *« Mieux vaut... nous assurer de ce qui est notre devoir »* affirme-t-il à Œdipe qui réclame son exclusion hors de la ville.

— ***Commentaire***	Ainsi, Créon fait-il, en toute occasion — bonheur ou malheur — la première place au dieu Apollon. Il s'agit d'une vraie piété, qui fait confiance aux dieux quelle que soit la circonstance.
— ***Argument*** *Un homme plein de sagesse*	Il s'exprime souvent par aphorismes faisant ainsi preuve de sagesse et de réflexion. Il s'adresse tout de suite à Œdipe par sentences, comme s'il était encore imprégné de la sagesse de l'oracle.
— ***Exemple***	*« Ce qu'on cherche, on le trouve ; c'est ce qu'on néglige qu'on laisse échapper »* rappelle-t-il au roi. Pasolini a changé en partie ces propos : *« ce qu'on ne veut pas savoir n'existe pas. Ce qu'on veut savoir existe »*.
— ***Commentaire***	Par cette façon de s'exprimer, pleine de sagesse, il se rapproche du Chœur, qui est lui aussi un personnage (collectif) pieux et droit. Dans le film, Créon met sans le savoir l'accent sur un aspect original du roi qui, certes, se met en quête de la vérité mais la refuse quand elle le met lui-même en danger. Une vérité trop brusquement révélée aveugle celui qui la reçoit. Il est dans une forme de déni.
Transition	Les derniers échanges de la Parodos, entre Œdipe et Créon, montrent la supériorité, non pas sociale, mais humaine de Créon sur le roi. En effet, il lui rapporte les paroles du dieu et comme Thébain de souche, il en sait plus long qu'Œdipe (croient-ils tous les deux) sur les circonstances de la mort de Laïos.

➤ Deuxième partie

2. Créon, un personnage hors du tragique

a. Face à l'hybris

— ***Argument*** *Un personnage dans la vraisemblance*	Il éclaircit Œdipe sur ce qui paraît obscur à ce dernier à propos de cette mort, à laquelle le roi se sent totalement étranger. Il apporte aussi de la vraisemblance à l'absence d'enquête autour de la disparition de Laïos.
— ***Exemple***	*« C'est la Sphinge qui « nous forçait à laisser là ce qui nous échappait afin de regarder en face le péril placé sous nos yeux »* rétorque-t-il à Œdipe qui s'étonne de ce manque de curiosité, p. 189.
— ***Commentaire***	Il montre ainsi une sagesse pragmatique, trouvant une réponse — plus ou moins satisfaisante — aux questions pressantes du roi, à propos du meurtre de Laïos.
— ***Argument*** *Un personnage simple*	La situation change au deuxième épisode, lorsque Créon réapparaît, éberlué des accusations portées contre lui par Œdipe. Il montre toujours un grand respect envers Œdipe.

Exemple — *« On m'apprend, citoyens, que notre roi Œdipe se répand contre moi en propos singuliers. L'idée m'en est intolérable ». « Serait-il pour moi rien de pis que de passer pour un félon dans ma cité, pour un félon à tes yeux ainsi qu'aux yeux de tous les miens ? »*

Commentaire — Par la déférence qu'il montre envers le roi et par la crainte qu'il a de se compromettre aux yeux de tous, Créon montre qu'il est un personnage simple et loyal, qui ne comprend pas qu'on ne le croie pas. Il dialogue avec le Coryphée, qui essaie de minimiser la portée des accusations du roi, le traitant d'assassin.

Argument — *Un homme simple et droit face à l'orgueil*

Lorsqu'Œdipe sort du palais et s'adresse directement à lui, Créon cherche alors à rester dans la mesure, la justice et le bon sens. Il voudrait qu'Œdipe fasse au moins l'effort de l'écouter pour qu'il puisse juger en toute équité. Or le roi refuse et la querelle s'envenime au point qu'Œdipe veuille la mort de son beau-frère.

Exemple — *« C'est ta mort que je veux, ce n'est pas ton exil »* lui crie le roi, p. 206. Créon reste posé devant une haine qui reste sans fondement. *« Si vraiment tu t'imagines qu'arrogance sans raison constitue un avantage, tu n'as plus alors ton bon sens »*, p. 203, dit-il à Œdipe qui l'accuse violemment.

Commentaire — Face à l'hybris d'Œdipe, il demeure dans la mesure et dans la vérité, cherchant à rester calme. Il fait preuve de maîtrise de soi, contrairement à Œdipe qui s'échauffe de plus en plus, sans écouter son beau-frère. Dans le film, le personnage de Créon, plus humble, est filmé dans une obscurité partielle alors que le roi est en pleine lumière. Il est adossé au palais obscur, dont les ténèbres recèlent l'inceste et sa souillure. La lumière qui éclaire Œdipe est illusoire. Ce dialogue en stichomythies est traduit en images par un jeu de champs-contrechamps. Cette technique met en valeur l'opposition entre les deux hommes. Le visage de Créon est fatigué et en sueur et semble apeuré, alors que celui d'Œdipe montre son assurance et sa colère.

Argument — *Créon face à l'hybris*

La longue tirade de Créon dans ce dialogue vigoureux montre un homme qui n'est pas dans la même dimension que le roi. Il est hors de la dimension tragique. En effet, alors qu'Œdipe est persuadé que son beau-frère cherche le pouvoir, Créon se montre plein de simplicité et de raisonnement pragmatique.

Exemple — *« Pour moi, je ne suis pas né avec le désir d'être roi mais bien avec celui de vivre comme un roi »* oppose-t-il aux raisonnements fallacieux d'Œdipe.

_ ***Commentaire***	Cette affirmation n'est pas recevable pour le roi qui n'est pas dans la même dimension. Le tenant du pouvoir ne peut pas imaginer qu'on ne le lui envie pas. Le personnage tragique fait preuve d'une hybris qui le dépasse et qui dépasse surtout le personnage qui se trouve en face de lui. Les deux beaux-frères résident dans deux dimensions qui n'admettent aucun passage entre elles et par conséquent, aucune compréhension ni communication. **Créon met malgré lui en valeur un aspect important de la pièce, l'aspect politique.** En effet, Sophocle propose une réflexion sur la royauté, ses exigences, ses dangers et l'hybris qu'elle peut engendrer. Rappelons que le titre grec est *Œdipe Tyrannos*, Sophocle mettant l'accès sur la fragilité éventuelle d'un pouvoir non hérité. Œdipe, qui craint pour son pouvoir, ignore qu'il est en réalité le fils du roi de Thèbes et donc un *basileus*.
Transition	(entre les deux sous-parties). C'est pourquoi, cet homme, inaccessible à la dimension tragique, se montre sensible au drame que vit son beau-frère. La chute d'Œdipe rabaisse le roi plus bas que Créon, dans l'ordre de la dignité humaine.

b. Face au désespoir

_ ***Argument*** *Grandeur d'âme de Créon*	En effet, dans le quatrième épisode, l'attitude de Créon, qui vient de perdre sa sœur et qui voit son beau-frère atrocement mutilé, ne cède pas à une vile vengeance. Celle-ci consisterait à se réjouir du mal subi par un homme rempli de morgue et de violence à son égard, encore quelques instants auparavant. À nouveau, son arrivée est annoncée par le Coryphée, p. 232, avant que le spectateur ne le voie, rappelant à Œdipe que Créon reste le seul à « veiller » sur Thèbes. À Œdipe qui, enfin, reconnaît s'être montré injuste envers son beau-frère, Créon témoigne d'une grandeur d'âme admirable.
_ ***Exemple***	*« Je ne viens point ici pour te railler, Œdipe, moins encore pour te reprocher tes insultes de naguère »*, p. 232.
_ ***Commentaire***	Il se montre donc magnanime, prouvant ainsi que les accusations outrageantes de son beau-frère n'ont pas eu de prise sur lui et qu'il demeure d'une humeur égale face à la violence.
_ ***Argument*** *Compassion de Créon*	Ce qui aurait dû provoquer une intense émotion chez lui est, non seulement resté sans effet, mais encore le pousse à ménager une dernière joie au père éploré, en lui laissant saisir une dernière fois les mains de ses deux filles.
_ ***Exemple***	*« C'est bien moi qui t'ai ménagé cette joie, dont je savais que la pensée depuis un petit moment t'obsédait »* p. 232

_ ***Commentaire*** Devant le désespoir de son beau-frère, oubliant toutes ses insultes, il se montre donc charitable et miséricordieux. C'est pourquoi, Œdipe, celui qui l'a injurié et accusé à tort jusqu'à vouloir sa mort, reconnaît enfin que Créon est « le meilleur des hommes » p. 232.

_ ***Argument***
Créon devient roi
C'est alors à lui que reviennent les avant-derniers mots de la pièce, juste avant ceux du Coryphée. Il s'adresse à Œdipe par une dernière admonestation, qui est une sorte de conclusion, montrant ainsi qu'il est devenu souverain à la place du roi.

_ ***Exemple*** *« Ne prétends donc pas triompher toujours ; tes triomphes n'ont pas accompagné ta vie »* p. 235

_ ***Commentaire*** Ainsi, cet homme, qui refusait toute prise de pouvoir, qui restait heureux d'être le troisième personnage du royaume, en devient le premier, par ironie tragique.

Conclusion

_ ***Bilan*** Créon, homme pieux et sage, dans la pièce et dans le film *Œdipe Roi*, reste d'humeur égale que ce soit en rapportant les paroles du dieu, ou en écoutant les accusations insensées de son beau-frère. De l'aveu même de celui-ci, il passe du pire au meilleur entre le début et la fin de la pièce.

_ ***Ouverture*** Ce personnage secondaire se présente donc ici comme un homme magnanime et charitable. Il n'est pas certain qu'il se présente sous les mêmes lumières dans la pièce *Antigone* du même auteur.

Pour aller plus loin

- **Sujet presque similaire mais moins vaste**

  > Quelle est la fonction dramatique de l'entrevue entre Œdipe et Créon ?

- **Autre sujet possible**

  > Quelle est l'importance des personnages autres qu'Œdipe et Jocaste ? Il s'agit de Tirésias, Créon, le Chœur, Angelo dans le film, le messager et les deux serviteurs : le Corinthien et le berger, Polybe et Mérope et Laïos.

  Le sujet est vaste, il faut l'envisager par catégorie sociale et, à l'intérieur de chaque catégorie, étudier ses relations avec Œdipe et leur place dans l'intrigue.

  Certains aspects de ce sujet rejoignent un sujet sur le pouvoir.

Sujet portant sur un passage-clé

Méthode

Plan type

1. **Présentation de l'épisode et du contexte**
   a. Présentation de l'épisode : à quel moment de l'intrigue ou du récit ? Analyse du déroulement de l'événement (ne racontez pas)
   b. Liens avec les passages qui l'entourent et écho avec d'autres passages de l'œuvre. Personnages concernés

   Transition

2. **Importance de ce passage dans l'œuvre**
   a. Fonction dramatique de ce passage (mettre en valeur l'avant et l'après : influence sur la destinée des personnages concernés)
   b. Rôle symbolique de ce passage-clé : que signifie cet épisode par rapport à la psychologie des personnages et aux thèmes principaux de l'œuvre

Ce type de plan permet de donner une progression au sujet :

- du moins important au plus important ;
- de l'observation à l'analyse.

Remarque Il est évident qu'il ne faut pas adopter systématiquement ce plan sans avoir préalablement réfléchi au sujet. Il peut être modifié en fonction du passage-clé et de l'intitulé du sujet. Mais ces axes sont incontournables.

Application

Sujet 3 Comment est représentée la rencontre mythique et symbolique entre Œdipe et la Sphinge dans l'*Œdipe Roi* de Sophocle et de Pasolini ?

Conseils avant de commencer

- **Analyser la question**

  Comme pour le sujet sur un personnage, il y a « des incontournables » :

  > Il est question ici et d'un événement et d'un personnage.

  > Dans ce sujet, les adjectifs « mythique et symbolique » indiquent une voie à suivre. Il peut aussi être intéressant de l'approcher sur un plan esthétique : comment l'auteur l'a-t-il traité ? Ici, ce point est d'autant plus important que Sophocle et Pasolini n'auront sans doute pas fait les mêmes choix.

- **Rassembler ses idées**

  > **Mythologie** : faire une recherche sur la Sphinge dans la mythologie et ses représentations figurées ou sculpturales. Comparer ces représentations traditionnelles avec celles des deux auteurs.

  > **Parcourir la pièce** en cherchant les allusions à la Sphinge et en réfléchissant à ce qu'elle représente symboliquement.

  > **L'énigme de la sphinge est interprétée par Jean Pierre Vernant** qui y voit un jeu de mots. Œdipe est à la fois l'homme de l'énigme et celui qui ne sait pas déchiffrer sa propre énigme. Tirésias souligne ce paradoxe dans le 1er épisode. Rappelons qu'Œdipe est fier d'avoir déchiffré l'énigme de la Sphinge et estimé par tout le peuple de Thèbes en raison de cela. Le contraste, à la fin de la pièce, entre cette grandeur et sa déchéance apparaît d'autant plus frappant et tragique.

  > **Faire le même travail pour le film en analysant de près les innovations** proposées par Pasolini et leur sens. Il a lui-même commenté son interprétation.

- **Élaborer un plan**

  Il faut veiller à bien garder le fil conducteur en vérifiant si le schéma proposé s'adapte à la spécificité de ce personnage. Traiter aussitôt le sujet après avoir vérifié la cohérence du plan envisagé.

Il est donc possible de suivre le même type de plan que pour un personnage :

1. Représentations de ce monstre et de l'événement, soit par la parole soit dans la mise en scène en commençant par les représentations traditionnelles, puis chez Sophocle et chez Pasolini.

   Cet événement étant une rencontre, il faudra étudier comment les personnages se comportent entre eux.
2. Chercher la fonction de ce personnage et de la rencontre avec lui d'un point de vue dramatique puis symbolique.

   1. La rencontre du héros tragique avec le Sphinx, personnage mythique

   a. Représentation traditionnelle dans *Œdipe Roi*

   b. Représentation originale dans le film de Pasolini

   2. La fonction de ce personnage

   a. Le Sphinx, une figure du destin, trompeuse et délétère

   b. La tragédie du déchiffreur d'énigme renvoyé à lui-même et incapable de déchiffrer sa propre énigme

Rédaction de la dissertation

Remarque Le personnage de Sophocle est une créature féminine, nous l'appellerons donc, comme Sophocle, « La Sphinge ». Celui de Pasolini est une créature masculine, nous dirons donc le Sphinx.

Les citations et passages-clés à retenir sont soulignés. Relire et revoir tous les passages où il est fait allusion à la Sphinge et où elle apparaît. Les citations sont dans le devoir.

Introduction

– ***Annonce du sujet***

Le Sphinx ou la Sphinge est un personnage important, voire essentiel du mythe d'Œdipe, puisque c'est en déchiffrant son énigme qu'Œdipe épouse sa propre mère, accomplissant ainsi son deuxième crime après le parricide.

– ***Commentaire rapide du sujet si nécessaire***

L'épisode de la rencontre avec ce monstre mythique se situe donc entre ces deux événements. C'est pourquoi, ce mythe intéresse vivement les artistes et les philosophes depuis l'antiquité, lui donnant différents aspects et différentes symboliques. Pasolini, dans sa réécriture filmique de la pièce d'*Œdipe Roi* de Sophocle, reprend ce personnage en lui donnant davantage de place et en changeant son aspect et son rôle.

– ***Problématique***

Nous étudierons donc la représentation de ce mythe et sa portée symbolique dans ces deux œuvres.

Annonce du plan en 2 parties

Nous verrons dans un premier temps comment la rencontre du héros tragique avec le Sphinx est évoquée dans les deux œuvres. Puis nous nous intéresserons à la fonction de ce personnage, figure du destin, qui renvoie Œdipe à lui-même.

Développement

➤ Première partie

1. La rencontre du héros tragique avec le Sphinx, personnage mythique

a. Représentation traditionnelle dans *Œdipe Roi*

Argument
Représentations traditionnelles

La Sphinge est, comme les Harpyes ou les Sirènes, un monstre féminin, l'un de ces nombreux êtres hybrides de la mythologie grecque, ayant à la fois des caractéristiques humaines et animales. On les combat davantage par l'intelligence et la ruse que par la force.

Exemple

Elle apparaît dans *la Théogonie* d'Hésiode au VIIIe siècle avant J.-C. comme étant le fruit d'une union incestueuse entre Echidna, un monstre au corps de femme terminé par une queue de serpent et son fils Orthros, le chien de Géryon, qui fut tué par Héraclès. Il a selon les légendes, plusieurs têtes ou un corps de serpent et est le frère du chien Cerbère, gardien tricéphale des enfers. **Une autre tradition fait d'elle une fille naturelle de Laïos.**

Commentaire

Quoi qu'il en soit, dans l'antiquité, la Sphinge est toujours représentée, sur les figures de vase, dans la sculpture ou les légendes, avec un corps de lion, des ailes d'oiseau et une tête de femme. Elle est dangereuse puisqu'elle attend les passants au bord du chemin, leur pose une énigme et tue ceux à qui elle la pose, s'ils ne savent pas répondre.

Argument
La Sphinge chez Sophocle

Dans la légende d'Œdipe, c'est Héra qui aurait envoyé la Sphinge en Béotie après le meurtre de Laïos. Œdipe vient et déchiffre l'énigme ; la Sphinge, de dépit, se jette du haut de la montagne. **Mais Œdipe, en débarrassant les hommes de ce terrible fléau a aussi, malgré lui, réalisé la terrible prédiction** à laquelle il croyait pouvoir échapper. Cette énigme est désormais très connue : (« Quel est l'être qui marche à quatre pattes le matin, deux le midi et trois le soir ? »). Sophocle reprend cette tradition mais ne mentionne pas l'intitulé de l'énigme et ne raconte pas non plus la rencontre entre son héros et le monstre. Les spectateurs du Ve siècle connaissaient la légende. Cependant il est fait référence à cette aventure à plusieurs reprises dans la pièce ; elle est donc **à la fois toujours présente aux esprits et toujours évoquée de manière indirecte.**

– *Exemple*

Dans le Prologue, le prêtre désigne la Sphinge par l'expression *« l'horrible chanteuse »*. Puis Créon la désigne par la périphrase : *« la Sphinx aux chants perfides »*.

– *Commentaire*

Dans les deux cas, elle est évoquée comme étant terrifiante et dangereuse, et l'insistance est mise sur son chant et donc sa voix. Ce monstre a en effet cette particularité : **elle parle et le danger vient de là**. Le prêtre du Prologue rappelle cet événement comme faisant partie intégrante du personnage d'Œdipe et de ce qu'il représente pour les autres : le premier et le meilleur des hommes, aidé par les dieux, un sauveur, celui qui a déjà sauvé la ville et peut encore le faire. Œdipe lui-même l'époque à nouveau dans son entretien avec Tirésias.

– *Argument*

Œdipe est fier de sa victoire

Il revendique avec fierté cette aventure comme étant la preuve de « sa grandeur », de son courage et de son intelligence ; il rappelle que c'est lui qui a sauvé Thèbes de ce fléau. Cette rencontre avec la Sphinge légitime ainsi sa place de roi.

– *Exemple*

Le Chœur rappelle à son tour qu'Œdipe *« prouva alors et sa sagesse et son amour pour Thèbes »* face à « la vierge ailée ». Et cet exploit est à nouveau chanté par le Chœur à la fin de la pièce pour glorifier Œdipe comme « un rempart contre la mort », ayant reçu grâce à son mérite « les honneurs les plus hauts » en régnant sur Thèbes : *« Il avait détruit la devineresse aux serres aiguës »*.

– *Commentaire*

Œdipe fait preuve d'héroïsme en effet dans cette confrontation : il a le courage d'affronter la Sphinge pour délivrer les Béotiens, ressemblant ainsi à un héros traditionnel de la mythologie, comme Thésée combattant le Minotaure ou Héraclès accomplissant ses travaux ; il va jusqu'à correspondre au héros de tout temps, le vaillant et preux chevalier qui, par générosité, affronte un monstre réputé invincible, au péril de sa vie, pour sauver les autres. **Il est aussi celui qui sait**, conformément à l'un des sens qu'on peut donner à son nom « Oidipous » : oida signifiant « je sais » en grec.

Transition

Cependant Pasolini ne représente pas la Sphinge et la rencontre entre le monstre et Œdipe de la même façon. Cette figure mythique a en effet inspiré beaucoup d'artistes, qui choisissent de la représenter de manières différentes. Pasolini fait ici preuve d'une grande originalité.

b. Représentation originale dans le film de Pasolini

Argument

Pasolini innove en mettant en scène la rencontre avec un monstre devenu masculin

À la différence de Sophocle, Pasolini consacre un long passage à cette rencontre. Elle a lieu après le meurtre de Laïos et la première rencontre avec Tirésias. **Cette scène est une innovation par rapport à la pièce de Sophocle**, où, comme nous l'avons vu, nous n'avons aucune parole (même rapportée) prononcée par la Sphinge. De plus, Pasolini masculinise ce monstre. C'est le messager qui montre à Œdipe le rocher dans lequel vit un monstre qui terrifie la ville. Il lui explique pourquoi les Thébains fuient leur ville et quel fléau représente le Sphinx pour Thèbes et ses habitants :

Exemple

« Elle est venue d'un abîme, on ne sait pas d'où [...] Nous allions si bien [...] Personne n'a le courage de la rejeter au fond de son abîme [...]».

Commentaire

Cet aspect monstrueux et délétère reprend la tradition, mais, par ses propos, le messager s'en éloigne et donne aussitôt au monstre une portée symbolique en **insistant sur ses origines abyssales**.

Argument

Description de l'aventure et du monstre.

On aperçoit d'abord le Sphinx de loin, étrange silhouette immobile, assise, puis de près, lorsqu'Œdipe lui fait face. Le monstre a un corps d'homme mais porte un masque comme la Pythie ; ce masque africain le déshumanise et le rend effrayant. C'est un masque de chouette qui, traditionnellement, fait référence à la sagesse et donc, ici, à l'énigme à déchiffrer.

Exemple

Le Sphinx ne chante pas. C'est Tirésias qui joue de la flûte et le chant de la flûte fascine Œdipe. Il reproche à Tirésias d'être indifférent aux malheurs de Thébains.

Commentaire

Il prend donc la place du devin en se chargeant de sauver ces malheureux. Il refuse d'écouter davantage le messager ; il s'avance lentement puis se met à courir vers le rocher, malgré le messager qui essaie de l'arrêter et lui demande de ne pas y aller : affolé, il se cache. Ainsi, le contraste entre la peur du messager et l'audace du jeune héros est-il souligné. Cette attitude est pourtant difficile à interpréter : est-ce du courage et même une forme de témérité ? Est-ce de l'hybris, de la violence, une envie irrépressible de tuer ? Est-ce de la curiosité ?

Argument

La vision très personnelle du cinéaste

Pasolini présente ici une vision très personnelle de la rencontre entre Œdipe et la sphinge, qui ne ressemble en rien à celui de la mythologie grecque. Le monstre a un rôle inversé à celui de la légende ; il ne demande pas à Œdipe de déchiffrer une énigme sur les hommes mais interroge Œdipe sur sa propre énigme :

Exemple

« Une énigme assombrit ta vie. Quelle est-elle ? ». La réponse d'Œdipe métamorphose aussitôt le héros mythique : **« Je ne veux pas savoir »** dit Œdipe.

_ *Commentaire*

À la différence du personnage de Sophocle, qui fait alors preuve de courage et d'intelligence, cet Œdipe-là est plutôt un homme d'action. Il ne déchiffre aucune énigme et fuit les questions du Sphinx et court vers lui pour le tuer. Il semble aussi qu'il veut le faire taire car il lui dit deux fois « Je ne veux pas te voir » et il ajoute : « Je ne veux pas t'entendre », comme si ses paroles lui faisaient peur. Œdipe combat le monstre, mais le Sphinx lui résiste peu et semble se laisser tuer. **Œdipe se montre dans cette confrontation à la fois héros et antihéros** : il a le courage d'affronter le Sphinx. Mais, lorsqu'il doit affronter sa propre énigme, il la fuit. De plus, il s'avère que le Sphinx est facile à combattre. Il est sans défense. Dans les deux scènes où Œdipe accomplit un meurtre, il se montre violent et même cruel. On reconnaît là celui qui s'acharnait sur les gardes de Laïos. Cette épisode va donc à l'encontre de la tradition, **le Sphinx n'est pas violent mais sage, c'est Œdipe qui fait preuve de violence et donc de bestialité**.

Transition

Dans les deux œuvres, cette aventure a une fonction importante et symbolique.

➤ Deuxième partie

2. La fonction de ce passage-clé

a. La Sphinge, une figure du destin, trompeuse et délétère

_ ***Argument***
Une rencontre fatale

Cette rencontre se situe chronologiquement entre les deux crimes d'Œdipe, et géographiquement sur le chemin qui mène Œdipe vers Thèbes, le lieu de ses origines. La victoire d'Œdipe contre la Sphinge est pour lui fatale puisqu'elle lui permet d'épouser Jocaste et donc de commettre l'inceste. Elle lui donne apparemment accès au trône, à la gloire et aux honneurs, et en réalité, le conduit à sa perte.

_ ***Exemple***

C'est ce que soulignera le Coryphée à la fin de la pièce : il rappelle cet épisode pour montrer à quel point le plus heureux des hommes est devenu le plus malheureux : *« Regardez, habitants de Thèbes. Le voilà, cet Œdipe, cet expert en énigmes fameuses, qui était devenu le premier des humains. Personne dans sa ville ne pouvait contempler son destin sans envie. Aujourd'hui, dans quel flot d'effrayante misère est-il précipité ! »*.

_ ***Commentaire***

Sa conclusion s'élargit à tous les hommes.

_ ***Argument***
Œdipe, personnage universel

Œdipe devient le symbole de l'humanité et de sa fragilité :

Exemple « *C'est donc ce dernier jour qu'il faut, pour un mortel, toujours considérer. Gardons-nous d'appeler jamais un homme heureux, avant qu'il ait franchi le terme de sa vie sans avoir subi un chagrin* ».

Commentaire Cette rencontre, sous ses apparences bénéfiques, est donc fallacieuse et délétère. En effet, la Sphinge hante les Thébains depuis la mort de Laïos. Or, c'est le responsable de cette la mort de Laïos, son propre fils, qui tue la Sphinge et épouse ainsi sa mère. La sphinge une fois disparue, Thèbes n'est pas débarrassée de la malédiction qui pèse sur elle, mais encore souillée et Œdipe se charge une nouvelle fois de la délivrer. C'est pour toutes ces raisons que la Sphinge **fait aussi figure de destin**.

Transition Cette aventure est donc liée aussi à **l'ironie tragique** qui caractérise l'existence d'Œdipe. Victorieux et fier de l'être, il ignore que sa victoire le mène à sa perte. **Et cette ignorance, elle aussi, le caractérise.**

b. La tragédie du déchiffreur d'énigme renvoyé à lui-même et incapable de déchiffrer sa propre énigme

Argument *Œdipe ne comprend pas sa propre énigme*

Lui qui se croyait savant, clairvoyant et habile en trouvant l'énigme que les autres ne pouvaient élucider, lui, le déchiffreur d'énigmes, ne comprend pas l'énigme de la mort de Laïos, c'est-à-dire la sienne ; le mystère qui entoure ses origines est pour lui impénétrable.

Exemple Œdipe emploie lui-même le mot « énigme » lorsqu'il ne comprend pas ce que Tirésias lui dit, dans le premier épisode de la pièce : « *Tu ne peux donc user que de mots obscurs et d'énigmes ?* ». Le devin répond en soulignant ce paradoxe. Il le renvoie à sa propre énigme et va jusqu'à ironiser sur ses talents de « déchiffreur d'énigmes » : « *Quoi ! Tu n'excelles plus à trouver les énigmes ?* »

Commentaire En parlant ainsi, Tirésias manie l'ironie tragique : Œdipe a su déchiffrer l'énigme de la Sphinge mais ne sait pas déchiffrer la sienne, il ne comprend rien aux paroles du devin. Et cette grandeur passée est le signe de son malheur : « *C'est ton succès qui justement te perd* ».

Argument *Pasolini et les masques*

En jouant sur les masques, Pasolini, a accentué cet aspect symbolique inversé : **la Pythie et le Sphinx portent des masques mais disent la vérité. Œdipe, lui, n'en porte pas mais vit dans le mensonge**, sans le savoir. **C'est lui qui porte un masque et se démasquera lui-même** en découvrant qui il est vraiment. Nous avons aussi constaté que dans le film, le Sphinx ne propose pas d'énigme mais pose une question à Œdipe qui le renvoie à lui-même :

Exemple « *L'abîme dans lequel tu veux me rejeter est au plus profond de toi* ».

Commentaire

Cette phrase prononcée par le Sphinx est évidemment lourde de sens. Œdipe devait rejeter le Sphinx dans l'abîme d'où il venait. Or, le Sphinx, avant de mourir, souligne l'inutilité de sa mort (« C'est inutile », dit-il) et renvoie Œdipe à son propre abîme, c'est-à-dire un gouffre insondable, mais aussi dans lequel on tombe. Celui de l'oubli et de l'ignorance ? Celui de la faute ? Œdipe en effet, comme nous l'avons déjà mentionné, refuse de savoir. Par la suite, voulant rester dans le déni ou l'aveuglement, il rejettera Tirésias avec violence.

Argument

Une représentation de l'inconscient d'Œdipe

Pasolini lui-même fait du Sphinx une représentation de « l'inconscient d'Œdipe » :

Exemple

« Œdipe peut faire l'amour avec sa mère seulement à condition de refouler le Sphinx dans l'abîme, c'est-à-dire dans son propre inconscient » (*Cahiers du Cinéma*, n° 195).

Commentaire

En tuant le Sphinx, il refoule sa propre vérité en la rejetant dans son propre abyme, donc dans son inconscient.

Exemple

La phrase de Créon : *« Ce qu'on ne veut pas savoir n'existe pas »*

commentaire

semble illustrer le refoulement d'Œdipe. Œdipe devient ainsi un héros qui est l'envers de celui de Sophocle : celui qui refuse de savoir et **serait alors coupable de ne pas vouloir savoir**. Le personnage se montre paradoxal. Il désire aller à Delphes pour déchiffrer un rêve qui le hante, mais il fuit par la suite sans arrêt.

Exemple

Barthélémy Amengual souligne que : *« Toute l'œuvre de Pasolini se place sous le signe de la contradiction entre ignorance et savoir : besoin de savoir quand on ignore, inutilité de savoir lorsqu'on sait. »* Et Pier Paolo Pasolini dit lui-même : *« Chez Sophocle, c'est cela qui m'a le plus intéressé : le contraste entre l'innocence totale et le devoir de savoir. Ce n'est pas tant la cruauté de la vie qui produit les crimes que le fait que ces crimes soient commis parce que les gens n'essaient pas de comprendre l'histoire, la vie et la réalité. »*

Commentaire

Cette ignorance du protagoniste est, de plus, le sujet de cette tragédie qui est elle-même sous forme d'énigme. En cela **l'énigme du Sphinx serait une mise en abyme de la tragédie toute entière**, l'histoire, le cheminement d'un homme, qui peu à peu, perce sa propre énigme et découvre que le monstre n'est pas hors de lui mais en lui, qu'il est lui-même un monstre. Jean Pierre Vernant a lui-même souligné le jeu de mots qu'on pouvait faire en mettant en parallèle le « dipous » (l'homme sur quatre, deux, puis trois pieds) réponse de l'énigme », et « l'oidipous », Œdipe qui est lui-même sa propre énigme.

Conclusion

Bilan
Réponse à la problématique

Cet épisode est donc fondamental et les deux artistes l'ont, certes, traité différemment, mais ont tous deux souligné son rôle symbolique. La tragédie d'*Œdipe Roi* est une quête de soi et de la vérité qui prend, comme l'énigme de la Sphinge, l'apparence d'un mystère à éclaircir. L'attitude complexe du personnage face à la Sphinge et à l'énigme de sa vie renvoie le spectateur à sa propre énigme. C'est pour cette raison que les artistes prennent plaisir depuis l'antiquité à réécrire ce mythe, à la fois celui de la rencontre avec le Sphinx et celui d'Œdipe lui-même.

Pour aller plus loin

Autre sujet sur un moment-clé :

- Comment la mort de Jocaste et l'aveuglement d'Œdipe sont-ils représentés ?

  → Cf. Entraînement 3

Sujet portant sur un motif

Méthode

Plan type

Plan type à nuancer et adapter en fonction du motif et de la question posée :

1. **Présentation du motif et du contexte (traitement du motif, personnages concernés, place dans l'œuvre)**
   a. Description du motif (origines, tradition, évolution)
   b. Apparitions et place dans l'œuvre (apparitions fréquentes ? À quels moments ?)

Transition

2. **Importance du motif dans l'œuvre**
   a. Place du motif dans l'intrigue (fonction dramatique)
   b. Rôle symbolique du motif

Ce type de plan permet de donner une progression au sujet :

- du moins important au plus important,
- de l'observation à l'analyse.

Remarque Il est évident qu'il ne faut pas adopter systématiquement ce plan sans avoir préalablement réfléchi au sujet. Il peut être modifié en fonction du motif et de l'intitulé du sujet. Mais ces axes sont incontournables : présentation du motif, place dans l'intrigue, importance dans l'œuvre, rôle symbolique.

Application

Sujet 4 Comment est traité le motif du pied ?

Conseils avant de commencer

- **Analyser la question**

  Ce motif concerne Œdipe mais aussi ses parents (aussi bien adoptifs que biologiques).

- **Quel est le (quels sont les) termes essentiels du sujet ?**

  Cette partie du corps semble importante, voire essentielle et souvent évoquée :

  > **Elle fait partie du nom d'Œdipe** : nom atypique pour un grec et surnom (pieds enflés).

  > Faire des recherches sur l'étymologie grecque de ce nom, composé de deux parties : oida (savoir) pous (pied).

  > Procéder aussi à des recherches mythologiques : ce motif du pied apparaît-il dans les légendes mettant en scène la famille des Labdacides ?

  > Ne pas oublier que l'énigme de la Sphinge évoque cette partie du corps et révèle une relation complexe d'Œdipe avec le savoir.

  > **Se demander quel est le lien entre le nom d'Œdipe et toute son histoire.**

- **Rassembler ses idées et des citations**

  Chercher dans la pièce et dans le film les passages où il est fait allusion aux pieds d'Œdipe et aux pieds de façon générale : Prologue, puis sur le Cithéron, puis à Corinthe.

- **Élaborer un plan**

  1. **Le destin d'Œdipe (présentation du motif et place dans l'intrigue)**
     a. Les pieds dans la mythologie, les Labdacides, une lignée maudite de boiteux
     b. Les pieds d'Œdipe, signe de son destin, l'enfant maudit (maltraitance, abandon, haine du père)
  2. **Le nom d'Œdipe (importance du motif dans l'œuvre et symbolique)**
     a. Œdipe adopté (on lui donne ce nom), *Œdipe Roi* le déchiffreur d'énigmes, l'homme qui sait, l'homme sur deux pieds puis sur trois pieds (importance du motif dans l'œuvre)
     b. Celui qui croit savoir, ignore puis sait (symbolique)

Rédaction de la dissertation sous forme de plan détaillé

Introduction

Le titre de la pièce de Sophocle et de sa réécriture cinématographique de Pasolini est *Œdipe Roi*, nom étrange qui signifie « pieds enflés ». L'un des mythes les plus importants de la civilisation occidentale est donc étonnamment construit autour de ce surnom. On peut donc se demander quelle est la place de cette partie du corps dans l'histoire de ce personnage. Nous constatons en effet que c'est un motif récurrent, qui fait partie de l'histoire des Labdacides et de toute la vie d'Œdipe. Le motif des pieds, en apparaissant dans le nom du personnage éponyme et à l'intérieur même de l'énigme de la Sphinge, souligne ainsi les nombreux mystères qui entourent la vie d'Œdipe.

Développement

➤ Première partie

1. Le destin d'Œdipe (présentation du motif)

a. Les pieds dans la mythologie, les Labdacides, une lignée maudite de boiteux

Œdipe est un Labdacide, fils de Laïos et petit-fils de Labdacos : or, en grec : ce nom, qui vient de la lettre lambda, dont l'un des jambages est plus long que l'autre, signifie « boiteux ».

En outre, le nom de « Laïos » signifie « le gauche, le gaucher », donc le maladroit. « On peut donc considérer que Laïos « boite » dans ses gestes, comme Labdacos boite dans sa démarche » (*Les boiteux, la boiterie, le pied dans la littérature ancienne* de Françoise Yche-Fontanelle). Dans *Mythe et tragédie en Grèce Ancienne II* (Éditions La découverte 1972), Jean-Pierre Vernant fait d'Œdipe le « tyran boiteux » : la boiterie des Labdacides révèle un dysfonctionnement de la communication entre les générations : Labdacos est orphelin de père très tôt, et Laïos n'a pas le droit d'avoir d'enfant. Ce dysfonctionnement se retrouve chez Œdipe incestueux et parricide. Ses fils, Etéocle et Polynice s'entretueront. Or, cette distorsion est liée à la sexualité : Laïos a violé Chrysippos, le fils de Pélops : il a donc « gauchi » à la fois sa sexualité et les lois de l'hospitalité, puisque Pélops était son hôte. Œdipe, à son tour, « gauchit » la relation sexuelle en devenant à la fois le fils et l'époux de sa mère, le père et le frère de ses enfants.

Œdipe est donc doublement victime de son père : il appartient, à cause de lui, à une famille maudite et supporte les conséquences de ses fautes, en subissant un destin qui fait de lui un monstre. Laïos était interdit de descendance à cause de ses fautes et il a tenté de le tuer. « L'enfant, une fois né, trois jours ne s'étaient pas écoulés, que déjà Laïos, lui liant les talons, l'avait fait jeter sur un mont désert » dit Jocaste dans le second épisode, p. 209.

En exposant son enfant sur le Cithéron, Laïos lui a lié les pieds avec tant de force qu'il en porte encore la marque à l'âge adulte.

b. Les pieds d'Œdipe, signe de son destin, l'enfant maudit (maltraitance, abandon, haine du père) (Place dans l'intrigue)

Le nom Œdipe qui signifie « pieds enflés » rappelle son destin et la maltraitance qu'il a subie. On trouve dans les deux œuvres des allusions à cet événement et des références à cette partie du corps. Le Corinthien, dans le troisième épisode de la pièce, p. 219, lui dit : « Tes pieds pourraient sans doute en témoigner encore »/ « Ah ! Pourquoi rappeler mon ancienne misère ? », répond Œdipe/ « C'est moi qui dégageais tes deux pieds transpercés / Dieux ! Quelle étrange honte autour de mon berceau !/ Tu lui as dû un nom tiré de l'aventure ».

Dans le *Kommos*, p. 230, Œdipe se lamente : « Ah ! Quel qu'il fût, maudit soit l'homme qui, sur l'herbe du pâturage, me prit par ma cruelle entrave, me sauva de la mort ».

Dans le Prologue du film : dans la nuit, le militaire se lève. On entend alors une flûte et des tambours. Il prend les pieds de l'enfant et les serre tellement fort qu'il pleure et appelle sa mère. Ce geste du père est d'une grande violence à la fois castratrice et meurtrière. Cela rappelle la façon dont il le rejetait et le regardait avec hostilité et haine auparavant. Dès le Prologue, les pieds de l'enfant symbolisent le lien brisé, malsain, retors avec le père.

La transition entre cette scène et la suivante se fait par l'intermédiaire de deux éléments : les pieds meurtris du bébé et les sons de flûte et de tambour. Cette partie du corps, essentielle, sert de fil conducteur.

L'abandon de l'enfant : un travelling permet de suivre le chemin parcouru par un homme qui porte un bébé attaché à un bâton, par les pieds et les mains tel un animal qu'on va sacrifier. Cette distance, cette façon de porter l'enfant et de traiter son corps annoncent sa mise à mort. Le bébé pleure.

Le berger de Corinthe lui détache ses liens aux mains puis aux pieds en disant : « « Tes pieds sont enflés, on te les a attachés si fort ». Cette réplique fait allusion à la violence du père dans le Prologue, à la dureté du destin et c'est la première mention du futur nom d'Œdipe.

La libération de l'enfant : dans cette séquence de l'adoption, l'enfant attaché par les pieds doit être tué. Il y a donc un lien entre les pieds enflés (Œdipe) et l'infanticide. Le berger, en lui détachant les pieds, le sauve et le fait renaître.

L'adoption de l'enfant : Mérope le prend avec douceur dans ses bras et le désigne par l'expression « pieds gonflés » puis « mon petit Œdipe ». Ainsi, insiste-t-on sur ce qui caractérise le personnage dès ses débuts dans la vie : le mystère de ses origines et sa blessure aux pieds ; celle-ci justifie son nom et est la marque du rejet dont il est l'objet dès sa naissance. Son père adoptif est filmé en gros plan en train d'embrasser à maintes reprises les pieds du bébé en les tenant par les chevilles, geste tendre qui fait contraste avec ceux de Laïos, dans le Prologue.

Toute l'histoire d'Œdipe est donc liée à ce nom qui révèle sa maltraitance et souligne aussi le mystère de ses origines.

➤ Deuxième partie

2. Le nom d'Œdipe (importance de ce motif et symbolique)

a. Œdipe se présente dans le Prologue de la pièce en disant : « Je suis venu à vous-mêmes [...] moi, Œdipe, — Œdipe au nom que nul n'ignore », p. 185.

Œdipe est un enfant adopté à qui on a donné ce nom. Œdipe est un nom totalement atypique pour un grec qui, normalement porte le nom de son père et de son lieu d'origine. On dit ainsi Zénon d'Élée (philosophe présocratique du Ve siècle av J.-C..) ou encore Diogène de Sinope. Le nom d'Œdipe est un surnom, et même un sobriquet, en deux parties : « Oidos » (enflé) et « pous » (pied) : « pieds enflés ». C'est pourquoi ce nom occulte ses origines, c'est-à-dire qui il est vraiment, quels sont ses parents et où il est né. Toute l'histoire d'Œdipe est dans ce nom : le mystère de son identité, sa fuite, sa quête, sa tragédie : rappelons qu'il fuit Corinthe parce qu'il se trompe sur l'identité de ses parents et se précipite ainsi vers Thèbes... puis il épouse Jocaste sans savoir qui elle est. Lorsque Chœur évoque alors un être qui fuit, p. 201 : on comprend qu'il s'agit d'Œdipe : l'expression traduite est « dans sa fuite misérable » : en grec il s'agit de « pied misérable ». Il en est de même pour sa quête qui est celle de son identité. Dans le premier épisode, Tirésias prédit à Œdipe son destin en disant : « La malédiction qui approche terrible « (en grec l'adjectif est « deïnopous : au pied terrible »). L'issue de la quête d'Œdipe est la révélation de cette malédiction, déjà réalisée. La découverte de sa véritable identité et donc de son vrai nom fait de lui un héros tragique et le symbole de l'homme le plus malheureux qui soit... « Malheureux, puisses-tu ne jamais savoir qui tu es », lui dit Jocaste avant de se donner la mort, p. 221. Œdipe est dans l'hybris tout au long de sa vie. Le Chœur évoque l'hybris qui tombe après être montée trop haut « dans un précipice fatal » « où dès lors ses pieds brisés se refusent à la servir », p. 214. Ces pieds brisés sont ceux d'Œdipe.
On peut aussi trouver une autre étymologie : de « oida » (savoir) et « pous » (pied) : littéralement « savoir le pied ». *Œdipe Roi* est pour les Thébains et même à ses propres yeux, le déchiffreur d'énigmes, l'homme qui sait.

Son nom mêle ainsi cette partie du corps et le savoir.

b. Celui qui croit savoir, ignore puis sait (importance de ce motif et symbolique)

Cette étymologie pourrait faire référence à l'énigme de la Sphinge et au rapport complexe d'Œdipe avec le savoir : il est question de pieds dans l'énigme de la Sphinge : « Quel être, pourvu d'une seule voix, a d'abord quatre pieds (tetrapous), puis deux pieds, (« dipous »), et finalement trois pieds (tripous) ? » Or, la résolution de cette énigme a fait basculer le destin d'Œdipe, en le menant à l'inceste. La conclusion de la pièce, donnée par le Coryphée, fait d'Œdipe le symbole de l'homme, maltraité par le sort, brisé par le malheur. Il est le « dipous » de l'énigme. Mais il est aussi le « tripous » : avec son bâton d'aveugle, à la fin.

Pour aller plus loin

- **Mythologie et civilisation**

  D'autres personnages ont un destin lié à leurs pieds :

  > Héphaïstos, jeté du haut de l'Olympe par ses parents. Il devient « le dieu boiteux ».

  > Achille meurt par le talon, seule partie mortelle de son corps.

  > Eurydice est mordue au pied par l'Hydre de Lerne.

- **Liste de quelques autres sujets possibles et proches de celui-ci**

  Ce sujet sur le motif du pied rejoint un sujet sur le titre.

  On peut trouver un autre motif dans l'œuvre, celui des yeux. Un sujet sur ce motif rejoint les sujets sur la cécité (sujet 6), sur le regard de façon générale, sur savoir et ignorance, lumière et ténèbres.

Entraînements

Entraînement 1 Pourquoi peut-on dire que Jocaste est un personnage tragique ?

Pour vous aider à commencer

- **Analyser la question**
- **Quel est le (quels sont les) terme(s) essentiel(s) du sujet ?**

  Sujet sur un personnage mais dont un trait particulier est déjà dans le sujet.

  Ce sont donc autant le personnage que son aspect tragique qui sont les fils conducteurs du sujet ici.

  On peut garder les éléments de la dissertation sur un personnage (présentation et relations de Jocaste avec Créon et Œdipe, place et fonction dans l'intrigue et rôle symbolique). En ajoutant l'aspect tragique dans chacun de ces éléments.

- **Rassembler ses idées et des citations**

  Pensez à réunir la banque de données de citations qui concernent ce personnage.

- **Élaborer un plan**

  Il faut veiller à bien garder le fil conducteur en vérifiant si le schéma proposé s'adapte à la spécificité de ce personnage. Traiter aussitôt le sujet après avoir vérifié la cohérence du plan envisagé.

  Pour trouver les idées et le plan, relisez la pièce et suivez l'ordre des apparitions de Jocaste, puis faites la même chose pour le film :

  > Dans la pièce :
  - Jocaste est présente aux deux moments stratégiques : deuxième et troisième épisode : quels sont sa place et son rôle ?
  - Désespérée elle se donne la mort comme tous les grands personnages tragiques.
  - La bienséance empêche le spectateur d'assister à la scène qui est racontée par un messager.

> Dans le film :
  - Elle apparaît dans le Prologue et dans la partie mythique, juste après la victoire sur la Sphinx.
  - Par la suite, elle est très présente, Œdipe orientant très souvent son regard vers la fenêtre de leur chambre.
  - Pourquoi est-elle plus ambiguë que dans Sophocle ?

C'est à vous

Corrigé

Le plan découle facilement de ces rapides analyses et reprend le plan sur un personnage :

- Importance du personnage
- Le tragique et l'ironie tragique
- Un personnage victime et compassionnel
- Plus incarné et ambigu dans le film

Plan

1. **Fonction dramatique et tragique du personnage**
   a. Des apparitions essentielles dans les deux œuvres
   b. Un personnage tragique, l'ironie tragique
2. **Un personnage innocent et ambigu, à la fois mère et épouse**
   a. Une victime innocente
   b. Une femme consolatrice et compassionnelle, à la fois mère et épouse

Introduction

Annonce du sujet : Le personnage de Jocaste est tristement devenu célèbre. Elle est, comme Œdipe, tellement frappée par le destin que le spectateur éprouve aussitôt terreur et pitié, conformément à ce qu'écrit Aristote dans *La Poétique*. Commentaire rapide du sujet : parce qu'elle est frappée par le destin, parce qu'elle agit dans la même ignorance qu'Œdipe et parce qu'elle est doublement liée à celui-ci comme mère et comme épouse, Jocaste peut être considérée comme un personnage principal.

Problématique : Nous verrons donc en quoi Jocaste est un personnage tragique dans *Œdipe Roi* de Sophocle et de Pasolini.

Annonce du plan en 2 parties : Nous étudierons dans un premier temps le rôle de Jocaste sur le plan dramatique et tragique ; puis nous verrons que ce personnage, qui attire la compassion du spectateur, possède différentes facettes.

Développement

➤ Première partie

1. Fonction dramatique et tragique du personnage

a. Des apparitions essentielles dans les deux œuvres

Jocaste joue un rôle essentiel dans l'intrigue et la progression du tragique. Elle intervient au milieu de la pièce de Sophocle, à deux moments stratégiques, auxquels Pasolini ajoute d'autres scènes : le personnage est alors à la fois plus présent et plus mystérieux. Dans Sophocle : Jocaste apparaît pour la première fois dans le deuxième épisode. Entendant la querelle entre Créon et Œdipe, elle intervient pour apaiser son époux et éviter un conflit entre les deux hommes : « Malheureux ! Qu'avez-vous à soulever ici une absurde guerre de mots ? », p. 206. Puis elle les invite tous deux à rentrer chez eux. Elle se manifeste donc aussitôt comme un personnage qui cherche à pacifier et à aider les autres. Sans le savoir, elle est déjà, par son attitude, qui se veut consolatrice et rassurante, à la fois mère et épouse. Puis scène de double révélation entre elle et Œdipe : Jocaste lui raconte les circonstances de la mort de Laïos, révélant infanticide et parricide annoncés par l'oracle. Œdipe, désemparé, se sent soudain le jouet d'un destin qu'il ne comprend pas : « Ô Zeus, qu'as-tu voulu faire de moi ? », phrase que Pasolini reprend, mais sous forme d'intertitre, comme si elle venait de l'inconscient d'Œdipe. C'est donc elle qui, la première, parle de parricide, lève le voile sur un passé gardé secret et pousse Œdipe à revenir à son tour vers le passé. Cependant, Œdipe est de plus en plus inquiet au lieu d'être rassuré. Il est persuadé à la fin de la scène qu'il est lui-même le régicide recherché. Jocaste lui a donc permis une première prise de conscience : elle est ainsi à l'origine de la première étape de la quête d'Œdipe, qui n'est plus extérieure à lui-même mais intérieure. Dans le film c'est dans cette scène que Jocaste comprend qui ils sont l'un pour l'autre avant Œdipe. Désespérée et désireuse d'épargner à Œdipe la souffrance qu'elle endure, elle lui conseille d'abandonner sa quête : « C'est assez que je souffre moi » ; juste avant de disparaître elle prononce ces paroles lourdes de sens : « Puisses-tu ne jamais savoir qui tu es », puis : « Malheureux, malheureux, oui c'est là le seul nom dont je peux t'appeler. » Jocaste fait preuve de générosité voire de magnanimité en voulant le protéger jusqu'à la fin, manifestant là encore une tendresse d'épouse et de mère. Ses paroles sont essentielles : elles mettent en valeur à quel point la découverte de son identité est tragique pour Œdipe. En effet, comment appeler celui qui reste son époux mais se découvre aussi comme son fils ? De plus, elle annonce la conclusion du Coryphée qui fait d'Œdipe le symbole de la fragilité humaine. Ainsi, l'interprétation symbolique de la pièce, est-elle aussi donnée par Jocaste, faisant d'elle un personnage essentiel.

b. Un personnage tragique, l'ironie tragique

Dans la scène de la double révélation, elle manipule sans le vouloir l'ironie tragique. Elle met en doute la véracité des prophéties : « Tu verras que jamais créature humaine ne posséda rien de l'art de prédire », p. 209. Or, le spectateur, qui connaît l'histoire et son issue, sait qu'elle se trompe absolument et prouve le contraire de ce qu'elle veut démontrer. La révélation de l'abandon de l'enfant fait frémir le spectateur, qui sait que cet enfant est son époux et se trouve auprès d'elle. Aussitôt son premier récit de l'assassinat de Laïos achevé, Œdipe s'affole : « Ah ! Comme à t'entendre, je sens soudain, ô femme, mon âme qui s'égare, ma raison qui chancelle ».

Le film montre la même angoisse saisir Œdipe, comme en témoigne son geste devenu obsessionnel de se mordre la main. Par la suite, Œdipe pousse un cri de désespoir, que nous avons déjà cité, et d'autres phrases qui soulignent un mélange d'angoisse et de désarroi : « Je perds terriblement courage à l'idée que le devin ne voie trop clair. » Les verbes « s'égarer » et « chanceler » montrent que le roi est saisi d'une sorte de vertige et se sent perdu. Les paroles de Jocaste le font revenir vers celles de Tirésias, qu'il avait pourtant rejetées. L'ironie tragique apparaît aussi dans certains de ses propos, involontairement à double sens. Lorsqu'elle décrit Laïos plus jeune, elle insiste sur la ressemblance entre lui et Œdipe : « Son aspect n'était pas très éloigné du tien ». De même, en disant : « Que dis-tu, Seigneur je tremble à te regarder ? », elle ne se rend pas compte que cette allusion au regard est annonciatrice de l'exil à venir d'Œdipe qui sombrera dans la nuit de la cécité et de la solitude. L'ironie tragique est encore manifeste dans l'épisode suivant : la visite du Corinthien. Jocaste se réjouit en apprenant la mort de Polybe, remettant une nouvelle fois en question la véracité des oracles. « Ah ! Oracles divins, où êtes-vous donc à cette heure ? ». Elle ignore que très peu de temps après, elle comprendra avec horreur que ces oracles se sont accomplis et qu'elle en est la victime. Puis elle prononce cette fameuse phrase sur le désir d'inceste : « Ne redoute pas l'hymen d'une mère : bien des mortels ont déjà dans leurs rêves partagé le lit maternel ». Elle rejette le désir d'inceste dans le domaine du rêve et ne se rend pas compte alors que cet inceste a eu lieu et qu'elle ne va pas pouvoir en supporter le poids.

➤ Deuxième partie

2. Un personnage innocent et ambigu, à la fois mère et épouse

a. Une victime innocente

Jocaste est donc aussi une victime innocente du destin. Elle est d'abord obligée d'abandonner son enfant puis d'épouser Œdipe. Elle ne parle jamais de son chagrin lors de l'abandon de son enfant. C'est Œdipe qui l'évoque à la fin de la pièce lorsqu'il comprend. « Une mère !... La pauvre femme ! », montrant ainsi sa compassion pour Jocaste. Jocaste ne dit rien non plus de ce mariage obligé. Le film la montre transportée sur une brouette, ce qui pourrait symboliser sa soumission. Sa douleur est d'autant plus pathétique qu'elle est toujours silencieuse. Mais, à la fin de la même scène, le destin se manifeste avec une immense cruauté : elle comprend, avant Œdipe, le sens des révélations du serviteur. Son silence durant la plus grande partie de l'entrevue est en fait un silence d'effroi, mal interprété par Œdipe qui croit qu'elle a honte des origines éventuellement modestes de son époux : « Eh bien ! tes bons avis m'exaspèrent à la fin ! », « Dans son orgueil de femme, elle rougit sans doute de mon obscurité », p. 221. Le spectateur mesure l'injustice de l'hostilité du roi envers Jocaste. Sa vie s'achève sur ce dernier malentendu qui rend ce personnage d'autant plus pathétique et tragique. De plus, Jocaste, comme tous les personnages tragiques traditionnels, se donne la mort à la fin : le messager décrit et met en scène les moments précédant sa mort, alors que dans le film de Pasolini, nous découvrons son corps pendu en même temps qu'Œdipe. Le messager la désigne par une périphrase (« l'infortunée »), qui met en valeur à quel point elle est victime d'un destin contraire : « Furieuse, elle court vers le lit nuptial, en s'arrachant des deux mains les cheveux », p. 227. Elle appelle Laïos, puis ses enfants et gémit sur la couche où « misérable elle enfanta un époux de son époux et des enfants de ses enfants ». À la fois déshonorée, désespérée et déchirée, elle ne peut concilier son personnage ancien et celui, monstrueux, qu'elle vient de découvrir en elle ; sa seule issue est la mort. Par bienséance, le messager fait alors au spectateur un récit. L'adjectif « furieuse » appartient au champ lexical de la folie. Elle est folle de chagrin et de honte. Chacun de ses gestes est emblématique : le lit nuptial est le lieu de la faute. Le messager retranscrit ses paroles au discours direct, donnant ainsi vie à ce moment terrible. Elle est devenue monstrueuse en bouleversant les lois de la nature, comme le souligne la suite de compléments : « un époux de son époux et des enfants de ses enfants ». L'arrivée soudaine d'Œdipe empêche de voir comment elle se donne la mort. Jocaste emporte avec elle le secret de sa mort.

b. Une femme consolatrice et compassionnelle, à la fois mère et épouse

Une confidente : elle est montrée comme une épouse en qui Œdipe a toute confiance : à la fois une confidente et une amie. « Quel confident plus précieux pourrais-je donc avoir que toi, au milieu d'une telle épreuve ? », p. 211. « Eh bien ! à toi femme, je dirai la vérité toute entière », p. 211, « Oui je te le dirai. Je te respecte, toi, plus que tous ceux-là ». La scène de la double révélation est la seule scène où les personnages sont à égalité et dans une relation non conflictuelle. Il n'y a pas d'agôn, mais un véritable échange. Sophocle nous présente une Jocaste victime du destin et bonne épouse. Dans le film, en revanche, tout en gardant cette douceur, elle est beaucoup plus trouble. Pasolini nous montre ce que la pièce ne montre pas, les relations entre le petit Œdipe et sa mère. Dans le Prologue, on la voit bercer l'enfant, vérifier s'il dort bien... À la différence de Laïos, elle est tendre, aimante et soucieuse du bien-être de l'enfant : ainsi totalement en dehors de ce qui se passe entre le père jaloux et haineux et l'enfant. Elle est donc en quelque sorte innocentée. Pasolini a lui-même dit que son film était en partie autobiographique. Il est très influencé par les théories freudiennes. « L'enfant du Prologue, c'est moi, son père est mon père, l'officier d'infanterie, et sa mère, une institutrice, est ma mère. Je raconte ma vie, mythifiée, naturellement, rendue épique par la légende d'Œdipe ». Cette mère idéalisée ressemble à la sienne et à toutes les mères. Le fait que ce soit la même actrice, Silvana Mangano, qui joue les deux « Jocaste » accentue cette situation très trouble, soulignant aussitôt son double rôle et l'inceste. Jocaste est mystérieuse et semble porter constamment en elle le pressentiment du tragique, qui finira par les terrasser elle et Œdipe. « Elle est un pur mystère. [...] Avec Jocaste, j'ai représenté ma propre mère, projetée dans le mythe [...] D'où l'aspect fantomatique » dit Pasolini dans une interview à la revue *Cahiers du Cinéma*. Elle a dès les premières images un visage qui, mis en valeur par les gros plans, exprime tour à tour angoisse et contentement. Le début du quatuor de Mozart accompagne Jocaste et fait, à partir de ce moment-là, partie du personnage. Jocaste parle peu et ce silence la rend énigmatique, comme son physique et son maquillage qui la rendent étrange. Cet aspect fantomatique et la musique de Mozart renforcent la solennité et la gravité du personnage : musique à la fois douce, rugueuse et angoissante, qui porte bien son titre : *Dissonances*. Sa présence est sans cesse rappelée dans le film et, le plus souvent, c'est parce Œdipe pense sans cesse à elle. Il lève fréquemment la tête vers la fenêtre de la chambre de Jocaste, dont le visage, filmé en gros plan, réagit à ce qu'elle entend : visage soit pensif et inquiet, soit souriant. Très souvent, elle écoute les conversations entre Œdipe et d'autres personnages et son sourire reste mystérieux. Ne croit-elle pas aux parles entendues, ou bien se réjouit-elle inconsciemment de l'inceste ? Pasolini traite différemment de Sophocle la scène de la double révélation, bien que le contenu des dialogues soit très proche. Elle a lieu dans le jardin du palais qui peut rappeler le pré maternel du Prologue, avec le même gros plan sur le visage de Jocaste sur fond de ciel bleu. Œdipe pose sa tête sur les genoux de son épouse qui lui caresse les cheveux ; il lève les yeux vers elle, comme lorsqu'il était enfant. C'est le même mouvement de caméra en contre-plongée. Le cinéaste insiste sur les liens ambigus d'affection qui unissent les deux époux et place dans cette scène des propos essentiels que Sophocle garde pour la scène suivante, et notamment la remarque ambiguë de Jocaste à propos du désir inconscient d'inceste « Pourquoi es-tu si épouvanté à l'idée d'être l'amant de ta mère, pourquoi ? Tant d'hommes ont rêvé de l'être dans leurs songes ? Et vivent-ils épouvantés par ce rêve ? ». Bien avant Freud, Sophocle avait déjà eu l'intuition de ce désir incestueux inconscient. Pasolini choisit de montrer une Jocaste, qui comprend, à ce moment-là, l'identité d'Œdipe et l'inceste, dont ils sont coupables. Cette scène s'achève dans la chambre conjugale et devient violente : Œdipe s'acharne à vouloir savoir et oblige Jocaste à l'écouter jusqu'au bout, la maintenant allongée de force. Ce que Sophocle retarde ou ne montre pas, Pasolini le montre et en accélère l'accomplissement. Malgré cela, les époux s'unissent une dernière fois. Nous constatons qu'il y a de nombreuses scènes d'amour entre eux dans le film Elles sont filmées dans la chambre nuptiale qui est toujours très sombre. Cette obscurité est celle du trouble, de ce qu'on cache, ne peut avouer. Ces scènes rappellent celles du Prologue entre Laïos et Jocaste. Ce sont les mêmes plans en plongée sur les visages.

Conclusion

Réponse à la problématique : Jocaste est un beau personnage, qui attire à la fois la sympathie et la compassion du spectateur. Victime d'un destin tragique qu'elle supporte avec une grande dignité, elle meurt en silence après avoir tout fait pour épargner à Œdipe les souffrances qu'elle endure. C'est bien une héroïne tragique.

Ouverture : Elle est à la fois la représentation de la tendresse conjugale et de la tendresse maternelle. Pasolini, en reprenant ce personnage mythique et en le rapprochant de sa propre mère, lui a ajouté une dimension autobiographique et mystérieuse, qui n'enlève rien à la beauté du personnage originel.

Pour aller plus loin

Liste de quelques autres sujets possibles sur Jocaste ou la mère :

- **Sujets similaires**
  > Comment les relations entre Jocaste et Œdipe sont-elles représentées ?

  > Quelle est la relation entre mère et fils ?
  Ce sujet est le même, mais il faut ajouter Mérope.
- **Sujet très proche mais moins vaste**
  > Quel rôle joue l'inceste ?

  > On peut proposer des sujets du même type sur Laïos et le père.

Entraînement 2 Quelle est l'importance du Chœur dans la tragédie de Sophocle *Œdipe Roi* et dans sa réécriture cinématographique de Pasolini ?

Pour vous aider à commencer

- **Analyser la question**
- **Quel est le (quels sont les) terme(s) essentiel(s) du sujet ?**

  Ici, il s'agit du Chœur, qui est une spécificité du théâtre antique. Il sera intéressant d'étudier comment Pasolini reprend cela.

  Il peut être important par sa présence (relire les passages de Chœur), par ses paroles ou par son autorité. Il peut aussi jouer un rôle dans l'intrigue et être porteur d'une forte symbolique.

  Avoir bien en mémoire la structure d'une tragédie antique.
- **Rassembler ses idées et des citations**

  Pensez à réunir la banque de données de citations qui concernent ce personnage.
- **Élaborer un plan**

  Il faut veiller à bien garder le fil conducteur en vérifiant si le schéma proposé s'adapte à la spécificité de ce personnage. Traiter aussitôt le sujet après avoir vérifié la cohérence du plan envisagé.

C'est à vous...

....

....

....

....

....

....

....

....

....

Corrigé

Plan choisi (qui correspond au plan type sur un personnage)

1. **Place du Chœur dans la pièce**
   a. La composition et la place du chœur
   b. Le Chœur, un personnage en relation
2. **Une présence symbolique**
   a. Une représentation des habitants de Thèbes
   b. Un conseiller amical et pieux

Les citations et passages-clés à retenir sont soulignés.

Introduction

Annonce du sujet : Dans les tragédies grecques, les personnages principaux dialoguent fréquemment avec le Chœur ou avec son représentant, le Coryphée. Ces derniers font partie de la structure de la tragédie grecque et de ses origines religieuses. Commentaire rapide du sujet si nécessaire : chez Eschyle, l'auteur le plus ancien, le Chœur tient une place égale à celle des acteurs. Tandis que chez Euripide, le chœur a perdu une partie de son importance alors que Sophocle accorde encore une place de choix au Chœur et au Coryphée.

Problématique : Nous pouvons alors nous demander quelle est l'importance du Chœur dans cette dernière tragédie et dans sa réécriture cinématographique de Pasolini.

Annonce du plan en deux parties : Pour cela, nous étudierons d'abord sa présence effective dans la pièce et dans le film et enfin sa présence symbolique.

Développement

➤ Première partie

1. Place du Chœur dans la pièce

a. La composition et la place du chœur

Le Chœur, dans la pièce de Sophocle entre dans l'*orchestra*, l'espace qui lui est réservé, à la fin du Prologue, dès que s'achève le dialogue entre Œdipe et le prêtre de Zeus. C'est la Parodos. Pasolini évince le Chœur et le remplace tout naturellement par la musique et la présence de différentes foules autour des personnages.

Les didascalies précisent qu' *« Œdipe s'adresse au Chœur du haut de son seuil »* puis qu'il *« descend vers le Chœur »*. Dans le film de Pasolini, Œdipe suit bien ce même mouvement de descente mais s'approche de Tirésias et non pas du Chœur, qui n'existe pas en tant que tel, dans cet épisode.

Ainsi l'espace théâtral est-il bien délimité en deux surfaces distinctes qui correspondent également à la distinction établie entre les deux modes d'expression du Chœur et des acteurs. Le premier chante et danse alors que les seconds dialoguent mais chantent rarement. C'est d'ailleurs à lui que revient (comme toujours dans les tragédies) la dernière réplique de la pièce : *« Gardons-nous jamais d'appeler un homme heureux avant qu'il ait franchi le terme de sa vie, sans avoir subi un chagrin. »*

C'est donc le Chœur qui par sa conclusion propose une interprétation de la pièce. Ainsi, le Chœur semble-t-il s'exprimer par sentences voire par proverbes de sagesse. Cette vertu est en priorité l'apanage des gens âgés, gens d'expérience et de discernement.

En effet, le Chœur d'*Œdipe Roi* se compose de vieillards, représentants de la ville de Thèbes. Lorsque le film coïncide avec le début de la pièce antique, il montre bien une foule de Thébains, jeunes et vieux, assemblée près du palais et dialoguant avec Œdipe. Le grand-prêtre se trouve parmi eux (joué par Pasolini lui-même) et cette foule pourrait faire office de Chœur auprès du roi. De la même façon, les jeunes filles qui entourent Jocaste, forment une sorte de chœur autour d'elle. Lorsque la ville est envahie par la peste, la caméra filme longuement les rues jonchées de cadavres. L'on entend alors des chants de deuil psalmodiés à l'ancienne et dont on ne comprend pas les paroles. Cela peut correspondre au Péan[1] évoqué par le Chœur dans la parados, p. 191. La musique dans le film remplace également la présence effective du Chœur. Différents instruments sont associés à différents personnages, comme la flûte à Tirésias, le quatuor de Mozart à Jocaste et la musique militaire à Laïos.

Lorsqu'apparaît le Chœur, la didascalie annonçant le premier mouvement des Choreutes, expose deux antithèses : *« Les enfants sortent avec le Prêtre. Entre le Chœur des Vieillards. »*

Les substantifs *enfants* et *vieillards* et les verbes *sortent* et *entre* s'opposent tout en unissant, dans un mouvement parallèle, deux catégories de la société grecque qui ne jouent aucun rôle dans la cité. C'est ce que souligne Jacqueline de Romilly, dans son ouvrage *La Tragédie Grecque,* lorsqu'elle écrit que le Chœur est un personnage collectif et anonyme que le statut de spectateur passif rend impuissant.

En effet, le Chœur, étranger à la *skênè*, ne prend pas part à l'action. Il ne peut que prier les dieux, s'interroger, s'inquiéter voire supplier mais il ne participe pas à l'intrigue. Il fait preuve plusieurs fois de son ignorance *« Que dire ? Je ne sais. Je flotte au vent de mes craintes et ne vois plus rien, ni devant ni derrière moi. » « Je ne sais pas, je n'ai point d'yeux pour ce que font mes maîtres. »*

b. Le Chœur, un personnage en relation

Ainsi, le Chœur peut-il être considéré comme un personnage à part entière, personnage collectif et impuissant, certes, mais possédant

1 Le Péan est d'abord un dieu guérisseur puis un chant d'action de grâces ou d'imploration adressé au dieu guérisseur, le plus souvent Apollon.

le pouvoir de dialoguer avec les autres personnages. Il montre aussi sa piété et sa foi dans les dieux.
Ce personnage est quasiment inexistant dans le film sauf si l'on considère qu'Angelo, le joueur de flûte, présent jusqu'à la fin auprès d'Œdipe, emprunte une partie de ses propriétés.

➤ Deuxième partie

2. Une présence symbolique

a. Une représentation des habitants de Thèbes

Le titre même de la pièce ne permet pas d'oublier la position d'Œdipe, roi de la ville de Thèbes. Et le Chœur des Vieillards de la ville s'adresse au roi, chef de la cité.
Il supplie d'abord Zeus de sauver son *« illustre ville »*. *« Tout mon peuple est en proie au fléau »* rajoute-t-il. *« La Cité se meurt... épouses, mères, fils »*. Plus loin, il refuse de croire à la culpabilité du roi. Il montre enfin que la ville est sa première préoccupation lorsqu'il se lamente devant Œdipe, Jocaste et Créon : *« Mais ce pays qui meurt désole mon âme, si je dois voir maintenant s'ajouter aux maux d'hier des maux qui viennent de vous deux »*. Comme représentant de la ville, il amplifie et analyse les sentiments éprouvés par les spectateurs. À la fin de la pièce, le Chœur se lamente : *« Par toi jadis, j'ai recouvré la vie et par toi aujourd'hui, je ferme à jamais les yeux »*. Cette dernière déclaration suggère qu'il y a identification entre la ville de Thèbes et son roi, puisqu'ils perdent chacun la vue le même jour.
C'est donc bien en tant que Cité souillée, qu'il s'adresse au roi, cherchant à nouveau le salut auprès de celui qui l'a déjà sauvée une fois.
Peu après, le Chœur montre son amitié pour la personne d'Œdipe.

b. Un conseiller amical et pieux

Une didascalie précise même que *« le Chœur entoure Œdipe et cherche à distraire le roi »* juste avant l'arrivée du Corinthien. Cette sollicitude envers Œdipe témoigne de sentiments sincères.
Ainsi, lorsqu'Œdipe s'est aveuglé, il chante au lieu de parler, à l'unisson avec le Chœur, qui garde toute son affection au roi, après la découverte fatale : *« ô noble et cher Œdipe ! »* lui dit-il. Il proteste aussi de sa fidélité envers lui : *« Que je périsse ici dans les derniers supplices, abandonné des dieux, abandonné des miens, si j'ai telle pensée ! »* s'écrie-t-il lorsqu'Œdipe l'accuse de vouloir sa mort. Enfin, il le plaint avec angoisse après la mutilation du roi : *« Ton âme te torture autant que ton malheur. Comme j'aurais voulu que tu n'eusses rien su ! »*.
Ainsi, le Chœur se présente-t-il à la fois comme la personnification de la ville de Thèbes et comme un personnage affectueux envers l'homme Œdipe, qu'il n'accuse jamais. Il se contente de le conseiller et d'être fidèle à sa personne jusqu'au bout.

Quantativement, c'est au roi que le Coryphée s'adresse principalement mais il dialogue aussi sporadiquement avec Créon et avec Jocaste. La première réplique du Coryphée à Œdipe fait preuve à la fois d'une attitude défensive et d'une assurance tranquille : *« Tu m'as pris dans les liens de ton imprécation, ô roi, je te répondrai comme elle l'exige. »* Il reproche alors à Phœbos de ne pas avoir été clair dans ses accusations.
Rappelons que les oracles des dieux ne sont jamais clairs et induisent même souvent les hommes en erreur. Cela souligne à la fois la fragilité humaine et la séparation totale entre le monde des dieux et celui des hommes.
Il propose aussitôt à Œdipe « un second avis ». Œdipe lui-même accepte donc ce rôle de conseiller, de la part du Chœur. L'affection du Chœur et du Coryphée envers le roi les pousse à ressentir les mêmes angoisses qu'Œdipe : *« Tout cela, je l'avoue, m'inquiète, Seigneur. Mais tant que tu n'as pas entendu le témoin, conserve bon espoir »*.
Ce dernier conseil jaillit du cœur du Coryphée. Celui-ci et le Chœur n'hésitent pourtant pas à dire à Œdipe ce qu'il doit entendre, ils avancent des paroles de sagesse et de conseil qui ne ménagent pas le roi. Et à Jocaste qui les interroge, ils accusent à la fois Œdipe et Créon d'être responsables de leur altercation.
Après la dispute entre Créon et Œdipe, le Coryphée donne encore son avis au roi : *« Trop vite décider n'est pas sans risque, roi »* et il adjure les deux beaux-frères de cesser leur querelle, en s'en remettant à Jocaste. Il prie ensuite le roi de se montrer clément envers Créon, *« qui jamais ne fut fou »*. *« C'est ton parent, un serment le protège, ne lui fais pas l'affront de l'accuser sur un simple soupçon »*. Enfin, aux derniers instants de la pièce, le Coryphée adresse un conseil (tardif) à Œdipe : *« Mieux valait pour toi ne plus vivre que vivre aveugle à jamais. »* *« Epargne-moi et leçons et conseils »* réplique Œdipe, ulcéré.
La dernière réplique du Chœur, que nous venons d'évoquer, n'est pas sans rappeler le rôle des confidents des tragédies raciniennes ; le confident n'est pas dans le même registre que le héros et il ne peut comprendre ses décisions issues du registre tragique.
En effet, le Chœur et le Coryphée se présentent d'emblée comme des personnages d'une grande piété, humbles et confiants dans le pouvoir des dieux, qu'ils prient dès leur première apparition et tout au long de la pièce. Ils paraissent symboliser la conscience droite et pure des citoyens, que n'atteint pas l'hybris.
Ils respectent à la fois les dieux et les lois divines, sources de la « sainte pureté » dans leurs paroles et dans leurs actes. Le Chœur proclame : *« Dieu est ma sauvegarde et le sera toujours »*. Cet acte de foi, permet dans la même tirade, de former une antithèse avec celui qui est rempli d'hybris : *« La démesure enfante le tyran. Lorsque la démesure s'est gavée follement... et lorsqu'elle est montée au plus haut, sur le faîte, la voilà soudain qui s'abîme dans un précipice fatal, où dès lors ses pieds brisés se refusent à la servir »*.

Cette condamnation de l'hybris identifie Œdipe, de façon explicite, à la démesure, par l'évocation des « pieds brisés. » Enfin, la dernière réplique de la pièce appartient au Coryphée, présentant le type même de l'homme malheureux, qui a chuté du sommet de la gloire dans un abîme de douleur. Sans introduire la transcendance inhérente à toute tragédie, le Chœur en souligne cependant la présence intrinsèque.

Conclusion

Bilan : Nous pouvons maintenant constater l'importance du Chœur dans la tragédie de Sophocle, *Œdipe Roi*. Elle est quasi inexistante dans le film de Pasolini, sinon par la présence d'Angelo, fidèle jusqu'au bout.

Réponse à la problématique : Le Chœur et le Coryphée jouent les rôles de représentants de la Cité, de confident et de conseiller du roi. Ils symbolisent aussi une conscience droite et pure, craintive face aux dieux et loin de toute hybris.

Ouverture : Leur présence dans toutes les tragédies grecques et dans celle-ci montre l'importance que Sophocle y attachait.

Entraînement 3 Comment la mort de Jocaste et l'aveuglement d'Œdipe sont-ils représentés ?

Pour vous aider à commencer

→ Cf. Fiche méthode sur un **sujet pourtant sur un passage-clé**.

C'est à vous...

....

....

....

....

....

....

....

Plan aide

1. **Contexte et fonction de l'événement**
   a. À quel moment de l'œuvre cet événement apparaît-il ?
      > Ce passage a lieu à la fin et sert de dénouement.
      > Expliquer ce qui a conduit à un tel dénouement.
      > Ce passage concerne les deux protagonistes du récit.
   b. Quelle est l'importance d'un tel événement ?
      > C'est le moment tragique par excellence. Il révèle l'horreur de la révélation de la vérité : Jocaste ne peut pas continuer à vivre, ni survivre à la déchirure tragique (entre ce qu'elle croyait être et ce qu'elle est désormais, une mère incestueuse...).
      > Œdipe, qui, lui aussi, ne peut pas supporter cette déchirure et une telle déchéance, choisit un autre châtiment, une voie symbolique.
2. **Esthétique et symbolique**
   a. Comment cet événement est-il représenté ou raconté ?
      > Sophocle ne montre pas ces scènes : reprendre le récit du messager, sa raison d'être et sa fonction.
      > Pasolini les montre : les analyser.
   b. Quelle en est la fonction symbolique ?
      > La mort résout la déchirure tragique (celle de Jocaste) et la cécité a un rôle symbolique depuis le début de l'œuvre : à expliquer.
      > Lien avec les grands thèmes : la souillure, le pouvoir, le tragique, la catharsis...

Pour aller plus loin

Citations à retenir et passages-clés à lire : relire tout le discours du messager dans la pièce et revoir la séquence 19 du film. Rependre des citations dans le sujet sur Jocaste (Entraînement 1) et celui sur la cécité.

III. Méthodologie du sujet à 12 points

Fiche méthode générale : les incontournables

Travail sur le sujet

Relier avec l'objet d'étude : le théâtre antique

- Bien envisager le sujet en mettant toujours en parallèle texte et image : ici, texte théâtral (texte et représentation) et réécriture cinématographique.
- Ne pas oublier le Chœur.

Les idées

Comment ne rien oublier ?

Il faut toujours avoir à l'esprit qu'un sujet à 12 points englobe les grands thèmes de l'œuvre : quels sont-ils ? Lesquels peut-on mettre en lien avec ce sujet ?

Cf.. Liste des thématiques : vérifier si elles font partie du sujet.

Cerner le sujet

- Analysez les mots clés en cherchant le champ sémantique.
- Gardez à l'esprit toutes les acceptions du mot ou des mots pour envisager le sujet dans sa totalité :
  - Quels personnages sont concernés?
  - Quelle est la place du sujet dans l'intrigue ?
  - Comment évolue le sujet ?
  - Quelles en sont les causes et les conséquences pour les personnages?
  - Quelles en sont les conséquences aussi pour le spectateur ou le lecteur ?
  - Comment Pasolini traduit-il cela?
  - Gardez bien le sujet comme fil conducteur de votre dissertation.

Préparer la dissertation

Construire un plan

Comment trouver un plan le plus rapidement possible ?

Il faut vous remémorer tous les passages où il est question du sujet.

Et cela en suivant d'abord la structure de la pièce.

Servez-vous de vos connaissances de grec éventuellement.

Spécificité d'*Œdipe Roi* (Quel que soit le sujet)

- Vous rédigerez nécessairement une partie sur la structure (progression) et l'intrigue.
- Il faut aussi voir quels personnages sont concernés par le sujet et éviter de tout concentrer sur le protagoniste, ici Œdipe.
- Il convient aussi d'envisager les causes et les conséquences du sujet et ces dernières, aussi bien du côté des personnages que des spectateurs ou lecteurs : universalité et intemporalité du mythe et catharsis.
- Il est aussi important de se demander pourquoi Pasolini s'est tant intéressé à cette œuvre : lui-même la présente comme autobiographique.

À retenir Cette démarche, qui peut vous paraître longue, doit s'effectuer rapidement dans votre esprit puis s'ordonner sous forme de notes sur votre brouillon.

Applications

Sujet 1 Peut-on considérer Œdipe comme un roi déchu ?

Les incontournables

Travail sur le sujet

I Les idées

- **Comment ne rien oublier** : il faut toujours avoir à l'esprit qu'un sujet à 12 points englobe les grands thèmes de l'œuvre : quels sont-ils ? Lesquels peut-on mettre en lien avec ce sujet ?
- Vérifier si les thématiques font partie du sujet. **Terreur et pitié, la catharsis, l'ironie tragique, l'hybris** : la déchéance d'Œdipe et l'intensité de son malheur provoquent terreur et pitié :
  > La **catharsis** : voir un homme passer ainsi du plus haut degré du pouvoir au plus bas degré de l'échelle humaine est cathartique. De plus, ce roi, plein d'orgueil et fier de ses actes, est violent et souvent dans l'**hybris**. L'**ironie tragique** fait partie intégrante de tout sujet sur Œdipe.
  > Le **mythe** met en scène cet homme brisé par la fatalité.
  > Le **nom d'Œdipe** et le **titre** des deux œuvres font partie de l'intitulé du sujet. Le roi est destiné à être déchu. Cette déchéance apparaît déjà dans son nom.
  > La **quête d'Œdipe** le mènera à découvrir sa déchéance. C'est le **dévoilement**, la **révélation**. La révélation **des crimes d'Œdipe et de sa souillure** fait de lui un roi déchu. Elle succède à l'ignorance. Et l'accès au savoir va de pair avec la prise de conscience de sa déchéance.
  > **Ce roi déchu accomplit l'acte libre** de chercher la vérité et de s'aveugler.
  > C'est à l'issue de cette quête qu'Œdipe se révèle à la fois un homme déchu, qui a tout perdu ; il devient le **héros tragique par excellence et la pièce une tragédie.** Tout cela le plonge dans une terrible **solitude,** concrétisée par l'aveuglement et l'exil.

> La **grandeur** et la **déchéance** sont le sujet, ainsi que **le pouvoir des hommes**. À ce pouvoir s'oppose celui des **dieux**, représenté par Tirésias. Le **bonheur** et le **malheur** sont intrinsèquement liés à la déchéance.

Cerner le sujet

- **Analyse des mots-clés en en cherchant le champ sémantique**

Il faudra être attentif au concept de roi, pour lequel la langue grecque utilise deux mots différents : le titre grec est *Œdipe tyrannos*. L'emploi du mot « tyrannos » signifie qu'Œdipe n'a pas hérité du pouvoir (ce qui en grec se dit « basileus ») mais l'a acquis par la ruse, des exploits ou la force, ici, en déchiffrant l'énigme de la Sphinge. Le nom d'Œdipe renvoie à sa naissance et à son abandon.

Le participe passé « déchu » est le centre du sujet : le roi est déchu de son pouvoir, il le perd.

Il est aussi tombé dans la déchéance : ici il se révèle parricide, incestueux, condamné à l'opprobre et à l'exil. De plus, il devient aveugle et mendiant. Ne pas oublier que l'étymologie de « déchoir » montre qu'il y a une chute.

- **Quels personnages sont concernés ?**

Œdipe est au centre du sujet. Mais sa relation avec les autres personnages intervient d'autant plus dans le sujet qu'Œdipe craint que Créon et Tirésias veuillent lui prendre son pouvoir.

- **Quelle est la place du sujet dans l'intrigue ? Comment évolue le sujet ?**

L'intrigue et l'évolution de la pièce sont centrées sur la responsabilité du roi puis sur la découverte de sa déchéance.

Quelles en sont les causes et les conséquences pour les personnages? Quelles en sont les conséquences aussi pour le spectateur ou le lecteur ?

Gardez bien le sujet comme fil conducteur de votre dissertation.

Conseil Faire tout cela au brouillon sous forme de notes très courtes.

5 min

Préparer la dissertation

Construire un plan

Comment trouver un plan le plus rapidement possible ?

Il faut vous remémorer tous les passages où il est question du sujet.

Et cela, en suivant d'abord la structure de la pièce.

Servez-vous de vos connaissances de grec éventuellement.

Conseil Le plan se déduit aisément de tout ce travail préalable, essentiellement mental. Ne perdez pas de temps à tout écrire.

5 min

I Élaborer un plan

Œdipe est d'abord un roi heureux avant d'être un roi déchu. Mais l'ironie tragique et la double énonciation sont telles que le spectateur peut voir des signes de sa déchéance même dans la période où il est heureux. Son bonheur est en effet construit sur une illusion et l'ignorance de ce qu'il est réellement.

On peut donc ordonner la dissertation en commençant par ce faux bonheur de roi glorieux pour terminer sur la révélation qui fait de lui un roi déchu. Les notions de pouvoir et de déchéance sont les fils conducteurs.

1. Œdipe tyrannos, une déchéance annoncée

- a. Le fils du roi de Corinthe
- b. La Sphinge, l'illusion de la gloire
- c. Un roi responsable de la quête du coupable et qui craint pour son pouvoir

2. Le tyrannos devient un basileus et un roi déchu

- a. Parricide et incestueux
- b. Héros tragique et symbole des aléas de la fortune
- c. *Œdipe à Colone*, le roi sanctifié

Rédaction du devoir

45 min

Introduction

Présentation de l'œuvre et annonce du sujet

La pièce d'*Œdipe Roi* de Sophocle et le film du même nom de Pasolini mettent en scène, conformément à leur titre, l'histoire du héros éponyme, Œdipe, roi mythique de Thèbes, en Béotie. L'existence de ce roi, quel que soit l'ordre choisi pour la narrer, est celle d'un homme frappé par le destin, comme peu d'hommes le sont.

Commentaire rapide du sujet si nécessaire

Il s'agit en effet d'un parcours initiatique de la grandeur à la déchéance : ce roi aimé et reconnu découvre qu'il est souillé par des crimes qu'il a accomplis malgré lui ; aveugle et exilé, il perd tout ce qu'il avait acquis : identité, royaume, titres et honneur, famille et patrie.

Problématique

Il s'agit donc ici de se demander pourquoi l'on peut considérer Œdipe comme un roi déchu.

Annonce du plan en 2 parties

Nous étudierons dans un premier temps une déchéance au cœur de la gloire ; puis, dans un second temps, nous mettrons en valeur le paradoxe d'un roi à la fois déchu et héroïque.

Développement

➤ Première partie

1. Œdipe tyrannos, une déchéance annoncée

a. Le fils du roi de Corinthe

– ***Argument***

Une enfance illusoirement heureuse

L'enfance d'Œdipe est peu évoquée dans la pièce mais elle apparaît dans le film, à partir du moment où il est adopté par le roi et la reine de Corinthe : il est aimé, choyé et élevé comme un roi. Cependant certains signes annoncent le malheur à venir.

– ***Exemple***

Dans le second épisode de la pièce, il dit à Jocaste : « j'avais le premier rang là-bas parmi les citoyens », p. 211. Et lorsqu'il parle avec le Corinthien, dans le quatrième épisode, il évoque l'affection de ses parents adoptifs : à la question du Corinthien « Et pour l'enfant d'un autre il eut cette tendresse ? », il répond : « Les enfants lui avaient manqué un si long temps », p. 219. Lors de son adoption, il est accueilli dans une atmosphère festive. Mérope et Polybe sont ravis de ce « don des dieux ». Mérope le prend avec douceur dans ses bras et le désigne par l'expression « pieds gonflés » puis « mon petit Œdipe ». Son père, filmé en gros plan, le porte en triomphe, embrasse à maintes reprises ses pieds. Cette tendresse se lit aussi sur le visage désespéré de sa mère quand il part pour Delphes. Plus tard, devenu adolescent, il se conduit comme un prince capricieux et trop gâté, à qui tout est permis, et il triche impunément.

– ***Commentaire***

Mérope est, comme Jocaste, présentée dans un lieu assez coloré et fertile et entourée de femmes qui rient et courent. Mais son regard triste et grave peut, là encore, rappeler celui de Jocaste, dans le Prologue. Ainsi, insiste-t-on sur ce qui caractérise le personnage dès ses débuts dans la vie : la joie mais aussi l'inquiétude, le mystère de ses origines et sa blessure aux pieds ; celle-ci justifie son nom et est la marque du rejet dont il est l'objet dès sa naissance. Ce rejet lié à son destin, annonce sa future déchéance. De plus, cette enfance heureuse de prince ne le prédispose pas à la remise en question de soi et à l'idée d'une décadence possible. La couronne de fleurs, qu'il reçoit injustement dans le film après avoir triché, peut être le signe d'un pouvoir immérité.

Transition

Sa victoire contre la Sphinge fait de lui un roi libérateur et admiré.

b. La Sphinge, l'illusion de la gloire

_ *Argument*
La victoire sur la Sphinge

Œdipe tue la Sphinge et sauve les Thébains. Il en retire une immense fierté et suscite à la fois l'admiration et la confiance de son peuple. Mais cette gloire le mènera à sa perte

_ *Exemple*

Le prêtre du Prologue rappelle qu'Œdipe est devenu « le premier et le meilleur des hommes », aidé par les dieux, celui qui a déjà sauvé la ville et peut encore le faire. Il l'évoque à dans son entretien avec Tirésias.

Le Chœur rappelle à son tour qu'Œdipe « prouva alors et sa sagesse et son amour pour Thèbes » face à « la vierge ailée » ; et à la fin de la pièce il glorifie Œdipe comme « un rempart contre la mort », ayant mérité« les honneurs les plus hauts » : « Il avait détruit la devineresse aux serres aigües ». Dans le film, cette rencontre est présentée de façon plus ambiguë. Œdipe ne déchiffre pas d'énigme et tue un être sans défense.

_ *Commentaire*

Cette rencontre avec la Sphinge légitime sa place de roi à ses yeux et aux yeux des Thébains. Elle fait partie intégrante du personnage d'Œdipe et de ce qu'il représente pour les autres. Lui-même revendique avec fierté cette aventure comme étant la preuve de « sa grandeur », de son courage et de son intelligence ; il rappelle que c'est lui qui a sauvé Thèbes de ce fléau. Mais il ignore qu'elle le mène à sa perte en le conduisant à épouser la reine, sa propre mère.

Transition

Cette victoire l'investit d'un pouvoir dont il se sent responsable. Il doit sauver à nouveau la ville de la souillure.

c. Un roi responsable de la quête du coupable et qui craint pour son pouvoir

_ *Argument*
Un roi fier et responsable

À Thèbes, le roi prend en charge la recherche du coupable qui souille la ville, il le fait par souci pour son peuple et par devoir royal. Il va jusqu'à prendre la place des dieux, lorsqu'il répond aux prières du Chœur, qui dans la Parodos supplie les dieux de sauver Thèbes.

_ *Exemple*

Il dit au Chœur : « J'entends tes prières et à ces prières c'est moi qui réponds », p. 192. Dans la partie sur la Sphinge, nous avons déjà constaté qu'il est aussitôt désigné par le prêtre comme « le premier de tous les mortels », « le meilleur des humains », p. 186. Le prêtre le supplie de les sauver. Œdipe dit souffrir plus encore que les autres. Il décide de chercher le coupable : « Je reprendrai l'affaire et je l'éluciderai », p. 189. Plus tard, il dit à Tirésias : « Si j'ai sauvé la ville, que m'importe le reste », p. 200.

_ *Commentaire*

Œdipe se conduit en roi responsable, obsédé par le désir de sauver la ville. Il mérite donc son titre.

_ ***Commentaire*** *(suite)*	Ses sujets passent avant tout, au point qu'il dépasse les limites de son pouvoir en répondant au Chœur à la place des dieux. Il fait preuve de cette même préoccupation, lorsque, exaspéré par le silence de Tirésias, il le somme de parler. C'est aussi ce désir de savoir la vérité qui va le conduire à sa perte. L'ironie tragique du sort d'Œdipe est à son comble.
_ ***Argument*** *Un pouvoir fragile*	Cependant il craint pour son pouvoir et accuse Tirésias puis Créon de comploter contre lui. Le film le montre comme un roi fragile.
_ ***Exemple***	« C'est toi qui as tramé le crime, c'est toi qui l'as commis », dit-il à Tirésias, p. 196. « Créon cherche sournoisement à me jouer, à me chasser d'ici... », p. 198. Puis, dans l'épisode suivant, il traite Créon de « félon » et de « traître ». Dans le film, il porte peu d'insignes royaux. Il arbore une immense tiare et une grande barbe postiche. Il vocifère, brutalise Tirésias et se mord la main comme lorsqu'il était petit.
_ ***Commentaire***	Ce pouvoir lui apparaît d'autant plus fragile qu'il est un tyrannos et non un basileus, du moins le croit-il. Cette méfiance à l'égard des autres et cette peur de perdre son pouvoir l'empêchent de comprendre le sens des paroles du devin et de voir la réalité. Il devient ainsi, avant d'être un roi déchu, un roi aveuglé par l'ignorance. Sa colère à l'égard de Tirésias et de Créon se déchaîne ; son hybris est en effet liée à ce pouvoir auquel il tient tant et qu'il croit menacé. Dans le film, avec ses insignes assez ridicules, il a davantage l'air d'un roitelet que d'un roi. De plus, Œdipe les a pris à Laïos après l'avoir tué. Ce sont à la fois des trophées et les signes d'un pouvoir usurpé. Ni sa colère n'est digne de celle d'un roi ni son geste d'enfant de se mordre la main.
Transition	Ce roi, fier de lui et admiré de tous, va, en une seule journée, vivre un renversement total de situation. Il devient un criminel, dont la souillure empoisonne la ville, et il devient le symbole même du roi déchu.

➤ Deuxième partie

2. Le tyrannos devient un basileus et un roi déchu

a. Parricide et incestueux

_ ***Argument*** *La révélation*	La découverte de la réalité plonge Œdipe dans un désespoir terrible. Il est devenu un monstre.
_ ***Exemple***	« Hélas, hélas, ainsi tout à la fin serait vrai ![...] je me révèle le fils de qui je me devais pas naître, l'époux de qui je ne devais pas l'être, le meurtrier de qui je ne devais pas tuer », p. 225. Le Chœur s'exclame, p. 229 : « O disgrâce effroyable à voir pour des mortels, la plus effroyable que j'aie jamais croisée sur mon chemin ! [...] je ne puis te regarder en face ». Mais il le respecte comme auparavant : « Noble et cher Œdipe ! ».

– *Commentaire*

Cette découverte se fait par étape. Il se découvre d'abord régicide, puis parricide et donc incestueux. Il trouve Jocaste pendue juste après cette terrible révélation. La phrase que nous venons de citer dévoile sa triple souillure. Œdipe a transgressé les interdits les plus sacrés. Le Chœur utilise des hyperboles car seules des hyperboles peuvent exprimer l'horreur de ce que le roi vient de découvrir, non pas hors de lui, mais en lui. Il est désormais un rebut de l'humanité qu'on ne peut même pas regarder.

Transition

Face à la découverte de son destin, Œdipe réagit par un acte libre.

b. Héros tragique et symbole des aléas de la fortune

– ***Argument***

Œdipe revendique son acte

Ses malheurs et son acte font de lui un héros tragique. Œdipe se crève les yeux.

– ***Exemple***

Le messager décrit la scène de l'aveuglement et retranscrit les paroles d'Œdipe au discours direct. Puis Œdipe revendique son acte : « C'est Apollon qui m'inflige ces atroces disgrâces [...] mais aucune autre main n'a frappé que la mienne », p. 230 ; « Ah ! ne me dis pas ce que j'ai fait n'était pas le mieux que je puisse faire [...]. Mes yeux à moi, du moins ne les reverront pas, non plus que [...] ces images sacrées de nos dieux, dont je me suis exclu moi-même, infortuné, moi le plus glorieux des enfants de Thèbes... », p. 231.

– ***Commentaire***

Œdipe revendique son acte comme un acte libre. Victime de la fatalité, il a accompli des actes terribles contre sa volonté. Sa liberté se manifeste et s'affirme dans sa quête de la vérité et ce geste de se crever les yeux. Il met cruellement en valeur, dans ses propos, le contraste entre celui qu'il était auparavant et celui qu'il est devenu. Mais bien qu'il soit déchu, au plus profond de sa honte, il est fier de s'être mutilé ainsi lui-même. Ce geste symbolique d'exclusion du monde provoque à la fois l'admiration et l'effroi du spectateur. Ce roi qui possédait tout apparaît dans un extrême dénuement.

– ***Argument***

Œdipe, symbole de la fragilité des hommes

Le chœur le considère alors comme le symbole des aléas de l'existence.

– ***Exemple***

C'est ce que soulignera le Coryphée à la fin de la pièce : « Regardez, habitants de Thèbes. Le voilà, cet Œdipe, cet expert en énigmes fameuses, qui était devenu le premier des humains.

– ***Exemple***
(suite)

Personne dans sa ville ne pouvait contempler son destin sans envie. Aujourd'hui, dans quel flot d'effrayante misère est-il précipité ! » À la fin de la pièce, c'est le Coryphée qui conclut la pièce : « C'est donc ce dernier jour qu'il faut, pour un mortel, toujours considérer. Gardons-nous d'appeler jamais un homme heureux, avant qu'il ait franchi le terme de sa vie sans avoir subi un chagrin ».

– ***Commentaire***

Ainsi, le plus heureux des hommes est devenu le plus malheureux. Cette conclusion s'élargit à tous les hommes. Œdipe devient le symbole de l'humanité et de sa fragilité.

Transition

Cependant, Sophocle a écrit une suite, *Œdipe à Colone*, dont Pasolini s'inspire et qui réhabilite en quelque sorte le roi déchu.

c. *Œdipe à Colone*, le roi sanctifié

– ***Argument***
Œdipe réhabilité

Nous savons que dans cette autre pièce de Sophocle, Œdipe meurt dans un sanctuaire, à Colone, près d'Athènes. Sa présence est devenue une sorte de bénédiction et la ville d'Athènes est fière de l'accueillir. Cette réhabilitation est aussi visible dans le film à la fin.

– ***Exemple***

Œdipe guidé par ses filles se rend à Colone et reconnaît le lieu sans le voir. Il meurt dans une sorte d'apothéose et son corps disparaît comme par miracle. Dans le film, il est guidé par Angelo et revient vers la ville de son enfance, devant la maison où il est né. Il retrouve alors le pré maternel. On entend la musique de Mozart.

– ***Commentaire***

Bien que le pré soit moins lumineux, c'est le même que dans le Prologue avec le même mouvement de panoramique. Le film se termine sur ce plan. C'est aussi la même musique de Mozart, celle de sa mère, la musique militaire, associée au père, restant en arrière-plan. Œdipe a l'intuition qu'il est revenu au lieu de sa naissance. Il adresse alors, comme dans *Œdipe à Colone*, un adieu au soleil puis dit : « La vie finit là où elle a commencé ». En effet, la boucle est bouclée, le film finit par où il a commencé et Œdipe ne se détache jamais du lien maternel. Guidé par son inconscient, il y revient pour mourir. Dans *Œdipe à Colone*, le héros retrouve sa dignité, il meurt en paix avec les hommes et les dieux, il retrouve un statut civique et sa souillure est effacée, puisque sa présence est désormais un honneur et une bénédiction pour la cité qui l'accueille. Dans le film, c'est plus complexe, le héros n'est pas sauvé. Il est seul et isolé. On le voit fuir, dans un état presque panique, l'église de Bologne puis le monde ouvrier. Mais il revient vers sa mère, ses origines et sans doute un monde innocent, celui d'avant la faute.

Conclusion

— ***Réponse à la problématique***

Ces œuvres mettent bien en scène l'histoire tragique d'une déchéance. Œdipe gravit les échelons les plus hauts pour descendre au plus bas. Mais ce roi déchu, exilé et honteux, devient paradoxalement le symbole de l'humanité, dans sa fragilité, mais aussi dans son courage et sa grandeur.

Pour aller plus loin

Liste de quelques autres sujets possibles et proches de celui-ci

- Jacques Lacarrière dans son étude intitulée *Sophocle* (Éditions L'arche 1960/1978) désigne Œdipe par la périphrase « le roi maudit ». Pensez-vous que cette expression convienne au personnage éponyme de la pièce de Sophocle et du film de Pasolini ?
- Comment comprenez-vous la dernière phrase de la pièce, prononcée par le Coryphée : « Gardons-nous d'appeler jamais un homme heureux, avant qu'il ait franchi le terme de sa vie sans avoir subi un chagrin » ?
- Œdipe peut-il être considéré comme « le plus malheureux des hommes », comme le désigne le Coryphée ?
- Bonheur et malheur dans *Œdipe Roi*.

Citations et passages-clés à lire sur ce sujet et à retenir : ils sont dans le devoir.

Sujet 2 Dans quels lieux les deux auteurs ont-ils choisi de mettre en scène le mythe d'Œdipe ?

Les incontournables

Travail sur le sujet

Objet d'étude et théâtre antique

Bien envisager le sujet en mettant toujours en parallèle texte et image : ici, texte théâtral (texte et représentation) et réécriture cinématographique. D'autant plus que la pièce de Sophocle va respecter l'unité de temps et de lieu (une seule journée devant le palais de Thèbes) alors que Pasolini va réécrire la pièce en faisant se déplacer ses personnages dans le temps et l'espace.

Ne pas oublier le Chœur.

Les idées

Vérifier si les thématiques font partie du sujet : les lieux représentent de toute évidence dans *Œdipe Roi* les différentes étapes de la vie et du destin tragique du héros éponyme. Toutes les grandes thématiques vont donc être évoquées dans ce sujet : Cf. Liste des thématiques.

Cerner le sujet

- **Analyse des mots clés en en cherchant le champ sémantique** :
  - > Il faut bien se remémorer tous les lieux évoqués dans la pièce et ce qu'ils représentent.
  - > Il faut aussi étudier les lieux et les décors dans le film ; Pasolini a fait des choix importants et très personnels.
  - > Il ne faut pas oublier de rappeler que Sophocle respecte l'unité de lieu et de temps et le glisser dans le devoir.
- **Quels personnages sont concernés ?**

  Tous les personnages sont associés aux différents lieux, mais Œdipe reste au centre du sujet.
- **Quels sont les liens entre les lieux et l'intrigue ? Quels sont leurs degrés d'importance et de symbolique ?**

Préparer la dissertation

Construire un plan

Comment trouver un plan le plus rapidement possible ?

Il faut vous remémorer tous les passages où il est question du sujet.

Et cela en suivant d'abord la structure de la pièce, ce qui est plus simple : observez que le récit de l'existence d'Œdipe montre que celui-ci traverse différents lieux, qui correspondent à des étapes essentielles de sa vie :

Œdipe naît à Thèbes, est abandonné sur la colline du Cithéron puis adopté par le roi et la reine de Corinthe. Ils le nomment Œdipe à cause de ses pieds abimés.

Effrayé par les paroles d'un homme aviné, il quitte Corinthe pour Delphes, où il consulte la Pythie. Il y découvre son destin. Désireux de ne pas retourner à Corinthe, il prend une route qui l'en éloigne.

À un carrefour de trois routes, il croise un char et tue un homme et ses serviteurs. Cet homme est son père.

Il arrive alors à Thèbes, tue la Sphinge, épouse la reine (sa mère) et y vit heureux jusqu'à l'épidémie de peste.

C'est en enquêtant pour découvrir le criminel qui souille la ville qu'il découvre qui il est et ce qu'il a fait.

Cette découverte coïncide avec celle des différents lieux de sa vie, précédemment cités.

Après s'être aveuglé, Œdipe quitte Thèbes et devient un errant, exilé et sans patrie.

Pasolini reprend cette quête et ces lieux mais il les filme ailleurs, en Italie puis dans le désert marocain et à nouveau en Italie.

Élaborer un plan

On peut donc ordonner la dissertation en commençant par les lieux de l'enfance, puis les lieux du destin pour finir par Thèbes, lieu de perdition et l'errance.

1. **Les lieux de l'enfance**
   - **a.** Le Cithéron, lieu de l'abandon et de l'adoption
   - **b.** Corinthe, lieu du bonheur illusoire
2. **Les lieux où le destin s'est noué**
   - **a.** Delphes
   - **b.** Le carrefour des trois routes
3. **De Thèbes, ville de naissance et de mort, à l'exil**
   - **a.** Lieu de naissance, de perdition et de mort
   - **b.** L'exil, Œdipe l'apatride

Rédaction du devoir

45 min

Introduction

Présentation de l'œuvre et annonce du sujet

À la fin de la pièce *Œdipe Roi* de Sophocle, le héros éponyme évoque les lieux, où il a vécu, comme les témoins des péripéties tragiques de son existence. Ces lieux grecs, Pasolini les déplace et les situe en Italie et au Maroc, insistant ainsi sur l'aspect universel et intemporel du mythe.

Commentaire rapide du sujet si nécessaire

Les lieux ont toujours une place très importante dans une œuvre. Ici ils sont les symboles d'un destin tragique.

Problématique

C'est pourquoi nous étudierons les différents lieux du mythe et leur symbolique.

Annonce du plan en 2 parties

Nous nous intéresserons dans un premier temps au Cithéron et à Corinthe, lieux de l'enfance, puis à Delphes et au carrefour des trois routes, lieux où le destin s'est noué, et enfin, nous verrons qu'après Thèbes, lieu de vie et de mort, Œdipe choisit l'exil.

Développement

➤ Première partie

1. Les lieux de l'enfance

a. Le Cithéron, lieu de l'abandon et de l'adoption

Argument
Le Cithéron, lieu de l'abandon et de l'adoption

Le Cithéron est à la fois le lieu de l'abandon et celui de l'adoption.

Exemple

Œdipe l'invoque à la fin de la pièce en le personnifiant : « Pourquoi m'as-tu accueilli, que ne m'as-tu plutôt tué et saisi sur l'heure? », p. 231. Il l'évoque aussi lorsqu'il souhaite quitter Thèbes et dit qu'il préfèrerait « habiter les montagnes, ce Cithéron qu'on dit mon lot. Mon père et ma mère [...] l'avaient désigné pour être ma tombe », p. 233.

Commentaire

Œdipe parle au Cithéron comme à un être vivant. Nous verrons qu'il personnifie tous les lieux de sa vie. La terre pour les Grecs est plus qu'une terre. Elle est témoin d'une présence, d'un acte. Il reproche au Cithéron de ne pas l'avoir tué, parce que c'est là que tout s'est joué. Ce lieu est le signe du malheur, puisque ses parents voulaient qu'ils soient son lieu de mort. Le berger, par pitié pour l'enfant, a cru le sauver en le confiant à un autre berger, mais il a, en réalité, permis à son horrible destin de se réaliser.

– *Exemple*

Pasolini en fait un immense désert, qu'il filme au moyen de longs panoramiques horizontaux. Il a tourné dans le désert du Sud marocain.

– *Commentaire*

Pasolini choisit donc d'autres lieux que la Grèce. Il a dit lui-même, dans les *Cahiers du Cinéma*, qu'il voulait « représenter le mythe d'Œdipe comme quelque chose se situant hors de l'histoire. L'histoire d'Œdipe est un fait méta-historique ». Ces lieux très arides (on peut difficilement trouver plus désertique) s'opposent à la douce campagne italienne du Prologue ; ils peuvent symboliquement renvoyer à la dureté du destin d'Œdipe et plongent le mythe dans l'universel. Le metteur en scène utilise un filtre orange pour raviver la couleur ocre des montagnes désertiques, qu'il définit lui-même, dans un entretien, comme « la couleur chaude du mythe, de l'Histoire, du désert ».

Transition

Le petit Œdipe est adopté par le roi et la reine de Corinthe, le Cithéron semble oublié.

b. Corinthe, lieu du bonheur illusoire

– *Argument*

Une enfance heureuse à Corinthe

Il est accueilli à Corinthe comme un « don de la fortune ». Il mène au palais une existence paisible, choyé par ses parents. Seuls, ses pieds abimés et le nom qu'il porte désormais, rappellent comme une menace le Cithéron et la maltraitance qu'il a subie.

– *Exemple*

Œdipe, au deuxième épisode, dans sa conversation avec Jocaste dit qu'il avait « le premier rang parmi les citoyens », p. 211 ; puis, dans le quatrième épisode, il rappelle au Corinthien qu'il a été très aimé par ses parents adoptifs, p. 219. Dans le film, lors de son adoption, il est accueilli dans une atmosphère festive. Mérope et Polybe sont ravis de ce « don des dieux ». Sa mère adoptive le prend avec douceur dans ses bras et le désigne par l'expression « pieds gonflés » puis « mon petit Œdipe ». Filmé en gros plan, le roi porte l'enfant en triomphe, embrasse à maintes reprises ses pieds.

– *Commentaire*

Corinthe apparaît comme une sorte de trêve, où Œdipe mène une enfance et une adolescence heureuses. Ses parents sont affectueux et simples : Polybe se promène à dos d'âne, à la différence de Laïos qui se montre imbu de son pouvoir. L'insistance sur les pieds de l'enfant est cependant un signe. L'équilibre que semble représenter Corinthe est menacé.

– *Argument*

Le bonheur est menacé

En effet le destin surgit. Corinthe est un lieu illusoirement heureux.

_ *Exemple*

Dans la pièce, Œdipe raconte au second épisode, p. 211, qu'un homme aviné l'a traité « d'enfant supposé ». Le film propose une autre version : Œdipe triche en jouant au disque et le camarade vaincu lui dit qu'il est « un enfant trouvé, fils de la Fortune, abandonné par (s)a mère et (s)on père. » Œdipe fait le soir même un cauchemar : « Je me suis réveillé, tremblant comme un enfant ». « Les dieux essayaient de me dire quelque chose », ajoute-t-il. Dans l'Exodos, après avoir invoqué le Cithéron, il s'écrie : « Ô Polybe, ô Corinthe, et toi palais antique, toi qu'on disait le palais de mon père, sous tous ces beaux dehors, quel chancre malfaisant vous nourrissiez en moi ! », p. 231.

_ *Commentaire*

Ces passages sont riches d'allusions aux futurs malheurs d'Œdipe. Ce dernier, en trichant, rompt la paix de Corinthe et provoque le destin, qui s'annonce alors sous la forme de propos malveillants et inquiétants. Dès son adolescence, il semble vouloir conserver la suprématie dans tous les domaines. Dans son rêve, l'allusion à l'enfance peut faire penser à un souvenir refoulé. Le passé est insidieusement revenu. Il dit en effet avoir eu « peur de l'obscurité ». Cela peut rappeler l'enfant affolé du Prologue. Il fait alors pour la première fois le geste de se mordre la main, geste qu'il répétera souvent quand il sera pris d'une angoisse insurmontable. Au moment où il quitte Corinthe pour Delphes, l'on peut lire sur le visage désespéré de sa mère le pressentiment qu'il ne reviendra jamais. Cette expression d'angoisse est la même que celle que l'on retrouve souvent sur le visage de Jocaste. Plus tard, lorsqu'il s'adresse à Polybe, à Corinthe et au palais personnifiés, il met ces trois éléments sur le même plan. Corinthe s'est révélée le lieu de l'illusion et du mensonge, comme le soulignent l'expression « qu'on disait le palais de mon père » et la métaphore des « beaux dehors » qui cachent « un chancre malfaisant ».

Transition

Lorsqu'Œdipe quitte Corinthe, il se rend à Delphes pour y découvrir son destin. Il va sans le savoir le rencontrer sur la route.

➤ Deuxième partie

2. Les lieux où le destin s'est noué

a. Delphes

_ *Argument*

Delphes, lieu de la révélation

Delphes est un lieu consacré au grand dieu Apollon. C'est l'un des sanctuaires les plus célèbres de la Grèce, où les Grecs se rendent en pèlerinage pour honorer le dieu et connaître leur avenir. Certains viennent de très loin. Ils appellent en effet ce sanctuaire « le nombril du monde ».

_ *Exemple*

Plusieurs personnages se rendent à Delphes : Laïos, dans le passé, Œdipe, comme nous venons de le voir. Dans le Prologue, Créon s'y rend, car tous les espoirs des personnages résident en Apollon et la Pythie. Delphes est considéré comme « le seul remède », p. 187 : « Ah ! s'il pouvait, cher Apollon, nous apporter quelque chance de sauver Thèbes ». Œdipe fait venir ensuite Tirésias de Delphes pour en savoir davantage et ainsi sauver Thèbes : le devin appartient à ce lieu comme au dieu qui y règne : « Je ne suis pas à tes ordres, je suis à ceux de Loxias », dit-il, p. 199.

_ *Commentaire*

Mais Delphes, à l'image des prophéties qui y sont rendues, est un sanctuaire ambigu. C'est le lieu où les hommes croient pouvoir communiquer avec les dieux, accéder ainsi au mystère de leurs origines et de leur avenir ; mais cet endroit est trompeur : Delphes est dans cette œuvre le lieu tragique par excellence, puisque les paroles du devin ne sont pas assez claires et renvoient ainsi Œdipe à sa fragilité. C'est pour cette raison qu'on appelle Apollon « l'oblique ».

_ *Exemple*

Pasolini choisit de présenter le lieu de façon originale. Lorsqu'Œdipe arrive à Delphes l'on a un large plan général avec, au fond, un immense arbre, sous lequel se trouve la Pythie. L'ombre de l'arbre contraste avec le soleil écrasant de la scène. La prêtresse est ainsi séparée de la foule par un grand espace désert. la Pythie est d'abord vue de très loin puis Œdipe s'en rapproche mais en se cachant les yeux, la prêtresse étant filmée dans un contrejour qui l'éblouit. Lorsqu'enfin il peut s'approcher d'elle, l'on s'aperçoit que son visage est caché par un masque à double visage ; elle est entourée de prêtres portant eux aussi des masques, faisant penser à une tête de mort.

_ *Commentaire*

Toute cette scène est très étrange et inquiétante : la distance entre les pèlerins et la Pythie est très importante et l'arbre, sous lequel se trouve la Pythie, apparaît gigantesque et l'homme minuscule. Le choix d'un tel plan met donc en valeur l'idée que l'homme n'est rien face au destin, qui peut l'écraser, comme ce sera le cas d'Œdipe. Il faut attendre et marcher pour atteindre ce lieu, ce qui lui confère aussi une sorte de supériorité. On ne voit que la bouche de la Pythie, comme si elle n'était que cela, une bouche, l'oracle.

_ *Exemple*

La Pythie a quelque chose de sauvage, de bestial ; au lieu du laurier traditionnel grec, elle mange du riz à pleines mains. Ses premiers mots (non traduits en sous-titre) sont : « Regarde-toi ! » Puis elle annonce à Œdipe son destin à deux reprises et éclate à chaque fois d'un rire dément.

Exemple
(suite)

Enfin, elle change de ton et ajoute gravement : « Ainsi parlent les dieux, c'est inévitable », « Ne contamine pas ces gens par ta présence ». Œdipe repart, aveuglé par le soleil ; il voit, dans une sorte de vertige, la foule à contre-jour, de façon floue. Il met la main devant ses yeux comme lorsqu'il était enfant, dans le Prologue. Certaines personnes portent des masques. Les plans alternent entre Œdipe seul, affolé, et la foule toujours vue à contrejour dans le flou.

Commentaire

Ce masque, ainsi que son attitude, rendent la prêtresse à la fois mystérieuse et inquiétante, à la frontière entre l'humain et l'inhumain. Elle semble se réjouir des malheurs d'Œdipe. En disant « regarde-toi », elle le renvoie à lui-même, comme le fera la Sphinge plus tard. Lorsqu'Œdipe s'en va, sa solitude et sa détresse paraissent immenses. Il semble déjà rejeté. Traumatisé et terrifié il s'enfuit en courant. La lumière éblouissante joue un rôle majeur dans cette séquence. On peut penser qu'elle représente symboliquement la vérité trop lourde, écrasante. L'effet de flou montre qu'il est aveuglé par ce qu'il vient d'apprendre et annonce sa future cécité.

Transition

Œdipe, en fuyant, va sans le savoir accomplir la première partie de son destin.

b. Le carrefour des trois routes

Argument
La symbolique du carrefour

Œdipe, au carrefour de trois routes, tue un homme et ceux qui l'accompagnent. Il scelle ainsi son destin. Pasolini choisit un chemin étroit sans croisement, préférant garder la symbolique du croisement des chemins, par d'autres moyens que nous verrons plus tard.

Exemple

Œdipe invoque ce lieu dans l'Exodos à la suite des autres lieux : « Ô double chemin ! Val caché ! Bois de chênes ! Ô étroit carrefour où se joignent deux routes, vous avez bu le sang de mon père versé par mes mains, avez-vous oublié les crimes que j'ai consommés sous vos yeux...? », p. 231. Jacques Lacarrière évoque ce Carrefour comme étant la « première étape vers la fusion des deux Œdipe ». « Tu as bien dit cela, Laïos aurait été tué au croisement de deux chemins », p. 209, dit Œdipe. Pasolini décrit très longuement la scène de meurtre qui est d'une extrême violence. Œdipe semble s'acharner sur ses victimes, hurlant à la fois de terreur et de fureur.

Commentaire

On peut voir ce carrefour comme un endroit symbolique, où Œdipe croise son destin. Les expressions « vallée cachée » et « carrefour étroit » insistent sur le resserrement tragique que ce carrefour représente.

_ ***Commentaire***
(suite)

C'est à ce croisement, lieu de son hésitation, puis de son choix, et où il a tenté de fuir son destin, qu'il a rencontré son père. C'est donc là qu'il est allé vers son malheur, vers la faute, passant de l'innocence à la culpabilité. Nous avons déjà évoqué que la terre pour les Grecs est plus qu'une terre. Ici elle s'imprègne du sang versé et garde la souillure de tout acte sacrilège ou meurtrier. Pasolini, en insistant sur la violence de cette scène, fait de ce lieu un lieu maudit, presque un espace de folie, insupportable de chaleur et brûlé par le soleil. Œdipe semble halluciné comme Meursault dans *L'Étranger* de Camus.

Transition

Quoiqu'il fasse, tout le mène vers la ville de ses origines, Thèbes, et l'accomplissement de son second crime.

➤ Troisième partie

3. De Thèbes, ville de naissance et de mort, à l'exil

a. Lieu de naissance, de perdition et de mort

_ ***Argument***
Thèbes, la ville la plus importante

Thèbes, ville de la naissance d'Œdipe, est sans doute la ville la plus importante. Le mythe d'Œdipe fait partie des légendes dites du « cycle thébain ». Le palais royal de Thèbes est le seul lieu représenté dans la pièce de Sophocle ; les autres lieux font partie des récits et des dialogues. Sophocle respecte les unités de temps et de lieu.

_ ***Exemple***

La ville de Thèbes est au centre du Prologue de la pièce. Elle apparaît dès les premiers mots prononcés par Œdipe puis le prêtre. Assaillie par la peste et la mort, elle est l'objet de toutes les préoccupations et de toutes les angoisses. Œdipe aime sa cité et veut à tout prix la sauver : « Mon cœur à moi gémit sur Thèbes », p. 187 ; « Je me charge à la fois de la cause de Thèbes et du dieu », p. 189. Plus tard, il dit à Tirésias : « Si j'ai sauvé la ville, que m'importe le reste », p. 200. De même, le premier plan du film de Pasolini, après le générique, est une borne sur laquelle est écrit le nom de Thèbes en italien : « Tebe ». Le Prologue est pourtant tourné en Italie comme l'indique le drapeau italien.

_ ***Exemple***

Œdipe ne sait pas pourquoi il aime tant cette ville. Elle est la ville où il est né et d'où il a été aussitôt exclu : « L'enfant une fois né, trois jours ne s'étaient pas écoulés, que déjà, Laïos, lui liant les talons, l'avait fait jeter sur un mont désert », raconte Jocaste dans le second épisode, p. 209.

_ ***Commentaire***

Œdipe découvrira qu'il est né là mais qu'il a été aussitôt considéré comme un être maudit et destructeur pour les siens. C'est à Thèbes que ses parents ont décidé de l'abandonner sur le Cithéron et c'est un berger thébain qui l'y a emmené.

Commentaire
(suite)

Le Prologue du film le fait naître à la fois à Tebe et en Italie. C'est donc le lieu des origines de tout : Œdipe y est né, a été abandonné. Il est prédestiné à être détruit et à détruire la ville.

Argument
Lieu d'aboutissement de son errance

C'est un lieu essentiel car c'est aussi le lieu d'aboutissement de son errance. Dans le film, tous les chemins semblent mener à Thèbes.

Exemple

Lorsqu'Œdipe quitte Delphes, il erre longtemps, marchant au hasard. Des panoramiques très larges évoquent un espace infini. Lorsqu'il arrive devant la borne indiquant Thèbes, il décide de se fier au hasard et tourne plusieurs fois sur lui-même, les yeux fermés. Il accomplit ce geste à deux reprises puis repart. Il croise à nouveau cette borne deux fois et tourne à nouveau sur lui-même les mains devant les yeux. Dans le second épisode de la pièce, Œdipe évoque cette fuite : « Je m'enfuis vers des lieux où je ne puisse voir se réaliser les ignominies que me prédisait l'effroyable oracle », p. 211.

Commentaire

Victime de l'ironie tragique, Œdipe croit échapper à son destin en allant vers Thèbes, alors que c'est là qu'il va le réaliser en épousant Jocaste. Cette répétition des mêmes gestes et cette récurrence de l'apparition de la borne de Thèbes montrent que le destin s'acharne contre lui, comme si Thèbes le poursuivait ; quoi qu'il fasse c'est toujours Thèbes qui lui est indiqué. Le metteur en scène insiste ainsi sur l'idée que cette cité est en fait sa seule direction possible. Il a remplacé le carrefour sophocléen par plusieurs carrefours, où Œdipe, se fiant au hasard, va immanquablement vers son destin.

Argument
Thèbes, illusion de bonheur

Cette cité offre d'abord à Œdipe une illusion de bonheur et de réussite. Il y combat la Sphinge, y épouse la reine et devient roi des Thébains. Il y mène pendant un certain temps une existence heureuse.

Exemple

Le prêtre du Prologue l'admire, lui qui est « le premier et le meilleur des hommes », p. 186. Le Chœur dit de lui qu'il a reçu grâce à son mérite « les honneurs les plus hauts » en régnant sur Thèbes, parce qu'il a « détruit la devineresse aux serres aigües ». Dans le film, il arrive en triomphateur. Dans les scènes suivantes, on voit les Thébains se prosterner devant lui. Il apparaît très solennel devant la porte du palais.

Commentaire

Il est donc reconnu par ses sujets comme le meilleur de tous. Sa victoire contre la Sphinge fait de lui un sauveur, un être béni des dieux. Mais sa représentation dans le film est ambiguë : certes, il semble fier de paraître devant les Thébains mais on peut trouver que son attitude et son accoutrement frisent le ridicule. Le malheur, qui plane en secret sur lui, révèle à quel point son trône est illusoire et éphémère.

Argument
La peste, signe de malédiction

Mais la ville est soudain envahie par la peste et devient la ville de la souillure, de la stérilité et de la mort.

Exemple

Dans le Prologue, il est dit que « la cité est « oubliée des dieux », « qu'elle se meurt en ces morts sans nombre », que « Les fruits de ce noble terroir ne croissent plus à la lumière », et que « d'heureuse naissances ne couronnent plus le travail qui arrache des cris aux femmes », p. 191, « La mort la frappe dans ses germes où se forment les fruits de son sol ». Dans le film on entend un chant, une plainte ininterrompue de femmes pendant que la caméra filme, selon des longs panoramiques, la ville qui semble désertée, vide, morte : le premier plan de cette séquence est un gros plan sur un cadavre tuméfié, couvert de plaies purulentes. La lumière, très vive, met en valeur la pâleur des corps et les plaies qui les rongent. Des vautours planent dans le ciel bleu. L'on voit d'autres cadavres, filmés longuement selon des plans différents. Le texte du script original insiste sur la peste : « La peste à Thèbes ; la peste partout comme le soleil fou, la peste qui sème les morts, la peste qui fait hurler, la peste qui fait le vide, la peste. »

Commentaire

Le plan sur les vautours est le même qu'au moment de l'abandon du petit Œdipe ; le lien entre Œdipe et la peste est ainsi souligné. Cette souillure montre l'envers de l'illusion. Le bonheur à Thèbes, comme celui de Corinthe, est un mensonge. En cherchant le coupable qui souille la ville, Œdipe va découvrir à quel point son sort est mêlé à celui de la cité.

Argument
la révélation

À l'issue de sa quête, Œdipe découvre en effet que c'est là qu'il est né, qu'il souille lui-même la ville, que le palais de Thèbes est le lieu maudit de l'inceste ; puis il devient aussi le lieu de la mort de Jocaste et de son propre aveuglement.

Exemple

L'horreur du parricide et de l'inceste lui est révélée : « Hélas, hélas, ainsi tout à la fin serait vrai ![...] je me révèle le fils de qui je me devais pas naître, l'époux de qui je ne devais pas l'être, le meurtrier de qui je ne devais pas tuer », p. 225. Le Chœur s'exclame, p. 229 : « O disgrâce effroyable à voir pour des mortels, la plus effroyable que j'aie jamais croisée sur mon chemin ! [...] je ne puis te regarder en face ».

Commentaire

Il n'a pas tué son père à Thèbes mais la ville est souillée par ce meurtre. L'inceste a bien eu lieu à Thèbes. Pour insister sur ce point, Pasolini filme les cadavres des victimes de la peste juste après la nuit de noces.

– ***Argument***
Thèbes, lieu du malheur

Folle de douleur, Jocaste se donne la mort dans le palais et Œdipe se crève les yeux. Thèbes devient la ville du malheur absolu.

– ***Exemple***

Le messager narre cette scène avec effroi. Le film montre à son tour Œdipe découvrant Jocaste pendue puis se crevant les yeux en poussant des cris presqu'inhumains.

– ***Commentaire***

La violence de ces scènes fait de Thèbes une ville de cauchemar. Tout s'inverse. Thèbes n'est pas la ville de la vie et du bonheur mais la ville de la mort et de la souffrance. Œdipe est revenu vers la ville de sa naissance et de sa malédiction pour y accomplir des crimes qui font de lui un monstre.

Transition

Ainsi, les imprécations qu'il a lui-même proférées à l'encontre du coupable, lui sont en réalité adressées. Il doit quitter la ville.

b. L'exil, Œdipe l'apatride

– ***Argument***
L'exil

Œdipe s'en va, non seulement parce qu'il le doit mais aussi parce qu'il désire disparaître. Il devient l'homme sans lieu.

– ***Exemple***

« Vite au nom des dieux, cachez-moi quelque part, loin d'ici, tuez-moi, jetez-moi à la mer ou en des lieux du moins où l'on ne me voie plus », dit Œdipe.

– ***Commentaire***

Il désire ne plus voir mais aussi ne plus être vu ; sa honte et sa souillure le désespèrent au point qu'il veuille se cacher, disparaître. Cela se traduit symboliquement par l'évocation de la mer, lieu d'invisibilité ou d'engloutissement.

– ***Exemple***

Pasolini, dans son Épilogue, montre Œdipe arriver au bout de son errance. Il se trouve en Italie avec Angelo qui est devenu son guide. Un gros plan sur Œdipe le montre vieilli, le regard perdu. Après quelques moments d'errance et de fuite, ils arrivent à la campagne devant la maison où Œdipe est né. On retrouve la place avec le monument aux morts. La bande-son rappelle le Prologue car à ce moment-là, on entend la musique de Mozart, c'est-à-dire le thème musical maternel de son enfance ; puis l'on voit la maison, le pré vert du Prologue, celui de sa mère. « La vie finit là où elle a commencé », dit-il.

– ***Commentaire***

Le film, qui reprend quelques éléments de la pièce *Œdipe à Colone* de Sophocle, propose une fin heureuse ou en demi-teintes à cette histoire tragique. Œdipe revient vers le lieu maternel, lieu des origines. Il retrouve ainsi une forme d'innocence ou de purification, comme dans *Œdipe à Colone*.

Conclusion

— ***Réponse à la problématique***

Les lieux sont très importants dans *Œdipe Roi*. Ils sont liés à l'existence et aux actes des personnages, au point d'en être imprégnés. Œdipe fuit les lieux comme il se fuit lui-même. Chacun des lieux, où il vit ou passe, le mène vers son destin. Les lieux se révèlent doubles : à l'image du héros déchiré entre deux visions inconciliables de lui-même, ils sont des simulacres de bonheur. La dernière phrase prononcée par le Coryphée s'adapte aussi bien aux hommes qu'aux lieux : « C'est donc ce dernier jour qu'il faut, pour un mortel, toujours considérer. Gardons-nous d'appeler jamais un homme heureux, avant qu'il ait franchi le terme de sa vie sans avoir subi un chagrin ».

Pour aller plus loin

Liste de quelques autres sujets possibles :

Certains de ces lieux, pris séparément, peuvent faire l'objet d'une question à 8 points.

Exemple : Delphes ou Thèbes.

La partie sur Thèbes pourra servir pour un sujet sur la souillure.

Passages-clés sur ce sujet, citations à retenir et exemples pris dans le film : ils sont dans le devoir.

Sujet 3 Comment est traité le thème de la souillure ?

Les incontournables

Travail sur le sujet

Les idées

Vérifier si les thématiques font partie du sujet.

Cerner le sujet

- **Analyse des mots-clés en en cherchant le champ sémantique :**
  Ici, il s'agit de la souillure qui entache l'être coupable d'un crime. Celui-ci est impur. La peste qui la révèle est envoyée par les dieux. Elle est donc liée à la fatalité, à l'idée d'une malédiction.
- **Quels personnages sont concernés ?**
  Ce thème concerne tous les personnages : en premier lieu Œdipe, puis Jocaste. Mais la peste envahit la ville de Thèbes et concerne donc tous les Thébains. Créon vient l'expliquer à Œdipe et Tirésias lui révèle sa propre souillure ; le Chœur l'évoque. Il se lamente aussi sur les malheurs d'Œdipe qui sont liés à cette souillure.
  Cette épidémie est une punition des dieux pour un crime impuni.
- **Est-ce un thème essentiel ? Quelle en est la symbolique ?**
  C'est un thème original car il est d'emblée symbolique. Il est donc à la fois d'ordre réel (la peste, les crimes accomplis) et symbolique.
- **Quelle est la place du sujet dans l'intrigue ? Comment évolue le sujet ?**
  Œdipe cherche le coupable qui se révèle être lui-même et se punit en s'aveuglant et en s'exilant. Jocaste, souillée elle aussi par l'inceste, se donne la mort. C'est donc un thème essentiel qui concerne tous les personnages et parcourt toute l'œuvre : il est lié à la quête d'Œdipe, à sa faute (ou ses fautes) et à sa cécité finale.

Conseil Faire tout cela au brouillon sous forme de notes très courtes.

5 min

Préparer la dissertation

Construire un plan

Comment trouver un plan le plus rapidement possible ?
Il faut vous remémorer tous les passages où il est question du sujet.
Et cela en suivant d'abord la structure de la pièce.
Servez-vous de vos connaissances de grec éventuellement
→ Cf. Dissertation ci-contre.

Remarque Observez que le récit de l'existence d'Œdipe montre que la souillure traverse toute l'œuvre, puisqu'elle fait partie du destin d'Œdipe.

Conseil Le plan se déduit aisément de tout ce travail préalable, essentiellement mental. Ne perdez pas de temps à tout écrire.

5 min

Élaborer un plan

On peut donc commencer par présenter la souillure puis montrer sa place dans l'intrigue et la quête d'Œdipe. Enfin, on peut se demander quelle est la place de ce thème en analysant les fautes commises par Œdipe et leurs conséquences.

1. **Présentation du thème**
   a. La souillure : définition, causes et place dans l'œuvre (moments où elle intervient)
   b. Place dans l'intrigue et la quête d'Œdipe

Remarque C'est le point de départ de l'intrigue et de la quête d'Œdipe. C'est le fil conducteur du récit. C'est la cause du suicide de Jocaste et de l'aveuglement d'Œdipe.

2. **Importance du thème dans l'œuvre**
   a. La faute d'Œdipe

Remarque La souillure étant d'emblée symbolique, il est difficile de faire une partie sur la symbolique.

   b. Ses conséquences

Rédaction du devoir

45 min

Introduction

Annonce du sujet

La notion de souillure est une notion essentielle dans la civilisation grecque ; elle est liée à celle de pureté et d'impureté. L'être souillé par un crime répand sa souillure sur le monde et le salit. Il est aussi contagieux qu'un pestiféré. C'est parce qu'il est souillé par son matricide qu'Oreste doit aller se purifier de son crime en Tauride à la fin des *Euménides* d'Eschyle. De même, le corps exposé de Polynice dans *Antigone* de Sophocle est une souillure pour la ville.

Commentaire rapide du sujet si nécessaire

C'est aussi la raison pour laquelle les Thébains interprètent aussitôt la peste comme une punition des dieux dans *Œdipe Roi*. Un coupable non puni salit la ville de sa souillure.

Problématique

Ainsi, pouvons-nous nous interroger sur la façon dont Sophocle puis Pasolini traitent ce thème de la souillure dans *Œdipe Roi*.

Annonce du plan en 2 parties

Nous verrons dans un premier temps ce que représente la souillure pour les Grecs et quelles en sont les causes dans *Œdipe Roi*. Puis nous étudierons sa place dans l'intrigue avant de nous intéresser à la notion de faute et à ses conséquences tragiques.

Développement

➤ Première partie

1. Présentation du thème

a. La souillure : définition, causes et place dans l'œuvre

Argument

Apparition dès le Prologue

La souillure apparaît dès le Prologue. Thèbes est infestée par la peste qui est une manifestation de la souillure. La ville n'est pas seulement malade, sa terre est devenue inféconde, les femmes aussi.

Exemple

« La cité se meurt en ces morts sans nombre » « Les fruits de ce noble terroir ne croissent plus à la lumière », « et d'heureuse naissances ne couronnent plus le travail qui arrache des cris aux femmes » p. 191 « La mort la frappe dans ses germes où se forment les fruits de son sol ». Le Chœur la présente comme une déesse et décrit le flot des suppliantes et « le Péan[1] (qui) éclate accompagné d'un concert de sanglots », p. 191. Dans le film, Pasolini reprend ce chant : on entend une lamentation, une plainte ininterrompue de femmes pendant que la caméra filme la ville désertée par la vie et envahie par la mort.

1. Le Péan est d'abord un dieu guérisseur puis un chant d'action de grâces ou d'imploration adressé au dieu guérisseur, le plus souvent Apollon.

Commentaire

Cette peste est d'emblée symbolique : elle représente la mort qui envahit la ville. Elle est aussi évoquée comme un fléau, une malédiction divine. C'est donc une punition des dieux, une fatalité.

Exemple

Dans le film, pendant qu'on entend le chant que nous venons d'évoquer, la caméra filme selon des longs panoramiques la ville morte puis les cadavres. Le premier plan de cette séquence est un gros plan sur un cadavre tuméfié, couvert de plaies purulentes. La lumière, très vive, met en valeur la pâleur des corps et les plaies qui les rongent. Des vautours planent dans le ciel bleu. L'on voit d'autres cadavres, filmés longuement selon des plans différents. Le texte du script original insiste sur la peste : « La peste à Thèbes ; la peste partout comme le soleil fou, la peste qui sème les morts, la peste qui fait hurler, la peste qui fait le vide, la peste. »

Commentaire

Le film rend parfaitement compte de l'atmosphère morbide qui envahit Thèbes. De plus, le plan sur les vautours est le même plan qu'au moment de l'abandon du petit Œdipe ; le lien entre Œdipe et la peste est ainsi souligné. L'on remarque aussi que le premier plan sur ce cadavre répugnant apparait juste après la scène d'amour incestueux, comme si ces souillures étaient les conséquences l'une de l'autre.

Argument

La cause de la souillure

C'est Créon, de retour de Delphes, qui révèle la cause de cette peste et prononce le premier le mot « souillure » (qui se dit « miasma » en grec). Plus tard, seront traduits par « souillure » d'autres mots signifiant « crime » ou « être impur ». Créon explique qu'il faut « chasser cette souillure que nourrit ce pays et ne pas l'y laisser croître jusqu'à ce qu'elle soit incurable ». « Comment nous en laver ? » demande Œdipe. Il ordonne alors que l'on trouve puis exile le coupable dont la présence infeste la ville.

Exemple

Il doit être « jeté comme la souillure de notre pays ». Il faut faire cela pour Thèbes « cette terre qui se meurt [...] oubliée de ses dieux », p. 193.

C'est pourquoi Œdipe interdit solennellement à « tous [...] qu'on le reçoive, qu'on lui parle [...] », « je veux que tous [...] le jettent hors de leurs maisons comme la souillure de notre pays », p. 192.

Commentaire

Cette révélation de Créon est fondamentale et les mots employés révèlent à quel point cette souillure est dangereuse et mortifère. De plus, le mot « miasma » signifie aussi bien « souillure » que « souillé ». La souillure atteint tellement profondément le criminel qu'il est lui-même une souillure. Il devient un objet d'opprobre et de rejet.

Transition

Œdipe prend aussitôt à cœur son rôle de roi et de sauveur de la cité. Sa quête commence à ce moment-là.

b. Place dans l'intrigue et dans la quête d'Œdipe

_ ***Argument***
La souillure met en valeur le rôle du roi

Cette souillure met en valeur le rôle d'Œdipe et son sens des responsabilités. Il se soucie de sa ville et de ses sujets à tel point qu'il souffre pour elle :

_ ***Exemple***

« Mon cœur à moi gémit sur Thèbes », dit-il, p. 187. « Je reprendrai l'affaire et je l'éluciderai », dit-il aussitôt à Créon. « C'est pour moi que j'entends chasser d'ici cette souillure », p. 189. « Je me charge à la fois de la cause de Thèbes et du dieu », p. 189. Puis Œdipe fait une longue déclaration au Chœur, déclaration dont nous avons déjà cité des extraits : « je veux que tous [...] le jettent hors de leurs maisons... », p. 192. Il évoque la souillure comme une « tache » (le mot grec est « acatharton », non purifié, impur, de la même famille que catharsis, avec le « a » privatif), p. 193. « Je me vois en possession du pouvoir [...] j'y emploierai tous les moyens, tant je brûle de le saisir ».

_ ***Commentaire***

Œdipe emploie de très nombreuses fois le pronom personnel « je ». Il prend à cœur cette tragédie que subit la ville de Thèbes. Désormais, trouver le coupable qui la souille sera sa préoccupation première. C'est le point de départ de sa quête qui est au centre de l'œuvre.

_ ***Argument***
L'ironie tragique

Cette obstination d'Œdipe met aussi en valeur l'ironie tragique qui est omniprésente dans *Œdipe Roi*.

_ ***Exemple***

Œdipe déclare : « Lorsque je défends Laïos, c'est moi-même aussi que je sers », p. 189 ; « Je parle ici en homme étranger [...] étranger au crime lui-même », p. 192 ; « C'est moi qui lutterai pour lui comme s'il eût été mon père », p. 193.

_ ***Commentaire***

Rappelons que le spectateur connaît parfaitement l'histoire et frémit en entendant de telles paroles. Cette ironie tragique met en valeur la subtilité de l'œuvre. Œdipe ne se rend pas compte de l'exactitude des propos qu'il prononce innocemment. Lorsqu'il parle de Laïos, il croit faire de lui son père symbolique. Cette ironie tragique est aussi très présente dans les scènes suivantes et notamment celle avec Tirésias, qui occupe le premier épisode.

_ ***Exemple***

Dans le film, Pasolini reprend cette ironie tragique suivant différents procédés. Elle apparaît comme chez Sophocle, dans les dialogues. Elle est accentuée aussi par le choix des acteurs : ce sont les mêmes acteurs, dans le Prologue et la partie mythique, qui jouent le père et Laïos, la mère et l'épouse.

_ ***Commentaire***

Grâce à ce procédé, le parricide et l'inceste sont aussitôt évidents. Ainsi, lorsqu'Œdipe tue Laïos, le spectateur reconnaît aussitôt le père du Prologue.

Commentaire
(suite)

Les échanges de regards entre les deux hommes, hostiles, voire haineux, rappellent le regard haineux du père dans le Prologue. L'on reconnaît aussi le serviteur. C'est le même qui abandonne l'enfant et qui accompagne Laïos. Il en est de même, lorsque Jocaste apparaît après la rencontre avec la Sphinge ; il s'agit de Silvana Mangano, la mère du bébé du Prologue. Son visage, filmé en gros plan, tour à tour angoissé ou joyeux, semble pressentir la tragédie qui les terrassera elle et Œdipe.

Argument
Tirésias accuse Œdipe de souillure

Œdipe fait venir Tirésias pour savoir qui est le coupable, mais l'entrevue avec le devin devient un affrontement verbal très violent. Le roi ne comprend pas le silence du devin et l'accuse de complot. Tirésias lui révèle alors qu'il est lui-même le coupable. Et il va plus loin en évoquant par des périphrases des relations troubles avec les siens, qui sont en fait un détour pour parler de l'inceste :

Exemple

« C'est toi le criminel qui souilles ce pays », p. 197. « Tu vis dans un commerce infâme avec les plus proches des tiens », p. 197. « Tu es en horreur aux tiens », p. 199. « Père et frère à la fois des fils qui l'entouraient, époux et fils ensemble de la femme dont il est né, rival incestueux aussi bien qu'assassin de son propre père », p. 200.

Commentaire

Ces paroles sont essentielles puisque, par la suite, Œdipe ne fera que comprendre peu à peu leur véracité. L'intrigue de la pièce consiste à révéler progressivement l'identité d'Œdipe et ses crimes. Il s'agira de lever les uns après les autres les voiles qui les obscurcissent. Cette souillure, qu'il croyait extérieure à lui-même et qu'il devait punir, est la sienne. De plus, elle est double.

Argument
Le dialogue avec Jocaste

L'entrevue avec Tirésias lui semble un échec mais il continue sa quête en gardant en mémoire les paroles de ce dernier. Son dialogue avec Jocaste le trouble et l'inquiète. Là encore, l'ironie tragique est très présente.

Exemple

Inquiet, Œdipe dit à Jocaste : « J'entrerai au lit de ma mère, je ferai naître une race monstrueuse » et parle aussi « d'ignominies », p. 211. Puis il craint d'être le coupable et parle de lui de façon hypothétique comme d'« un homme abhorré des dieux », p. 212. Il ajoute : « À l'épouse du mort j'inflige une souillure » et il se pose des questions : « Ne suis-je pas tout impureté ? », p. 212. Il émet alors un souhait qui est une sorte de prolepse : « Que je disparaisse du monde des humains avant que la tache d'un pareil malheur vienne souiller mon front ! », p. 212. Jocaste décide alors d'aller prier Apollon : « Pour qu'il fournisse un remède contre toute souillure », p. 215.

Commentaire

Dès qu'Œdipe commence à s'interroger, il se demande s'il est impur et responsable de la souillure qui empoisonne la ville. Le champ lexical de la souillure et de l'impureté est abondant.

Commentaire
(suite)

Il a déjà l'intuition de sa culpabilité, bien qu'il soit encore dans l'interrogation, c'est-à-dire dans l'espoir d'y échapper. Le spectateur, lui, sait qu'Œdipe se rapproche de la vérité. Jocaste est la première à lui donner la possibilité de se retourner vers son passé et donc vers une prise de conscience de lui-même. Elle est donc à l'origine de la première étape de la quête d'Œdipe, qui n'est plus extérieure à lui-même mais intérieure. Or cette étape est inséparable de la souillure.

Argument
La révélation finale

Les deux dernières étapes de sa quête sont ses conversations avec le Corinthien et le berger de Laïos. Il est donc l'être criminel et monstrueux qui souille la ville. Les imprécations prononcées contre le coupable se retournent contre lui.

Exemple

Le Corinthien lui dit : « Tu crains une souillure auprès de tes parents », p. 219. Ce à quoi Œdipe répond : « C'est bien là, vieillard, ce qui m'obsède ». Et lorsqu'il commence à comprendre, il s'exclame : « Quelle étrange honte autour de mon berceau ! », p. 219. La souillure est liée au malheur évoqué alors comme des plus atroces : Jocaste en effet, lui dit : « Puisses-tu jamais n'apprendre qui tu es ». « Malheureux, malheureux oui c'est là le seul nom dont je peux t'appeler... », p. 221. « Hélas, hélas, ainsi tout à la fin serait vrai ! [...] Je me révèle le fils de qui je me devais pas naître, l'époux de qui je ne devais pas l'être, le meurtrier de qui je ne devais pas tuer », p. 225.

Commentaire

La souillure est liée à l'idée de faute, de honte et de malheur. Œdipe découvre une nouvelle identité, celle d'un meurtrier, d'un régicide, et plus grave encore, d'un parricide et incestueux. Son impureté et sa honte sont telles qu'il ne peut plus croiser le regard des autres ni être vu des autres.

Transition

➤ Deuxième partie

2. Importance du thème dans l'œuvre

a. La faute d'Œdipe

Argument
Le parricide et l'inceste

Œdipe se rend donc compte qu'il est atteint d'une double souillure, voire d'une triple : il est coupable des crimes parmi les pires qu'on puisse imaginer : il a transgressé tous les interdits : il a tué celui qui lui avait donné la vie et commis l'inceste. Ce n'est pas un crime de sang mais un acte tabou qui transgresse les lois humaines et divines et introduit la barbarie dans une société aussi civilisée que la Grèce du Ve siècle. Cette souillure crée le désordre, voire le chaos. La peste est le signe de ce bouleversement.

Exemple

Œdipe s'adresse au carrefour des trois routes en le personnifiant : « Vous qui avez bu le sang de mon père, versé par mes mains », p. 231. Très souvent le parricide et l'inceste sont mêlés dans une même phrase. Nous avons déjà cité la phrase de Tirésias : « Père et frère à la fois [...] », p. 200. Œdipe, dans sa longue tirade de la fin, s'adresse à son propre mariage : « Hymen, hymen, à qui je dois le jour, qui, après m'avoir enfanté, as une fois de plus fait lever la même semence et qui, de la sorte, as montré au monde des pères, des frères, enfants, tous du même sang, des épousées à la fois femmes et mères — les pires hontes des mortels », p. 231.

Commentaire

Œdipe insiste sur l'horreur d'avoir lui-même versé son propre sang, en jouant sur l'emploi des adjectifs possessifs. Les lieux sont imprégnés de ce sang et témoins de ses crimes. Œdipe ne souille pas seulement Thèbes mais aussi d'autres lieux. Tout au long de la pièce, beaucoup d'expressions évoquent la confusion des générations provoquée par l'inceste : le mot « inceste » n'existe pas en grec, il est donc traduit par des périphrases, qui, finalement sont plus évocatrices que le mot lui-même. Les phrases sont très complexes à l'image des liens d'Œdipe avec les siens : ils sont doubles et des plus malsains. Cette confusion des générations et des liens familiaux fait d'Œdipe un monstre.

Argument
La faute d'Œdipe, coupable et non responsable

Nous avons ici une conception très particulière de la faute. Sophocle n'évoque jamais celle que Laïos a autrefois commise auprès de Chrysippe. On ne rappelle pas non plus qu'il a voulu commettre l'infanticide. Il est à peine mentionné aussi que c'est Laïos qui, le premier, a porté la main sur Œdipe. Celui-ci aurait alors fait preuve de légitime défense. De plus, Œdipe est coupable et non responsable, puisqu'il a essayé d'échapper à son destin et accompli ces crimes malgré lui. Il porte pourtant ses fautes et la souillure qui leur est attachée. Nous avons là une forme de justice encore très archaïque.

Exemple

Cette prédestination est manifeste dans le film lors de la rencontre avec la Pythie qui lui dit : « Ne contamine pas ces gens par ta présence ».

Argument
L'inconscient

Dans le film, Pasolini exploite la théorie freudienne du mythe d'Œdipe. Œdipe désirerait inconsciemment tuer son père et épouser sa mère. Il reprend la phrase prononcée par Jocaste et montre des scènes d'inceste dans la chambre conjugale. L'obscurité du palais et de cette chambre révèle cette part obscure de l'être qui ignore ce qu'il fait. C'est aussi le lieu de la perdition.

_ ***Exemple***

Pasolini place dans la scène de double révélation la remarque ambiguë de Jocaste à propos du désir inconscient d'inceste : « Pourquoi es-tu si épouvanté à l'idée d'être l'amant de ta mère, pourquoi ? Tant d'hommes ont rêvé de l'être dans leurs songes ? Et vivent-ils épouvantés par ce rêve ? ». Bien avant Freud, Sophocle prête à Jocaste cette phrase au début du dialogue avec le Corinthien : « Ne redoute pas l'hymen d'une mère : bien des mortels ont déjà dans leurs rêves partagé le lit maternel ». L'attirance des deux époux est manifeste. Le cinéaste joue même sur l'ambiguïté, en faisant dire par Œdipe « Madre » lors d'une de ces scènes où il craint de comprendre qui ils sont vraiment l'un pour l'autre.

_ ***Commentaire***

Ce désir inconscient, parfois presque assumé, accentue la responsabilité d'Œdipe qui, en quelque sorte, consent à ses fantasmes et à la souillure que leur réalisation implique.

_ ***Argument***
L'hybris

Que peut-on reprocher à Œdipe ? Il est sans doute coupable d'hybris. Œdipe est un être violent et orgueilleux. Cet orgueil apparaît à maintes reprises. Il a cru aussi pouvoir échapper au destin et a fait preuve d'une forme d'impiété.

_ ***Exemple***

Pasolini met aussi en valeur le caractère violent et excessif du protagoniste, dans un grand nombre de scènes, et notamment dans les deux scènes, où il accomplit un meurtre (celui de Laïos et des gardes puis celui du Sphinx). On le voit aussi se quereller avec Tirésias, puis Créon. Il va jusqu'à violenter physiquement le devin qui est âgé et aveugle. Il perd aussitôt son calme, vocifère, menace. Les traits de son visage, filmé en gros plan, sont déformés par la colère.

_ ***Commentaire***

La violence de la longue scène du parricide est difficile à supporter. Il accomplit quatre meurtres les uns après les autres avec cruauté et sur des personnages qui semblent plus faibles que lui. Le dernier est déjà blessé et très jeune, comme le souligne Pasolini, en montrant son visage. Laïos est âgé. L'épée d'Œdipe est d'une taille démesurée. Il est visiblement dans un état second, comme le montrent ses hurlements ou son rire et l'expression de son visage. Puis il tue le Sphinx qui semble sans défense.

_ ***Argument***
La théorie du bouc émissaire : Œdipe n'est pas coupable

Dans la Bible, le prêtre d'Israël choisissait un bouc puis accomplissait le rituel de poser ses mains sur sa tête, pour que l'animal prenne sur lui tous les péchés commis par le peuple juif. Il était alors chassé dans le désert et servait de bouc émissaire, (ce qui signifie ici « celui qui est envoyé ») en y emportant tous les péchés avec lui.

— *Argument*
La théorie du bouc émissaire : Œdipe n'est pas coupable (suite)

Dans la religion grecque antique, on trouve un rituel équivalent, celui du « pharmacos » (φαρμακος en grec), ou victime expiatoire, qu'on immole en expiation des fautes d'un autre. En chassant hors de la ville un être ou un animal, porteur de ses fautes, on la purifiait. « Pharmacos » (φαρμακος) a le double sens en grec de remède ou poison. Le philosophe René Girard propose une interprétation très personnelle du mythe d'Œdipe en faisant de ce dernier un innocent, un bouc émissaire portant les fautes de la cité, sans avoir rien fait de mal. Ce mensonge collectif soulage la communauté, qui a tout intérêt à désigner un coupable et à le chasser.

Transition

Quelle que soit la responsabilité d'Œdipe, il assume ses fautes et se considère désormais comme un être abject et souillé. « Il n'est point d'autre mortel qui soit fait pour les porter », dit-il, p. 232.

b. Ses conséquences

— *Argument*
Le suicide, l'exil, l'aveuglement

Œdipe est parvenu au plus haut point de la honte et du malheur. Souillé par ses crimes, il doit s'exiler. Plus personne ne peut plus ni l'approcher, ni lui parler, ni même le regarder. Il se sent même indigne de la mort, qui pourrait paraître la seule issue et qui est celle choisie par Jocaste dès la révélation de leur inceste.

— *Exemple*

Le Chœur s'écrie : « O disgrâce effrayante à voir », p. 229. Ah ! Malheureux ! Non, je ne puis te regarder en face », p. 229. « Et de quels yeux descendu aux Enfers eussé-je pu si j'y voyais regarder mon père et ma mère, alors que j'ai sur tous les deux commis les forfaits plus atroces que ceux pour lesquels on se pend ? »p. 231, dit-il au Coryphée au début de sa justification. Il se décrit lui-même par les pires des expressions, telles que le « chancre malfaisant », p. 231 ; et il conclut sa tirade par des ordres qui sont des supplications : « Vite, cachez-moi quelque-part, loin d'ici ; tuez-moi, jetez-moi à la mer, ou en des lieux du moins où on ne me voit plus », p. 232.

— *Commentaire*

Ses raisons de s'aveugler sont nombreuses, toutes d'ordre symbolique et liées à sa souillure. Il refuse de croiser le regard de ses parents aux Enfers car il n'a plus de place ni parmi les vivants ni parmi les morts. Sa honte et son sentiment d'indignité l'obsèdent : il se voit comme un chancre, une plaie infectée qui suppure à l'intérieur. Son aveuglement est d'autant plus justifié que la souillure s'échappe par les yeux. Il est de plus considéré comme effrayant à voir. S'aveugler, c'est mettre une barrière symbolique entre sa souillure et le monde. C'est pourquoi, ses dernières volontés sont celles de disparaître.

Argument

Une fin tragique complexe.

Le paradoxe du roi souillé et déchu mais héroïque

L'on peut croire qu'il n'y a pas d'apaisement possible pour Œdipe. Il peut libérer la ville de sa présence et la purifier ainsi, mais lui reste souillé « Aucun fleuve ne serait capable de laver les souillures que cache ce palais, et dont bientôt il va révéler une part, souillures voulues, non involontaires », dit le messager, p. 227. Cependant, Œdipe revendique son acte comme un acte libre :

Exemple

« C'est Apollon qui m'inflige ces atroces disgrâces [...] Mais aucune autre main n'a frappé que la mienne, la mienne », p. 231.

Commentaire

La structure de la phrase montre bien qu'Œdipe fait la différence entre ses crimes qu'il était prédestiné à accomplir malgré lui et cet acte qu'il a accompli de son plein gré. Il manifeste ainsi sa liberté. Il ne peut s'enorgueillir que de tels actes. De plus, Œdipe n'est en rien méprisable à la fin de la pièce de Sophocle. Il est au contraire admirable de courage et de dignité.

Argument

Pasolini et Œdipe à Colone, une fin apaisée

Pasolini, quant à lui, dans son Épilogue, comme Sophocle dans *Œdipe à Colone*, montre Œdipe arrivant au bout de son errance.

Exemple

Il se trouve en Italie avec Angelo qui est devenu son guide. Un gros plan sur Œdipe le montre vieilli, le regard perdu. Après quelques moments d'errance et de fuite, ils arrivent à la campagne devant la maison où Œdipe est né. On retrouve la place avec le monument aux morts. La bande-son rappelle le Prologue car à ce moment-là, on entend la musique de Mozart, c'est-à-dire le thème musical maternel de son enfance ; puis l'on voit la maison, le pré vert du Prologue, celui de sa mère. « La vie finit là où elle a commencé », dit-il.

Commentaire

Le film, qui reprend quelques éléments de la pièce *Œdipe à Colone* de Sophocle, propose une fin heureuse ou en demi-teintes à cette histoire tragique. Il revient vers le lieu maternel, lieu des origines. Il retrouve ainsi une forme d'innocence ou de purification. Dans *Œdipe à Colone*, Œdipe meurt en paix avec les hommes et les dieux, il retrouve un statut civique et sa souillure est effacée, puisque sa présence est désormais un honneur et une bénédiction pour la cité qui l'accueille.

Conclusion

Bilan

Réponse à la problématique

La souillure est de toute évidence un thème essentiel qui traverse l'œuvre et l'interroge. Elle atteint les deux protagonistes au plus profond d'eux-mêmes et se propage autour d'eux à la fois comme une maladie et une malédiction. Bien qu'elle puisse sembler une notion archaïque, le spectateur contemporain en saisit avec effroi les conséquences tragiques et comprend les souffrances des personnages.

_ *Ouverture* Ce thème est aussi lié à d'autres thèmes essentiels comme ceux de la faute, de la déchéance et de la cécité. Il est d'autant plus intéressant qu'il comporte une haute portée symbolique et permet de s'interroger sur la notion même de symbole. La souillure, comme la peste, est à la fois une réalité et un symbole.

Citations, passages clés et exemples dans le film. Cf. Dissertation ci-dessus.

Remarque Vous pouvez constater que l'on retrouve les mêmes citations ainsi que des idées communes d'un devoir à l'autre

Pour aller plus loin

- **Liste de quelques autres sujets similaires**
  > Sujet sur la peste ou le fléau : il s'agit du même sujet que celui sur la souillure
  > Sujet sur la faute : de quelles fautes Œdipe s'est-il rendu coupable ? → Cf. Entraînement 5.

Sujet 4 Quel est le sens de cette phrase de Tirésias : « Ce jour te fera naître et mourir à la fois » ?

Remarque **Comment traiter un sujet qui part d'une citation, qui semble plus difficile que d'autres, et dont le sens est de toute évidence métaphorique ?**

Conseils **Réfléchir, rassembler ses idées, rappeler le contexte** :

Il s'agit du premier épisode et de l'entrevue entre Œdipe et Tirésias.

Les deux hommes se disputent et Tirésias, agacé et outragé par les accusations calomnieuses d'Œdipe, finit par lui dire la vérité...

Ces paroles sont prononcées juste avant la dernière prédiction du devin : « Je pars mais je te dirai d'abord ce pour quoi je suis venu », p. 200.

Tirésias dit cela en réponse à la question d'Œdipe : « Quels parents ? [...] De qui suis-je né ? ».

Les incontournables

Travail sur le sujet

Les idées

Vérifier si les thématiques font partie du sujet.

Cerner le sujet

Analyser la phrase et tirer des conséquences de cette analyse.

Il s'agit d'une prophétie au futur, or l'expression « Ce jour » est en contraste avec le temps du verbe au futur : cela va se passer aujourd'hui. Sophocle respecte l'unité de temps : la pièce ne dure qu'une journée ; il y a donc ici un resserrement du temps tragique.

Les deux verbes sont antithétiques et le paradoxe, qu'ils contiennent, est renforcé par l'expression « à la fois ».

Le sens de cette phrase est nécessairement métaphorique et symbolique puisqu'Œdipe ne peut pas naître et mourir en même temps ; en revanche la menace de mort reste présente.

De plus, Œdipe subit cette naissance et cette mort symbolique. C'est « ce jour » le sujet de la phrase.

Or, c'est Œdipe qui conduit sa quête jusqu'au bout. Il ne fera que découvrir l'emprise de la fatalité sur lui.

Quels personnages sont concernés ?

Œdipe est concerné en premier lieu, puisque cette phrase s'adresse à lui. Mais c'est Tirésias qui la prononce. Ses parents adoptifs et ses parents biologiques sont aussi concernés.

- **Quels sont les liens entre cette phrase et l'intrigue ?**

  Elle est l'annonce de l'issue de la quête d'Œdipe et donc au centre de l'intrigue.

- **Quels sont ses degrés d'importance et de symbolique ?**

  Elle est métaphorique mais couvre une réalité qu'Œdipe va découvrir.

Préparer la dissertation

Construire un plan

Partir de l'analyse déjà faite. Se demander aussi quel effet cette déclaration peut avoir sur Œdipe et le spectateur.

- **Œdipe ne peut pas comprendre cette phrase.**

  Elle ne semble pas répondre à la question posée et donc ne sert à rien, elle n'éclaire en rien le roi, au contraire elle le trouble. D'ailleurs il répond au devin : « Tu ne peux donc user que de mots obscurs et d'énigmes ».

- **Ainsi, pouvons-nous déjà, à partir de cette phrase, entrevoir trois grands thèmes à développer :**

  > L'obscurité des paroles du devin, censé être un intermédiaire entre les hommes et les dieux, accentue la fragilité des hommes.

  > L'ironie tragique : le spectateur, lui, comprend, alors qu'Œdipe ne comprend pas.

  > La fatalité.

- **Quel est le sens de cette phrase ?**

  Elle porte sur l'issue de la quête d'Œdipe, la fin de la pièce :

  > « **Naître** » : contrairement à ce qu'il semble, Tirésias répond à la question d'Œdipe sur ses parents.
  La découverte de ses vrais parents, ses parents biologiques, « le fera naître », fera naître un nouvel Œdipe, un autre : il saura qui il est, d'où il vient, il découvrira son identité.

  > « **Mourir** » : mais elle le fera aussi mourir de différentes morts symboliques :

    – L'ancien Œdipe mourra.

    – Il sera aussi frappé par une mort symbolique, tant sa souffrance et sa souillure seront grandes, quand il se découvrira parricide et incestueux : il se découvrira aussi orphelin : son père est mort, tué par lui, et Jocaste se suicide au moment de cette révélation.

    – Il mourra aussi à lui-même, puisqu'en un instant il perdra tout ce qu'il était et possédait : patrie, honneur, famille, pouvoir...

    – Il deviendra un autre, un être souillé, exclu, exilé.

    – À cette mort il en ajoutera une autre en se crevant les yeux.

Conseil On peut donc ordonner la dissertation en reprenant l'analyse de cette phrase étape par étape.

Élaborer un plan

1. **Une prédiction énigmatique**
   a. Une phrase difficile à comprendre dans un contexte hostile
   b. L'obscurité des oracles
   c. L'ironie tragique
2. **Le destin tragique d'Œdipe**
   a. L'unité de temps, la fatalité
   b. Une nouvelle naissance
   c. Une mise à mort

Rédaction du devoir

45 min

Introduction

— *Présentation de l'œuvre et annonce du sujet*

La pièce *Œdipe Roi* de Sophocle, comme toute tragédie antique, respecte certaines règles, que nous retrouverons plus tard dans la tragédie classique, en France au XVIIe siècle. Parmi ces règles, que le philosophe Aristote a décrites dans *La Poétique* un siècle après Sophocle, figure l'unité de temps et de lieu. En une seule journée, les protagonistes voient leur vie basculer et s'achever de façon tragique.

— *Commentaire rapide du sujet si nécessaire*

Ainsi lorsque Tirésias dit à Œdipe : « Ce jour te fera naître te mourir à la fois », il lui annonce un avenir proche, puisqu'il s'agit du jour même, mais il parle de façon métaphorique et incompréhensible pour Œdipe.

— *Problématique*

Nous nous demanderons donc ce que signifie cette prédiction et comment sa réalisation est vécue par le personnage éponyme dans *Œdipe Roi* de Sophocle et dans sa réécriture cinématographique de Pasolini.

— *Annonce du plan en 2 parties*

Nous commencerons par expliquer pourquoi cette phrase, incompréhensible pour Œdipe, accentue la distance entre les hommes et les devins et amplifie l'ironie tragique. Puis, nous verrons les raisons pour lesquelles l'issue de la quête d'Œdipe aboutit à une nouvelle naissance qui le terrasse.

Développement

➤ Première partie

1. Une prédiction énigmatique

a. Une phrase difficile à comprendre dans un contexte hostile

_ ***Argument***

Le contexte

La phrase, qui nous occupe, est prononcée par Tirésias au premier épisode de la pièce de Sophocle, pendant l'entrevue entre ce dernier et Œdipe. Celui-ci a fait venir le devin pour connaître l'identité du coupable, dont la présence souille la ville. Mais Tirésias ne veut pas parler et le roi, qui ne comprend pas ce silence, se met en colère et l'accuse de complot. La discussion s'envenime et Tirésias, outragé, lui révèle alors qu'il est lui-même le coupable. Et il va plus loin en évoquant, par des périphrases, des relations troubles avec les siens, qui sont en fait un détour pour parler du parricide et de l'inceste.

_ ***Exemple***

À la question d'Œdipe : « Quels parents ? [...] De qui suis-je né ? », Tirésias répond : « Ce jour te fera naître et mourir à la fois ». Pasolini reprend ce dialogue de façon très fidèle, hormis cette phrase ; dans le film Tirésias ne répond pas à la question posée par le roi. Cela peut s'expliquer par une conception différente du temps dans les deux œuvres. Le temps s'étire chez Pasolini sur plusieurs jours, dans la partie mythique. Dans la pièce, ces paroles sont prononcées juste avant la dernière tirade prophétique du devin, tirade qui est reprise par Pasolini : « Je pars mais je te dirai d'abord ce pour quoi je suis venu », p. 200.

_ ***Commentaire***

Nous verrons par la suite que c'est une phrase-clé, puisqu'il s'agit des origines d'Œdipe, auxquelles Tirésias fait de nombreuses fois allusion. Œdipe est inquiet à ce sujet depuis longtemps, déjà lorsqu'il était à Corinthe. Il raconte dans le second épisode, p. 211, qu'un homme aviné l'a traité « d'enfant supposé ». Le film propose une autre version : Œdipe triche en jouant au disque et le camarade vaincu lui dit qu'il est « un enfant trouvé, fils de la Fortune, abandonné par (s)a mère et (s)on père. » Œdipe, fait le soir même un cauchemar : « Je me suis réveillé, tremblant comme un enfant ». « Les dieux essayaient de me dire quelque chose ». C'est cette inquiétude qui l'a conduit vers Delphes et qui demeure encore au fond de son esprit lors de ce dialogue. Dans le film, on entend la flûte, chant du destin, pendant que Tirésias revendique sa proximité avec les dieux et lui prédit son avenir en l'appelant « fils de la Fortune ». Cette expression fait écho aux paroles de Polybe, lorsqu'il a vu le bébé pour la première fois. Cette appellation le poursuit et le trouble.

b. L'obscurité des oracles

— ***Argument***
L'obscurité des oracles

Œdipe ne peut pas comprendre la phrase de Tirésias. Elle ne semble pas répondre à la question posée ; elle n'éclaire en rien le roi, et au contraire, elle augmente sa confusion.

— ***Exemple***

D'ailleurs il lui répond : « Tu ne peux donc user que de mots obscurs et d'énigmes ».

— ***Commentaire***

Œdipe insiste sur le peu de clarté de cette affirmation avec une formule restrictive et l'expression redondante « mots obscurs et énigmes ». Les paroles du devin, à l'image des prophéties qui sont rendues à Delphes, sanctuaire d'Apollon, sont soit incompréhensibles pour les hommes, soit si difficiles à interpréter qu'elles les induisent en erreur. C'est ce qui est arrivé à Œdipe après avoir vu la Pythie. Le fait que ses parents n'aient pas été nommés a poussé Œdipe à croire que Polybe et Mérope étaient ses vrais parents. Ce trouble est très bien rendu dans le film par des prises de vue à contrejour. Œdipe est ébloui, il ne voit plus rien. Les devins sont des intermédiaires entre les hommes et les dieux. Les hommes pensent que grâce à eux, ils vont pouvoir communiquer avec les dieux, accéder ainsi au mystère de leurs origines et de leur avenir ; mais ils se trompent et sont trompés. Ces paroles du devin, si peu claires, renvoient Œdipe à son ignorance et à sa fragilité. C'est pour cette raison qu'on appelle Apollon « l'oblique ».

— ***Argument***
Le rôle de Tirésias

Cette phrase fera cependant son chemin dans l'esprit d'Œdipe.

— ***Exemple***

Dès le second épisode, Œdipe se pose des questions : « Je perds terriblement courage à l'idée que le devin ne voie trop clair », dit-il à Jocaste, p. 210. À la fin de la pièce, c'est la révélation, il s'écrie : « Hélas, hélas, ainsi tout à la fin serait vrai ».

— ***Commentaire***

Cela explique la solennité du propos. Tirésias prophétise et sait que ce qui n'est pas clair aujourd'hui le sera demain. Les paroles énigmatiques de Tirésias et leur sens vont s'éclairer au cours de son enquête et de sa quête. La quête et sa résolution ne seront que la vérification progressive de la véracité de ses propos.

c. L'ironie tragique

— ***Argument***
ironie tragique

Cependant, le spectateur comprend ce qu'Œdipe ne comprend pas : il connaît toute l'histoire et est donc en mesure de saisir le sens de toutes les paroles de Tirésias.

_ *Exemple* La construction du film est différente de celle de la pièce. Elle n'est pas sous forme d'analepse. Le spectateur a déjà assisté à la naissance d'Œdipe, à son abandon, son adoption... Le film est une réécriture et Pasolini s'adresse à un public cultivé ; le spectateur a donc assez d'éléments pour comprendre tous les propos voilés de Tirésias, en tout cas, mieux qu'Œdipe lui-même.

_ *Commentaire* Cette ironie tragique est constante dans les deux œuvres. Œdipe en apparaît d'autant plus démuni et misérable. Cela provoque chez le spectateur de la pitié, conformément à *La Poétique* d'Aristote, dans laquelle il est écrit que la tragédie provoque « terreur et pitié ».

Transition Cette phrase, qu'Œdipe ne comprend pas, annonce l'issue de la pièce, qui provoque un bouleversement.

➢ Deuxième partie

2. Le destin tragique d'Œdipe

a. L'unité de temps, la fatalité

_ ***Argument*** *L'unité de temps* L'expression « Ce jour », renforcée par le verbe au futur simple, souligne l'imminence de ce renversement. Il n'y a pas de règles écrites à l'époque pour la tragédie grecque, mais Sophocle respecte l'unité de temps : la pièce ne dure qu'une journée.

_ ***Analyse*** Il y a donc ici un resserrement du temps tragique. Les deux verbes sont antithétiques, et le paradoxe qu'ils contiennent est renforcé par l'expression « à la fois ». Le sens de cette phrase est nécessairement métaphorique et symbolique puisqu'Œdipe ne peut pas naître et mourir en même temps ; en revanche la menace de mort reste présente. Dans cette phrase, c'est le « jour » qui est sujet. Cela complexifie la relation entre Œdipe et ses découvertes futures. En effet, Œdipe n'est pas passif, il agit : c'est lui qui mène l'enquête et il la mène avec opiniâtreté et courage. Il est pourtant complément d'objet des verbes de la phrase, donc dirigé par ces verbes.

_ ***Argument*** *La fatalité* Cette activité lui fera en effet vérifier à quel point il a été un jouet entre les mains du destin. Ce destin, Tirésias le connaît, il maîtrise le temps : le passé et le futur.

_ ***Exemple*** Tirésias utilise beaucoup le futur, mais il manie aussi le présent et le passé : « Les malheurs viendront bien seuls ». « Sans le savoir tu vis dans un commerce infâme avec les plus proches des tiens », « Ces outrages que tous ces gens bientôt te lanceront ». Il ne craint pas Œdipe : « Je demeure hors de tes atteintes : en moi vit la force du vrai », p. 196-197.

Commentaire

Tirésias appartient à un autre monde que le commun des mortels, c'est pourquoi il est capable de voir toute la vie d'Œdipe. Le futur dans cette pièce est particulier, car ce qu'Œdipe va découvrir a déjà eu lieu. Œdipe va apprendre le passé et non découvrir son futur. Mais cette découverte l'empêche d'avoir un avenir et met fin à sa vie. Bien que Pasolini, sans doute, par désir de plus de vraisemblance, fasse durer la quête d'Œdipe plus longtemps, le poids de la fatalité reste le même.

b. Une nouvelle naissance

Argument

La mort du fils du roi et de la reine de Corinthe

Œdipe découvre à l'issue de la pièce que le roi et la reine de Corinthe ne sont pas ses vrais parents, eux qui l'ont élevé et aimé comme leur propre enfant. Cette découverte peut être assimilée à la mort de cette identité usurpée.

Exemple

Dans le second épisode de la pièce, il dit à Jocaste : « J'avais le premier rang là-bas parmi les citoyens », p. 211. Et lorsqu'il parle avec le Corinthien, dans le quatrième épisode, il évoque l'affection de ses parents adoptifs à son égard : à la question du Corinthien « Et pour l'enfant d'un autre il eut cette tendresse ? », il répond : « Les enfants lui avaient manqué un si long temps », p. 219. Lors de son adoption, il est accueilli dans une atmosphère festive. Mérope et Polybe sont ravis de ce « don des dieux ». Sa mère adoptive le prend avec douceur dans ses bras et le désigne par l'expression « pieds gonflés » puis « mon petit Œdipe ». Son père, filmé en gros plan, le porte en triomphe, embrasse à maintes reprises ses pieds. Cette tendresse se lit aussi sur le visage désespéré de sa mère quand il part pour Delphes.

Commentaire

Dans le film, ce sont donc le roi et la reine de Corinthe qui lui donnent son nom. Œdipe ignore qu'il a été adopté. Il ignore qu'à peine né il aurait dû mourir. Sa mort est étrangement inscrite dans sa naissance, ce qui, certes, appartient à la condition humaine : mais le destin d'Œdipe était de mourir nourrisson, abandonné sur le Cithéron.

Argument

La naissance du fils de Laïos et de Jocaste

Cependant, Œdipe, en découvrant que ses vrais parents sont Laïos et Jocaste, vit une nouvelle naissance. Les anciennes paroles de Tirésias s'éclairent soudain. Dans le premier épisode, Tirésias évoquait effectivement ses liens troubles avec les siens :

Exemples dans le passé

« C'est toi le criminel qui souilles ce pays », p. 197. « Sais-tu seulement de qui tu es né ? », p. 199. « Tu es en horreur aux tiens », p. 199. « Père et frère à la fois des fils qui l'entouraient, époux et fils ensemble de la femme dont il est né, rival incestueux aussi bien qu'assassin de son propre père », p. 200.

_ *Exemples dans le présent*

À ces paroles de Tirésias, répondent en écho celles du Corinthien qui lui dit : « Tu crains une souillure auprès de tes parents ? », p. 219. Puis c'est au tour d'Œdipe de reprendre les prédictions du devin : lorsqu'il commence à comprendre, il s'exclame : « Quelle étrange honte autour de mon berceau ! » dit Œdipe, p. 219. « Hélas, hélas, ainsi tout à la fin serait vrai ! [...] je me révèle le fils de qui je me devais pas naître, l'époux de qui je ne devais pas l'être, le meurtrier de qui je ne devais pas tuer », p. 225.

_ *Commentaire*

Cette découverte lui est insupportable. Elle fait de lui un monstre, un parricide et un incestueux. Les paroles de Tirésias, auparavant énigmatiques et incomprises, deviennent limpides. Les phrases sont très complexes et cette complexité est celle des liens qu'Œdipe entretient avec les siens ; ce sont des liens doubles et des plus malsains. Ces expressions évoquent la confusion des générations provoquée par l'inceste : le mot « inceste » n'existe pas en grec, il est donc traduit par des périphrases, qui, finalement, sont plus évocatrices que le mot lui-même. Cette confusion des générations et des liens familiaux fait d'Œdipe un monstre. Les actes d'Œdipe prennent un autre sens à partir du moment où il sait qui sont ses parents. Ce ne sont pas les actes, qui sont mis en question, mais les personnes auprès desquelles ils ont été accomplis. Comme nous l'avons vu précédemment, la phrase est composée de deux verbes, exprimant des actions qui, normalement, ne peuvent pas avoir lieu en même temps. Que signifie « naître » pour un homme déjà mûr ? Le sens du verbe est nécessairement métaphorique. Or, contrairement à ce qu'Œdipe croyait, Tirésias répondait à sa question sur ses parents. La découverte de ses parents biologiques, à la fin de la pièce « le fait naître » ; plus exactement, cette découverte donne naissance à un autre Œdipe : il sait désormais qui il est, d'où il vient, il connaît son identité. Il croyait chercher l'identité d'un autre, il découvre la sienne.

c. Une mise à mort

_ *Argument*

Naître sous la forme d'un monstre et d'un être souillé, c'est mourir

Ce jour fera en effet mourir Œdipe mais d'une mort symbolique, qui va prendre différentes formes. L'ancien Œdipe meurt, tant sa souffrance et sa souillure sont grandes, quand il se découvre monstrueux. En retrouvant ses parents, il les perd aussi et devient orphelin : son père est mort de sa main et Jocaste se suicide au moment de cette révélation.

_ *Exemple*

Lorsqu'Œdipe justifie son aveuglement à la fin, il s'adresse au carrefour des trois routes en disant : « Vous qui avez bu le sang de mon père, versé par mes mains », p. 231.

— ***Exemple***
(suite)

Très souvent le parricide et l'inceste sont mêlés dans une même phrase. Œdipe, dans sa longue tirade de la fin, s'adresse à son propre mariage : « Hymen, hymen, à qui je dois le jour, qui, après m'avoir enfanté, as une fois de plus fait lever la même semence et qui, de la sorte, as montré au monde des pères, des frères, enfants, tous du même sang, des épousées à la fois femmes et mères — les pires hontes des mortels », p. 231.

— ***Commentaire***

Œdipe insiste sur l'horreur d'avoir lui-même versé son propre sang, en jouant sur l'emploi des adjectifs possessifs. Les lieux sont imprégnés de ce sang et témoins de ses crimes. Il insiste aussi sur l'horreur d'avoir fécondé le sein qui l'a abrité.

— ***Argument***

Œdipe renaît donc souillé. La souillure est l'un des thèmes essentiels de l'œuvre, puisque c'est le point de départ de sa quête, dont le principal objet était de sauver la ville.

— ***Exemple***

Inquiet, Œdipe dit à Jocaste dès le second épisode : « J'entrerai au lit de ma mère, je ferai naître une race monstrueuse » et parle aussi « d'ignominies », p. 211. Puis il craint d'être le coupable et parle de lui de façon hypothétique comme d'« un homme abhorré des dieux », p. 212. Il ajoute : « À l'épouse du mort j'inflige une souillure » et il se pose des questions : « Ne suis-je pas tout impureté ?, p. 212. Il émet alors un souhait qui est une sorte de prolepse : « Que je disparaisse du monde des humains avant que la tache d'un pareil malheur vienne souiller mon front ! », p. 212. Jocaste décide alors d'aller prier Apollon « pour qu'il fournisse un remède contre toute souillure », p. 215. Le film montre la peste dont souffre la ville avec de nombreux plans sur des cadavres couverts de plaies purulentes. Or le premier de ces plans apparait juste après la scène d'amour incestueux, comme si ces plaies étaient les conséquences directes de l'inceste.

— ***Commentaire***

Œdipe meurt ainsi à lui-même, puisqu'en un instant il perd tout ce qu'il était et possédait : patrie, honneur, famille, pouvoir...Il devient un autre, un être souillé, exclu, exilé. Pasolini filme de nombreuses scènes érotiques entre les époux, insistant ainsi sur l'amour qui les unit, un amour qui se croit d'abord innocent mais qui continue lorsque le doute s'installe. Œdipe va jusqu'à appeler son épouse « Madre ». Le metteur en scène joue aussi sur la symbolique des éclairages et des couleurs. Ces scènes d'amour sont filmées dans une chambre sombre. L'intérieur du palais est très obscur.

— ***Argument***
Du désir de la révélation au regret

Le sujet de la pièce et de la quête d'Œdipe est la révélation progressive de cet autre lui-même qu'Œdipe entrevoit d'abord, craint de découvrir et finit par admettre.

_ ***Exemple***

Tirésias l'accuse de cécité dans le premier épisode : « Tu ne sais pas voir... », « Toi qui vois, comment ne vois-tu pas à quel point de misère tu te trouves à cette heure ? », « Tu n'entrevois pas davantage... », p. 199. Puis il lui annonce la fin de la pièce : « Lorsque tu comprendras..., p. 199, « il se révèlera », p. 200. Des verbes du même champ lexical que « révéler » sont repris par Œdipe à la fin, dans l'une de ses dernières tirades, où il exprime le regret d'avoir dévoilé ses crimes : « Et après avoir dénoncé ma propre souillure », p. 231, « Ainsi je n'eusse pas ainsi dévoilé aux humains de qui j'étais sorti. »

_ ***Commentaire***

L'événement tragique, en effet, a été le dévoilement où le héros est apparu dans un dénuement extrême. Nous constatons qu'Œdipe emploie un irréel du passé pour exprimer son regret. En assouvissant son désir, qui est celui de tout homme : connaître son origines, il s'est trouvé devant une révélation insupportable. Sa honte l'expose au regard de tous. L'expression « humains » montre qu'il s'agit de tous les hommes.

_ ***Argument***

Une souffrance insupportable

Cette souillure et cette monstruosité révélées provoquent une souffrance mortifère.

_ ***Exemple***

Tirésias lui avait annoncé cette souffrance : « Je le dis. Sans le savoir, tu vis dans un commerce infâme avec les plus proches des tiens et tu ne rends pas compte du degré de misère où tu es parvenu. », p. 197. Le Chœur, qui s'identifie aux malheurs d'Œdipe, dit : « Par toi jadis j'ai recouvré la vie, et par toi aujourd'hui je ferme à jamais les yeux », p. 226. Jocaste, lorsqu'elle comprend qui elle est et s'apprête à se tuer, émet ce souhait : « Puisses-tu jamais n'apprendre qui tu es » et s'exclame : « Malheureux, malheureux oui c'est là le seul nom dont je peux t'appeler... », p. 221. Rappelons aussi la dernière phrase de la pièce : « C'est donc ce dernier jour qu'il faut, pour un mortel, toujours considérer. Gardons-nous d'appeler jamais un homme heureux, avant qu'il ait franchi le terme de sa vie sans avoir subi un chagrin ».

_ ***Commentaire***

Œdipe est le symbole de la souffrance parvenue à son paroxysme, comme en témoigne la conclusion de la pièce. Nous voyons aussi dans le premier exemple que Tirésias lie explicitement malheur et découverte de l'inceste.

_ ***Commentaire***

(suite)

De plus, le Chœur utilise ici des métaphores intéressantes, il parle de renaissance et évoque la mort comme un aveuglement. Jocaste, soucieuse avant de mourir, de protéger celui qui est à la fois son fils et son époux, voudrait le voir échapper à la découverte de lui-même et le considère comme le plus malheureux des hommes.

Argument
L'aveuglement

À cette mort, il en ajoutera une autre en se crevant les yeux. Œdipe accomplit un geste singulier et inattendu. Dans la tradition, les personnages qui se trouvent dans sa situation se suicident. Ne pouvant plus se supporter eux-mêmes et assumer une nouvelle identité monstrueuse, ils mettent fin à leurs jours. C'est ce que fait Jocaste.

Exemple

Ainsi, son aveuglement est-il comparable à la mort. Au moment tragique où Œdipe comprend qui il est et ce qu'il a fait, il adresse un adieu à la lumière. « Hélas, hélas, ainsi tout serait vrai ! Ah lumière du jour que je te voie ici pour la dernière fois ! », p. 225.

Commentaire

Cet adieu au soleil est un topos de la tragédie grecque lorsque le héros, ne pouvant résoudre son dilemme ou supporter ce qu'il est devenu, décide de se donner la mort. Œdipe s'isole radicalement en mettant une barrière symbolique entre lui et le monde, pour le protéger de sa souillure. Il meurt en quelque sorte à lui-même et s'enferme dans les ténèbres.

Conclusion

Bilan
Réponse à la problématique

La prédiction de Tirésias, « Ce jour te fera naître et mourir à la fois», s'est réalisée. Œdipe en comprend le sens à la fin de sa quête. Cette phrase montre à quel point cet homme est un paradoxe vivant, lui qui, au moment même où il découvre son identité et donc renaît, se découvre le pire des hommes et souhaite disparaître à jamais. Il n'est pas étonnant alors que le Coryphée voie en lui le symbole de la fragilité des hommes.

Pour aller plus loin

- **Liste de quelques autres sujets possibles**

  Ce sujet rejoint d'autres sujets déjà traités :

  > Sujet sur la faute
  > Sujet sur la peste, le fléau
  > Sujet sur la cécité
  > Sujet sur les lieux
  > Sujet sur le roi déchu

- Les citations à retenir et les exemples pris dans le film sont dans le devoir. Il y a des citations et des idées en commun avec les sujets déjà traités.

Passages-clés à lire sur ce sujet : relire de près le premier épisode puis parcourir la pièce.

Sujet 5 Jacqueline de Romilly dans son ouvrage *La tragédie grecque* (éditions PUF 1970) donne comme titre à l'un de ses chapitres : « Sophocle ou la tragédie du héros solitaire ». Pensez-vous que cette affirmation s'applique au personnage d'Œdipe dans l'*Œdipe Roi* de Sophocle et de Pasolini ?

Les incontournables

Travail sur le sujet

Les idées

Vérifier si les thématiques font partie du sujet.

Cerner le sujet

- **Analyser la citation et tirer des conséquences de cette analyse.**

  Reprendre les mots-clés : Tragédie, héros et solitaire. *La tragédie grecque* met en scène des personnages sur lesquels s'abat la fatalité comme une malédiction venue des dieux. Cette malédiction poursuit le héros jusqu'à la mort.

- **Quels personnages sont concernés ?**

  Le héros solitaire est ici bien évidemment Œdipe même si chaque personnage de la pièce (Jocaste en particulier) est seul face à son destin.

- **Quelle est la place de la solitude dans l'intrigue ? Comment la solitude est-elle soulignée dans le film ?**

  Dans la pièce, Œdipe souligne plusieurs fois qu'il a trouvé seul l'énigme de la sphinge et qu'il condamne le coupable à être ostracisé, ce qui conduit à être isolé.

  Penser aussi que le pouvoir isole, même si Œdipe semble être proche des Thébains.

  On peut aussi étendre le sens de l'adjectif « solitaire » à l'acception « seul, unique ou encore singulier ». Ce qui revient à lire toute l'histoire d'Œdipe comme celle d'un être à part, unique, abandonné, seul à vivre un tel malheur ; il se définira lui-même comme « le plus malheureux des hommes ». Cette hyperbole le rejette dans une solitude tragique : personne ne peut le rejoindre dans son malheur.

  Dans le film, repenser à toutes les scènes où Œdipe est seul, face à des foules qu'il croise sur son chemin : surtout lorsqu'il va à Delphes et en revient.

Préparer la dissertation

Construire un plan

Comment trouver un plan le plus rapidement possible ?

Partir de l'analyse déjà faite.

Conseil Le plan découle assez facilement de ces réflexions essentiellement mentales. Ne perdez pas de temps à tout écrire.

5 min

Élaborer un plan

1. **La solitude involontaire de cet être à part**
   - a. Un enfant condamné dès le ventre de sa mère
   - b. La solitude d'un enfant unique et singulier
2. **L'isolement volontaire d'Œdipe, roi au destin tragique**
   - a. L'isolement du « tyrannos »
   - b. L'isolement imposé par la révélation

Rédaction du devoir

45 min

Introduction

— ***Annonce du sujet***

La tragédie grecque, source du théâtre occidental, met en scène des héros, qui occupent, par leur position sociale ou à cause de leur destin, une place à part dans la société. Chaque héros est une figure d'exception.

— ***Commentaire rapide du sujet si nécessaire***

Des trois grands dramaturges grecs du Ve siècle avant J.-C., Eschyle, Sophocle et Euripide, l'helléniste Jacqueline de Romilly élit Sophocle comme l'auteur de « la tragédie du héros solitaire ».

— ***Problématique***

Nous pouvons alors nous demander si la tragédie *Œdipe Roi* de Sophocle et le film *Œdipe Roi* de Pasolini, produit en 1968, mettent en évidence la solitude du héros tragique, Œdipe.

— ***Annonce du plan en 2 parties***

Dans un premier temps, nous étudierons la solitude involontaire de cet être à part et dans un second temps nous analyserons l'isolement volontaire d'Œdipe, roi au destin tragique.

Développement

➤ Première partie

1. La solitude involontaire de cet être à part

a. Un enfant condamné dès le ventre de sa mère

– ***Argument***
Un enfant condamné à la solitude dès le ventre de sa mère

Avant même sa naissance, l'unique enfant de Laïos et de Jocaste est condamné par la malédiction de l'oracle de Delphes.

– ***Exemple***

En effet, Laïos qui a causé la mort de Chrysippe, fils du roi Pélops, est maudit dans sa descendance par Apollon. Imprudent, Laïos, roi de Thèbes, conçoit tout de même un enfant et Jocaste met au monde un fils, que Laïos va faire disparaître en le faisant exposer sur le mont Cythéron. « L'enfant étant né, trois jours ne s'étaient pas écoulés, que déjà Laïos, lui liant les talons, l'avait fait jeter sur un mont désert » avoue Jocaste à Œdipe dans la pièce, p. 209. Dans le film, la solitude de l'enfant est soulignée dès les premières scènes, où on le voit posé au sol quand les autres enfants jouent au loin ou bien abandonné dans son landau par sa mère, qui se rend à l'église en compagnie d'autres personnes.

– ***Commentaire***

Ainsi, cet enfant est-il montré seul, en contraste flagrant avec les enfants ou les adultes qui vivent en société. Il quitte les bras de sa mère pour se retrouver seul, pendu par les pieds, dans une nature hostile. Enfant unique de ses parents et rendu unique par les événements qui entourent sa naissance, Œdipe « pieds enflés » est marqué dès son origine par la solitude. Le film montre l'enfant porté comme du bétail par le serviteur de Laïos.

Transition

L'enfant maudit devient un prince choyé mais sa solitude demeure.

b. La solitude d'un enfant unique et singulier

– ***Argument***
Le fils de Mérope et Polybe reste unique

Cet état continue de façon atténuée après que l'enfant a été adopté.

– ***Exemple***

En effet, remis par le serviteur de Laïos à un bouvier, cet enfant unique est alors offert au roi de Corinthe, Polybe, qui n'aura pas d'autre enfant.

– ***Commentaire***

Si l'enfant appartient à une nouvelle famille, et en cela n'est plus isolé, il reste seul descendant du roi de Corinthe. Ainsi la solitude d'Œdipe, constante, tient-elle à la fois de son unicité comme fils de Laïos et comme héritier du roi Polybe, ainsi que de la singularité de son histoire.

Argument
L'ironie tragique

Sans le savoir, Œdipe est seul et on pourrait dire aussi qu'il est seul à ne pas savoir que ses parents ne sont pas ses parents. En effet l'ironie tragique l'isole encore davantage.

Exemple

En effet, dans la troisième séquence du film, Œdipe adolescent se bat avec un camarade ; celui-ci, vexé d'avoir été battu par le fils du roi, le traite « d'adopté ». Dans la pièce, c'est un homme pris de boisson, qui au cours d'un banquet, traite Œdipe « d'enfant supposé », p. 211. Cette révélation tourmente le jeune homme au point qu'il veut se rendre à Delphes pour en avoir le cœur net. La longue séquence, dans laquelle il se rend au sanctuaire d'Apollon et rencontre l'oracle, insiste à nouveau sur le contraste entre la solitude d'Œdipe et les foules qu'il croise. Même s'il fait partie de l'ensemble des suppliants, Œdipe se retrouve seul devant l'oracle, qui lui révèle violemment son destin : « Tu tueras ton père et tu feras l'amour avec ta mère ! »

Commentaire

La Pythie le chasse alors comme un être malfaisant, le condamnant à envisager seul le fatum, la fatalité qui s'abat sur lui. S'il est vrai que chaque être humain est seul face à son destin, il le vit en général en famille et en société. Aristote, dans *La Politique*, estime que « l'homme est un animal politique » (au sens de citadin, social) et chez les Grecs, la vie en société est la marque de la civilisation, le contraire de la barbarie. Homère l'a déjà illustré plusieurs siècles avant Sophocle, avec l'épisode d'Ulysse et de Polyphème, dans l'*Odyssée*.

Transition

Or, ici, l'horreur de la fatalité qui s'abat sur Œdipe le coupe radicalement et de sa famille (les souverains de Corinthe, pense-t-il) et de la société (l'inceste est honni dans les sociétés civilisées), le condamnant à une solitude tragique.

➤ Deuxième partie

1. L'isolement volontaire d'Œdipe, roi au destin tragique

a. L'isolement du « tyrannos »

Argument
L'isolement provoqué par le pouvoir

Œdipe, devenu souverain de Thèbes, est par sa fonction, un être à part dans la mesure où le pouvoir isole celui qui le détient. Il se présente aussi comme le « seul » à avoir fermé la bouche de « l'ignoble Chanteuse », p. 198. Le roi se préoccupe pourtant de ses sujets et se compte parmi les suppliants qui implorent Tirésias de leur délivrer les paroles de l'Oracle :

_ ***Exemple***

« Nous sommes tous ici à tes pieds, suppliants » Ce à quoi Tirésias répond : « C'est que tous, tous, vous ignorez... », p. 196. Ainsi, dans la pièce de Sophocle, Œdipe, de façon éphémère et illusoire, appartient à une communauté, à une ville, un royaume. Mais très vite, Tirésias, en l'accusant, l'isole radicalement des Thébains : « Car, sache-le, c'est toi, c'est toi, le criminel qui souilles ce pays ! », p. 197. Il insiste encore : « Je dis que c'est toi l'assassin recherché », p. 197.

_ ***Commentaire***

Ainsi, Œdipe sort-il du « nous » et du « tous », communautaires, pour se retrouver « toi », seul, accusé de la pire infamie. Il va alors essayer de faire passer cette accusation sur Tirésias puis sur Créon, tant cette charge est lourde à porter. Le long dialogue de sourds entre Œdipe et son beau-frère accentue la mauvaise foi du roi qui, au faîte du pouvoir, se pense l'objet d'un complot. Il faut alors l'intervention de Jocaste pour qu'Œdipe, enfin, voie la vérité : « Ah ! cette fois, tout est clair ! », p. 210.

Transition

Cette révélation va renforcer la solitude en provoquant une souffrance paroxystique.

b. L'isolement imposé par la révélation

_ ***Argument***

Des époux isolés dans leur souffrance ?

Le dévoilement de la vérité s'impose progressivement à Œdipe et à Jocaste, qui tentent de repousser encore l'inéluctable. Cette vérité va éloigner les époux l'un de l'autre et isoler chacun dans une culpabilité mortifère.

_ ***Exemple***

« Ah ! puisses-tu jamais n'apprendre qui tu es ! », p. 221, supplie Jocaste qui a compris qui était son époux. Celui-ci, qui appréhende petit à petit l'authenticité de ce que lui reproche Tirésias, s'écrie : « Est-il à cette heure un mortel plus à plaindre que celui que tu vois ? Est-il un homme plus abhorré des dieux ? », p. 212.

_ ***Commentaire***

Ainsi, ces deux superlatifs confirment-ils la solitude d'Œdipe, sa mise à part tragique, puisqu'il est à la fois exécré de sa famille, de son royaume et des dieux. Il ne lui reste rien. Homère qualifie celui qui est hors de la ville : « Sans lignage, sans loi, sans foyer ». C'est ainsi que devient Œdipe, puisque, dès le début de la pièce, il s'adresse au Chœur par ces paroles qui ostracisent l'assassin de Laïos : « Quel que soit le coupable, j'interdis à tous [...] qu'on le reçoive, qu'on lui parle, qu'on l'associe aux prières ou aux sacrifices », p. 192.

_ ***Argument***

Victime de sa propre malédiction, dépouillé de tout ce qui faisait sa gloire et son bonheur, Œdipe qui vient de « voir » la vérité sur sa naissance et sur sa vie, ne veut plus voir le monde ni ses enfants, rien de ce qui faisait sa vie et sa joie. Il veut s'en séparer définitivement.

_ ***Exemple***

Après le suicide de Jocaste, le « misérable », en « fureur », p. 227, (au sens étymologique du terme, c'est-à-dire « folie », « égarement de l'esprit ») et poussé par Apollon, p. 230, se crève les yeux avec « les agrafes d'or » de son épouse, p. 228. Il annonce plus tard au Coryphée que s'il pouvait « barrer au flot des sons la route de [s]es oreilles », p. 231, il le ferait, pour devenir « aveugle et sourd tout à la fois », p. 231.

_ ***Commentaire***

Ainsi cherche-t-il à s'isoler totalement de sa famille, de la société et du monde qu'il ne veut plus voir. Sa cécité lui permet de voir ce qu'il ignorait ou ne voulait pas savoir auparavant, par aveuglement. Ayant enfin appris sa véritable identité, Œdipe n'a plus besoin de voir le monde extérieur. Il voit enfin clair en lui-même.

Conclusion

_ ***Bilan***

Réponse à la problématique

Être à part sans le savoir, Œdipe passe ainsi d'une solitude involontaire à un isolement volontaire radical qui le retranche définitivement de la société des vivants. L'évocation d'Apollon et de la malédiction des Labdacides font de ce malheureux le héros tragique par excellence : poursuivi par la fatalité, à laquelle il ne peut échapper, Œdipe accomplit son destin malgré lui, seul face aux dieux et aux hommes.

_ ***Ouverture***

D'autres héros de Sophocle, comme Ajax ou Antigone, héros éponymes, sont également tragiquement seuls face à leur destin.

Sujet 6 Quelle est la symbolique de la cécité dans *Œdipe Roi* de Sophocle et de Pasolini ?

Les incontournables

Travail sur le sujet

Cerner le sujet

- **Analyse des mots-clés**

  Ici, il s'agit de la cécité, c'est-à-dire le fait d'être aveugle. Mais cette expression est à prendre non pas au sens propre mais au sens figuré, puisque le sujet propose de s'interroger sur la symbolique de la cécité. Si la cécité a un sens symbolique, on peut aussi être aveugle sans l'être réellement.

- **Quels personnages sont concernés et comment cette cécité réelle ou symbolique est-elle vécue ?**

  Ce thème concerne a priori seulement Tirésias et Œdipe. Il peut être en lien avec d'autres personnages : Tirésias est devin, à la fois aveugle et doué d'une seconde vue. Il ne voit pas, mais sait. Œdipe, qui est doué de vue, ne voit rien d'abord, c'est-à-dire ne comprend et ne sait rien. Il est donc atteint d'une forme de cécité intellectuelle. Il choisit de s'aveugler réellement à la fin, lorsqu'il sait. Il y a donc un lien entre voir et ne pas savoir, ne pas voir et savoir.

- **Pourquoi Œdipe s'aveugle-t-il ?**

  Dans la tradition de la tragédie, les personnages, lorsqu'ils sont parvenus au point où est Œdipe, se donnent la mort : ils sont parvenus à un sort si tragique qu'ils ne peuvent résoudre leur dilemme ; ou bien ils ne peuvent pas assumer des actes qui sont contraires à leurs principes et les font devenir des sortes de monstres à leurs propres yeux. C'est le cas de Jocaste. Œdipe, lui, choisit non pas de se tuer mais de se crever les yeux.

- **Quelle en est la symbolique ?**

  Tout ce que nous venons de voir nous conduit à envisager la cécité d'un point de vue symbolique. Quelles en sont les conséquences ? Œdipe est-il grandi par cet acte libre?

Préparer la dissertation

Construire un plan

Comment trouver un plan le plus rapidement possible ?

Il faut vous remémorer tous les passages où il est question du sujet.

Conseil Le plan se déduit aisément de tout ce travail préalable, essentiellement mental. Ne perdez pas de temps à tout écrire.

5 min

Élaborer un plan

1. **Deux cécités différentes face à la vérité**
   - a. Tirésias, aveugle et savant et Œdipe doué de vue et ignorant
   - b. Œdipe s'aveugle lorsqu'il devient clairvoyant. Œdipe devient Tirésias
2. **La symbolique et les conséquences de l'aveuglement**
   - a. La souillure, la honte et l'exil
   - b. Un héros tragique, à la fois fragile, seul et libre

Rédaction du devoir

45 min

Introduction

— Présentation de l'œuvre et annonce du sujet

Dans le mythe d'Œdipe, le spectateur sait qu'à la fin de l'histoire, le roi de Thèbes accomplit l'acte terrible de se crever les yeux. Sophocle et Pasolini, qui reprennent ce mythe dans leur *Œdipe Roi*, choisissent eux aussi cette issue très violente. En accomplissant cet acte, à la fin de sa quête, Œdipe se trouve désormais dans la même situation que le devin aveugle, Tirésias, au début de l'œuvre. Ce dernier savait que le roi deviendrait aveugle à son tour.

— Commentaire rapide du sujet si nécessaire

Cette mutilation, inhabituelle, à la fin d'une tragédie, renvoie à des questions fondamentales sur le sens de cet acte et sur celui de la cécité dans l'œuvre.

— Problématique

Ainsi pouvons-nous nous demander ce que signifie symboliquement la cécité dans ces deux œuvres.

— Annonce du plan en 2 parties

Nous verrons dans un premier temps que Tirésias est aveugle mais sait, alors qu'Œdipe est doué de vue, mais ignorant. Puis nous nous intéresserons à la symbolique de l'aveuglement, qui fait d'Œdipe un héros.

Développement

➤ Première partie

1. Deux cécités différentes face à la vérité

a. Tirésias, aveugle et savant face à Œdipe doué de vue et ignorant

_ ***Argument***
Les devins sont souvent aveugles

Les devins, comme Tirésias, sont des intermédiaires entre les hommes et les dieux. Or, Tirésias est aveugle et sa cécité lui permet de voir ce que les autres ne voient pas. Dans le premier épisode, en effet, Œdipe le fait venir pour qu'il lui révèle l'identité du criminel, dont la présence souille la ville. Il s'adresse à Tirésias en soulignant que sa cécité ne l'empêche pas de savoir, au contraire.

_ ***Exemple***

Les premières paroles d'Œdipe, adressées à Tirésias, font référence à la vue : « Toi qui scrutes tout, ô Tirésias, aussi bien ce qui s'enseigne que ce qui demeure interdit aux lèvres, aussi bien ce qui est du ciel que ce qui marche sur la terre, tu as beau être aveugle, tu n'en sais pas moins... », p. 195. Au moment où il arrive à Thèbes, le Coryphée, p. 194, présente « l'auguste devin » à Œdipe en soulignant qu'il possède, comme le dieu Apollon, « le don de clairvoyance » ; il utilise une hyperbole : « Celui qui, seul, parmi les hommes, porte en son sein la vérité ». Œdipe l'a en effet fait venir pour découvrir la vérité.

_ ***Commentaire***

Ces citations mettent aussitôt en valeur l'emploi métaphorique des verbes appartenant au champ lexical du regard. La cécité de Tirésias, qui est due dans la mythologie à un châtiment d'Athéna (parce qu'il l'avait vue nue, involontairement), est ici inséparable de sa fonction de devin. Tirésias voit tout, bien qu'il soit aveugle et sans doute parce qu'il est aveugle. La cécité a donc une valeur symbolique. Athéna offre d'ailleurs ce don de voyance à Tirésias en contrepartie de sa cécité. Pour les Grecs, l'incapacité de voir le monde autour de soi, permet d'accéder à une autre façon de voir ; il est question non plus de vue mais de vision, c'est-à-dire voir au-delà du visible ; il s'agit de la vision de ce qui est caché aux hommes, l'invisible, comme les secrets des dieux, des origines et de l'avenir. Rappelons que le plus grand poète grec, Homère, est souvent représenté aveugle d'après la légende. Et Homère, aède lui-même, représente l'aède Démodocos, dans l'*Odyssée*, comme un aveugle. De plus, lorsqu'un personnage devient aveugle, il arrive qu'il se mette soudain à prophétiser. Pasolini reprendra cette idée à la fin du film.

_ ***Argument***
Tirésias et Œdipe se disputent

Cependant, pour Tirésias, cette clairvoyance est dans ce premier épisode une souffrance, puisque, voulant épargner Œdipe, il ne peut lui révéler ce qu'il sait.

Argument
Tirésias et Œdipe se disputent (suite)

Ce silence irrite Œdipe, la discussion s'envenime et, sous l'effet de la colère, Œdipe le calomnie et dit le contraire de ce qu'il a affirmé précédemment en faisant un lien entre la cécité et l'ignorance : « Non, pas chez un aveugle, dont l'âme et les oreilles sont aussi fermées que les yeux », p. 197. Le devin le met alors devant sa propre cécité qui est d'ordre symbolique.

Exemple

« Tu me reproches mon furieux entêtement mais tu ne sais pas voir celui qui loge chez toi », p. 196. « Tu me reproches d'être aveugle ; mais toi, toi qui vois, comment ne vois-tu pas à quel point de misère tu te trouves à cette heure ? », p. 199. « Sais-tu seulement de qui tu es né ? ». « Tu n'entrevois pas davantage le flot de désastres nouveaux qui va te ravaler au rang de tes enfants », p. 199.

Commentaire

C'est donc Tirésias qui explique à Œdipe la symbolique de la cécité, opposant sans cesse la vision à la vue. Toutes ces questions renvoient à l'ignorance d'Œdipe et donc à une forme de cécité. Le « comment ne vois-tu pas ? signifie « comment ne sais-tu pas ? ». Œdipe est doué de vue mais ignorant et donc aveugle. Le devin semble jouer sur les mots en soulignant la dualité qui réside dans le fait de voir et de ne pas savoir en même temps. Ce jeu de mots est d'autant plus intéressant qu'en grec les verbes savoir et voir ont la même étymologie : « Oida », « je sais » et « eidon », « j'ai vu », ont la même racine en grec. La position d'Œdipe face au savoir reste ambiguë. Furieux et plein d'orgueil, il refuse les paroles de Tirésias mais se met en quête du coupable. Par la suite, il continue sa quête jusqu'au bout alors qu'il a compris que la découverte de la vérité le met en danger. Cependant, se refusant d'admettre une vérité insupportable il reste longtemps aveugle à des coïncidences qui paraissent évidentes au spectateur. C'est frappant dans la scène de la double révélation, où il ne voit pas la ressemblance entre les prophéties annoncées à Jocaste et à lui-même. Dans le film, son attitude est encore plus complexe, puisqu'il manifeste aussi son refus de savoir lorsqu'il rencontre la Sphinx : « Je ne sais pas. Je ne veux pas le savoir. Je ne veux pas te voir... Je ne veux pas t'entendre ! ». Au moment de l'entrevue avec le Corinthien, il ne voit toujours pas la vérité ; il juge de façon malveillante l'attitude magnanime de Jocaste, qui, elle, a compris et veut lui épargner les souffrances qu'elle-même endure.

Exemple

Dans le film, cette symbolique de la cécité intellectuelle d'Œdipe est montrée par de nombreuses scènes filmées à contrejour.

Commentaire

Œdipe, ébloui, ne voit pas ou refuse de voir. Il en est ainsi dans la scène avec la Pythie et celle du meurtre de Laïos et de ses gardes.

_ ***Commentaire***

Il met aussi souvent sa main devant ses yeux, comme pour se protéger d'une vision trop pénible. Il le fait notamment sur le chemin en tournant sur lui-même pour que le hasard (du moins, le croit-il) décide de la direction à prendre.

_ ***Argument***
Œdipe se rapproche du savoir

Ainsi, lorsqu'Œdipe déclare vouloir découvrir la vérité puis commence à se rapprocher de celle-ci, il utilise des expressions appartenant au champ lexical de la lumière et de la vue.

_ ***Exemple***

« Eh bien moi je reprendrai l'affaire à son début et l'éclaircirai », dit-il dès le Prologue, p. 189. Pris de frayeur, dans le deuxième épisode, il dit à Jocaste : « Je perds terriblement courage à l'idée que le devin ne voie trop clair », p. 210. Et, après avoir entendu des réponses de Jocaste à ses questions, il ajoute : « Ah ! cette fois tout est clair ! », p. 210.

_ ***Commentaire***

L'intrigue de cette œuvre est en fait la progression de la lumière, qui se fait sur la vérité. Il s'agit de lever un à un les voiles, qui l'obscurcissent et la cachent. Il s'agit de de passer de la cécité à la vue.

Transition

La question de la cécité est donc inséparable de celle du savoir et de la quête d'Œdipe, qui sont au centre des deux œuvres.

b. Œdipe s'aveugle lorsqu'il devient clairvoyant. Œdipe devient Tirésias

_ ***Argument***
Œdipe s'aveugle

Peu à peu, Œdipe comprend le sens des paroles de Tirésias et tout devient clair. Mais Œdipe ne peut supporter de voir clair et se crève les yeux.

_ ***Exemple***

Au moment tragique où Œdipe comprend qui il est et ce qu'il a fait, il adresse un adieu à la lumière. « Hélas, hélas, ainsi tout serait vrai ! Ah lumière du jour que je te voie ici pour la dernière fois ! », p. 225.

_ ***Commentaire***

Cet adieu au soleil est un topos de la tragédie grecque lorsque le héros, ne pouvant résoudre son dilemme ou supporter ce qu'il est devenu, décide de se donner la mort. Or, Œdipe ne meurt pas à la fin de la pièce mais se crève les yeux. Il meurt en quelque sorte à lui-même et s'enferme dans les ténèbres. Tirésias lui avait annoncé que « ce jour le ferait naître et mourir à la fois. », p. 200.

_ ***Exemple***

Cet aveuglement se traduit dans le film par une scène très violente et très peu éclairée.

_ ***Commentaire***

Ainsi le spectateur adopte-t-il le point de vue d'Œdipe qui découvre le corps de Jocaste puis ne voit plus rien.

_ ***Argument***
La souffrance d'Œdipe

Cet aveuglement avait été annoncé dans le premier épisode par l'aveugle Tirésias. Il est indissociable du savoir et de la souffrance. Dans la symbolique grecque, les Ténèbres représentent la souffrance et la mort.

Exemple « Tu vois le jour : tu ne verras bientôt plus que la nuit », p. 199, lui annonce le devin. Il présente aussi son destin comme étant une inversion de ce qu'il était et vivait auparavant : « il y voyait, de ce jour il sera aveugle [...] Il se révèlera père et frère des fils qui l'entouraient », p. 200.

Commentaire On peut comprendre ces paroles au sens propre et au sens figuré : Œdipe sera à la fois aveugle et le plus malheureux des hommes. Le texte est riche et Tirésias joue sur des métaphores, des mots à double sens comme le bâton de roi (« skèptron » en grec) qui va devenir bâton d'aveugle et de mendiant.

Argument
Œdipe devient Tirésias

Œdipe devient alors Tirésias. Cette métamorphose est manifeste dans le film. Elle l'est d'autant plus que Pasolini exploite aussi la pièce d'*Œdipe à Colone*, où Œdipe est devenu une sorte de prophète, d'être sanctifié.

Exemple Dans le film, la première fois qu'Œdipe voit Tirésias, ses pensées apparaissent sur des intertitres : « Tes concitoyens s'enfuient luttant pour leur sauvegarde et toi, aveugle et solitaire, tu chantes. J'aimerais être à ta place. Ton chant te place au-delà du destin. » Lorsqu'Œdipe apparaît aux Thébains, les yeux ensanglantés, Angelo lui tend aussitôt la flûte du devin. Puis, dans l'Épilogue, l'on voit Œdipe jouer de la flûte sur les marches d'une église. Dans *Œdipe à Colone*, il maudit ses fils puis prophétise comme un devin.

Commentaire Il a donc entre les mains la flûte de Tirésias, instrument de sagesse, et celui, qui accompagnait le devin, l'accompagne désormais. Ainsi est-il clair qu'il a pris la place du prophète, que sa cécité lui permet de voir au-delà du visible. En effet, c'est lui qui, instinctivement, se dirige avec Angelo vers le lieu de son enfance et notamment le pré maternel. Œdipe demande à Angelo où ils se trouvent mais il a l'intuition qu'il est revenu au lieu de sa naissance. Il adresse alors un adieu au soleil puis dit : « La vie finit là où elle a commencé ». Guidé par son inconscient, il revient là où il est né pour mourir. L'écran devient noir. Œdipe a disparu aux yeux des spectateurs.

Transition Or, cet aveuglement, Œdipe le revendique comme un acte à la fois cohérent et libre

➤ Deuxième partie

2. La symbolique et les conséquences de l'aveuglement

a. La souillure, la honte et l'exil

Argument
Ne plus savoir et se punir de ne pas avoir vu.

Lorsqu'Œdipe s'aveugle, il justifie son acte. Une première justification apparaît dans le récit du messager ; puis une seconde est donnée directement par le roi lui-même dans une longue tirade adressée au Coryphée, qui a du mal à comprendre cet acte.

Dans le film, Pasolini reprend l'essentiel de ses propos, au moment où il se crève les yeux. Ses raisons sont nombreuses et d'ordre symbolique. S'aveugler, c'est fermer les yeux sur la réalité qu'il vient de découvrir, c'est oublier. C'est aussi, sans doute, se punir de ne pas avoir été lucide, d'avoir agi sans voir.

— ***Exemple***

Œdipe se justifie devant le Coryphée en disant : « Ah, ne me dis pas que ce que j'ai fait n'était pas le mieux que je pusse faire. Epargne-moi et leçons et conseils ! » ; « Ainsi ne verront-ils plus ni le mal que j'ai subi, ni celui que j'ai causé », p. 228, dit-il en s'aveuglant. » Il ajoute plus tard : « Il est si doux à l'âme de vivre hors de ses maux », p. 231. Il dit aussi « Ainsi les ténèbres leur défendront-elles de voir désormais ceux que je n'eusse pas dû voir ».

— ***Commentaire***

Œdipe se justifie avec véhémence en utilisant des impératifs et une hyperbole. Ces phrases sont entièrement symboliques. Elles expriment son épouvante à l'idée de ce qu'il a fait et de ce qu'il est devenu. L'irréel « ceux que je n'eusse pas dû voir » exprime ses remords. Œdipe a agi aveuglément au sens où, en accomplissant parricide et inceste, il ne savait pas ce qu'il faisait ; et parce qu'il a agi sans voir, il a été condamné à voir ce qu'il n'aurait pas dû voir : un père qu'il a tué, une mère qu'il a fécondée, des enfants qui sont le fruit de l'inceste. L'aveuglement devient une sorte de plongée dans les ténèbres extérieures mais aussi intérieures. Cet acte est terrible et chacune de ses paroles témoignent d'une souffrance paroxystique.

— ***Argument***
Œdipe s'exile, il est devenu effrayant à voir

Œdipe doit s'exiler pour obéir à son propre décret et disparaître aux yeux de tous, les vivants et les morts. Il est en effet considéré comme effrayant à voir.

— ***Exemple***

Œdipe rappelle sa décision d'exiler le coupable, p. 231 : « Cette ville [...] dont je me suis exclu moi-même, [...] le jour où j'ai donné l'ordre [...] de repousser le sacrilège ». Jocaste le dit dans le second épisode, p. 210 : « Que dis-tu seigneur, je tremble à te regarder » Le Chœur s'écrie : « O disgrâce effrayante à voir » ; « Ah ! Malheureux ! Non, je ne puis te regarder en face », p. 229.

— ***Commentaire***

La réaction de Jocaste autrefois, puis celle du Chœur à la fin, montrent qu'il est devenu un être monstrueux, qui provoque une sorte d'effroi. Sa volonté de s'aveugler est aussi et surtout le signe du sentiment de son indignité et de sa souillure. C'est par les yeux, en effet, que s'échappe la souillure, le mal dont Œdipe est en quelque sorte infesté.

— ***Argument***
La honte

La honte l'envahit et provoque en lui le refus de croiser désormais le regard d'autrui et notamment des siens.

— ***Exemple***

Il évoque d'abord ses parents morts : « Et de quels yeux descendu aux Enfers eussé-je pu, si j'y voyais, regarder mon père et ma mère ? », puis ses enfants, les habitants de Thèbes : « j'aurais pu les voir sans baisser les yeux » ?, p. 231.

— ***Commentaire***

Les questions rhétoriques et l'emploi du conditionnel passé soulignent à quel point l'idée de croiser désormais le regard des siens, aux Enfers ou sur terre, lui est insupportable.

— ***Argument***
Le malheur

Ce désir de s'aveugler est lié aussi au malheur. Il n'a plus aucun plaisir ni de vivre, ni de regarder ceux qu'il aime. Le regard lui rappelle aussi sa souillure.

— ***Exemple***

« Est-ce la vue de mes enfants qui aurait pu m'être agréable ? », p. 231.

— ***Commentaire***

Cette autre question rhétorique à l'irréel du passé montre qu'Œdipe a perdu la douceur de vivre et pense aussi qu'il ne mérite plus de vivre, de voir la pure lumière du jour ; il est devenu en quelque sorte une vilaine tache qui en obscurcirait la pureté. Il ne mérite plus de croiser le regard des autres. Ce désir va rejoindre celui de disparaître, de ne plus être vu.

— ***Argument***
Disparaître

Être aveugle c'est aussi disparaître, ne plus être vu, comme s'il n'avait jamais vécu.

— ***Exemple***

« Vite, au nom des dieux, vite, cachez-moi quelque-part loin d'ici ; tuez-moi, jetez-moi dans la mer ou en des lieux où l'on ne me voie plus », conclut-il, p. 232.

— ***Commentaire***

La répétition de l'adverbe « vite » exprime l'intensité de sa hâte et de son désespoir. Se cacher, c'est mourir. Le verbe « cacher » (en grec καλυπτω, kaluptô) est ici intéressant puisque, comme cela l'a été rappelé précédemment, le désir d'Œdipe était justement de dévoiler ce que désormais il veut cacher. La gradation que l'on trouve dans cette suite de verbes (cacher, tuer, jeter dans la mer), souligne son désir de disparaître totalement. La dernière expression « Jetez-moi dans la mer » montre qu'il aimerait être à jamais englouti, retourner dans le néant d'où il vient.

— ***Commentaire***
(suite)

La mer est celle qui engloutit tout. Certains exégètes, comme Jacques Lacarrière, y ont vu le désir de retourner dans le sein maternel : « Qui aspire à régresser dans le sein maternel après avoir épuisé tous les échanges possibles ». La mer est l'abîme sans fond. Œdipe choisit de s'enfoncer dans sa propre nuit : sa tirade se referme sur cette idée, ce désir fou de ne plus voir et de ne plus être vu, tant la souillure et la honte l'ont banni de la société des hommes.

b. Un héros tragique, à la fois fragile, seul et libre

— ***Argument***
Œdipe réclame ses filles

Devenu aveugle, Œdipe apparaît à la fin de la pièce humble et démuni ; il supplie Créon de lui amener ses filles, puis il exprime le vœu de les toucher une dernière fois :

Exemple

« Et surtout laisse-moi les palper de mes mains, tout en pleurant sur nos misères [...] Si mes mains les touchaient seulement, je croirais encore les avoir avec moi, tout comme au temps où j'y voyais [...] Sur vous aussi je pleure puisque je ne suis plus en état de vous voir, p. 233-234 [...] Non, pas elles ! Non ne me les enlève pas ! », p. 235.

Commentaire

Œdipe s'adresse à Créon comme un sujet s'adresse à un roi. Il retrouve un aspect de son personnage, qui n'apparaît pas auparavant dans la pièce, celui d'un père aimant, plein de tendresse pour ses filles. Cet aspect n'est pas repris dans le film. C'est d'ailleurs Angelo qui l'accompagne et non Antigone. Son ton est celui d'un suppliant avec des impératifs de prière et non d'ordre et le registre est pathétique avec l'allusion aux larmes. Son hybris a disparu pour laisser place à l'humilité et à sa cécité, qui le condamne à ne plus voir ses enfants et attire la compassion du spectateur. Créon le renvoie à son sort avec dureté. On peut alors penser qu'il n'y a pas d'apaisement à la fin de la pièce mais une grande émotion.

Argument

La solitude

De plus, sa cécité volontaire accentue sa solitude.

Développement de cet argument

À nouveau, se profile ici l'un des thèmes tragiques essentiels : celui de la solitude, et ici, une nouvelle solitude, un exil volontaire. S'aveugler, c'est mettre une barrière symbolique entre lui et le monde. Déjà aveugle, il désire plus encore : rendre plus grande encore cette solitude. Œdipe est un héros solitaire comme Ajax, Antigone... qui obéissent à un idéal, que rien ne peut fléchir et qui les éloigne des autres mortels ; comme tous les héros tragiques qui n'atteignent une telle grandeur que dans la solitude, il s'est peu à peu enfoncé dans sa solitude. Rejeté par les hommes (ses fils, les citoyens de Thèbes) et trompé par les dieux, Œdipe s'aveugle et se retranche du reste des hommes, et dans cette fin de tirade, il désire plus encore. On assiste ici à l'éclatement du héros qui se découvre l'homme le plus seul et le plus abandonné.

Argument

La fierté d'Œdipe

Ainsi, par cet acte, Œdipe montre à la fois sa ferté et sa fragilité. Il n'hésite pas à paraître aveuglé aux yeux des Thébains et revendique son acte comme étant un acte libre dont il peut être fier.

Exemple

Le messager raconte qu'il « demande à grands cris qu'on ouvre les portes et qu'on fasse voir à tous les Cadméens celui qui tua son père [...], p. 228 ; il dit avec fierté : « C'est Apollon qui m'inflige ces atroces disgrâces [...] Mais aucune autre main n'a frappé que la mienne, la mienne », p. 231.

_ ***Commentaire***

La structure de la seconde phrase montre bien qu'Œdipe fait la différence entre ses crimes, qu'il était prédestiné à accomplir malgré lui, et cet acte qu'il a accompli de son plein gré. Il manifeste ainsi sa liberté. Il ne peut s'enorgueillir que de tels actes. Parmi eux se trouvent sa lutte contre la Sphinge et sa quête de la vérité.

_ ***Argument***
Une fin complexe

Le film, en reprenant *Œdipe à Colone*, propose une fin plus apaisée que la pièce *Œdipe Roi*.

_ ***Exemple commenté***

Œdipe reste fragile. Il est habillé de guenilles, il a vieilli et son visage exprime une tristesse infinie. Le monde semble le rejeter et l'effrayer. Mais, comme nous l'avons déjà mentionné, il retrouve le pré maternel. Dans *Œdipe à Colone*, le héros retrouve sa dignité, il meurt en paix avec les hommes et les dieux, il retrouve un statut civique et sa souillure est effacée, puisque sa présence est désormais un honneur et une bénédiction pour la cité qui l'accueille.

Conclusion

_ ***Bilan***
Réponse à la problématique

La portée symbolique de la cécité dans cette œuvre est telle qu'elle englobe l'intrigue et toutes les grandes thématiques d'*Œdipe Roi*. Elle est à la fois réelle et symbolique. L'acte final de l'aveuglement est d'une violence à la mesure de l'horreur qu'Œdipe ressent vis à vis de ses crimes et de lui-même. Devenu un monstre, il découvre l'inhumain non pas hors de lui mais en lui.

_ ***Ouverture***

Et pourtant, cet être déchu, humilié, au plus haut point de sa souffrance, vaincu, aveugle, exilé, rejeté, parricide et incestueux, ne peut que provoquer l'admiration du spectateur. Il représente l'homme au plus haut point à la fois de sa douleur de sa fragilité et, paradoxalement, de sa gloire (Cf. Urs von Balthazar : *La gloire et la croix*). Il est le Héros idéal : à la fois représentant d'une cité (roi) et d'une famille, « roi puissant et homme humilié, héros sacrilège et élu des dieux »[1].Il s'éloigne la tête haute. Magnifique mise en abîme que cette fin de tragédie où le héros quitte et la scène et le monde.

Pour aller plus loin

- Sujets proches : sujets traités : sur « La Souillure » et « Le Roi déchu ».
- Sujet sur Savoir et ignorance/ Ténèbres et lumières.

Mêmes citations que pour le sujet sur Tirésias : savoir réutiliser les citations. Reprise aussi des idées.

---

1. Jacques Lacarrière, Sophocle, « Les rois sacrilèges », p. 100, dans le chapitre intitulé « Les rois détrônés ».

Entraînements

Entraînement 1 Peut-on considérer l'*Œdipe Roi* de Sophocle et de Pasolini comme une quête de la vérité ? (Plan détaillé)

Pour vous aider à commencer

Repartez des incontournables.

Travail sur le sujet

I Les idées

- **Comment ne rien oublier**

  Il faut toujours avoir à l'esprit qu'un sujet à 12 points englobe les grands thèmes de l'œuvre : quels sont-ils ? Lesquels peut-on mettre en lien avec la quête d'Œdipe ?

- **Cf. Liste des thématiques : vérifier si elles font partie du sujet**

  > Le **mythe** : Œdipe devient un personnage universel.

  > Le sens du nom d'Œdipe est découvert à l'issue de cette quête.

  > La **souillure** (la peste) est la cause de la quête et continue à habiter Œdipe à la fin.

  > L'**accomplissement de la fatalité** est inséparable de la découverte de la vérité, mais sa quête est le signe de sa liberté.
  Le dévoilement est nécessairement le moment où la vérité va se révéler.

  > C'est à l'issue de cette quête qu'Œdipe se révèle le héros tragique par excellence et la pièce une tragédie. Il faut ajouter les thèmes propres à la tragédie : hybris, terreur et pitié, ironie tragique, catharsis. Elle est liée à son statut de héros et à cette quête qu'il affronte seul et qui, finalement, le renvoie au paroxysme de la solitude.

  > La découverte de ses origines et de ses actes fait descendre Œdipe au plus bas, le faisant passer de la grandeur à la déchéance, mais son courage et sa dignité le grandissent.

  > Le pouvoir des hommes et le pouvoir des dieux s'opposent lorsqu'Œdipe interroge Tirésias pour savoir la vérité et lorsqu'il se révèle victime des dieux et du destin.

  > La découverte de la vérité et de ses crimes (parricide et inceste) fait sombrer Œdipe dans le malheur.

> Savoir et ignorance sont au cœur de cette quête, puisqu'Œdipe passe de l'ignorance au savoir, puis du savoir à la cécité.
> Cette quête est aussi la quête personnelle de Pasolini

Cerner le sujet

Analyse des mots clés en en cherchant le champ sémantique :

> Il s'agit de quête, et donc de recherche qui peut, ici, prendre aussi la forme d'une enquête : gardez à l'esprit ces trois acceptions du mot pour envisager le sujet dans sa totalité.
> Se servir de ses connaissances de grec éventuellement : la vérité en grec est « alétheïa », ce qui signifie « ce qui n'est pas caché ».
> De quelle vérité s'agit-il ? Qui la cherche ?
> Quelle est la place de cette quête dans l'intrigue et comment évolue-t-elle ?
> Quelles en sont les causes et les conséquences pour les personnages ?
> Quelles en sont les conséquences aussi pour le spectateur ou le lecteur ?
> Comment Pasolini traduit-il cette quête ?

Conseil Gardez bien le sujet comme fil conducteur de votre dissertation.

Préparer la dissertation

Il faut vous remémorer tous les passages, où il est question de recherche et de quête. Et il est nécessaire de vous demander quels sont les différents objets de cette quête en suivant d'abord la structure de la pièce.

Spécificité d'Œdipe Roi

> Quel que soit le sujet, vous rédigerez nécessairement une partie sur la structure (progression) et l'intrigue.
> Il faut aussi voir quels personnages sont concernés par le sujet et éviter de tout concentrer sur le protagoniste, ici Œdipe.
> Il convient aussi d'envisager les causes et les conséquences du sujet et ces dernières, aussi bien du côté des personnages que des spectateurs ou lecteurs : universalité et intemporalité du mythe et catharsis.
> Il est aussi important de se demander pourquoi Pasolini s'est tant intéressé à cette œuvre : lui-même la présente comme autobiographique : cette quête est-elle aussi la sienne ?

Conseil Ce travail préalable ne doit pas durer plus que 10 minutes. Il vous faudra le faire à chaque fois.

Construire le plan

Le plan se déduit aisément de tout ce travail préalable, essentiellement mental. Ne perdez pas de temps à tout écrire.

5 min

C'est à vous

Corrigé

Commencez par le plus général, c'est-à-dire la structure de la pièce et du film.

1. **Une œuvre en forme de quête**

   a. La structure de la pièce et du film (progression des 2 œuvres en fonction de cette quête)

   La pièce, une œuvre à rebours.
   Le film, une structure chronologique en excluant le début et la fin.

   b. Une intrigue « policière » : point de départ de la quête : trouver le coupable dont la présence souille la ville

   Dès le début, Œdipe cherche à savoir pourquoi la peste s'acharne sur Thèbes.
   Il s'adonne à la recherche du coupable dont la présence souille la ville.

   c. Des personnages en quête par différents moyens

   Quête de Créon, quête du peuple thébain, quête d'Œdipe.
   Ainsi, envoie-t-il Créon à Delphes.
   On apprend dans le deuxième épisode que cette quête a déjà commencé lorsqu'il était plus jeune : déjà en quête de ses origines, il va à Delphes, lieu de vérité, pour savoir qui sont ses parents.
   Quête d'informations auprès des dieux ou d'intermédiaires comme la Pythie et Tirésias ou de personnages comme Jocaste et le serviteur.
   Sa rencontre avec Tirésias a pour fin de découvrir ce criminel, puisque Tirésias sait tout et notamment ce qui est caché, la vérité.
   Cette quête passe aussi par des moyens : le voyage, voire l'errance, la parole, le recours éventuel à la violence.

2. **Une quête de la vérité devenue quête de soi ou de la vérité sur soi**

   a. La quête d'Œdipe, quête des origines, quête de la vérité

   Œdipe ne croit pas les paroles de Tirésias, qu'il pense fausses mais il va tâcher de les vérifier et elles vont le hanter. C'est à partir de ce moment-là que la recherche du coupable et la quête de la vérité se confondent. C'est aussi à partir de ce moment-là que cette quête, qu'il croit extérieure à lui-même devient en fait une quête de la vérité sur soi.

   b. L'aboutissement tragique de cette quête pour Jocaste et pour Œdipe

   c. L'intemporalité et l'universalité de cette quête : la quête de Pasolini ou projection de soi et celle du spectateur

Entraînement 2 Peut-on considérer Œdipe comme un personnage victime de l'hybris ?

Pour vous aider à commencer

Cerner le sujet

Analyse des mots-clés :

- **Définition de l'hybris**

  L'hybris est le défaut grec par excellence, car il s'oppose à la sagesse, à la raison, à la mesure. On peut traduire ce mot par « démesure » ou « orgueil ».

  L'homme qui fait preuve d'hybris cherche en général à dépasser, de façon déraisonnable, les limites imposées à tout être humain. C'est l'homme qui veut se faire dieu, comme Phaéton désirant conduire le char de son père Hélios, Icare croyant pouvoir voler... Il n'écoute aucun conseil et ne se fie pas aux dieux.

  La punition est alors très sévère et celui qui fait preuve d'hybris est écrasé par les dieux. Son destin s'inverse. Phaéton est foudroyé, Icare tombe du ciel.

  L'hybris apparaît souvent dans la tragédie grecque : les héros tragiques sont nécessairement dans la démesure.

- **Quels personnages sont concernés et comment se manifeste cette hybris ?**

  Le sujet porte sur le rapport entre Œdipe et l'hybris, et plus précisément sur Œdipe victime de l'hybris.

  Œdipe se montre souvent orgueilleux, violent et colérique.

  > Est-il seulement victime de la sienne ou aussi de celle des autres ?

  > Quelles en sont les conséquences ?

  > Comment Œdipe est-il puni de son hybris ?

Préparer la dissertation

Construire un plan :

> Il faut vous remémorer tous les passages où il est question du sujet.

> Comment se manifeste cette hybris dans la pièce et dans le film ?

C'est à vous

Corrigé

Le plan se déduit aisément :

1. **Œdipe, figure de l'hybris**
   - **a.** Orgueilleux
   - **b.** Violent
   - **c.** Impie
2. **Œdipe victime de l'hybris**
   - **a.** Le malheur, châtiment de l'hybris
   - **b.** Le monstrueux, Œdipe, personnage hors du commun
   - **c.** Le héros tragique

Introduction

Définition de l'hybris dans l'introduction.

Développement

➤ Première partie

1. Œdipe, figure de l'hybris

a. Orgueilleux

Dans le Prologue, il prend en charge l'enquête avec dévouement mais aussi avec orgueil ; il ne doute pas de ses capacités : « Eh bien ! Je reprendrai l'affaire à son début et je l'éclaircirai, moi ». « Je me charge de la cause à la fois de Thèbes et du dieu », p. 192.

Puis il condamne le criminel de façon implacable. L'ironie tragique est à son comble, puisque c'est lui-même qu'il condamne avec tant de force : « Je veux que tous [...] le jettent hors de leurs maisons [...] je voue le criminel [...] à user misérablement, comme un misérable, une vie sans joie », p. 193.

Le Chœur s'adresse aux dieux dans le premier stasimon, et Œdipe répond au Chœur comme si les prières n'étaient pas adressées aux dieux mais à lui-même : « J'entends tes prières, et à ces prières c'est moi qui réponds », p. 192.

Il est fier de ce qu'il a fait (d'avoir déchiffré l'énigme) et de ce qu'il est devenu : « C'est moi, moi seul, qui lui ferme la bouche, sans rien connaître des présages, par ma seule présence d'esprit », p. 198.

On peut remarquer dans tous ces exemples une forte présence des pronoms personnels « je » et « moi »

On peut penser qu'il fait preuve de trop de confiance en lui-même.

À la fin, Créon le remet à sa place : « Ne prétends donc pas triompher toujours ; tes triomphes n'ont pas accompagné ta vie », p. 235.

Il n'écoute personne, ni Tirésias, ni Jocaste.

b. Violent

Il est violent avec Tirésias puis Créon, en paroles (avec des dialogues en stichomythies, p. 206) et dans le film, en actes : il bouscule le devin, le fait tomber...il craint pour son pouvoir, auquel il est vivement attaché. À la fin, il menace le vieux berger de le frapper. Il menace Créon de mort.

Tirésias constate qu'Œdipe ne se maîtrise pas : « À ta guise, laisse ton dépit déployer sa fureur la plus farouche », p. 196 ; il évoque son « furieux entêtement, p. 197. Créon lui dit qu'il le voit « hors de sens », p. 206.

Aveuglé par son ignorance et sa volonté de puissance, Œdipe croit que Jocaste méprise ses origines. Incapable alors de voir la magnanimité de Jocaste, dans le dernier épisode, il revendique ses origines (« Je me tiens moi pour fils de la Fortune [...] et les années qui ont accompagné ma vie m'ont fait tour à tout et petit et grand », p. 221) et prononce des paroles dures et méprisantes : « Eh bien ! Tes bons avis m'exaspèrent à la fin ! », « Dans son orgueil de femme, elle rougit sans doute de mon obscurité », p. 221. Cette violence se retrouve quand il s'aveugle.

Jocaste elle-même parle de son caractère excessif qui ne se maîtrise pas : « Œdipe laisse ses chagrins ébranler un peu trop son cœur . Il ne sait pas juger avec sang-froid du présent par le passé [...] », p. 215. Cette sorte de folie, qui aveugle, porte un nom particulier en grec : c'est l'atê.

Cette hybris se manifeste aussi dans le film lorsqu'Œdipe adolescent triche au lancer du disque. Il s'acharne pour obtenir et garder toujours la première place dans tous les domaines.

Dans la pièce, on sait peu de choses sur le déroulement de la scène du meurtre de Laïos, qu'il raconte brièvement. Mais il révèle sans honte des actes pourtant violents : « Pris de colère, je frappe [...] il paya cher ce geste-là [...] Et je les tue tous », p. 213. Cette scène fait l'objet d'une longue séquence dans le film, assez difficile à supporter. La lumière est éblouissante, la musique stridente. Œdipe crie et s'acharne sur ses victimes. Le dernier garde est déjà blessé et très jeune. Elle commence par un long échange de regards entre Laïos et Œdipe : filmés en gros plans, ils se regardent longuement avec une hostilité presque haineuse. Aucun des deux ne veut manifestement céder. Œdipe se montre très violent par la suite. Il accomplit cinq meurtres les uns après les autres avec cruauté et sur des personnages qui semblent plus faibles que lui. Son épée est d'une taille démesurée, reflet de la démesure de celui qui la porte. Œdipe est visiblement dans un état second, comme le montrent ses hurlements ou son rire et l'expression de son visage, déformé par la terreur et la haine. « J'ai tué les gardes et cet homme qui m'avait insulté... qui m'avait insulté avec son orgueil, avec sa volonté de me dominer, avec son autorité », dit Œdipe à Jocaste dans la scène de la double révélation au jardin, dans le film.

La haine de Laïos montre qu'il est dans la même hybris que son fils. Son histoire passée, non mentionnée dans les œuvres mais connue des spectateurs, est marquée par l'hybris (viol, non respect des lois de l'hospitalité, désobéissance aux dieux, infanticide).

Le jeu volontairement outré des acteurs accentue cette impression d'excès.

Son geste spontané de se mordre la main, dès qu'il est assailli par une angoisse insurmontable, est excessif.

Le film souligne sans cesse cette démesure : les décors (le désert), les costumes, les scènes d'amour entre Jocaste et Œdipe et notamment la dernière.

La pièce est nécessairement moins violente que le film. Cependant le récit du messager est une véritable hypotypose très explicite et violente : « Alors, avec d'horribles cris, comme si le chemin lui était montré, il se jeta contre les doubles portes, arrachant les battants des gonds creux, et se rua dans la chambre où nous vîmes la femme suspendue à la corde qui l'étranglait [...] Ayant arraché les agrafes d'or des vêtements de Jocaste, il en creva ses yeux ouverts, disant que ceux-ci ne verraient plus les maux qu'il avait soufferts et les malheurs qu'il avait causés ; qu'engloutis désormais par les ténèbres, ils ne verraient plus ceux qu'il ne devait plus voir, et qu'ils ne reconnaîtraient plus ceux qu'il désirait voir. Et, en faisant ces imprécations, il frappait encore et encore ses yeux aux paupières levées ; et ses prunelles saignantes coulaient sur ses joues, et il ne s'en échappait point seulement quelques gouttes de sang, mais il en jaillissait comme une pluie noire, comme une grêle de sang ».

c. Impie

Œdipe se montre à la fois pieux et impie, confiant dans les dieux et méfiant à leur égard : il croit au destin mais cherche à y échapper et met en doute les oracles. Il change vite d'avis : d'abord soumis aux oracles, il les refuse quand il parle avec Tirésias.

Cf. Passage déjà cité, dans lequel Œdipe semble se prendre pour un dieu.

Son insolence et son irrespect envers Tirésias peuvent passer pour de l'impiété. Furieux, il accuse Tirésias d'être le criminel que l'on recherche, il remet en question la véracité des oracles : « Quand donc as-tu été un devin véridique ? », p. 198. Lorsqu'Œdipe apprend la mort de Polybe, il s'exclame : « Qui pourrait désormais recourir à Pythô, au foyer prophétique ? [...] Polybe est dans les Enfers avec tout ce bagage d'oracles sans valeur », p. 216-217.

➤ Deuxième partie

2. Œdipe victime de l'hybris

a. Le malheur, châtiment de l'hybris

La fin de la pièce atteste ce châtiment, personne au monde n'est plus brisé qu'Œdipe, comme Tirésias le lui avait prédit : « C'est ton succès pourtant qui justement te perd », p. 200.

Œdipe s'oppose au Chœur qui représente l'envers de l'hybris : la mesure, la sagesse, la piété, p. 214.

Le Chœur évoque dans le deuxième stasimon l'hybris et ses conséquences : « La démesure enfante le tyran. Lorsque la démesure s'est gavée follement [...] et lorsqu'elle est montée au plus haut, sur le faîte, la voilà soudain qui s'abîme dans un précipice fatal, où dès lors ses pieds brisés se refusent à la servir ». Cette condamnation de l'hybris identifie Œdipe, de façon explicite, à la démesure, par l'évocation des « pieds brisés. »

Il ajoute : « Celui en revanche qui va son chemin, étalant son orgueil dans ses gestes et ses mots, sans crainte de la Justice, et, sans respect des temples divins, celui-là, je le voue à un sort douloureux, qui châtie son orgueil funeste », p. 214.

b. Le monstrueux, Œdipe, personnage hors du commun

Œdipe, en se révélant parricide et incestueux, devient le symbole même de l'hybris, puisqu'il transgresse les lois de la nature. « Vous qui avez bu le sang de mon père, versé par mes mains », p. 231. Très souvent le parricide et l'inceste sont mêlés dans une même phrase. Tirésias : « Père et frère à la fois des fils qui l'entouraient, époux et fils ensemble de la femme dont il est né, rival incestueux aussi bien qu'assassin de son propre père », p. 200. Œdipe, dans sa longue tirade de la fin, s'adresse à son propre mariage : « Hymen, hymen, à qui je dois le jour, qui, après m'avoir enfanté, as une fois de plus fait lever la même semence et qui, de la sorte, as montré au monde des pères, des frères, enfants, tous du même sang ! des épousées à la fois femmes et mères — les pires hontes des mortels », p. 231. La vie d'Œdipe bascule et tout s'inverse. Il est victime d'un malheur au-delà du malheur : « Est-il homme plus abhorré des dieux » ? , lit-on, p. 212. « Malheureux, malheureux, oui c'est là le seul nom dont je peux t'appeler », lui dit Jocaste avant de se tuer, p. 221. Le Coryphée le souligne à la fin de la pièce : « Il avait visé au plus haut [...] et maintenant qui pourrait être plus malheureux que toi ?, p. 226 ; « Regardez, habitants de Thèbes. Le voilà, cet Œdipe, cet expert en énigmes fameuses, qui était devenu le premier des humains. Personne dans sa ville ne pouvait contempler son destin sans envie. Aujourd'hui, dans quel flot d'effrayante misère est-il précipité ! », p. 235. La dernière réplique de la pièce appartient au Coryphée, qui présente aux Thèbains, le type même de l'homme malheureux, qui a chuté du sommet de la gloire dans un abîme de douleur.

c. Le héros tragique

L'hybris est sans doute inséparable de la tragédie, d'un théâtre de la violence, comme l'évoque Antonin Arthaud dans *Le théâtre et son double* (1938). Elle est donc liée à la catharsis.

On peut se demander pourquoi l'hybris s'empare presque toujours des héros tragiques ; serait-ce lié à des tempéraments très forts, exceptionnels et voués à un destin d'exception ?

De plus, Œdipe semble voué dès la naissance à un destin lui-même excessif.

Il est donc aussi victime de l'Hybris avant de faire preuve lui-même d'hybris.

Œdipe garde sa dignité et sa fierté mais devient humble à la fin et se soumet aux ordres de Créon.

Pour aller plus loin

- **Autres sujets proches ou similaires**

  Ce sujet rejoint les sujets sur *Œdipe Roi* déchu, la souillure, la cécité.

- **Même sujet**

  > Peut-on considérer Œdipe comme un personnage violent ?
  Tous les sujets sur le personnage d'Œdipe comportent nécessairement une partie ou plusieurs sur l'hybris.

- **Sujet sur le héros, personnage d'exception mais imparfait**

  > Dans sa préface de *Britannicus*, Racine écrit, au sujet du héros : « Bien loin d'être parfait, il faut toujours qu'il ait quelque imperfection ». Pensez-vous que cette affirmation puisse correspondre au personnage d'Œdipe ?

  > Jacqueline de Romilly dans son ouvrage *La tragédie grecque* (éditions PUF 1970) écrit au sujet d'Ajax et d'Antigone qu'ils sont des cas limites et admirables de ce que l'homme peut être, de la grandeur à laquelle il peut atteindre ». Peut-on on considérer que le personnage d'Œdipe fait partie de « ces cas limites » ? ou : Peut-on appliquer cette phrase au personnage d'Œdipe ?

- **Sujet sur la colère/ Sur la culpabilité (Cf. Sujet sur la faute)**
- **Sujet sur Terreur et pitié/ Catharsis**

Entraînement 3 Dans quelle mesure la pièce *Œdipe Roi* et le film de Pasolini sont-ils une réflexion sur la fatalité ?

Pour vous aider à commencer

Cerner le sujet

Analyse des mots clés en en cherchant le champ sémantique :

> Qu'est-ce que la fatalité ?
> Quels personnages sont concernés ?
> Quelle est la place du sujet dans l'intrigue ? Comment évolue le sujet ?

Construire un plan

Comment trouver un plan le plus rapidement possible ?

Il faut vous remémorer tous les passages où il est question du sujet :

> Œdipe vit sans le savoir sous l'emprise de la fatalité
> Sa famille est maudite
> Delphes, la Pythie : Œdipe induit en erreur
> La découverte tardive et tragique d'une fatalité déjà accomplie
> Œdipe, victime, peut-il malgré tout revendiquer des actes libres ?
> Comment Pasolini traduit-il la fatalité ?

Rechercher les passages-clés de la pièce et du film

C'est à vous...

....

....

....

....

....

....

....

....

Corrigé

1. Une famille maudite, victime de la fatalité

a. Un enfant maudit abandonné puis adopté

La famille des Labdacides est maudite depuis la faute que Laïos a commise auprès de Chrysippos.

Œdipe est abandonné ...Pasolini insiste dans le Prologue sur l'hostilité du père à l'égard de l'enfant.

Polybe et Mérope l'appellent « Enfant de la Fortune ».

Son camarade de jeu le traite d'«Enfant trouvé, fils de la Fortune. »

b. Delphes et ses oracles obscurs

Œdipe découvre son destin en allant à Delphes, mais les propos de la Pythie ne sont pas clairs et l'induisent en erreur : cela accentue la fragilité des hommes.

Les scènes de La Pythie et du meurtre sont filmées à contrejour comme si Œdipe était aveuglé. Il semble hors de lui, comme s'il agissait malgré lui.

c. L'ironie tragique (Œdipe rencontre son destin en cherchant à y échapper)

Ainsi Œdipe cherche-t-il et croit-t-il échapper à son destin en s'éloignant de Corinthe et il s'y précipite en allant à Thèbes.

Sur la route, il accomplit plusieurs fois le même geste : il tourne sur lui-même, pensant se fier au hasard ; or la fatalité le ramène toujours dans la direction de Thèbes...

Pasolini reprend le schéma de la quête mais l'influence freudienne et autobiographique fait de l'inceste un désir irrépressible. De plus, le choix des mêmes acteurs met le spectateur devant l'évidence de la fatalité.

2. La peste, malédiction divine et signe de la fatalité

a. La découverte d'une fatalité accomplie (Œdipe et Jocaste victimes)

La découverte de l'accomplissement de cette fatalité n'a lieu qu'à la fin de l'œuvre. Œdipe se trouve alors contraint de relire son histoire à rebours : il se découvre ainsi parricide et incestueux.

b. Jocaste et Œdipe, héros tragiques et symboles des aléas de la fortune

Le pressentiment de la fatalité tourmente les personnages : Œdipe manifeste sans cesse son angoisse : enfant puis adulte, il a le même tic angoissé : il se mord le dos de la main.

Cf. Les gros plans dans tout le film sur le visage de Jocaste tour à tour joyeux et angoissé.

Cf. Aussi la même angoisse sur le visage de Mérope quand Œdipe s'en va.

Les conséquences de la fatalité : une fin tragique : Cf. récit du messager et discours d'Œdipe justifiant son acte ; une fin exemplaire : Cf. dernières phrases prononcées par le Coryphée.

c. La dignité d'Œdipe

À la fin du film, Œdipe revient intuitivement vers le pré maternel, comme si la fatalité l'y conduisait. Il dit en effet : « la vie s'achève là où elle a commencé ». Il trouve là une forme d'apaisement, de sérénité.

Victime de la fatalité, Œdipe peut revendiquer cependant trois actes libres : la découverte de l'énigme de la Sphinge, la quête de la vérité et son aveuglement.

Œdipe reste grand et admirable. Cf. *Œdipe à Colone*.

Entraînement 4 « Qu'est-ce qu'une tragédie de Sophocle, sinon une méditation sur la violence et le sacré ? », écrit Jacques Lacarrière. Cette définition s'applique-t-elle à *Œdipe Roi* de Sophocle et de Pasolini ?

Pour vous aider à commencer

Travail sur le sujet

Objet d'étude et théâtre antique

Reprenez les incontournables de cet Objet d'Étude et du théâtre antique.

Mettez toujours en parallèle le texte théâtral et le film.

Les idées

Les thèmes qui se rattachent à ce sujet sont :

> La fatalité
> Le tragique
> Grandeur et déchéance
> Pouvoir des hommes pouvoir des dieux

Cerner le sujet

- N'oubliez pas que la violence ne concerne pas qu'Œdipe.
- Trois mots sont importants dans le sujet : méditation — violence — sacré.
  Il va falloir que les trois apparaissent dans votre devoir.
  Cherchez les sens précis de ces mots dans un dictionnaire.
- Comment bien cerner le sujet ?

Préparer la dissertation

- Réfléchir au champ sémantique des mots-clés et des rapports qu'ils peuvent entretenir entre eux :

  > VIOLENCE : force brutale, souvent destructrice, agressivité, brutalité dans les propos et dans les comportements.

  > SACRÉ : qui appartient au domaine séparé, intangible et inviolable du religieux et qui doit inspirer crainte et respect ; à qui l'on doit un respect absolu, qui s'impose par sa haute valeur.

  > MÉDITATION : réflexion profonde sur un sujet, action qui consiste à s'absorber dans une réflexion sur un sujet souvent religieux.

  Qui est violent ? Dans la pièce : Œdipe en paroles et en acte, et Jocaste en acte. Dans le film : Œdipe et son père Laïos. La mort de Jocaste.

- Le philosophe René Girard a écrit en 1972 *La Violence et le Sacré*, essai dans lequel il affirme que la violence est le fondement de toute société, que le rite religieux est le fondement de toute culture et que les sociétés font dévier la violence sur un innocent : le bouc émissaire. Le groupe doit croire que la victime est coupable et désignée de manière divine, ce qui est absolument le cas dans la pièce *Œdipe Roi*. Mais ce qui rend complexe la culpabilité d'Œdipe, c'est qu'il est à la fois victime et coupable.

C'est à vous..

....

....

....

....

....

....

....

....

....

....

....

....

....

Corrigé

- **Comment trouver le plan ?**

  Le sacré se présente dès le Prologue et la violence arrive ensuite seulement, mais assez rapidement tout de même. Le prêtre de Zeus, le Chœur, le Coryphée, Créon, Tirésias et même Œdipe évoquent les dieux et le sacré avec révérence.

  La violence d'Œdipe se manifeste ensuite en paroles, contre Tirésias d'abord, puis contre Créon, dans une moindre mesure contre Jocaste et culmine dans son acte d'aveuglement. La mort de Jocaste est d'une grande violence également. Elle se manifeste aussi en actes dans le film : avec Tirésias, Laïos, les gardes, le Sphinx.

  Violence et sacré sont mêlés dès le Prologue lorsque le prêtre évoque la malédiction divine qui apporte la mort, la souillure et la stérilité. Le dieu Arès est qualifié de brutal et de cruel. Et Laïos a été assassiné sur la route de Delphes. Un plan se dessine peu à peu.

- **Le plan**

  Il faut aller du plus évident au plus compliqué ; ainsi, peut-on proposer un plan en trois parties :

  1. **Le sacré, l'univers quotidien chez les Grecs**
     a. La piété manifeste des personnages
     b. La séparation nette entre le sacré et le profane
  2. **L'hybris et le désespoir, sources de la violence**
     a. L'hybris d'Œdipe le conduit à des paroles et des actes brutaux
     b. Le désespoir de Jocaste et d'Œdipe entraîne la mort et la cécité
  3. **La violence et le sacré**
     a. La violence divine : la souillure entraîne la mort et la stérilité
     b. Le bouc émissaire : Œdipe reconnu coupable quitte la ville

Entraînement 5 De quelles fautes Œdipe s'est-il rendu coupable ?

C'est à vous...

Corrigé

Ce sujet est très proche du sujet sur la souillure : sujet 3 et peut suivre le même plan.

On peut commencer par présenter la souillure puis montrer sa place dans l'intrigue et la quête d'Œdipe. Enfin, on peut se demander quelle est la place de ce thème en analysant les fautes commises par Œdipe et leurs conséquences.

1. **Présentation du thème**
    - **a.** La faute : définition : quelles sont les fautes d'Œdipe ?
    - **b.** Place dans l'intrigue et la quête d'Œdipe
      La recherche de celui qui a commis une faute (crime) est le point de départ de l'intrigue et de la quête d'Œdipe. C'est le fil conducteur du récit. C'est la cause du suicide de Jocaste et de l'aveuglement d'Œdipe.

    Transition : La faute est à l'origine de la souillure.

2. **Importance du thème dans l'œuvre**
    - **a.** La symbolique : la souillure
    - **b.** Ses conséquences

Pour aller plus loin

Liste d'autres sujets qui reprennent tout ou partie des mêmes thèmes

- Sujet sur la cécité
- Sujet sur les lieux (seuls les lieux infestés)
- Sujet sur le roi déchu

Les Faux-Monnayeurs, Journal des Faux-Monnayeurs,

André Gide

Introduction au projet d'étude : « Lire, écrire, publier »

Comme l'analyse du *Journal des Faux-Monnayeurs* et des *Faux-Monnayeurs* s'inscrit dans l'objet d'étude : « Lire, écrire, publier », ne perdez pas de vue que vous disposez ici de deux œuvres qu'il faudra toujours mettre en parallèle, en montrant comment l'auteur est passé du projet à sa réalisation.

Le Journal des Faux-Monnayeurs est une sorte d'avant-texte. Son étude permet de comprendre la genèse du roman et le « processus de création littéraire » (BO).

I. Des repères pour étudier l'œuvre

Méthodologie

Objectifs

- Comment travailler les œuvres ?
- Acquérir la méthodologie
- Se repérer et maîtriser les grands thèmes des *Faux-Monnayeurs*

Première lecture

Lisez attentivement le roman en prenant des notes en fonction des thématiques présentées plus bas. N'hésitez pas à mettre des *post-it* de couleur en fonction des personnages et des thèmes. Puis lisez Le *Journal des Faux-Monnayeurs* en faisant de même en fonction des thématiques du roman.

Lectures suivantes

Vous aurez besoin de parcourir souvent ces deux œuvres dans l'année au fur et à mesure des questions traitées en classe.

Lectures complémentaires

Il est conseillé de lire ou de connaître les résumés d'autres grandes œuvres de Gide comme *La Porte étroite, La Symphonie pastorale, Les Caves du Vatican, Les Nourritures terrestres.*

Structure et progression du roman

Dès la première lecture, vous devrez repérer les différents personnages, leurs relations entre eux et les étapes essentielles de leur histoire.

Banque de données

Vous devez impérativement vous créer « une banque de données » disponible, quel que soit le sujet. Deux ou trois citations par personnage et par thème.

« Les incontournables »

Il est également essentiel de connaître par cœur les incontournables, c'est-à-dire les thèmes qui doivent apparaître dans toutes les questions à 12 points, ainsi que des citations d'ordre général qui les illustrent. Pour éviter des recherches répétitives, notez les pages de vos citations.

Introduction

Place des *Faux-Monnayeurs* dans le roman au XXe siècle

André Gide naît en 1869, encore sous le Second Empire et les romans qui paraissent dans sa jeunesse sont marqués par le réalisme et le naturalisme, mouvements littéraires qui s'épanouissent à la fin du XIXe siècle, en réponse aux excès du romantisme. Les nombreuses descriptions que l'on trouve chez Balzac ou chez Zola emprisonnent et brident l'imagination du lecteur en le forçant à adopter son point de vue. Au contraire, on lit dans le *Journal des Faux-Monnayeurs*, que Gide cherche à travailler tout autrement. Il souhaite que les événements soient relatés par les personnages « sur qui ces événements auront eu quelque influence. Je voudrais que dans le récit qu'ils en feront, ces événements apparaissent légèrement déformés ; une sorte d'intérêt vient, pout le lecteur, de ce seul fait qu'il ait à *rétablir*. L'histoire requiert sa collaboration pour se bien dessiner » *Journal des Faux-Monnayeurs* le 21 novembre 1920.

Ainsi, un premier changement dans la conception du roman tient à ce que Gide veuille un lecteur qui collabore, qui soit partie prenante de la lecture, qui analyse : « Tant pis pour le lecteur paresseux. J'en veux d'autres ! » écrit-il dans son *Journal des Faux-Monnayeurs* p. 96.

Le refus du roman de type balzacien, l'admiration pour le symboliste Mallarmé et pour la richesse du théâtre shakespearien, conduisent Gide à multiplier les intrigues et à mélanger les sous-genres du roman. *Les Faux-Monnayeurs* est donc un roman d'apprentissage pour Bernard et Olivier mais il est aussi un roman policier, un roman d'aventures, un roman psychologique, satirique et métaphysique. Il s'agit d'un **roman somme** ainsi que l'appelle son auteur.

Le procédé que l'on nommait « le théâtre dans le théâtre » existait déjà dans *Hamlet* et dans *l'Illusion Comique* mais Gide utilise une expression héraldique, la mise en abyme, pour nommer ce procédé littéraire, qui sera repris et exploité par *Le Nouveau Roman*. Le romancier, qui met en scène un romancier, peut par ce procédé, exposer sa réflexion sur l'écriture. La littérature devient son propre objet pour un auteur qui se regarde écrire et veut y intéresser son lecteur.

C'est pour toutes ces raisons que le roman *Les Faux-Monnayeurs* est considéré comme un roman résolument moderne qui va donner naissance après la guerre au *Nouveau Roman*, théorisé par Alain Robbe-Grillet dans *Pour un Nouveau Roman* en 1963.

Ce mouvement doit en effet beaucoup au roman gidien.

Ces éléments d'introduction font partie des **incontournables** puisque l'un ou plusieurs d'entre eux devront être évoqués quelle que soit la question :

- La multiplication des intrigues
- Un roman moderne
- Le roman somme
- La mise en abyme

Résumé des *Faux-Monnayeurs*

Résumé chapitre par chapitre

I Première partie

PARIS — 18 chapitres

- **Chapitre I** : Bernard s'en va de chez lui, rencontre Olivier et écrit à son « père » une lettre d'adieu, très insultante.
- **Chapitre II** : Albéric Profitendieu (juge d'instruction) et Oscar Molinier (Président de la Chambre) rentrent ensemble du tribunal et évoquent une affaire qui met en cause des mineurs. Le juge Profitendieu lit la lettre de Bernard où celui-ci lui avoue qu'il vient d'apprendre qu'il n'est pas son père et qu'il s'en va. Le juge réunit ses deux autres enfants, Charles et Caloub, et leur dit que Bernard est un enfant confié à eux par un ami et que celui-ci vient de le récupérer. Sa femme pleure et se sent prisonnière du pardon de son mari, elle regrette non pas sa faute mais son repentir.
- **Chapitre III** : Bernard va dormir dans la chambre d'Olivier et de Georges. Olivier lui dit que son frère Vincent a une maîtresse et lui parle de son oncle Édouard qui rentre d'Angleterre après six mois de séjour. C'est le demi-frère de sa mère, il est écrivain. Il doit aller le chercher à la gare Saint-Lazare le lendemain jeudi à 11 h 30.
- **Chapitre IV** : Vincent Molinier se rend tous les soirs chez le comte Robert de Passavant, qu'il a rencontré récemment au théâtre, officiellement pour soigner son vieux père, fraîchement opéré. Une autre raison existe. Pour Vincent, il s'agit de gagner de l'argent. Il a eu une aventure avec Laura Douviers et elle attend un enfant de lui ; or, elle est mariée. Vincent a commencé à jouer de fortes sommes d'argent chez Pierre de Brouville, dit Pedro, dont les 5000 Francs que sa mère avait économisés pour la suite de ses études. Il n'a donc plus un sou pour aider Laura... Un soir, Passavant lui demande négligemment le prénom de son jeune frère qui écrit des vers (Olivier) pour les faire paraître dans sa revue. Il lui redonne 5000 Francs à jouer de nouveau chez Pedro. Le vieux comte est mort ce jour-là. Il est veillé par la bonne Séraphine et le jeune frère de Robert, Gontran. Le jeune garçon (16 ans) essaie de mettre un crucifix dans les mains de son père mort mais n'y parvient pas.
- **Chapitre V** : Lilian Griffith et Robert parlent de Vincent : Lilian en est amoureuse et Robert le trouve « ennuyeux ». Lilian lui raconte que Vincent est « passionnant » quand il parle des différentes espèces de poissons... Elle lui raconte aussi

comment Vincent et Laura se sont rencontrés : au sanatorium à Pau, où ils soignaient leur tuberculose supposée. Ils ont guéri tous les deux et sont rentrés à Paris. Vincent n'est plus amoureux d'elle. Il a regagné plus que la somme perdue chez Pedro et retourne chez Lilian. Ils trinquent tous les trois et Lilian donne à Vincent une clé pour revenir chez elle. Le chapitre s'achève sur Robert, Vincent, Lilian, Laura, Édouard, Bernard et Olivier, chacun étant lié au précédent par un lien particulier.

- **Chapitre VI** : Bernard se réveille tôt et se prépare à vivre « de grandes choses ». Il repense à la façon dont il a découvert les lettres de sa mère : en voulant réparer la pendule il a soulevé la plaque de marbre du guéridon puis il a constaté que le tiroir bâillait et a découvert les lettres.
- **Chapitre VII** : Lady Griffith contemple Vincent endormi. Elle le transforme et le rend présentable dans le monde, elle est son Pygmalion. Mais elle ne supporte pas qu'il soit d'humeur sombre ou taciturne, ou qu'il ait des remords vis-à-vis de Laura. Elle lui raconte **le naufrage de *la Bourgogne***, sur lequel elle se trouvait. Elle a plongé pour sauver une petite fille de cinq ans et sur le canot de sauvetage, elle a vu les marins couper les doigts de ceux qui s'y accrochaient pour grimper dessus. Depuis ce moment-là, elle n'a plus jamais laissé de sentiments délicats l'envahir. Elle pose un ultimatum à Vincent : qu'il choisisse entre elle et Laura. Vincent donnera sa réponse le soir parce qu'il veut transmettre l'invitation de Robert à son frère Olivier.
- **Chapitre VIII** : Chapitre central : dans le train, Édouard lit le roman de Robert de Passavant, *La Barre Fixe*. Il apprécie Passavant mais pas ses livres. Il lit aussi la lettre de Laura, qu'il avait rencontrée à Londres. Elle lui avoue qu'elle est enceinte, que son amant l'abandonne et que sans doute, elle est amoureuse de lui, Édouard. En glissant la lettre de Laura dans sa valise, il prend un cahier cartonné intitulé *Journal d'Édouard*. Celui-ci commence le *18 octobre*. On apprend qu'Édouard est très sensible à la personnalité de Laura et qu'il pense en être amoureux sans se l'avouer vraiment. Il écrit que les êtres qui s'aiment se déforment et se façonnent l'un l'autre. Où est alors la sincérité ? Au *26 octobre* : l'homme éprouve ce qu'il s'imagine éprouver. **Quelle est la différence entre aimer Laura et imaginer l'aimer ? Dans le domaine des sentiments, le réel ne se distingue pas de l'imaginaire**, ainsi « dans mon livre » — écrit Édouard — X s'efforcera de se détacher de Z. Au *28 octobre :* il a essayé de convaincre Laura que l'amour ne saurait durer entre eux et il la pousse à épouser Félix Douviers. **Quel beau sujet de roman que de décrire la décristallisation**, écrit-il, toujours à cette date. Puis il remet le *Journal* dans sa valise et songe au roman qu'il prépare et qu'il pense intituler *Les Faux-Monnayeurs*. Il écrit alors sur un carnet (qu'il utilise pour ses notes et ses réflexions) **sa théorie sur le roman pur.** À l'arrivée, l'émotion surgit à la vue d'Olivier qui l'attend.
- **Chapitre IX** : Édouard et Olivier sont gênés de leur émotion et adoptent une attitude maladroite l'un vis-à-vis de l'autre. Édouard jette par mégarde son bulletin de consigne, que Bernard, qui se trouve à la gare, discrètement, ramasse. Édouard et Olivier vont prendre un porto dans un bar mais se montrent toujours très maladroits et se quittent sur un banal « adieu ».
- **Chapitre X** : Bernard récupère la valise d'Édouard à la consigne, trouve le portefeuille dedans et prend une chambre d'hôtel rue d'Amsterdam. Il déjeune avec l'argent d'Édouard et remonte dans sa chambre. Il lit le *Journal d'Édouard*.

- **Chapitre XI** : *1er novembre* : Édouard relate sa rencontre avec un lycéen qui essaie de voler un guide d'Algérie dans la librairie Vanier. Il lui offre le livre et s'aperçoit qu'il s'agit de son neveu Georges Molinier. (Bernard est passionné par sa lecture). Édouard se rend chez sa sœur Pauline (Mme Molinier) ; il y rencontre Georges qui ne dit rien mais lui glisse un petit papier de menaces, si Édouard le dénonce à ses parents. Édouard écrit ensuite que le regard d'Olivier s'est emparé de lui et qu'il ne dispose plus de sa vie. Il écrit encore que les enfants Molinier vont en classe à la pension Azaïs, où lui-même allait enfant, et qui est tenue par les parents de Laura.
- **Chapitre XII** : *Journal d'Édouard 2 novembre* : Édouard et Douviers parlent de Laura. Le mariage doit avoir lieu dans trois jours. *5 novembre* Le mariage de Laura Vedel a eu lieu dans une chapelle protestante de la rue Madame avec la famille Vedel-Azaïs au grand complet et la très petite famille Douviers. Édouard se place près d'Olivier qui lui prend la main. Le grand-père La Pérouse joue de l'orgue et les élèves de la pension sont présents, dont Armand, jeune frère de Laura, ami d'Olivier. Ce dernier se montre vulgaire devant Édouard et la jeune Anglaise, qui habite la pension. Laura évoque l'élève Strouvilhou devant Édouard. **Sarah montre à Édouard le carnet intime de son père.** Olivier et Édouard quittent la famille Azaïs et le journal d'Édouard s'achève sur un retour au roman qu'est en train d'écrire le diariste. Bernard ressent beaucoup de dépit à découvrir le comportement d'Olivier et toutes les personnes dont il ne lui a pas parlé.
- **Chapitre XIII** : *Journal d'Édouard 8 novembre* : Édouard rend visite au vieux Monsieur de La Pérouse qui est désabusé. Il pense que tout le monde l'a « roulé » : sa femme, son fils et surtout Dieu. Son fils, très gâté par sa femme, a eu un enfant avec une élève de son père, une jeune Russe qui est allée accoucher en Pologne. Le fils est mort avant de l'avoir épousée. L'enfant s'appelle Boris et il a maintenant treize ans. La Pérouse et sa femme ne s'entendent absolument pas. Édouard évoque ensuite Olivier et l'indifférence que celui-ci paraît entretenir à son égard. Il décide alors de partir pour Londres.
- **Chapitre XIV** : Bernard termine sa lecture par la lettre de Laura et fait tout de suite le lien avec la maîtresse de Vincent Molinier. Il décide alors d'aller trouver Laura et de l'aider avec l'argent d'Édouard. Il va la trouver à l'adresse que Laura a donnée à Édouard dans sa lettre, rue de Beaune. Il se présente comme un ami d'Édouard et d'Olivier Molinier, frère de Vincent. Laura est saisie et oubliant qu'un fauteuil de sa chambre est bancal, elle s'effondre dessus et se retrouve par terre, dans les bras de Bernard, ce qui brise la glace entre eux. A ce moment-là, Édouard frappe à la porte et découvre le voleur de sa valise. Les trois personnages s'expliquent, Bernard demande à Édouard d'être son secrétaire. Celui-ci lui donne rendez-vous pour le lendemain au même endroit, dans la chambre de Laura. Édouard se rend chez sa demi-sœur Pauline et y attend Olivier qui ne vient pas, parce qu'il se rend à l'invitation de Passavant.
- **Chapitre XV** : Passavant propose à Olivier d'assumer la direction littéraire de sa revue et de le voir fréquemment pendant l'été pour préparer la sortie de plusieurs numéros. Robert est assez pressant, lui offre du porto et des cigarettes. Tout à coup, un domestique annonce une visite et Olivier doit partir. Il s 'agit de Victor Strouvilhou.

- **Chapitre XVI** : Vincent, qui a décidé de ne plus s'occuper de Laura, lui fait quand même parvenir les 5000 Francs qu'il a gagnés au jeu. Celle-ci lui renvoie son enveloppe sur laquelle, elle a écrit : « trop tard ! » Il fait part à Lilian de ses pensées inquiètes. Elle l'écoute avec impatience et le prévient contre Passavant et sa recherche perpétuelle d'argent. Elle lui propose de passer l'été à Monaco parce qu'elle connaît le prince et qu'il pourrait travailler à son institut. Ils partent dîner tous les trois à Rambouillet.
- **Chapitre XVII** : **Vincent parle de botanique, des bourgeons et de leur développement, de la sélection des espèces, des poissons euryhalins et sténohalins, et des poissons des abysses marins**. Au retour à Paris, dans la voiture, Robert compare ces poissons aux hommes. Il avance petit à petit une demande à Vincent : que celui-ci obtienne de ses parents l'autorisation pour lui d'emmener Olivier en vacances cet été, pour travailler à la revue.
- **Chapitre XVIII** : *Journal d'Édouard* sur un nouveau carnet. Il a retrouvé sa valise, appris que Bernard était le meilleur ami d'Olivier et compte en tirer parti. Il a rendu visite à La Pérouse mais c'est sa femme qui a ouvert. Elle s'est beaucoup plainte de son mari et l'a accusé de vouloir la faire souffrir. La Pérouse est arrivé et ils l'ont laissée seule. Le vieil homme s'est encore plaint de sa femme mais a préparé un pécule pour subvenir aux besoins de celle-ci après sa mort. Il voudrait également voir son petit-fils Boris, qui habite en Suisse, à Saas-Fée. Édouard lui promet d'aller le chercher et de le lui ramener. Ils terminent leur conversation par une réflexion sur Hernani et l'harmonie en musique.

Deuxième partie

SAAS-FÉE — 7 chapitres

- **Chapitre I** : *Lettre de Bernard à Olivier* : Bernard raconte à Olivier les circonstances (connues du lecteur) qui l'ont amené en Suisse. Il explique qu'il dort dans la chambre d'Édouard pour laisser une chambre seule à Laura, ce qui rend Olivier fou de jalousie. Le soir-même, celui-ci se rend chez Passavant qui l'attend...
- **Chapitre II** : *Journal d'Édouard* : Édouard entend Boris et Bronja discuter et jouer ensemble. Boris se dit méchant et Bronja apparaît angélique et raisonnable, comparée à lui. Elle semble avoir une quinzaine d'années et lui treize, à peu près. La doctoresse Sophroniska lui fait une analyse intelligente de son dernier livre et parle des troubles nerveux de Boris, qui lui a été confié par sa mère, la pianiste russe. Le traitement de la Sophroniska est de laisser parler Boris jusqu'à ce que des souvenirs enfouis remontent à la surface de sa conscience pour le libérer. Il commence par lui raconter ses rêves de la nuit. Elle pense que Boris est un enfant pur et que le vrai médecin est Bronja. Sophroniska et Laura s'entendent bien, ce qui permet à Bernard de « potasser » son « bachot » et à Édouard de continuer à écrire son roman.
- **Chapitre III** : Laura vit assez mal cette promiscuité et ses dettes permanentes envers Édouard. C'est une âme noble qui aimerait s'acquitter de ses dettes. L'adoration que Bernard éprouve pour elle lui est un réconfort. Sophroniska vient souvent prendre le thé avec eux trois et un jour ils parlent du roman d'Édouard. **Le romancier expose sa théorie sur le roman et sur la littérature : les tragédies du XVIIe siècle sont sublimes d'après lui, parce que profondément humaines et parce que ce sont des œuvres d'art. Son roman n'a pas de sujet**

pourtant il veut tout y faire rentrer. Il veut à la fois présenter d'une part la réalité et d'autre part l'effort pour la styliser. Il avoue que son personnage central sera un romancier et Laura se moque de lui parce qu'ainsi, il se peindra lui-même. Il s'en défend d'autant plus que les trois autres rient franchement de ses prétentions. Il précise aussi qu'il note l'état de l'avancement de son roman dans un carnet, une sorte de journal. **Ainsi nous avons ici la double mise en abyme : celle du roman écrit par Gide et du *Journal des Faux-Monnayeurs*.** Le titre soutiré à Édouard par Bernard s'explique mal. Édouard pense à Passavant et à d'autres auteurs. **Bernard sort alors de sa poche une fausse pièce d'or, que l'épicier lui a cédée le matin-même. Il reproche à Édouard de ne pas partir de la réalité, ce qu'il aurait fait, lui. Il serait parti de la pièce d'or, avec un titre pareil.** Le soir-même, il raconte que Boris a voulu se coucher nu dans la neige et que Bronja l'a grondé. Celle-ci a ensuite fait des convulsions et Boris était très gêné. Sophroniska est très confiante dans la guérison de Boris. Il a également appris que Victor Strouvilhou a résidé dans ce même hôtel avant eux.

- **Chapitre IV** : Bernard avoue à Laura qu'il l'aime avec « dévotion » et comme il est extrêmement respectueux avec elle, elle l'accepte. Il reconnaît avoir beaucoup changé et mûri grâce à elle. Il a honte de la lettre qu'il a écrite à son « faux » père. Laura lui montre une lettre de Douviers qu'elle a reçue le matin-même : il lui pardonne tout et veut la reprendre près de lui. Il assure qu'il aimera l'enfant comme si c'était le sien. Bernard avoue son désir de pureté et d'honnêteté et sa volonté d'aimer entièrement, contrairement à Laura qui aime un peu Édouard, un peu Douviers et un peu Bernard. **Elle lui demande la fausse pièce d'or qu'il lui a montrée la veille. Il la lui donne.**
- **Chapitre V** : *Journal d'Édouard* : Il repense à son roman. Sophroniska lui raconte que Boris avait des pratiques honteuses qu'un de ses camarades lui avait enseignées et qu'il appelait de « la magie ». Sa mère l'a surpris un jour et l'a grondé. Là-dessus, son père est mort et Boris a cru que c'était de sa faute. Il possédait également un *talisman*, un bout de papier sur lequel cinq mots étaient écrits. Sophroniska l'a obtenu difficilement de Boris **et l'a donné à Victor Strouvilhou, qui s'intéressait à l'enfant et voulait avoir ce talisman comme souvenir**. Édouard lui parle alors de La Pérouse et de son désir de voir son petit-fils. Sophroniska, qui pense Boris guéri, se montre favorable à la venue de Boris à Paris.
- **Chapitre VI** : *Lettre d'Olivier à Bernard* : Il expose avec insistance et vulgarité le séjour luxueux qu'il effectue avec Passavant en Corse. Il prétend être en admiration devant lui alors que son dépit se montre à chaque ligne de sa lettre. Édouard et Bernard sont effondrés en la lisant. Édouard dit alors à Bernard qu'ils ne sont pas faits pour s'entendre et Bernard propose d'accompagner Boris à la pension Vedel et d'y être hébergé comme surveillant puisqu'il a besoin de gagner sa vie. En réalité, il voudrait faire la connaissance d'Armand et de Sarah.
- **Chapitre VII** : **Le narrateur semble être dépassé par ses personnages. Il se demande où ils vont le mener.** Ce chapitre est l'exact milieu de l'histoire, son « **point médian** ». Il passe en revue ses personnages principaux et souligne leurs qualités et leurs défauts, se demandant où ceux-ci vont les entraîner... Il termine par Bernard et Olivier, ses préférés.

I Troisième partie

PARIS — 18 chapitres

- **Chapitre I** : *Journal d'Édouard 22 septembre* : La rencontre entre Boris et son grand-père ne se passe pas si bien que cela. *27 septembre* Édouard rencontre Molinier avec qui il déjeune et qu'il juge égrillard. Celui-ci lui avoue avoir une liaison depuis cinq ans, ce qui dégoûte Édouard. Le magistrat boit et mange beaucoup ; il critique Bernard alors qu'il encense le prince de Monaco et le comte de Passavant, qu'il ne connaît pas. Il annonce à Édouard que Profitendieu va devoir juger une affaire de prostitution dans laquelle sont impliqués des mineurs et il pense que Bernard en fait partie puisqu'il est un enfant « naturel ». Il le pense aussi parce que le zèle de Profitendieu s'est brusquement ralenti. Le soir, un billet de Rachel, la sœur de Laura, demande à Édouard de passer à la pension Vedel.

- **Chapitre II** : *Journal d'Édouard 28 septembre* : Édouard se rend à la pension Vedel, où il rencontre **Rachel,** faisant le ménage avec les domestiques. M. Azaïs lui demande d'inviter La Pérouse à loger à la pension, maintenant que Mme de La Pérouse est en maison de retraite. Azaïs évoque aussi Bernard qui a postulé comme surveillant et Laura, sa petite-fille, qui lui a avoué sa grossesse. Il parle ensuite avec la fille d'Azaïs, Mme Vedel, la femme du pasteur, qui se montre très impatiente et se repose de toute la gouvernance de la maison sur Rachel. Ils prennent le thé et Armand se joint à eux, toujours persifleur. **Il annonce à Édouard qu'il y aura de nouveaux pensionnaires (le jeune Passavant, le jeune Molinier, Boris et Bernard).** Édouard retrouve Rachel qui lui demande de lui prêter de l'argent. Armand les rejoint aussi et malgré son ironie, laisse voir qu'il admire Rachel, tout en la trouvant trop bonne et trop modeste.

- **Chapitre III** : *Journal d'Édouard 29 septembre* : Édouard rend visite au vieux Monsieur de La Pérouse, qui lui avoue n'avoir pas eu le courage de se suicider, alors qu'il pensait depuis des mois. Il se plaint d'être une marionnette dans les mains de Dieu. Il évoque la jalousie de sa femme et la calamité de sa vie conjugale. La Pérouse accepte de déménager à la pension Azaïs.

- **Chapitre IV** : C'est le jour de la rentrée. Bernard et Armand assistent à la rentrée des classes. M. Azaïs fait un discours assez convenu et vieillot. **Georges Molinier est nouvel élève ainsi que Boris, Léon Ghéridanisol, Philippe Adamanti**. Georges apprend à Phiphi que l'appartement de leur débauche a été fermé. **Ces trois garçons (Léon, Phiphi et Georges) qui se retrouvent dans la même pension sont cyniques et insolents**. Un autre nouveau est Gontran de Passavant, qui ne veut pas se mêler au groupe de Georges, pas plus que Boris, terrorisé par ces garçons moqueurs et effrontés. Bernard prépare encore son « bachot » qu'il passe deux jours après.

- **Chapitre V** : Le jour de l'écrit de Français, Olivier s'habille élégamment pour aller chercher Bernard à la sortie de l'épreuve. Olivier se monter un peu pédant en expliquant ce qu'il aurait écrit, lui, dans sa dissertation. Bernard a la juste intuition que ce qu'Olivier déclame est de Passavant et cela le rend furieux. Il développe à son tour ce qu'il a écrit dans sa copie, qui est beaucoup plus profond que ce qu'en a dit Olivier. Celui-ci, de crainte de perdre l'affection de Bernard, bat en retraite. A ce moment-là, apparaît Georges, en compagnie de Léon et Phiphi, sur le trottoir d'en face et Olivier se cache parce que sa famille ne sait pas qu'il est rentré. Pendant ce temps, **Léon force le jeune garçon à utiliser une fausse pièce d'or pour acheter un paquet de cigarettes**. Celui-ci hésite un peu parce qu'il a peur mais il finit par y aller par bravade. Il ressort quelques minutes plus tard avec un paquet de cigarettes et la monnaie. **C'est son premier essai. Ghéri cherche à s'assurer des complices chez des adolescents de bonne famille, en formant une sorte d'association dans laquelle on ne rentrerait qu'en apportant des gages.** Ainsi, en cas de problème, les parents chercheront à étouffer l'affaire. **Il tient cette idée de son cousin Strouvilhou, qui est son mentor.** Ghéri apprend à Strouvilhou qu'Oscar Molinier a une maîtresse et que **Georges a volé les lettres de cette femme.** Olivier demande à Bernard un article à insérer dans la revue de Passavant, l'*Avant-Garde*, mais celui-ci refuse. Ils échangent alors sur la littérature, l'amour, le désir et la joie de vivre, plutôt l'excès de vie, l'enthousiasme ainsi qu'en parle **Dimitri Karamazov**. Olivier donne rendez-vous à Bernard le soir pour une soirée littéraire avec Passavant, le banquet des *Argonautes*, à la Taverne du Panthéon.

- **Chapitre VI** : *Journal d'Édouard* : Pauline Molinier lui fait ses confidences. Elle sait que son mari la trompe, que Vincent est perdu, qu'Olivier est à Paris et que Georges est sur la mauvaise pente. Elle se force à ne pas se plaindre, par amour pour ses enfants et pour son mari. Elle soupçonne Georges de lui avoir volé 100 Francs et d'avoir volé les lettres de la maîtresse de son mari. Elle demande à Édouard de parler à Georges. Elle est accablée et malheureuse.
- **Chapitre VII** : Olivier, qui a trouvé porte close chez Édouard, se rend à la pension Vedel pour voir Armand. Celui-vit vit dans une chambre misérable et se montre toujours aussi cynique. Il se dénigre lui-même mais finit par parler sérieusement à Olivier. Il se préoccupe de sa sœur Rachel qui voit de plus en plus mal et avoue son manque d'amour, d'esprit, d'argent... Il se montre quelques instants désespéré mais son ironie reprend le dessus. Olivier invite Armand au banquet des *Argonautes*. Armand n'a pas envie de s'y rendre et suggère que Sarah (rentrée d'Angleterre le matin-même) y aille avec Bernard.
- **Chapitre VIII** : Sarah attend Bernard et Édouard en cachette de ses parents. Elle réfléchit sur son éducation et sur l'égalité des sexes. Elle n'a aucune envie de se marier. Les trois jeunes gens arrivent à la Taverne du Panthéon au moment d'un discours élogieux sur Passavant et sur son roman *La Barre Fixe.* On boit également à la santé d'Olivier. Passavant fait la connaissance de Bernard, Édouard puis Sarah. Ils rencontrent Alfred Jarry et Lucien Bercail. Olivier ose enfin parler à Édouard et son oncle lui fait comprendre qu'il se perd auprès de Passavant. Le comte cherche à faire mentir les ragots qui courent sur lui et sur Olivier et fait boire Sarah. Celle-ci se retrouve sur ses genoux. Soudain, Alfred Jarry, complètement éméché, sort un **pistolet** et fait semblant de tirer sur Lucien Bercail. Édouard éteint la lumière par crainte de la folie d'Alfred Jarry. Il s'ensuit une confusion générale : Bernard et Sarah plongent sous la table avec Olivier. Sarah en profite pour embrasser Bernard et Dhurmer se moque d'Olivier. Celui-ci a trop bu et veut se battre avec Dhurmer mais il n'y arrive pas ; il a l'air d'un fou. Édouard l'aide à se dégriser et l'emmène. Olivier écrit alors un mot à Georges pour que celui-ci aille récupérer ses affaires chez le comte. Il ne veut plus avoir affaire à lui. Bernard raccompagne Sarah chez elle ; Armand les enferme à clé dans sa chambre.

- **Chapitre IX** : Armand, au petit matin, rentre dans la chambre de Sarah. Il pleure d'émotion en contemplant les deux jeunes gens endormis. Bernard remonte ensuite dans sa chambre et voit Boris endormi. Il sort réviser son bachot au Luxembourg et avec Lucien Bercail, se rend chez Édouard. Ils apprennent qu'Olivier a essayé de se suicider au gaz. Le jeune homme reprend petit à petit ses esprits. Georges arrive alors pour prévenir que le domestique de Passavant n'a pas voulu lui donner la malle d'Olivier.
- **Chapitre X** : Le lendemain, Bernard revient voir Olivier. Il reste près de lui à préparer son bachot, sans lui parler. Le lendemain, Bernard lit une lettre de Laura, adressée à Édouard. Elle lui demande d'accueillir Félix qui veut venir à Paris pour se battre en duel avec Vincent. Elle a peur que son mari se couvre de ridicule. Mme Molinier vient prendre des nouvelles de son fils : sa visite est racontée par *le Journal d'Édouard :* Pauline remercie Édouard de s'occuper si bien d'Olivier. Elle pense qu'il l'aime autant qu'elle-même. **Elle a bien compris la nature des relations entre Édouard et Olivier mais pense qu'ils peuvent devenir meilleurs grâce à cette relation, s'il y a bien de l'amour entre eux.** Elle s'inquiète beaucoup plus pour Georges. Elle montre à Édouard tout son désespoir de femme résignée. Après son départ, Olivier explique à Édouard qu'il a voulu tuer tout son passé et ses deux mois d'été avec Passavant, par sa tentative de suicide. Il a trouvé le bonheur auprès d'Édouard.
- **Chapitre XI** : Édouard va récupérer les affaires d'Olivier chez Passavant. Celui-ci essaie de se persuader qu'il en avait assez d'Olivier et que Strouvilhou sera mieux comme directeur de sa revue. A Édouard qui lui demande des nouvelles de Vincent, Passavant lui fait lire une lettre de Lady Griffith : ils sont à Dakar et doivent partir pour la Casamance avec le yacht du prince de Monaco. Mais Vincent et elle ne s'aiment plus, **ils se haïssent** dans une sorte de passion malsaine, qui trompe leur ennui. Passavant prévient Édouard, au grand soulagement de celui-ci, qu'Olivier ne peut plus diriger sa revue. Enfin, Édouard peut repartir avec la malle d'Olivier. Immédiatement après, Passavant reçoit Strouvilhou qui s'adresse à lui avec une « insolence de laquais », ce que le comte accepte facilement. Strouvilhou explique à **Robert à quel point il hait l'humanité, la religion et les faibles, les malheureux. Il préconise une sélection des forts comme pour les chevaux, les fleurs ou les volailles**... Il déclare haïr la littérature et s'il accepte de diriger la revue, ça ne sera que pour détruire... Il connaît pour cela de très jeunes gens prêts à le suivre. Il oppose alors la littérature à la peinture où maintenant, pas un peintre ne peint de portrait ressemblant ; **il en voudrait autant pour la littérature et la poésie, qu'on ne comprenne rien de ce que le poète a écrit.** Il évoque son neveu Léon et un autre jeune de son acabit, Cob-Lafleur. Il quitte Passavant en se moquant de son livre.
- **Chapitre XII** : *Journal d'Édouard* : Le diariste évoque la visite chez lui de Félix qu'il trouve médiocre. Il s'efforce tout de même de le consoler. **Il prétend que les personnages ne doivent pas agir comme on aurait pu le prévoir dès le début d'un roman ou d'un drame. Il faut au contraire que les possibilités des personnages généreux foisonnent.** La présence d'Olivier l'encourage à écrire la suite de son roman, d'autant que le jeune homme lui fait des remarques judicieuses qui l'incitent à continuer. Il reçoit ensuite la **visite d'Albéric Profitendieu qui vient lui parler de Georges Molinier, qu'il soupçonne d'appartenir à la bande de faux-monnayeurs qui sévit en ce moment dans Paris. Puis** il en arrive au vrai motif de sa visite, qui est Bernard. Il éclate en sanglots et confie à

Édouard qu'il aime son « fils ». Il ajoute que sa femme l'a quitté définitivement l'été passé. **Ils reparlent de fausse monnaie et Édouard évoque la fausse pièce de Saas-Fée,** ce qui intéresse beaucoup Profitendieu. En effet, il pense qu'un aventurier de passage l'aura dépensée là-bas. Il va alors faire relever les noms des voyageurs sur les registres des hôtels.

- **Chapitre XIII** : Bernard est bachelier avec mention. Il se rend au jardin du Luxembourg **où un « ange » lui rend visite.** Il le guide jusqu'à la chapelle de la Sorbonne où Bernard, bouleversé, « s'offre », mais pas à un dieu auquel il ne croit pas. Il est très ému de cette expérience. Il entre dans un restaurant et l'ange lui parle à nouveau et lui demande de mettre de l'ordre dans sa vie. Des orateurs se succèdent dans ce restaurant et un bulletin d'adhésion à une association politique est présenté à Bernard. Il jette cette feuille loin de lui et l'ange l'emmène dans un quartier riche puis dans un quartier pauvre. Bernard ne dîne pas et ne monte pas retrouver Sarah ce soir-là. Il rentre dans sa chambre et voit **Boris qui souffle sa bougie. Le jeune garçon vient de recevoir une lettre de Bronja qui lui annonce qu'elle va mourir. Boris ne dort pas et voit Bernard s'agiter dans la chambre. Il croit qu'il prie alors qu'il lutte avec l'ange. La lutte dure toute la nuit et au matin,** Bernard rencontre Rachel qui désire lui parler....

- **Chapitre XIV** : Bernard quitte la pension Vedel et demande à Édouard s'il peut s'installer chez lui quelque temps. Il cherche sa voie et demande conseil à Édouard qui lui promet de parler de lui à un directeur de journal qu'il connaît. Pendant ce temps, Rachel et Sarah se disputent à propos de Bernard : Rachel comprend que si celui-ci est parti c'est parce que Rachel le lui a demandé, pour le bien de sa sœur. Sarah, furieuse, décide de repartir pour l'Angleterre.

- **Chapitre XV** : Le vieux La Pérouse s'acquitte très mal de ses fonctions de surveillant parce qu'il n'a aucune autorité. *Journal d'Édouard* La Pérouse se plaint à Édouard de bruits dans sa chambre la nuit. Il ne ferme pas l'œil de la nuit, dit-il. Il se plaint aussi de Boris qu'il trouve froid et renfermé. La cloche sonne et La Pérouse repart surveiller les élèves en tremblant. **Édouard peut ensuite parler à Georges** de la conversation qu'il a eue avec le juge Profitendieu. L'adolescent est goguenard et ne se démonte pas. Édouard lui fait lire le passage qu'il a écrit sur un adolescent qui a volé. Georges se moque d'Édouard mais quand ce dernier le menace de se faire « coffrer » par Profitendieu s'il recommence, il change de visage et s'en va en silence. **A l'étude, il avertit Ghéri et Phiphi des menaces du juge. Ceux-ci se débarrassent de leurs fausses pièces et Léon avertit Strouvilhou.**

- **Chapitre XVI** : Armand Vedel rend visite à Olivier ; il est méconnaissable : rasé, parfumé, bien habillé... Il est devenu le secrétaire de Passavant et rédacteur en chef de la revue qu'il dirige. Armand évoque Strouvilhou et Jean Cob-Lafleur que Passavant aurait éventuellement engagé mais qui s'est présenté comme un alcoolique, un fumeur d'opium et de haschich qui vole et casse tout quand il est sous l'emprise de la drogue. Passavant a donc embauché Armand à la place de Strouvilhou et de Cob-Lafleur. Armand fait semblant de s'enthousiasmer pour le contenu du premier numéro de la revue mais il avoue qu'il méprise Passavant. Il avoue aussi à Olivier que c'est lui qui a prévenu Rachel de la liaison de Bernard et Sarah. **Rachel est la seule personne au monde qu'il respecte.** Juste avant de partir, il montre à Olivier une tache qu'il a dans la bouche, qui l'inquiète mais qu'il ne veut pas soigner. Il lui monter également le passage d'une lettre de son frère **Alexandre, qui** est établi en Afrique. **Ce dernier évoque un jeune homme cultivé, un peu fou, qui parle de mains coupées et qui a chaviré en barque ; une femme s'est noyée à ce moment-là. Olivier ne comprend pas de qui il s'agit**.

- **Chapitre XVII** : Boris apprend **la mort de Bronja** par Sophroniska. Il en éprouve un immense chagrin. Il est très seul, n'ayant pas pu être ami avec Gontran qui travaille tout le temps. Il souffre énormément d'être exclu par la bande (des faux-monnayeurs). Ceux-ci se moquent sans cesse de lui et de son apparence efféminée. **Ghéri dépose sur son bureau son vieux *talisman* d'enfance, orné de diablotins**. Boris ne comprend pas pourquoi cette relique est arrivée là et il cherche tous les moyens pour prouver à la bande qu'il est courageux ; il cherche de la considération et un peu d'amitié avec désespoir. **C'est alors que Ghéri, qui déteste Boris, imagine la création d'une société secrète, *La Confrérie des Hommes Forts*, dont la devise serait : « L'homme fort ne tient pas à la vie ». Georges se prête alors à un jeu atroce, qui est de faire croire à Boris qu'il devient son ami**. Le jeune garçon, évidemment, qui a tant besoin d'affection, se laisse prendre. Georges lui explique alors que pour faire partie de cette confrérie, il faut signer son engagement et accepter l'épreuve d'initiation. Comme par hasard, c'est le nom de Boris qui est tiré au sort pour passer cette épreuve. Sans le dire aux autres, **Ghéri a laissé une balle dans le pistolet de La Pérouse et** l'épreuve doit se dérouler le lendemain.
- **Chapitre XVIII** : Pendant l'étude, Ghéri prévient Boris qu'il n'a plus qu'un quart d'heure, dix minutes, cinq minutes... Phiphi en est malade d'angoisse et sort de l'étude en courant. Boris s'avance à la place indiquée, pose le pistolet sur sa tempe et tire. **Il meurt sur le coup.** Georges profite de la confusion pour escamoter le pistolet qu'il donne à Ghéri, qui va le remettre dans le coffret de La Pérouse. Georges comprend que Ghéri savait que l'arme était chargée et en rentrant chez lui, il se jette en pleurant dans les bras de sa mère. *Journal d'Édouard* Il ne comprend pas la mort de Boris et prétend qu'il ne s'en servira pas dans son roman. La mort de Boris a entraîné le retrait de quatre élèves et peut-être la fermeture de la pension. Georges est bouleversé et a l'air de commencer à réfléchir... Armand et Olivier sont très touchés de cette histoire affreuse. **La Pérouse recommence, avec angoisse, à parler à Édouard du Diable et du Bon Dieu,** prétendant qu'ils ne font qu'un. **L'épilogue du journal qui est en même temps celui du roman** évoque le retour de Bernard chez son « père ». Profitendieu a invité Édouard, Molinier, Pauline, Olivier et Georges à dîner. Édouard est curieux de faire la connaissance de Caloub.

Apparition des personnages dans chaque chapitre

(Les personnages entre parenthèses sont seulement évoqués dans ces chapitres)

I Première partie

PARIS

Chapitre I	Bernard Profitendieu — Olivier Molinier — Lucien Bercail — Dhurmer
Chapitre II	Albéric Profitendieu — Oscar Molinier — Marguerite Profitendieu et les enfants : Charles, Cécile et Caloub — le serviteur Antoine
Chapitre III	Bernard — Olivier (Vincent et sa maîtresse) (l'oncle Édouard)
Chapitre IV	Vincent Profitendieu — le comte Robert de Passavant — (Laura) — le père de Robert Pierre de Brouville (Pedro) — Gontran de Passavant — la bonne Séraphine
Chapitre V	Lilian Griffith — Robert — Vincent
Chapitre VI	Bernard
Chapitre VII	Lilian — Vincent
Chapitre VIII	Édouard
Chapitre IX	Édouard — Olivier — Bernard
Chapitre X	Bernard
Chapitre XI	Bernard qui lit le Journal d'Édouard : Édouard — Pauline — Georges — Olivier
Chapitre XII	Bernard qui lit le Journal d'Édouard : Laura — Douviers — La Pérouse — le vieil Azaïs — Armand le frère de Laura — Rachel et Sarah les deux sœurs de Laura — Olivier — (Strouvilhou)— (Georges) — le pasteur Vedel — Mme Vedel
Chapitre XIII	Édouard — La Pérouse — (Madame de La Pérouse) (le fils La Pérouse — la Russe et son fils le petit Boris)
Chapitre XIV	Bernard — Laura — Édouard
Chapitre XV	Robert de Passavant — Olivier — (« Sidi » Dhurmer — Vincent — Strouvilhou)
Chapitre XVI	Vincent — Lilian — Robert

Chapitre XVII	Robert — Vincent — Lilian — (Olivier)
Chapitre XVIII	Édouard — Mme de La Pérouse — M. de La Pérouse

Deuxième partie

SAAS-FÉE

Chapitre I	Bernard — (Édouard — Laura — Boris — la doctoresse polonaise Sophroniska — sa fille Bronja) Olivier
Chapitre II	Édouard — Boris — Bronja — la Sophroniska
Chapitre III	Laura — Édouard — Bernard — la Sophroniska — (Victor Strouvilhou)
Chapitre IV	Bernard — Laura — (Douviers)
Chapitre V	Édouard — la Sophroniska — (Boris — Strouvilhou)
Chapitre VI	Olivier — Robert de Passavant / Édouard — Bernard — (Boris — Armand — Sarah)
Chapitre VII	Le narrateur et ses personnages — Édouard — Passavant — Lilian — Vincent — Bernard — Olivier

Troisième partie

PARIS

Chapitre I	Édouard — Oscar Molinier — (Profitendieu — Bernard — Vincent — Olivier — Pauline)
Chapitre II	Édouard — Rachel — M. Azaïs — Mme Vedel — Armand — la nouvelle bonne alsacienne — M. Vedel (en coup de vent)
Chapitre III	Édouard — M. de La Pérouse — la servante de La Pérouse (Mme de La Pérouse)
Chapitre IV	Boris — M. de La Pérouse — M. Azaïs — Léon Ghéridanisol— Georges Molinier — Philippe Adamanti — Gontran de Passavant — (Strouvilhou, cousin de Léon) — Édouard — Bernard — (Olivier — Armand)
Chapitre V	Olivier — Bernard — Georges — Léon Ghéri — Phiphi — (Oscar Molinier — sa maîtresse — Strouvilhou — Passavant)
Chapitre VI	Pauline (Oscar — Vincent — Olivier — Georges) Édouard
Chapitre VII	Olivier — Armand (Rachel — Sarah)
Chapitre VIII	Sarah — Bernard — Édouard — Passavant — Lucien Bercail — Dhurmer — Alfred Jarry — (Georges) — Armand

Chapitre IX	Armand — Sarah — Bernard — Boris — Lucien Bercail — Édouard— Olivier — Georges
Chapitre X	Bernard — Olivier — (Laura) — Édouard — (Félix Douviers — Vincent — Passavant) Pauline (Oscar — Georges)
Chapitre XI	Édouard — Passavant — (Lady Griffith — Vincent) — Strouvilhou — (Léon — Cob-Lafleur)
Chapitre XII	Édouard — (Félix — Olivier) — Albéric Profitendieu — (Georges — Bernard)
Chapitre XIII	Bernard — L'ange — (Charles Profitendieu) — Boris — (Bronja) — Rachel — (Sarah)
Chapitre XIV	Bernard — Édouard — Rachel — Sarah
Chapitre XV	La Pérouse — Édouard — (Boris) — Georges — (Léon — Phiphi — Strouvilhou)
Chapitre XVI	Édouard — Georges — Bernard) Olivier — Armand — (Passavant) — (Jean Cob-Lafleur-) (Alexandre Vedel — Vincent — Lilian Griffith)
Chapitre XVII	Sophroniska — Boris — (Bronja) — Gontran — Phiphi — Georges — Ghéri
Chapitre XVIII	Ghéri — Boris — Phiphi — Georges — La Pérouse — Édouard — Bernard — Olivier — (Armand) — Profitendieu — Pauline — Oscar — Caloub

Les groupes de personnages des *Faux-Monnayeurs*

Famille	Membres	Occupation
La famille Profitendieu	– Albéric le père – Marguerite la mère – Charles – Cécile – Bernard – Caloub	→ Juge d'instruction → Au foyer → Fait son Droit, sera magistrat → Sans doute lycéenne → Passe son bachot → En 4e

La famille Molinier	– Oscar le père – Pauline la mère – Vincent – Olivier – Georges	→ Président de la chambre → Au foyer → Externe en médecine → Passe son bac → En 4e à la pension Azaïs
Édouard	– Le demi-frère de Pauline Molinier	→ Ecrivain
La famille Azaïs-Vedel	– M. Azaïs le grand-père – Mme Vedel sa fille – M. Vedel son gendre – Alexandre – Rachel – Laura – Sarah – Armand	→ Chef de la pension → Ancienne gérante de la pension → Pasteur → Fait des affaires en Afrique → Gère la pension → Mariée à Félix Douviers → Etudiante → Ami d'Olivier
Sophroniska	– La doctoresse – Sa fille Bronja	→ Médecin psychiatrique → Amie de Boris meurt de maladie
La Pérouse	– M. de La Pérouse – Mme de La Pérouse – Un fils disparu – Boris le petit-fils	→ Professeur de piano → Contrarie sans cesse son mari → A la pension Azaïs ; se suicide
Passavant	– Le vieux comte de Passavant – Robert de Passavant – Gontran de Passavant	→ Meurt de vieillesse → Détourne Olivier → Elève sérieux et pur
Lady Griffith	– Lilian Griffith	→ Mariée à un lord anglais Amie avec Robert de Passavant
Les domestiques	– Antoine	→ Serviteur chez Profitendieu
	– Séraphine	→ Bonne des Passavant
	– L'Alsacienne	→ Bonne des Azaïs
Les Faux-Monnayeurs	– Victor Strouvilhou	→ lycéen
	– Léon Ghéridanisol	→ Lycéen
	– Philippe Adamanti	→ lycéen
	– + Georges Molinier	→ lycéen

Les grandes thématiques

Les thématiques communes aux deux œuvres

Les pages indiquées sont celles du *Journal des Faux-Monnayeurs*.

Parmi les grandes thématiques, se trouvent des thématiques communes à toute œuvre littéraire et au roman, comme le genre littéraire, les personnages, l'espace et le temps, la structure de l'œuvre, l'intrigue, le titre, l'onomastique (ici très travaillée), les objets, la narration, les dialogues et les points de vue, l'incipit, l'analyse psychologique, le genre romanesque auquel appartient *Les Faux-Monnayeurs,* roman et réalité.

- **Les personnages et leurs relations entre eux**

  Dans ce roman il y a des groupes de personnages (cf. plus haut) à l'intérieur desquels d'autres groupes et des paires se forment, puis se défont.

  Les personnages ne sont pas décrits (ou très peu). Gide s'y refuse et Édouard le décide dans son Journal. Au lecteur d'imaginer les personnages. Ce sont leurs dialogues et donc leur voix qui les font vivre et qui permettent au lecteur de les connaître. Ils se révèlent aussi dans leurs lettres. Il arrive que le narrateur commente lui-même leurs actions.

  Dans le *Journal des Faux-Monnayeurs*, Gide s'interroge souvent sur les personnages (l'ordre de leur apparition par exemple p. 63). Il pense d'abord choisir Lafcadio (protagoniste des *Caves du Vatican)* comme narrateur (p. 13, puis p. 21-6 et 30-32). Celui-ci se dédouble en Lafcadio-Édouard, p. 28 puis en Édouard-Bernard. Lafcadio disparaît quand apparaît Bernard, p. 62. Nous trouvons dans le *Journal des Faux-Monnayeurs* des réflexions sur le personnage et son rôle p. 33, 37, 58, 66

  Tous ces éléments permettent de réfléchir sur les personnages.

- **L'espace**

  Il existe plusieurs sortes de lieux comme souvent dans un roman : lieux de l'action et lieux plus lointains où s'en vont et résident certains personnages ; avec cette particularité du roman gidien : les lieux ne sont pas décrits et ce qu'ils représentent métaphoriquement est plus important que ce qu'ils sont réellement.

- **Le temps**

  De même que l'espace, la chronologie réelle, pourtant présente (il y a des dates mais sans les années) importe peu. Gide, dans son *Journal des Faux-Monnayeurs*, s'interroge sur la période qu'il va choisir : avant ou après guerre, entre les deux guerres... ? p. 17, 18, 27.

- **Le titre**

  On peut prendre *Les Faux-Monnayeurs* au sens propre, c'est-à-dire l'intrigue des faux-monnayeurs et la place de cette intrigue dans le roman.

  Il faut aussi envisager tous les sens métaphoriques de la fausse monnaie et notamment une réflexion sur la sincérité et l'insincérité, l'hypocrisie, la confusion des sentiments, la mauvaise foi, l'imposture. L'adjectif « faux » s'applique davantage à des personnages qu'à l'objet désigné : il insiste sur l'acte commis et sur les falsificateurs. L'écrivain, lui aussi, peut être un faux-monnayeur en jouant sur l'identité du narrateur. Tout roman est une fausse monnaie puisque l'on fait passer pour vraisemblable une fiction.

- **L'intrigue**

  Gide dans son *Journal des Faux-Monnayeurs* la définit comme une relation entre « des événements épars » et va jusqu'à s'interroger sur le phénomène même d'intrigue qu'il craint artificiel, p. 21.

  Nous constatons qu'il y a plusieurs intrigues au point que nous ne sachions pas quelle est l'intrigue principale. De plus, à l'intrigue proprement dite se mêle une autre : le cheminement et les difficultés du romancier. Dans le *Journal des Faux-Monnayeurs* apparaît l'idée d'introduire dans le livre « le cahier où il écrit l'histoire même du livre », p. 52.

  Gide parle dans son *Journal des Faux-Monnayeurs* de deux foyers. « Je crois qu'il y a matière à deux livres », p. 14 et cette question réapparaît p. 52 du *Journal des Faux-Monnayeurs*.

  La question sur la manière d'agencer les événements est évoquée p. 34, avec une critique de Martin du Gard et de Tolstoï.

  Vous devez être attentifs aux passages du roman où l'on s'interroge sur l'intrigue.

- **Les objets**

  La console de l'incipit, les tableaux d'Armand, les lettres (objets à part), le ticket de consigne et le bulletin d'adhésion, la valise, la fausse monnaie (objet à part lui aussi), le talisman de Boris, le révolver...

- **La narration, les dialogues et les points de vue**

  Qui narre ? Quand le narrateur intervient-il et dans quel but ?

  La narration est ici complexifiée par la présence du Journal d'Édouard et de nombreuses lettres. Édouard serait-il un double du narrateur ? La question de l'identité du narrateur (Lafcadio) est posée au début du *Journal des Faux-Monnayeurs*, p. 13. Quelle est la place des dialogues ? Comment sont-ils agencés ? Dans le *Journal des Faux-Monnayeurs*, l'auteur s'interroge sur le dialogue avec Édouard, p. 46. Quel est le rôle des lettres ?

  Quels sont les différents points de vue adoptés ?

  Exemple Le personnage de Laura est vu sous les différents points de vue des personnages, son histoire est racontée par différentes personnes. La variation des points de vue et la multiplicité des voix font de ce roman un roman polyphonique et un roman « symphonie ».

- ***L'Art de la fugue***

  A Saas-Fée, lors d'une conversation sur la littérature avec Sophroniska, Bernard et Laura, Édouard parle du livre qu'il est en train d'écrire et dit qu'il voudrait écrire un roman qui serait comme *L'Art de la fugue*, p. 187.

  L'Art de la fugue est une œuvre inachevée de Jean Sébastien Bach, qu'il aurait commencé à composer en 1740 ou 1742. Cette œuvre est construite sur un premier contrepoint mélodique en *ré* mineur. A partir de celui-ci tous les contrepoints suivants sont écrits dans la même tonalité : ce sont soit un développement sur le même sujet, soit un développement sur une variation de ce sujet. Le contrepoint est un terme emprunté à la musique. Il vient du latin médiéval (*contrapunctus*, de *contra*, contre, et de *punctus,* point, les notes autrefois étaient figurées par des points). Il apparaît au XIVe siècle et signifie que l'on superpose plusieurs lignes mélodiques.

  Par analogie, l'on parle de contrepoint en littérature quand on superpose plusieurs intrigues ou plusieurs thèmes qui se répondent en écho.

  Gide était bon musicien et jouait ce morceau au piano. Cette analogie reste complexe et se prête à différentes interprétations.

  Ainsi dans le roman de Gide, l'art de la fugue peut renvoyer à plusieurs préoccupations esthétiques : la mise en abyme ou le roman en miroir, la multiplicité ou superposition des intrigues, les doublons de personnages, de lettres...

- **L'incipit**

  Dans le *Journal des Faux-Monnayeurs*, Gide hésite au sujet de l'incipit et du lieu dans lequel il se déroulerait. Il évoque à deux reprises le Jardin du Luxembourg, le trafic de la fausse monnaie et le personnage d'Olivier (p. 20 et 64) ; à un autre moment, il pense faire débuter le roman à la gare de Tarascon, p. 38. Il est intéressant de s'interroger sur ces ébauches et de les comparer avec le véritable incipit du roman.

  Le même exercice peut être fait sur l'excipit

- **Roman et analyse psychologique**

  Gide propose peu d'analyse psychologique et joue avec le point de vue omniscient du narrateur. Ce qui implique le choix narratif de présenter les sentiments des personnages soit de l'extérieur (méthode cinématographique du *Nouveau Roman*), soit selon différents points de vue. Les personnages se révèlent aussi par leurs dialogues, leurs actions et leurs lettres. Ils restent assez difficiles à cerner. Le lecteur n'est pas toujours certain de ce qu'ils ressentent, ce qui renvoie au thème de la sincérité et au titre du roman.

- **Le genre romanesque auquel appartient *Les Faux-Monnayeurs***

  Question vaste puisqu'il n'entre dans aucune typologie romanesque mais en mêle plusieurs : roman policier qui tend vers le roman noir, roman d'aventures, roman d'apprentissage, roman psychologique, roman social et satirique, roman métaphysique.

  Le roman réaliste. Roman et réalité.

  L'attitude de Gide peut sembler paradoxale : dans le *Journal des Faux-Monnayeurs* il écrit que le roman doit être une invention pure : « Les meilleures parties de mon livre sont d'invention pure » p. 75. Cependant, comme beaucoup d'écrivains, il s'inspire de faits réels : ce sont soit des faits divers racontés dans la presse : plusieurs affaires de faux-monnayeurs, un suicide d'écoliers p. 22, soit des événements personnellement vécus. La rencontre avec Georges en train de voler un livre est racontée p. 39. Il écrit aussi que l'œuvre est « décentrée » et doit tourner autour de deux foyers, « la réalité et la réalité idéale », comme le dit Édouard au chapitre 3, II. Il ne cherche pas la vraisemblance et souhaite que les événements soient relatés par les personnages « sur qui ces événements auront eu quelque influence. Je voudrais que dans le récit qu'ils en feront, ces événements apparaissent légèrement déformés ; une sorte d'intérêt vient, pout le lecteur, de ce seul fait qu'il ait à *rétablir*. L'histoire requiert sa collaboration pour se bien dessiner » *Journal des Faux-Monnayeurs*, le 21 novembre 1920.

I Thématiques spécifiques aux *Faux-Monnayeurs*

Les grandes thématiques sont communes aux deux œuvres mais ne sont pas traitées de la même façon. Elles sont souvent inséparables les unes des autres et feront l'objet de questions à 12 points. Elles font aussi partie des « incontournables » : en effet, quelle que soit la question traitée, elles apparaissent.

- **« Le roman somme »**

  Gide a introduit dans ce roman toutes ses préoccupations : morales et spirituelles, sociales et politiques, intellectuelles et littéraires ou esthétiques ; tous les thèmes qui l'intéressent, des éléments autobiographiques... C'est pourquoi ce roman est souvent désigné comme « un roman somme ». A l'intérieur du roman, Édouard se pose la question du danger d'un tel foisonnement. Gide l'écrit lui-même dans le *Journal des Faux-Monnayeurs* : « Tout ce que je vois, tout ce que j'apprends, tout ce qui m'advient [...] je voudrais le faire entrer dans ce roman » p. 32 ; puis p. 35 : « j'y veux tout verser sans réserve ».

- **« Le roman pur »**

  C'est une vision idéale du roman qui apparaît dans le journal d'Édouard (8, I) et dans le *Journal des Faux-Monnayeurs* : « Dépouiller le roman de tous les éléments qui n'appartiennent pas spécifiquement au roman », p. 78. Cette conception du roman paraît vouée à l'échec puisqu'Édouard ne parviendra jamais à l'écrire. Édouard devient alors le type de « l'amateur », de « l'écrivain raté », p. 67. Gide s'oppose au mélange des arts. Les œuvres qui, selon lui, sont d'une grande pureté sont les tragédies classiques de Racine (p. 65 à 67).

- **Le roman social et satirique**

  Critique de la bourgeoisie, de la justice, de la religion (p. 2, dans le *Journal des Faux-Monnayeurs*) de l'éducation, de la famille et du mariage. Ce qui implique une critique de l'hypocrisie et du manque de sincérité.

  Les différentes générations sont en conflit ; dans le *Journal des Faux-Monnayeurs* Gide insiste sur le fait que la nouvelle génération ne se reconnaît pas dans celle de ses parents pour finalement lui ressembler, p. 16

  L'hypocrisie et la mauvaise foi apparaissent dans le *Journal des Faux-Monnayeurs* p. 54.

- **La mise en abyme, thème essentiel**

  Ce procédé est utilisé depuis l'antiquité, mais Gide le complexifie. Rappelons que c'est à l'origine un procédé héraldique puis pictural : il consiste à mettre à l'intérieur d'un tableau un petit tableau ou un miroir représentant, en plus petit ou reflété, le grand tableau. Les tableaux célèbres, *Les Époux Arnolfini* de JanVan Eyck (XVe siècle) ou *Les Menines* de Velasquez (XVIIe siècle) sont des exemples souvent cités. Dans un autre registre, l'étiquette qui se trouve sur les emballages de la crème de gruyère « La Vache qui rit » est un exemple facile à comprendre. C'est Gide qui consacre cette expression héraldique au procédé littéraire. Ici, Édouard écrit un journal et des carnets dans lesquels il réfléchit à la composition de son roman intitulé *Les Faux-Monnayeurs :* c'est à la fois une mise en abyme du *Journal des Faux-Monnayeurs* et du roman. Gide multiplie les mises en abyme : cf notamment le passage où Édouard, à la fin du roman, p. 347 sqq, raconte dans son journal (qui est déjà une mise en abyme) qu'il fait lire à Georges le récit romancé de leur rencontre. A cela s'ajoute le fait que beaucoup de personnages écrivent et réfléchissent sur la littérature comme Bernard, Olivier, Armand et Passavant. On remarque aussi d'autres mises en abyme du roman : la leçon de biologie de Vincent, les tableaux de la chambre d'Armand, la pièce d'or que Bernard et Laura s'échangent. C'est donc un Roman Miroir qui, sans cesse, réfléchit sur le roman et sur lui-même. De nombreuses références littéraires s'y trouvent. Écrire un roman et comment l'écrire est un des sujets du roman. Cela crée une mise à distance avec la narration et les personnages. Le lecteur ne peut jamais oublier qu'il lit une fiction. De plus, en publiant le *Journal des Faux-Monnayeurs*, Gide se met lui-même en abyme en train d'écrire son roman. Ce principe de projection de soi peut aller très loin puisque Gide, dans son *Journal des Faux-Monnayeurs*, dit se fondre dans les personnages au point de s'oublier, p. 76.

- **La bâtardise**

Trois personnages sont des enfants naturels (Bernard, Boris et l'enfant à naître de Laura). C'est un thème essentiel qui ouvre le roman et recoupe un grand nombre d'autres thèmes : il apparaît dans des points déjà évoqués : le titre (le bâtard est une fausse monnaie), le roman social, l'individualisme et la théorie des forts et des faibles, le roman d'apprentissage, la relation parents-enfants.

- **L'amour et l'amitié**

La sincérité dans les sentiments est au centre du roman.

Toutes les formes d'amour échouent. Ce sont les sentiments les plus négatifs et destructeurs qui l'emportent. Gide décrit au travers de ses personnages « la lente décristallisation de l'amour », (*décristallisation* qui apparaît dans Le *Journal des Faux-Monnayeurs* p. 35) et notamment de l'amour conjugal.

L'amitié, qu'elle soit vraie ou fausse, fait partie intégrante des différentes intrigues et du roman d'apprentissage. Elle préoccupe presque tous les personnages et est à l'origine de leurs différentes actions, que ce soient des transgressions comme de « mauvais coups » (*Journal des Faux-Monnayeurs* p. 24) ou au contraire des élans de sympathie. Elle peut être mortifère quand elle est fausse et au contraire bénéfique quand elle est sincère.

- **Le roman métaphysique**

Gide, dans ce roman, aborde des questions métaphysiques : le Bien et le Mal, Dieu et Satan, les anges et les démons. Il propose aussi une réflexion sur la vie (son sens) et la mort (dont la tentation du suicide), la pureté et l'innocence. Un certain nombre de personnages sont habités par le mal, comme s'ils étaient sous l'emprise du diable (Passavant, Strouvilhou, Ghéridanisol), d'autres le deviennent sous leur influence (Lilian, Vincent, Georges) et d'autres encore en sont les victimes innocentes

(Boris). Le mal, c'est aussi la corruption de l'amitié et de l'enfance et la mauvaise foi. Dans le *Journal des Faux-Monnayeurs,* la question de l'existence du diable est évoquée à plusieurs reprises : et notamment comme pouvant être « le sujet central du livre, le point invisible autour duquel tout graviterait », p. 34 ; et p. 70 : « Le diable « circulerait incognito à travers tout le livre », « sa réalité s'affirmerait d'autant plus qu'on croirait moins en lui ». Il fait en sorte qu'on ne croie pas en lui pour pouvoir manifester sa puissance de façon plus insidieuse et plus efficace (p. 37 et p. 70) : le diable dit au discours direct : « Pourquoi me craindrais-tu ? Tu sais bien que je n'existe pas » ; on retrouve la même idée, p. 124 du *Journal des Faux-Monnayeurs.* Dans l'appendice du *Journal des Faux-Monnayeurs,* p. 123, le chapitre est intitulé : « Identification du démon ». La question du mal est donc une question essentielle du roman et du *Journal des Faux-Monnayeurs.* De plus, pour Gide, il n'y a pas d'œuvre d'art sans la collaboration du démon (référence à Dostoïevski).

- **L'individualisme**

  Le roman s'interroge sur la place de l'individu et son lien avec les groupes familiaux et sociaux : est-ce que s'affirmer en tant qu'individu met en danger le groupe quel qu'il soit ? Gide défend l'originalité et l'individualisme tout en dénonçant ses formes les plus radicales. Édouard engage Bernard à vivre selon sa nature tout en gardant un idéal. En racontant le parcours de Bernard, Gide montre qu'il faut se libérer de l'emprise familiale tout en soulignant la difficulté de cette entreprise (Bernard retourne chez son père après un apprentissage nécessaire et fécond). Le paroxysme de l'individualisme est symbolisé par l'épisode du naufrage de *la Bourgogne.* En éliminant toute compassion, pour protéger sa vie à tout prix et évincer les faibles au profit des forts, on devient un déraciné, comme Lilian Griffith. Gide attire l'attention du lecteur sur les dangers d'un tel comportement qui est destructeur pour soi et pour les autres.

- **Mensonge et sincérité / La fausse monnaie**

  Voir titre (plus haut)

- **Références littéraires et artistiques dans le *Journal des Faux-Monnayeurs***

  Quelques exemples :

  > Roger Martin du Gard auteur des *Thibault,* (1922) ami et référence pour Gide, avec lequel il discutait souvent et qui lui donnait des conseils : p. 33 et 34. Il mentionne aussi Oscar Wilde et Tolstoï.

  > Stendhal comme en témoigne le mot « décristallisation » p. 30, est celui qui approche le plus du « pur roman », p. 65, avec Mérimée (*La Double méprise*), p. 67, à la différence de Balzac qui mêle au roman trop d'éléments hétérogènes, p. 65.

  > William James, p. 45.

  > Dostoïevski et son roman *L'Idiot,* p. 62.

  > Il évoque aussi différents mouvements littéraires comme le symbolisme, ou genres littéraires comme l'épopée qui « le tente », p. 60-61 et peut faire sortir le roman de « son ornière réaliste ».

  > Gide écrit avoir horreur de Wagner qui mélange les arts (référence au roman pur, p. 65).

II. Méthodologie du sujet à 8 points

Fiche méthode générale

Introduction

L'introduction doit être brève. Elle se fait en 3 étapes :

1. **Présentation de l'œuvre**
   La première phrase a pour fonction de présenter l'œuvre (ou les œuvres) et de précéder l'annonce du sujet. Si vous trouvez rapidement une phrase d'ordre général (ou phrase dite « d'accroche ») qui serve d'entrée en matière, c'est mieux. Mais ne perdez pas de temps à chercher une accroche séduisante, cela a peu d'importance.
2. **Annonce de la question**
   Vous reprenez la problématique proposée.
3. **Plan**
   En deux parties.

Développement

Le développement est une suite d'arguments illustrés par un exemple commenté.

Vérifier si le fil conducteur du sujet est bien présent et rappelé dans chaque partie.

Chaque partie et chaque sous-partie doivent être reliées à la précédente et à la suivante par **une transition.** Ces transitions permettent de vérifier la cohérence du plan.

Il faut éviter un écueil courant : celui de raconter au lieu d'analyser. Et pour éviter cela, il faut sans cesse y penser et vérifier que les propos analysent les œuvres au lieu d'en évoquer le contenu narratif.

Conclusion

C'est un bilan rapide.

[Il est inutile d'ouvrir sur un autre sujet à moins de pouvoir ouvrir sur la question à 12 points].

Méthode et sujets

Sujet portant sur un personnage

Méthode

Plan type

1. **Présentation du personnage en relation avec les autres**
   - **a.** Description du personnage
   - **b.** Apparitions et relations avec les autres personnages

Transition

2. **Importance du personnage dans l'œuvre**
   - **a.** Place du personnage dans l'intrigue
   - **b.** Rôle symbolique du personnage

Ce type de plan permet de donner une progression au sujet :

- du moins important au plus important ;
- de l'observation à l'analyse.

Remarque Il est évident qu'il ne faut pas adopter systématiquement ce plan sans avoir préalablement réfléchi au sujet. Il peut être modifié en fonction du personnage et de l'intitulé du sujet. Mais ces axes sont incontournables.

Application

Sujet 1 **André Gide écrit au sujet d'Édouard dans le *Journal des Faux-Monnayeurs*, p. 67 : « C'est un personnage d'autant plus difficile à établir que je lui prête beaucoup de moi. » Quelle est l'importance du personnage d'Édouard dans *Les Faux-Monnayeurs* et le *Journal des Faux-Monnayeurs* ?**

Conseils avant de commencer

Pour trouver les idées et le plan, réfléchissez d'abord aux moments (nombreux) où **Édouard** apparaît.

Ensuite, demandez-vous sous quelle « casquette » il se présente : oncle, ami, demi-frère, beau-frère, rival, amoureux... Quel est la nature des liens qu'il entretient avec les nombreux personnages du roman ?

> Édouard apparaît pour la première fois, *in absentia*, évoqué par Olivier, comme étant son oncle, au ch. I, 3.

> Il apparaît comme personnage, ami de Laura, écrivain, diariste et oncle d'Olivier au ch. I, 7.

> Le lecteur fait également sa connaissance par son journal.

> C'est le personnage qui apparaît dans le plus grand nombre de chapitres : 23 sur 43 chapitres au total.

> Il connaît tous les groupes familiaux ou sociaux du roman : il est de la famille des Molinier, il va faire la connaissance de Bernard Profitendieu, il est ami avec les membres de la famille Vedel-Azaïs et de M. de La Pérouse, il fait connaissance avec Sophroniska et il connaît Passavant comme écrivain. Il entretient un rapport plus ou moins étroit avec chaque élément de l'intrigue.

> Il écrit un roman qui porte le même titre que le roman de Gide, il écrit un journal comme Gide ; le lecteur peut donc supposer qu'il peut parfois être le porte-parole de l'auteur, ou au moins exposer ses questions et ses réflexions sur l'écriture et la littérature en général.

- **Analyser les termes du sujet**

  Une question sur l'importance du personnage signifie qu'il faut réfléchir au rôle qu'il joue dans l'intrigue : la fait-il évoluer ? au rôle qu'il joue auprès des autres personnages : les fait-il évoluer ? Est-il pour eux une aide, un obstacle ? Possède-t-il une fonction symbolique ? Reprenez les éléments de la dissertation sur un personnage pour vous aider.

- **Rassembler ses idées et des citations**

  Pensez à réunir la banque de données de citations qui concernent ce personnage.

- **Élaborer un plan**

  Veillez à bien garder le fil conducteur du sujet et la cohérence de votre plan. Un plan logique semble découler de ce qui précède.

  Étant donné l'importance du personnage dans l'intrigue et sur le plan symbolique, le plan va mettre en valeur ces deux aspects. Le plan type se retrouve dans ces deux grandes parties ; la présentation du personnage et ses relations avec les autres occupent, comme dans le plan type, les deux premières sous-parties.

- **Plan**

  1. La fonction dramatique du personnage

  a. Un personnage présenté par un effet retard

  b. Un personnage qui fait le lien

  c. Les différentes casquettes d'Édouard

  2. La mise en abyme en fait-elle un double de Gide ?

  a. Un diariste qui s'intéresse à tout

  b. Un écrivain en abyme

  c. Un écrivain en échec

Rédaction de la dissertation

Remarque Ce corrigé présente la dissertation avec des pages, des titres, des sous-titres et des indications de méthode en gras : n'oubliez pas que, comme en classe de 1re, rien de tout cela ne doit apparaître. Ces indications ne sont présentes ici que pour vous guider. Il en est de même pour les pages indiquées.

Introduction

— ***Annonce du sujet*** Parmi les nombreux personnages du roman d'André Gide *Les Faux-Monnayeurs*, paru en 1926 chez Gallimard (en même temps que *le Journal des Faux-Monnayeurs*), certains occupent une place déterminante dans l'intrigue et dans le dynamisme de la pensée du narrateur.

— ***Commentaire rapide si nécessaire*** C'est le cas d'Édouard, personnage central, qui n'apparaît pourtant qu'au chapitre VIII de la première partie.

— ***Problématique*** Il s'agit alors de se demander quelle importance ce personnage détient dans ce roman.

– *Annonce du plan en deux parties*

La première partie étudiera comment Édouard, qui a des liens avec tous les groupes sociaux de l'intrigue, est présenté par le procédé de l'effet retard ; enfin la deuxième partie cherchera à montrer que, malgré la mise en abyme, ce personnage n'est qu'en partie un double de son créateur.

Développement

➤ Première partie

1. La fonction dramatique du personnage

a. Un personnage présenté par un effet retard

– ***Argument***
Un personnage présenté par un effet retard

Édouard, seul personnage sans nom de famille, apparaît *in absentia* au troisième chapitre de la première partie, par le truchement de son neveu Olivier, qui en parle à son ami Bernard. La phrase du jeune homme annonçant l'arrivée de son oncle pour le lendemain est en elle-même un effet retard.

– ***Exemple***

« Demain, dit Olivier, je vais à onze heures et demie à la gare Saint-Lazare pour l'arrivée du train de Dieppe à la rencontre de mon oncle Édouard qui revient d'Angleterre », p. 39-40.

– ***Commentaire***

Il emploie deux compléments circonstanciels de temps : « demain et à onze heures et demie », un complément circonstanciel de lieu « à la gare Saint-Lazare », deux compléments circonstanciels de but « pour l'arrivée du train de Dieppe » et « à la rencontre de » et enfin arrive le nom attendu en premier dans la phrase : « mon oncle Édouard qui revient d'Angleterre ». Le lecteur a le temps d'imaginer ce personnage qui doit arriver le lendemain. L'effet retard sert l'idée de Gide que l'auteur ne doit pas tout donner trop vite au lecteur. En effet nous trouvons cette idée dans le *Journal des Faux-Monnayeurs,* p. 63.

– ***Argument***
Un personnage écrivain

Olivier le décrit à Bernard comme « quelqu'un de très bien », qu'il connaît peu mais qu'il pressent être un homme avec qui « on peut parler de tout ». Le jeune homme précise qu'Édouard écrit « des espèces de romans » et il avoue à Bernard qu'il aime beaucoup son oncle qui l'intimide un peu. Celui-ci a en effet critiqué les vers qu'Olivier avait écrits et lui a donné des conseils d'écriture.

– ***Exemple***

« Il m'a dit que mon erreur était de partir d'une idée et que je ne me laissais pas assez guider par les mots ».

– ***Commentaire***

Ainsi, Édouard est-il présenté comme un écrivain, sensible à la littérature au point de s'intéresser aux vers d'un tout jeune homme qui passe son baccalauréat. C'est un premier lien avec un personnage.

b. Un personnage qui fait le lien

Argument
Édouard et Laura

À la fin du chapitre V, par une habile spirale littéraire, le lecteur apprend qu'Édouard connaît également Laura, la maîtresse de Vincent.

Exemple

« Sur le pont du navire qui le ramène en France, Édouard [...] relit la lettre qu'il a reçue d'elle ». Nous avons ici un deuxième lien avec un personnage.

Commentaire

Un autre effet retard fera découvrir cette lettre au lecteur quelques chapitres plus loin.

Argument
Édouard critique littéraire

Lorsqu'il apparaît comme personnage, cinq chapitres plus loin, c'est encore comme critique que le lecteur fait véritablement sa connaissance.

Exemple

En effet, il lit le tout nouveau livre de Passavant, *La Barre Fixe*.

Commentaire

Le lecteur connaît ce personnage qu'Édouard apprécie mais dont il n'aime ni les écrits ni les articles louangeux qui « portent son livre aux nues ». C'est un troisième lien avec un personnage.

Argument
C'est lui qui fait le lien entre tous les personnages

Enfin, les gestes qu'accomplit Édouard dans le train relient symboliquement les personnages entre eux, signe que c'est lui qui va faire le lien entre tous ces personnages et leur groupe social.

Exemple

En effet, il repose le livre de Passavant, prend la lettre de Laura et après l'avoir relue, la glisse dans son Journal, qui va être lu par Bernard.

Commentaire

Ainsi, est-il maintenant découvert par le lecteur comme diariste. Dans ce Journal, on apprend, toujours au chapitre VIII, qu'il a aimé Laura, qu'il écrit un roman dont le titre est *Les Faux-Monnayeurs* et qu'il ne croit pas en la durée de l'amour.

c. Les différentes casquettes d'Édouard

Argument
Les différentes casquettes d'Édouard

Nous avons donc un personnage qui est l'oncle d'Olivier, une connaissance de Passavant et un ami de Laura. Il est également diariste et romancier. La psychologie de ce personnage est esquissée et se fait découvrir principalement par ses pensées, qu'elles soient écrites dans son Journal, rapportées au discours direct ou rapportées au discours indirect libre.

Exemple

Ainsi, à la fin du chapitre VIII, ce type de discours, laisse transparaître l'impatience du personnage à revoir Olivier : « Vite, un porteur ! [...] Pourvu qu'il n'ait pas trop changé ! Ah ! Juste ciel ! Serait-ce lui ? »

Commentaire

L'émotion d'Édouard, en revoyant Olivier, est ainsi suggérée sans être écrite. Il va falloir au lecteur une attention extrême pour comprendre la psychologie des personnages et c'est ce que souhaitait Gide, qui écrivait dans son Journal : « Tant pis pour le lecteur paresseux. J'en veux d'autres ! »

Transition

Nous constatons qu'Édouard se trouve au centre des intrigues et qu'il est présenté sous différents aspects. Il convient d'étudier ce qu'il écrit dans son Journal et ce qu'il essaie d'écrire dans son roman, qui porte le même titre que le roman de Gide mais qui ne paraîtra jamais.

➤ Deuxième partie

2. La mise en abyme en fait-elle un double de Gide ?

a. Un diariste qui s'intéresse à tout

Argument

Un diariste qui s'intéresse à tout et surtout à lui-même

Le Journal d'Édouard occupe un tiers du roman. On y trouve des éléments passés qui servent l'intrigue comme son amour passé pour Laura (lorsqu'il relit le début de ce journal dans le train) et des réflexions sur lui-même, les sentiments ou sur la littérature. Par le procédé de la double énonciation, le lecteur apprend qu'il a aimé Laura et qu'il cherche à analyser cet amour. Le troisième élément du Journal au chapitre VIII est la réflexion d'Édouard sur la littérature et le roman pur.

Exemple

Comme Montaigne, il avoue que son « être du matin » est incapable de reconnaître « celui du soir ». Parallèlement il dénigre l'analyse psychologique parce qu'il pense que surtout en amour, « le réel ne se distingue pas de l'imaginaire ». Ainsi, pense-t-il que « l'homme éprouve ce qu'il s'imagine éprouver » et la conscience de cette imagination fait perdre toute force aux sentiments.

Commentaire

C'est pourquoi il n'a pas voulu épouser Laura. La lettre de la jeune femme le conduit à réfléchir aux personnages de roman et donc au roman qu'il compte écrire, dont le lecteur apprend le titre.

Argument

Un Journal pas très intime...

Le journal est ensuite lu par Bernard et par le regard du jeune homme : nous apprenons sa rencontre fortuite avec Georges, le mariage de Laura et ses liens avec la famille Azaïs et le vieux La Pérouse. Le lien est ainsi établi par Édouard entre tous les rouages de l'intrigue puisque La Pérouse le charge de ramener Boris à Paris. Le journal continue dans la deuxième partie à Saas-Fée où la fausse monnaie apparaît. Au septième et dernier chapitre de cette partie, le narrateur extradiégétique qui s'est déjà adressé au lecteur plusieurs fois depuis le début du roman, se déclare dépassé par ses personnages et se plaint d'Édouard.

– ***Exemple*** « Ce qui ne me plaît pas chez Édouard, ce sont les raisons qu'il se donne... Mentir aux autres, passe encore ; mais à soi-même ! » p. 216

– ***Commentaire*** Le narrateur prétend ainsi que son personnage lui échappe, qu'il vit de sa vie propre et Édouard lui fera écho dans la troisième partie lorsqu'il écrit dans son journal, p. 268 : « Les romanciers nous abusent lorsqu'ils développent l'individu sans tenir compte des compressions d'alentour. La forêt façonne l'arbre ». Le romancier se plaint de son personnage qui, par un juste retour, se plaint des romanciers.

b. Un écrivain en abyme

– ***Argument*** *Le regard du narrateur sur Édouard*

Toutefois Édouard apparaît ailleurs que dans son Journal. Le narrateur le fait agir et parler avec Passavant par exemple, puis la suite de sa rencontre avec le comte est reprise en charge par son journal.

– ***Exemple*** Le bonheur d'avoir récupéré les affaires d'Olivier et d'avoir le jeune homme chez lui, lui donne l'impulsion nécessaire pour écrire « trente pages des *Faux-Monnayeurs*, sans hésitation, sans ratures. » p. 322

– ***Commentaire*** La mise en abyme, expression héraldique, remise à l'honneur par Gide, trouve ici son plein épanouissement. Ce qui conduit le lecteur à se poser, par analogie, la question du double de Gide.

– ***Argument*** *Édouard un double de Gide ?*

À Saas-Fée, Édouard, Sophroniska, Bernard et Laura débattent de l'écriture romanesque. L'écrivain affirme : « il ne m'arrive rien que je n'y verse et que je n'y veuille faire entrer » p. 184

– ***Exemple*** Parallèlement, dans son *Journal des Faux-Monnayeurs,* le 21 novembre 1921, Gide écrit : « Tout ce que je vois, tout ce que j'apprends, tout ce qui m'advient depuis quelques mois, je voudrais le faire entrer dans ce roman. »

– ***Commentaire*** Ces seuls exemples suffiraient à laisser croire qu'Édouard est un double de l'auteur. Or il n'en est rien, puisque dans ce même *Journal des Faux-Monnayeurs,* Gide écrit un an plus tard, le 1er novembre 1922, à propos d'Édouard : « ce pur roman, il ne parviendra jamais à l'écrire.... C'est un amateur, un raté. Personnage d'autant plus difficile à établir que je lui prête beaucoup de moi ».

c. Un écrivain en échec

– ***Argument*** *Un écrivain échec*

Nous savons que Gide a fait paraître en même temps que son roman, *Le Journal des Faux-Monnayeurs*, pour montrer au lecteur le travail de l'écrivain.

_ *Exemple*

Or, ici, Édouard avoue à ses interlocuteurs : « sur un carnet, je note au jour le jour l'état de ce roman dans mon esprit ; oui, c'est une sorte de journal que je tiens... » et il ajoute : « Si nous avions le journal de *L'Education Sentimentale* ou des *Frères Karamazov* ! l'histoire de l'œuvre, de sa gestation ! Mais ce serait passionnant, plus intéressant que l'œuvre elle-même ! », p. 186.

_ *Commentaire*

Édouard ressemble beaucoup à son créateur mais toutes ses interrogations et l'ironie avec laquelle Laura et Sophroniska lui répondent jettent le doute sur sa crédibilité ; au point que Bernard se demande si Édouard « n'est pas un songe-creux » p. 187. Ainsi Gide, habilement, réfute-t-il de lui-même la pensée qui ferait d'Édouard son double.

Conclusion

_ *Bilan rapide*

Ainsi, le personnage d'Édouard se présente-t-il comme le pivot de toutes les intrigues, celui qui crée un lien entre tous les personnages et leurs groupes sociaux ou familiaux.

_ *Réponse synthétique à la problématique*

En cela, il joue un rôle crucial dans ce roman, d'autant plus qu'il écrit un roman portant le même titre que le roman de Gide. Cette mise en abyme pourrait faire de lui un double de l'auteur mais ce dernier lui prête plutôt ses interrogations et ses doutes qu'il n'en fait sa propre copie. Son rôle dans l'intrigue se double ainsi d'un rôle de questionnement sur l'art du romancier.

Pour aller plus loin

Sujet comprenant des éléments communs :

- Sujet sur la mise en abyme
- Sujet sur l'écriture dans le roman

Sujet 2 André Gide écrit au sujet de Bernard dans le *Journal des Faux-Monnayeurs* (p. 92 : « Bernard pense : "— Se diriger vers un but ? — Non ! Mais : aller de l'avant" ». Pensez-vous que cette ligne de conduite corresponde à ce personnage ?

Conseils avant de commencer

Pour trouver les idées et le plan, réfléchissez d'abord aux moments (nombreux) où **Bernard** apparaît.

Ensuite, demandez-vous quand il apparaît : c'est lui qui ouvre le roman et le ferme, c'est donc un personnage important.

> Il apparaît comme un jeune homme encore bouleversé par ce qu'il vient d'apprendre sur sa naissance.

> Le lecteur fait également sa connaissance par sa lettre à son « père »

> Ce personnage apparaît dans 21 chapitres, soit 2 de moins qu'Édouard, personnage principal. Il occupe donc une place très importante.

> Il va, grâce à Olivier, faire la connaissance d'Édouard puis de Laura, de Boris et de la famille Azaïs-Vedel et ainsi, se retrouver au centre de toutes les intrigues puisqu'il fera la connaissance de Passavant au banquet des Argonautes.

> Il apparaît comme un adolescent révolté et la lettre à son père est très insolente. Il se méprend sur ce que Profitendieu pense de lui. Il est épris de pureté : il aime Laura platoniquement mais succombe aux charmes de Sarah qu'il n'aime pas. Sa lutte avec l'ange traduit une grave crise qui le fait mûrir et lui permet de retourner chez son « père », apaisé, à la fin du roman.

- **Analyser les termes du sujet**

  Une question sur l'importance du personnage signifie qu'il faut réfléchir au rôle qu'il joue dans l'intrigue : la fait-il évoluer ? au rôle qu'il joue auprès des autres personnages : les fait-il évoluer ? Est-il pour eux une aide, un obstacle ? Possède-t-il une fonction symbolique ? Reprenez les éléments de la dissertation sur un personnage pour vous aider.

- **Rassembler ses idées et des citations**

  Pensez à réunir la banque de données de citations qui concernent ce personnage.

- **Élaborer un plan**

  Veillez à bien garder le fil conducteur du sujet et la cohérence de votre plan.

  Un plan logique semble découler de ce qui précède.

Les mêmes remarques que pour le personnage d'Édouard s'imposent.

1. **La fonction dramatique du personnage**
   - **a.** Un personnage qui ouvre et ferme le roman
   - **b.** Un adolescent volontaire et déterminé
   - **c.** Ses relations avec les autres personnages
2. **La fonction symbolique du personnage**
   - **a.** Bernard passe par un apprentissage qui le transforme
   - **b.** Un jeune homme en quête d'absolu
   - **c.** Une force tranquille

Rédaction de la dissertation

Introduction

– ***Annonce du sujet***

Parmi les nombreux personnages du roman d'André Gide *Les Faux-Monnayeurs*, paru en 1926 chez Gallimard (en même temps que le *Journal des Faux-Monnayeurs*), certains occupent une place déterminante dans l'intrigue et dans le dynamisme de la pensée du narrateur.

– ***Commentaire rapide si nécessaire***

C'est le cas de Bernard, personnage qui ouvre et ferme le roman. Ce prénom, venu assez tard dans le *Journal des Faux-Monnayeurs*, évoque à la fois la forte personnalité de Saint Bernard et contient en lui-même les lettres du prénom André. L'auteur, sans doute se retrouve en partie en lui.

– ***Problématique***

Il s'agit alors de se demander quelle importance ce personnage détient dans ce roman et comment il réussit son apprentissage.

– ***Annonce du plan en deux parties***

La première partie étudiera la fonction dramatique du personnage et ses liens avec les autres personnages et la deuxième partie s'attachera à déceler la fonction symbolique de cet être fictif.

Développement

➤ Première partie

1. La fonction dramatique du personnage

a. Un personnage qui ouvre et ferme le roman

_ ***Argument***
Un personnage qui ouvre

« C'est le moment de croire que j'entends des pas dans le corridor » se dit Bernard. Ainsi commence l'incipit *des Faux-Monnayeurs* et l'anomalie de cette phrase saute immédiatement aux yeux du lecteur. Pourquoi doit-il « croire » qu'il entend quelque chose ? Joue-t-il un rôle, se présente-t-il comme un personnage fictif ?

_ ***Exemple***

Le romancier le présente ensuite comme membre de la famille Profitendieu : il a un père, une mère, deux frères et une sœur et il doit passer son « bachot » trois semaines plus tard. Or, nous apprenons aussitôt qu'il n'est pas le fils de M. Profitendieu, ce qui a l'air de le réjouir. « Ne pas savoir qui est son père, c'est ça qui guérit de la peur de lui ressembler » dit-il.

_ ***Commentaire***

Ainsi, le jeune homme se présente-t-il d'emblée comme un adolescent ironique, réfléchi et résolu. Dès qu'il apprend sa bâtardise, il quitte « sa famille » et va chercher de l'aide auprès de son meilleur ami, Olivier.

_ ***Argument***
Bernard se rapproche du centre de l'intrigue

Par cet ami, il apprend l'arrivée de l'oncle Édouard à la gare Saint-Lazare, le lendemain et décide de s'y rendre. Il suit l'oncle et le neveu.

_ ***Exemple***

En effet, Édouard laisse échapper son billet de consigne, que Bernard ramasse à son insu. Il va donc se trouver en possession de la valise d'Édouard et de l'argent qu'elle contient.

_ ***Commentaire***

Ainsi, très vite cet acte va l'introduire dans deux autres intrigues : celle de Laura et de Vincent et celle de Georges. Bernard va se retrouver auprès d'Édouard, personnage central de toutes les intrigues, en raison de son indiscrétion. Malgré son larcin, il ne se considère pas comme un voleur. Le lecteur peut apprécier ou non cette absence de lucidité.

b. Un adolescent volontaire et déterminé

_ ***Argument***
Un adolescent volontaire et déterminé

Contrairement à son meilleur ami, Bernard « ose » comme il l'a promis à Olivier : « Et n'as-tu pas promis à ton ami de tout oser ? » p. 86. C'est grâce à son audace qu'il va faire la connaissance de Laura et d'Édouard et trouver une solution à sa situation précaire.

– *Exemple* En effet, Édouard, amusé par son audace, l'engage immédiatement comme secrétaire et le sauve ainsi du vagabondage.

– *Commentaire* Quitter sa famille et quitter l'abri provisoire d'Olivier sont deux actions courageuses qui vont lui permettre de nouer des relations avec d'autres personnages.

c. Ses relations avec les autres personnages

– ***Argument*** *Ses relations avec les autres personnages* En effet, le jeune homme se retrouve au centre de toutes les intrigues (comme Édouard), envers lesquelles, il reste assez distant puisqu'il potasse son « bachot » et réfléchit à son avenir.

– *Exemple* Bernard est en effet, le « fils » du juge Profitendieu, l'ami d'Olivier, le secrétaire d'Édouard ; il est amoureux de Laura, l'amant de Sarah, le camarade de chambre de Boris et surveillant à la pension Vedel.

– *Commentaire* Un peu comme Édouard mais de façon moins ostentatoire, puisqu'il n'écrit pas de journal, Bernard est un personnage quasi omniscient comme le narrateur, puisqu'il approche les principaux personnages.

– ***Argument*** *Un jeune homme indépendant* Les relations qu'il noue sont amicales voire amoureuses, puisqu'il aime beaucoup Édouard et tombe très vite amoureux de Laura. Cependant, il est rarement soumis.

– *Exemple* « Bernard me paraît être de cette sorte d'esprits qui trouvent dans l'opposition leur assurance. Il ne supportait pas qu'Édouard prît ascendant sur lui » lit-on p. 181

– *Commentaire* Aussi est-il capable de garder sa personnalité même s'il doit sa survie à la générosité d'Édouard, dont il compte bien s'acquitter plus tard.

Il est beaucoup plus franc que son ami mais il manque sans doute de finesse : lorsqu'il adresse sa lettre à Olivier de Saas-Fée, il le rend férocement jaloux.

– *Exemple* « Bernard était beaucoup trop spontané, trop naturel, trop pur, il connaissait trop mal Olivier, pour se douter du flot de sentiments hideux que cette lettre allait soulever chez celui-ci. »

– *Commentaire* « Son caractère encore incertain. Au début, parfaitement insubordonné. Se motive, précise et limite tout le long du livre, à la faveur de ses amours » écrit André Gide dans son *Journal des Faux-Monnayeurs* p. 69 à propos de Bernard.

Transition En effet, ce garçon volontaire et audacieux passe successivement par plusieurs étapes initiatiques qui vont forger son caractère. Il quitte son père et sa mère, devient secrétaire, devient amoureux, réussit son « bachot » et gagne sa vie comme surveillant.

➤ Deuxième partie

2. La fonction symbolique du personnage

a. Bernard passe par un apprentissage qui le transforme

Argument *Bernard passe par un apprentissage qui le transforme*	Comme nous l'avons vu, sa première audace est de quitter son « père » et la seconde est de voler la valise d'Édouard pour entrer en relation avec lui.
Exemples commentés	À l'hôtel de la rue d'Amsterdam, il s'adresse à la valise d'Édouard comme Rastignac s'adresse à Paris à la fin du *Père Goriot* : « Maintenant, valise, à nous deux ! » p. 87.
Commentaire	Le lecteur attentif trouvera un écho à cette apostrophe, à la fin du roman lorsque Bernard combat avec l'ange : « Alors, maintenant à nous deux, dit Bernard à l'ange » p. 337. Le narrateur est ici généreux avec son lecteur puisqu'il précise plus loin : « Sa lutte avec l'ange l'avait mûri. Il ne ressemblait déjà plus à l'insouciant voleur de valise... » p. 337. Entre les deux épisodes, le jeune homme a mûri, il a trouvé un adversaire à sa taille.
Argument *L'abaissement de Bernard*	Deux petits faits, symboliques de la maturité de Bernard, précèdent les deux « luttes » du jeune homme.
Exemple	Si Bernard est en possession de cette valise, c'est parce qu'il a ramassé « le petit bout de papier froissé » jeté distraitement par Édouard, p. 85.
Commentaire	Ainsi, il se baisse pour s'approprier quelque chose qui ne lui appartient pas. Il se place lui-même dans une position inférieure.
Argument *Le redressement de Bernard*	À la fin du roman, il montre par ses gestes qu'il a mûri, qu'il prend lui-même ses décisions.
Exemple	En effet, juste avant sa lutte avec l'ange, Bernard « froisse nerveusement » le bulletin d'adhésion à un parti politique qu'on lui tend dans un café, (comme l'avait fait Édouard à Saint-Lazare) et le jette « loin de lui », p. 334.
Commentaire	Il accomplit donc le mouvement inverse de ce qu'il avait fait au début : c'est lui qui jette et non plus lui qui ramasse, montrant par ce geste miroir qu'il a changé et mûri.

b. Un jeune homme en quête d'absolu

Argument *Un jeune homme en quête d'absolu*	Il explique lui-même le symbole de sa lutte avec l'ange lorsqu'il va trouver Édouard le lendemain.

_ *Exemple*

« Pour se diriger dans la vie, est-il nécessaire de fixer les yeux sur un but ? — Expliquez-vous. — J'ai débattu cela toute la nuit » répond Bernard à l'oncle. Et il le répète une seconde fois un peu plus tard.

_ *Commentaire*

Ainsi cette lutte peut-elle s'apparenter à un combat de pensées, de décisions à envisager pour l'avenir qui font basculer l'adolescent dans l'âge adulte. Ainsi illustre-t-il ce que Gide écrit de lui dans son *Journal des Faux-Monnayeurs* : « aller de l'avant », p. 92.

c. Une force tranquille

_ ***Argument***
Une force tranquille

Sa décision de quitter Sarah et la pension Vedel par compassion pour Rachel montre aussi qu'il est capable de prendre des décisions douloureuses et réfléchies, dont l'intérêt est supérieur à son plaisir immédiat.

_ *Exemple*

Lorsque la jeune fille demanda à lui parler, « Il ne répondit rien, courba la tête et, par grande pitié pour Rachel, soudain prit Sarah en haine et le plaisir qu'il goûtait avec elle en horreur » p. 336

_ *Commentaire*

Cette décision rationnelle s'apparente à celle de retourner chez M. Profitendieu. L'adolescent n'est plus dans la révolte stérile du début quand il exprime avec violence sa haine à l'égard de son « père ». Il est maintenant dans la construction posée de son avenir.

Conclusion

_ *Bilan rapide*

Ainsi, le personnage de Bernard se présente-t-il au sein de la plupart des intrigues, grâce à l'énergie et à l'audace dont il fait preuve du début à la fin du roman.

_ *Réponse synthétique à la problématique*

Cet adolescent, loin d'être irréprochable, se montre audacieux, sensible et volontaire. Il suit un parcours initiatique, qui le conduit de l'enfance à l'âge adulte et de la révolte à l'apaisement. Son lien avec la plupart des personnages en fait un personnage clé du roman. Il semble détenir une force et une audace qu'apprécie son créateur.

Pour aller plus loin

Sujets comprenant des éléments communs :

- Sujet sur l'incipit
- Sujet sur la bâtardise
- Sujet sur l'adolescence

Sujet portant sur un passage-clé

Méthode

Plan type

1. **Présentation de l'épisode et du contexte**
   a. Présentation de l'épisode : à quel moment de l'intrigue ou du récit ? Analyse du déroulement de l'événement (ne racontez pas)
   b. Liens avec les passages qui l'entourent et écho avec d'autres passages de l'œuvre. Personnages concernés.

   Transition

2. **Importance de ce passage dans l'œuvre**
   a. Fonction dramatique de ce passage (mettre en valeur l'avant et l'après : influence sur la destinée des personnages concernés)
   b. Rôle symbolique de ce passage-clé : que signifie cet épisode par rapport à la psychologie des personnages et aux thèmes principaux de l'œuvre

Ce type de plan permet de donner une progression au sujet :

- du moins important au plus important ;
- de l'observation à l'analyse.

Remarque Il est évident qu'il ne faut pas adopter systématiquement ce plan sans avoir préalablement réfléchi au sujet. Il peut être modifié en fonction du passage-clé et de l'intitulé du sujet. Mais ces axes sont incontournables.

Application

Sujet : dans *Le Journal des Faux-Monnayeurs,* André Gide hésite à plusieurs reprises sur la manière de commencer son roman *Les Faux-Monnayeurs,* pour finalement proposer l'incipit que nous connaissons. Quel est l'intérêt d'un tel incipit ?

Voir entraînement.

Sujet portant sur un motif

Méthode

Plan type

Plan type à nuancer et adapter en fonction du motif et de la question posée :

1. **Présentation du motif et du contexte (traitement du motif, personnages concernés, place dans l'œuvre)**
   - **a.** Description du motif (origines, tradition, évolution)
   - **b.** Apparitions et place dans l'œuvre (apparitions fréquentes ? À quels moments ?)

Transition

2. **Importance du motif dans l'œuvre**
   - **a.** Place du motif dans l'intrigue (fonction dramatique)
   - **b.** Rôle symbolique du motif

Ce type de plan permet de donner une progression au sujet :

- du moins important au plus important,
- de l'observation à l'analyse.

Remarque Il est évident qu'il ne faut pas adopter systématiquement ce plan sans avoir préalablement réfléchi au sujet. Il peut être modifié en fonction du motif et de l'intitulé du sujet. Mais ces axes sont incontournables : présentation du motif, place dans l'intrigue, importance dans l'œuvre, rôle symbolique.

Application

Sujet Quelle est la place des lettres dans Le *Journal des Faux-Monnayeurs* et dans *Les Faux-Monnayeurs* ?

Conseils avant de commencer

- **Analyser la question**

  Les lettres sont nombreuses dans le roman et sont écrites par différents personnages.

  Ce motif concerne donc tous les personnages qui écrivent des lettres et les lisent.

  De plus, on trouve dans le roman des liasses de lettres découvertes dans un tiroir ou ailleurs et dont le contenu n'est pas toujours dévoilé aux lecteurs. Ces dernières révèlent des secrets qui, une fois mis au jour, changent la vision que les personnages avaient les uns des autres.

  Certaines lettres sont inachevées, d'autres ont été brûlées.

- **Rassembler ses idées et des citations**

  Chercher dans le roman les lettres et tenter une classification. Qui écrit et à qui ? Qui lit ces lettres ?

  Se rappeler les romans épistolaires déjà lus ou étudiés. *Les Liaisons dangereuses* de Choderlos de Laclos par exemple. Comme dans un roman épistolaire, certains personnages lisent par indiscrétion des lettres qui ne leur sont pas adressées. Cela complexifie le motif de la lettre, qui n'est plus ce qu'il est dans la réalité, une simple correspondance privée.

  De plus, les lettres mettent le lecteur dans une situation particulière, celle de lire une correspondance intime qui ne lui est pas destinée.

  Quelle est la fonction de ces lettres ? Comment participent-elles à la narration ?

  À quels thèmes essentiels du roman sont-elles liées ?

  Que dévoilent-elles d'important ? Comment interviennent-elles dans l'intrigue et que révèlent-elles sur les personnages.

- **Élaborer un plan en reprenant le plan type mais en l'adaptant**

  Ce motif est plus complexe que d'autres. Le plan doit tenir compte de cette complexité.

  > **Reprise du plan type en l'adaptant :**

  1. **Présentation du motif et du contexte (traitement du motif, personnages concernés, place dans l'œuvre)**

a. Description du motif (origines, tradition, évolution)

Un roman qui commence par une lettre : la liasse cachée puis découverte, la lettre de rupture

b. Apparitions et place dans l'œuvre (apparitions fréquentes ? À quels moments ?)

Les lettres lues par un tiers : lettres volées, une même lettre lue par plusieurs personnages

2. **Importance du motif dans l'œuvre**

a. Place du motif dans l'intrigue (fonction dramatique)

Fonctions de la lettre : dans la narration et dans l'intrigue

b. Rôle symbolique du motif

Fonction psychologique

> **Ce qui donne le plan suivant :**

1. **Un motif original qui introduit le roman, ses protagonistes et des thèmes essentiels.**

a La lettre au centre de l'incipit.

b. Des lettres à lectures multiples

c. Les lettres lues par plusieurs personnages (par indiscrétion ou avec autorisation)

2. **Place du motif dans l'œuvre**

a. Place du motif dans la narration

b. Place du motif dans l'intrigue

c. Les lettres, révélateur de la psychologie des personnages

Rédaction de la dissertation

Remarque Ce corrigé présente la dissertation avec des pages, des titres, des sous-titres et des indications de méthode en gras : n'oubliez pas que, comme en classe de 1re, rien de tout cela ne doit apparaître. Ces indications ne sont présentes ici que pour vous guider. Il en est de même pour les pages indiquées.

Introduction

Annonce du sujet

Phrase d'ordre général qui introduit le motif et présentations des œuvres

Le roman d'André Gide *Les Faux-Monnayeurs*, paru en 1926, est une œuvre lentement élaborée, comme en témoigne le *Journal des Faux-Monnayeurs* publié la même année. C'est aussi une œuvre qu'il est difficile d'enfermer dans un genre romanesque précis. En témoigne le grand nombre de lettres qui forment une sorte de roman épistolaire à l'intérieur du roman.

– ***Commentaire rapide du sujet si nécessaire***
Présentation du sujet en lien avec la phrase précédente.

L'on y trouve en effet treize lettres (en comptant les liasses de lettres découvertes, volées ou brûlées) dont douze se répondent deux à deux. Elles font partie de l'intrigue et participent à la complexité et à l'originalité de la narration.

– ***Problématique***

Il est donc intéressant d'étudier la place et le rôle des lettres dans ce roman.

– ***Annonce du plan en 2 parties***

Nous verrons dans une première partie que le motif de la lettre est traité de façon originale et introduit ainsi le roman, ses protagonistes et des thèmes essentiels. Puis nous montrerons que la lettre a aussi une place dans la narration et l'intrigue, tout en révélant la psychologie des personnages.

Développement

➤ Première partie

1. Un motif original qui introduit le roman, ses protagonistes et des thèmes essentiels.

a. La lettre au centre de l'incipit.

– ***Argument***
Un motif essentiel dès les premières pages, avec la découverte d'un secret.

L'importance de ce motif est manifeste dès les premières pages du roman, puisque tout commence par la découverte de lettres. Cette découverte entraîne la rédaction d'une lettre de rupture qui est le point de départ de l'intrigue et met en scène l'un des personnages principaux du roman.

– ***Exemple***

Bernard lit des lettres cachées qui ne lui sont pas adressées mais qui le concernent : « C'est bien de lui, Bernard qu'il s'agissait ». Ce sont des lettres adressées à sa mère, « une lettre d'amour vieille de dix-sept ans ». Bernard pense alors : « Ne pas savoir qui est son père, c'est ça qui guérit de la peur de lui ressembler ».

– ***Commentaire***

Cette découverte est fondamentale. En lisant ces lettres, Bernard comprend qu'il n'est pas le fils de son père. Se profile déjà le thème de la bâtardise qui est un motif essentiel dans le roman. Il découvre un secret et transgresse un interdit. Ce thème de la transgression, de la lettre volée ou lue, qui viole une intimité et trahit un secret, va se retrouver tout au long du roman. À ce thème s'ajoute celui de la bourgeoisie, avec ses dissimulations, ses trahisons et son hypocrisie.

_ ***Argument***
La lettre de rupture, point de départ de l'intrigue.

Il décide alors de quitter la maison familiale et d'écrire une lettre de rupture à son père, lettre dont le lecteur ignore le contenu et qu'il découvrira au chapitre suivant. Le lecteur se trouve donc dans la même situation que le juge, quand il lira la lettre. Bernard devient aussitôt l'un des protagonistes du roman et notamment du roman d'apprentissage :

_ ***Exemple***

« Il faut que Monsieur le juge en rentrant, trouve sur son bureau, la belle lettre où je vais lui signifier mon départ » p. 14, pense-t-il avec une ironie que le lecteur décèle aussitôt.

_ ***Commentaire***

La lecture d'une lettre devient d'emblée un moment stratégique du récit. L'action commence à cette lecture et entraîne les autres actions du récit.

Transition

Nous avons donc ici deux sortes de lettres : la lettre cachée, lue par un tiers et la lettre d'un personnage, révélatrice et dramatique. Les lettres, dans ce roman, ne sont pas isolées les unes des autres mais se répondent suivant un schéma assez complexe : soit elles sont une correspondance au sens strict du terme (une lettre entraine une réponse), soit elles se répondent en miroir. Ajoutons à cela que les personnages lisent souvent des lettres qui ne leur sont pas adressées soit à l'insu du destinataire soit avec son accord.

b. Des lettres à lectures multiples

_ ***Argument***
Autres lettres cachées

Bernard inaugure un acte de transgression et de violation d'intimité que nous allons retrouver à d'autres moments du récit, accompli par d'autres personnages. Ainsi, la troisième partie commence-t-elle comme la première, par le fait qu'Oscar Molinier découvre qu'on a volé les lettres qu'il écrivait à sa maîtresse. On apprendra dans le chapitre 5 que c'est Georges, son fils, et non Pauline, son épouse, qui a fait cela.

_ ***Exemple***

Molinier raconte ce vol à Édouard, qui l'écrit dans son Journal : « J'amène le tiroir où j'avais caché les lettres de... [...] le tiroir était vide », p. 225.

_ ***Commentaire***

L'on voit bien à quel point cette découverte répond à la première en miroir : elle inaugure, elle aussi, une partie et c'est un fils qui agit. Les lettres révèlent un adultère avec les mêmes thèmes déjà cités : celui de la bourgeoisie avec ses secrets, ses trahisons, son hypocrisie...

_ ***Argument***
Ces lettres vont avoir de graves incidences

Cependant les incidences psychologiques et dramatiques sont différentes : Georges est loin d'être un jeune homme droit comme Bernard.

Exemple

Georges va montrer ces lettres à ses camarades et à Ghéridanisol. Ce dernier et Strouvilhou en parlent ensemble et y voient une preuve de sa dépravation : « Le petit Georges [...] Molinier ; je crois qu'il est mûr » ? p. 261.

Commentaire

En volant ces lettres, Georges va provoquer l'inquiétude de ses parents : Oscar a peur de la réaction de sa femme, Pauline s'inquiète pour son fils. En en parlant à Phiphi puis à Ghéridanisol, il ne se contente pas d'avoir violé l'intimité de ses parents, il les trahit, salit leur réputation et révèle des capacités que Ghéridanisol et Strouvilhou sont prêts à exploiter ; ils y voient une sorte de rite de passage, avec en plus une possibilité d'utiliser ces lettres pour faire du chantage. Le motif de la lettre se trouve alors lié au thème du mal et à celui de la fausse monnaie. Notons qu'Édouard est, une fois de plus, au courant.

Argument

Une autre liasse de lettres

À cela répond une autre liasse de lettres au chapitre 3 qui sont brûlées par l'épouse de La Pérouse. Une nouvelle fois c'est à Édouard que l'on raconte cela.

Exemple

« Et savez-vous ce qu'elle a fait avant de partir ? elle a forcé mon tiroir et brûlé toutes les lettres de feu mon frère. Elle a toujours été jalouse », p. 245.

Commentaire

Par cet acte, la femme de La Pérouse révèle sa noirceur, sa jalousie, ce que l'on pourrait définir comme une « mauvaise façon d'aimer ». Il s'agit d'un couple en détresse et désuni. Cette découverte accentue le désespoir du vieillard. Le groupe des lettres volées à Molinier et le groupe des lettres brûlées par la femme de La Pérouse forment une nouvelle paire, puisqu'elles révèlent, sous une apparence de confort bourgeois, des tensions, des tromperies et des sentiments hostiles. À l'image du personnage, le lecteur se trouve dans une situation d'indiscrétion, de transgression et de voyeurisme.

Transition

À ces lettres d'un type particulier, s'ajoutent d'autres lettres qui seraient de type plus traditionnel si elles n'étaient lues que par la personne à qui elles étaient adressées.

c. Les lettres lues par plusieurs personnages (par indiscrétion ou avec autorisation)

Argument

Une nouvelle transgression de Bernard

Au chapitre 14 de la première partie, Bernard lit la lettre de Laura « insérée dans le journal d'Édouard ». Il transgresse ainsi deux interdits : il lit un journal intime et une lettre qui ne lui est pas adressée :

Exemple

« Il était seul encore, grâce à la double confidence de son ami et du journal d'Édouard, à connaître la double face de l'intrigue ».

Gide glisse habilement cette phrase de Bernard : « Pour m'introduire dans une intrigue aussi corsée, je suis un peu jeune ».

Commentaire

En faisant cela, il livre au lecteur des informations précieuses pour la suite du roman. L'amant de Laura est le frère d'Olivier, Vincent. Bernard décide de sauver Laura. La lecture de cette lettre va mettre Laura et Bernard en relation, elle joue donc un rôle primordial dans l'intrigue et dans l'apprentissage de Bernard. Il entre ainsi dans l'intimité de Laura et la découvre avant de la voir. Peut-être est-il déjà amoureux de cette jeune femme si droite et en détresse. La deuxième phrase citée ci-dessus crée une mise en abyme : ce procédé, nommé ainsi par Gide, est essentiel dans ce roman.

Argument

Bernard lit une autre lettre qui concerne Laura

Au chapitre 4 de la seconde partie, Bernard lit à nouveau une lettre, non plus de Laura, mais adressée à elle : la lettre de Félix Douviers, p. 195. Mais ce n'est pas une indiscrétion, Laura la lui donne à lire.

Exemple

« Ce petit enfant [...] que je fais serment d'aimer comme si j'étais son père. Ne crois pas qu'aucun reproche puisse accueillir ici ton retour ».

Commentaire

Cette double lecture présente plusieurs intérêts : cette lettre s'insère parfaitement dans le dialogue entre les deux jeunes gens et permet même de relancer la discussion : le sort de Laura et de son enfant est réglé ; et l'histoire de Laura rejoint celle de Bernard : elle permet de montrer qu'il a réfléchi sur la bâtardise et songe éventuellement retourner chez son père adoptif. Cette lettre est donc en lien avec plusieurs des thématiques essentielles du roman. Nous apprenons au chapitre 6 qu'Édouard a lu, lui aussi, cette lettre. « Laura vous a montré la lettre qu'elle a reçue de Douviers ? » p. 211.

Exemples

Cette question surgit après la lecture de la lettre d'Olivier. Au chapitre 6, Bernard fait en effet lire la lettre qu'il reçoit d'Olivier, par Édouard, p. 207. De même, Édouard lit, au chapitre 11 de la troisième partie, la lettre de Lady Griffith adressée à Passavant. Cette lettre évoque sa relation avec Vincent, p. 314. Édouard semble s'en désintéresser et dit « qu'il n'a pas besoin d'en lire plus ». Puis, à la fin du roman, c'est au tour d'Olivier de lire une lettre écrite par Alexandre et adressée à Armand. Ce dernier ne lui donne qu'une partie de la lettre, p. 361.

Commentaire

On peut voir là une ironie tragique : le lecteur comprend ce qu'Olivier ne saisit pas : le personnage, qu'Alexandre a rencontré, est Vincent. Ces deux dernières lettres créent un effet de double énonciation, puisque le lecteur y trouve des informations sur trois personnages, éloignés et dont personne n'avait de nouvelles. Cela permet de conclure le roman et d'apprendre que la vie de Lilian et de Vincent a basculé dans l'horreur. Édouard et Bernard lisent donc de nombreuses lettres qui ne leur sont pas adressées ; ce qui contribue à les placer au centre du roman et de la narration.

Transition Nous constatons que les lettres du roman font partie de la narration

2. Importance du motif dans l'œuvre

a. Place du motif dans la narration

— ***Argument*** *Une narration originale*

Les Faux-Monnayeurs est une œuvre essentielle pour Gide et forme une étape clé dans l'évolution du genre romanesque au début du XXe siècle. L'existence du *Journal des Faux-Monnayeurs* et de celui d'Édouard présente un romancier qui s'interroge constamment sur l'écriture et la construction de son roman ; il cherche à varier les procédés narratifs et à innover dans ce domaine. Les lettres et la façon dont Gide se sert de ce motif en témoignent. D'autres écrivains ont, avant lui, inséré des lettres dans leurs romans. Mais ici, elles sont nombreuses, ont un rôle et une place particuliers et sont agencées avec une grande ingéniosité.

— ***Exemple***

Ainsi, lisons-nous dans le *Journal des Faux-Monnayeurs*, p. 26 : « Je voudrais trouver des truchements successifs ». « Je voudrais que les événements ne fussent jamais racontés directement par l'auteur », p. 32.

— ***Commentaire***

La lettre devient un moyen de raconter et d'introduire des événements. Comme nous l'avons déjà mentionné, le motif de la lettre sert d'incipit, d'entrée de chapitre ou de transition.

— ***Commentaire*** *(suite)*

Certains billets comme celui de Rachel ou de Georges relancent l'action et font se rencontrer les personnages. Le lecteur entre ainsi aussitôt dans l'histoire. Les lettres cachées puis trouvées évitent de narrer un passé lointain, d'autres, comme celle de Lilian ou d'Alexandre servent de conclusion. Tous ces procédés facilitent et allègent la narration. Les dernières lettes évoquées permettent au narrateur de clore l'histoire de Lilian et de Vincent. Cela lui évite des transitions narratives. Il peut ainsi relater des événements très éloignés de ceux qu'il est en train de narrer. Le personnage prend alors le relais de la narration. La lettre d'Olivier à Bernard, qui débute le chapitre 6 de la seconde partie, est plus qu'une lettre, puisqu'elle retranscrit des dialogues, dépassant ainsi très nettement le registre du genre épistolaire.

— ***Argument*** *Les personnages*

Gide désire que la présentation de ses différents personnages soit originale et discontinue.

— ***Exemple***

Il écrit dans son *Journal des Faux-Monnayeurs*, p. 63 « Ne pas amener trop au premier plan — ou du moins pas trop vite — les personnages les plus importants, mais les reculer au contraire, les faire attendre » ; et p. 85 : « Le mauvais romancier construit ses personnages, il les dirige [...] Le bon romancier les écoute et les regarde agir ; il les entend parler », p. 85.

_ ***Commentaire*** Ainsi apparaissent-ils peu à peu et pour certains comme Boris ou Rachel, très tard. Certains, comme nous l'avons vu, apparaissent au moyen ou à travers des lettres, comme Bernard ou Laura. Ils ne sont pas décrits. Gide s'y refuse et Édouard le décide dans son *Journal des Faux-Monnayeurs*. Au lecteur d'imaginer les personnages. Ce sont leurs dialogues et donc leur voix qui les font vivre et qui permettent au lecteur de les connaître. Les lettres font partie de ces voix. Elles sont aussi l'occasion de conversations ou s'introduisent dans un dialogue comme c'est le cas pour Bernard et Laura.

_ ***Argument***
Un lecteur vigilant
L'auteur désire aussi rendre le lecteur vigilant et partie prenante de l'histoire.

_ ***Exemple*** « L'histoire requiert sa collaboration pour se bien dessiner », écrit-il dans Le *Journal des Faux-Monnayeurs,* p. 33.

_ ***Commentaire*** Dans le roman épistolaire, le lecteur est particulièrement actif, puisqu'il n 'y a pas de narrateur ; il est seul avec les lettres ; à lui d'interpréter, de lire entre les lignes... Bien que ce roman ne soit pas un roman épistolaire, la présence des lettres conduit le lecteur à chercher ce que révèlent ces lettres, d'autant plus que certains personnages, comme Olivier dans le chapitre 6 de la seconde partie, ne sont pas sincères.

_ ***Argument***
« Le roman somme »
Et enfin il a mis dans ce « roman somme » toutes ses préoccupations et ses thèmes de prédilection

_ ***Exemple*** « Tout ce que je vois, tout ce que j'apprends, tout ce qui m'advient [...] je voudrais le faire entrer dans ce roman » p. 32

_ ***Commentaire*** Les lettres permettent aussi de traiter des grandes questions comme la bâtardise, la relation conjugale ou amoureuse, la satire sociale. Elles entrent aussi dans le roman psychologique et métaphysique en poussant le lecteur à réfléchir sur l'ennui, la jalousie, le bien et le mal, l'absence de sincérité...Gide peut ainsi emprunter au roman épistolaire tous ses procédés sans se limiter à ce genre.

Transition Les lettres font aussi partie de l'intrigue qu'elles font avancer.

b. Place du motif dans l'intrigue

_ ***Argument***
Fonction d'ouverture des lettres
Les lettres ont différentes fonctions. Elles peuvent servir d'introduction, comme nous l'avons constaté en étudiant l'incipit du roman.

_ ***Exemple*** Aux lettres de l'incipit s'ajoute celle de Bernard à Olivier au début de la seconde partie.

_ ***Commentaire***	Ainsi, ce sont des lettres qui inaugurent les deux premières parties. Elles deviennent un véritable élément de l'intrigue lorsqu'elles engendrent un acte : c'est le cas dans l'incipit, au chapitre 11, I (Bernard lit la lettre de Laura à Édouard) et au début de la troisième partie, lorsqu' Édouard, dans son Journal, évoque le vol des lettres de Molinier.
_ ***Argument*** *Fonction informative*	Les lettres permettent aussi d'informer le lecteur.
_ ***Exemple***	Dans la lettre de Bernard à Olivier au début de la seconde partie, nous apprenons qu'il a « séché le bachot », qu'il accompagne Édouard... La lettre d'Olivier à Bernard, qui débute au ch. 6, II, est également informative : nous découvrons qu'Olivier est en Corse avec Robert de Passavant. Il parle à son ami de la revue que ce dernier dirige et à laquelle il participe. Il le présente avec une petite mise en abyme : « Lorsqu'il parle, c'est intéressant comme un roman ».
_ ***Exemple***	Dans la lettre de Félix Douviers à Laura, au milieu de la seconde partie, celle-ci découvre qu'il accepte de considérer son enfant comme le sien.
_ ***Commentaire***	Cette missive est essentielle malgré sa brièveté. Félix s'y montre magnanime. Ses propos permettent d'envisager le thème de la bâtardise d'une manière positive : l'enfant de Laura trouve un père et un foyer pour lui et sa mère. Félix agit comme Profitendieu l'avait fait autrefois avec Bernard. Elle donne l'occasion à Bernard d'expliquer ce qu'il ressent désormais pour son père, comme nous l'avons déjà noté.
_ ***Argument*** *Fonction conclusive*	Nous avons déjà évoqué la fonction conclusive des lettres de Lilian et d'Alexandre qui mettent un point final à l'histoire de ces personnages.
_ ***Commentaire***	Elles surgissent comme des récits de messagers dans une tragédie, venant narrer des événements lointains et particulièrement tragiques : l'amour qui se transforme en haine sous l'effet de l'ennui, la mort de Lilian qui est sans doute un meurtre, la folie de Vincent. Le fait qu'Édouard lise une grande partie des lettres contribue à faire de ce personnage le centre narratif du roman. Il est ainsi le confident essentiel de la plupart des personnages. La plupart des lettres se répondent en miroir. Cela contribue à la construction de systèmes d'échos dans le roman.
Transition	Les lettres sont des portraits vivants. Les personnages s'y révèlent ainsi que ceux qui les lisent.

c. Les lettres, révélateur de la psychologie des personnages

_ ***Argument*** *Fonction psychologique*	La lettre donne la parole à un personnage qui s'y exprime de manière personnelle, parfois intime et sincère, d'autres fois calculée, en fonction de son destinataire : elle fait intervenir des « je » dans la narration.

_ ***Argument***

Fonction psychologique (suite)

La lettre permet d'entrer dans l'intimité du personnage, qu'il mente ou dise la vérité. Leur style varie en fonction des personnages et des destinataires. Les lettres ont donc dans ce roman, une double, voire une triple fonction, comme dans un véritable roman épistolaire. Elles révèlent la psychologie des personnages qui écrivent, qui reçoivent la lettre et éventuellement des tiers qui les lisent. La première lettre de Bernard illustre aussitôt le caractère du personnage : une personnalité forte, radicale, révoltée jusqu'à faire douter le lecteur de sa sensibilité. Sa lettre est cruelle. Elle témoigne aussi du caractère de son père et de leur relation père/ fils. Il en est de même pour Georges qui n'est en rien affecté par la découverte de l'infidélité de son père ; au contraire, il s'en amuse, ce qui montre une insensibilité et un cynisme étonnants pour son âge.

_ ***Exemple***

La lettre de lady Griffith III, 11, p. 314 : « Je ne sais plus trop si je l'emmène ou s'il m'emmène ; ou si plutôt, ce n'est pas le démon de l'aventure qui nous harcèle ». Passavant réagit en disant : « C'est bien fait ».

_ ***Commentaire***

Cette lettre est en elle-même intéressante puisqu'elle permet de mieux connaître la psychologie de Lady Griffith, de Vincent, Passavant et Édouard. Nous apprenons comment a évolué la relation entre Lady Griffith et Vincent. Cette lettre déclenche aussi une réaction en chaîne : Édouard s'en désintéresse et cela « mortifie » Passavant. En outre, cette réaction d'Édouard prive le lecteur de la suite de la lettre. Le narrateur poursuit avec une analyse de Passavant, qui fait preuve de noirceur en se réjouissant du malheur des deux amants. Cette lettre est ainsi au centre du conflit entre les deux hommes : « il importait à Passavant de reprendre aussitôt la main ».

_ ***Exemple***

La lettre d'Olivier à Bernard, qui débute le chapitre 6 de la seconde partie, montre l'emprise que Passavant a sur Olivier.

_ ***Commentaire***

De façon originale, le lecteur ne dispose pas de la réaction de Bernard à qui est adressée la lettre mais de celle d'Édouard, tiers à qui l'on montre une lettre adressée à un autre. Le lecteur est ainsi dérouté. Le destinataire de la lettre est double et n'est pas celui auquel il s'attend. Il n'est pas non plus celui auquel Olivier pensait en écrivant sa lettre.

_ ***Commentaire***

Édouard ne « laisse rien paraître de ses sentiments » ; le narrateur, donc omniscient, lit en lui son indignation, sa haine pour Passavant, sa douleur de se croire oublié. Le narrateur pimente cela en livrant au lecteur un P. S qu'Édouard ne peut pas lire. Il livre lui-même les clés de cette lettre en la disant « non sincère ».

_ ***Exemple***

La lettre-réponse de Bernard est selon le narrateur, celle d'un homme « trop spontané, trop naturel, trop pur ».

– *Commentaire*

Ainsi, ces deux lettres montrent clairement les chemins différents que prennent les deux jeunes gens. La réaction d'Olivier le révèle : « un flot de sentiments hideux... son cerveau s'emplissait de visions impures...cette nuit les démons de l'enfer l'habitèrent. »

– *Exemple commenté*

La lettre de Laura est un moyen pour le narrateur de présenter son personnage. Et cela, ni dans un portrait romanesque traditionnel, ni à l'intérieur d'un dialogue. La jeune femme confie à Édouard sa détresse, montre sa grandeur d'âme.... Or, cette lettre ne révèle pas seulement Laura, elle provoque les réactions de deux personnages clé. Le narrateur nous livre le monologue intérieur de Bernard, qui se voit tel un chevalier sauvant la jeune femme en détresse : « sauver Laura. »

Conclusion

– *Bilan rapide*

Nous avons mis en valeur le rôle essentiel de ce motif, qui est traité de manière à la fois originale et riche et aborde les grands thèmes du roman. De plus, le roman s'enrichit ainsi des procédés du roman épistolaire sans être prisonnier de ce genre. Gide peut s'en servir comme d'un artifice pour renouveler les procédés de narration. Aux différents narrateurs s'ajoutent tous les épistoliers. Cela contribue à la complexité du roman et à un appel constant à la vigilance du lecteur. : « Je voudrais que les événements ne fussent jamais racontés directement par l'auteur, mais plutôt exposés par ceux des acteurs sur qui ces événements auront quelque influence. Je voudrais que, dans le récit qu'ils en feront, ces événements apparaissent légèrement déformés ; une sorte d'intérêt vient, pour le lecteur, de ce seul fait qu'il ait à rétablir. L'histoire requiert sa collaboration pour se bien dessiner » (*Journal des Faux-Monnayeurs* p. 32).

Pour aller plus loin

Sujet comprenant des éléments communs :

- Sujet sur les procédés de narration

Citations et passages-clés à retenir. Cf. Contenu du devoir.

Remarque Pour chaque devoir traité, vous devez relever les citations qui vous semblent les plus importantes et qui reviennent d'un devoir à l'autre. Faites-vous ainsi une « banque de citations ». Prenez les plus générales.

Entraînements

Entraînement 1 Armand dit à Olivier dans *les Faux-Monnayeurs*, p. 356 : « Je ne suis sincère que quand je blague ». Pensez-vous que cette boutade soit représentative du personnage ?

Pour vous aider à commencer

- **Analyser la question**

  C'est un sujet sur un personnage. On peut garder les éléments de la dissertation sur un personnage (présentation et relations d'Armand avec les autres personnages, place et fonction dans l'intrigue et rôle symbolique).

- **Rassembler ses idées et des citations**

  Pensez à réunir la banque de données de citations qui concernent ce personnage

- **Élaborer un plan**

  Il faut veiller à bien garder le fil conducteur en vérifiant si le schéma proposé s'adapte à la spécificité de ce personnage. Traiter aussitôt le sujet après avoir vérifié la cohérence du plan envisagé.

  Pour trouver les idées et le plan, parcourez le roman et repérez les passages où Armand apparaît. Aidez-vous du tableau d'apparition des personnages.

  Armand apparaît 7 fois dans le roman dans la première et la troisième partie :

  > D'abord au sein de sa famille et comme ami d'Olivier (ch. 12, I) p. 104, 111-2-3-5

  > Puis p. 236-8-9 avec sa mère et Édouard (ch. 2, III)

  > P 252 selon le point de vue de Bernard (ch. 4, III)

  > Sa chambre p. 274 (ch. 7, III)

  > Ch. 8, 9 III

  > Ch. 16, III

  > Il est vu suivant différents points de vue mais ces derniers concordent.

  > Il n'intervient pas dans l'intrigue mais joue un rôle dans la critique et la connaissance d'autres personnages.

> À la fois sincère et comédien, cynique et mélancolique, il intervient dans la réflexion sur l'insincérité et dans le roman métaphysique.

C'est à vous...

Corrigé

Le plan découle facilement de ces rapides analyses et reprend le plan sur un personnage :

- Importance du personnage
- Ses relations avec les autres personnages
- Son rôle symbolique

Plan

1. **Fonction dramatique et tragique du personnage**
   a. Peu d'apparitions mais un personnage déroutant et original
   b. Un regard sur les autres et le monde
2. **Un personnage mélancolique en perdition**
   a. Un faux-monnayeur qui suscite l'intérêt du lecteur
   b. La haine de soi et la mélancolie

Introduction

Annonce du sujet. Le roman de Gide *Les Faux-Monnayeurs* paru en 1926 abonde en personnages et ces derniers font partie de ses réflexions dans *Le Journal des Faux-Monnayeurs*. Différents les uns des autres par leur origine, leur âge et leur psychologie, ils ont tous leur place dans ce « roman somme ». **Commentaire rapide du sujet et problématique.** Ainsi pouvons-nous nous demander quelle est la place du personnage d'Armand qui intervient assez peu dans le roman ; cependant il dérange par sa personnalité et sa bouffonnerie, sous laquelle se cache une profonde mélancolie.

Annonce du plan en 2 parties. Nous étudierons dans un premier temps l'importance du regard critique de ce personnage aux apparitions peu nombreuses ; puis nous verrons que ce personnage, sous le masque du bouffon, cache une profonde mélancolie.

Développement

1. Fonction dramatique et tragique du personnage

a. Peu d'apparitions mais un personnage déroutant et original qui suscite l'intérêt du lecteur

Armand n'apparaît que 7 fois dans la première et la troisième partie : Il fait partie de la famille Védel et apparaît donc au moment où cette famille est présentée, p. 111. Il est donc le frère de Laura, Sarah, Rachel et Alexandre.

Il fait partie aussi du groupe des jeunes gens dans ce roman d'apprentissage (il est du même âge que Bernard et Olivier) ; ainsi est-il d'abord vu comme un ami d'Olivier. C'est avec lui qu'il a les conversations les plus intéressantes, comme nous allons le voir. Olivier le met en valeur par deux superlatifs en disant de lui qu'il est « le plus intelligent et le plus intéressant de la famille », p. 104. Il fait aussi partie des « victimes » de Passavant, p. 353, ch. 16, III, qui tente de corrompre le plus de personnes possible.

Il se fait connaître au lecteur suivant différents procédés : soit directement par ses propres paroles, soit indirectement selon différents points de vue : tour à tour, chacun parle de lui : nous disposons du point de vue d'Olivier, p. 104, de Sarah, p. 115, du narrateur, p. 236, de Bernard et Édouard, p. 252.

Comme la plupart des personnages, il est à peine décrit : Édouard, ch. 2, III, p. 236, écrit juste cela dans son journal : « Le visage d'Armand s'était affiné ; son nez se pinçait, se busquait sur ses lèvres amincies et décolorées ». Ce sont peu d'éléments. Or, nous avons déjà rencontré Armand et ces quelques traits de son visage n'apparaissent qu'à ce moment-là. Dans le *Journal des Faux-Monnayeurs*, Gide choisit en effet de « ne pas décrire » ses personnages mais de « faire en sorte de forcer le lecteur à les imaginer comme il sied », p. 64.

Armand n'existe que par la voix (la sienne ou celle des autres). Soit c'est lui qui parle soit on parle de lui. C'est notamment dans ses discussions intellectuelles avec Olivier qu'il se révèle le plus. Dans le *Journal des Faux-Monnayeurs* Gide explique que les personnages sont des voix, p. 85 : « Le mauvais romancier construit ses personnages, il les dirige [...] Le bon romancier les écoute et les regarde agir ; il les entend parler » p. 85

Mais quels que soient les points de vue adoptés, tous corroborent et dressent le même portrait du jeune homme :

Il est d'emblée présenté comme un personnage étrange : « très curieux », dit Olivier , p. 104.

Armand joue constamment un rôle (et notamment un rôle de bouffon (113 : »bouffonnant ») ; Olivier le traite de »pitre » p. 257.

Il est provocateur (le mot « hémorroïdes » est « le plus beau mot de la langue française », dit-il P. 276), sarcastique, p. 112, parfois vulgaire : il caractérise sa sœur Sarah de « putain » p. 113 ; « rivalisant de bêtise et de vulgarité » p. 111.

Mais nous verrons que derrière cette facette se cache un jeune homme fin et sensible (« Je le croyais, je le crois encore d'une nature fine et sensible » écrit Édouard dans son Journal, ch. 12, I, p. 112 et extrêmement intelligent (selon le point de vue d'Olivier) : « Une « expression de souci profond se cachait derrière sa méchante ironie » écrit Édouard dans son Journal, p. 236. Olivier sent son angoisse sous son « exaspérante ironie », p. 280.

Ce personnage original ose dire ce que les autres n'osent pas dire. Son point de vue sur autrui est lucide et donc important.

b. Un regard sur les autres et le monde

Cette franchise est manifeste dès son apparition : ainsi, ose-t-il demander à Édouard pourquoi il n'a pas épousé Laura alors qu'il l'aimait, p. 112.

Il sert de regard critique et satirique sur sa propre famille et notamment sur l'hypocrisie religieuse de ses parents. **Il introduit aussi des points de vue sur des personnages, permettant au lecteur de mieux les connaître.**

Il fait partie de ces personnages qui étouffent au sein de la famille ou de la bourgeoisie (si son père « étouffe », lui « en crève », p. 239). Il porte un regard lucide sur ses parents et grands-parents qui refusent de voir la réalité :

> son grand-père, son aveuglement (« n'y voit que du feu » p. 238) et sa conduite hypocrite avec La Pérouse : « Dites si ce n'est pas dégoûtant : grand-père qui fait le charitable avec La Pérouse, parce qu'il a besoin d'un répétiteur », p. 239.

> sa mère qui « s'efforce de ne rien comprendre aux sacrifices de Rachel » p. 238 et pendant ce temps « fait des vers ».

> son père : égoïste et incapable de réfléchir par lui-même ; il ne s'intéresse ni à son fils ni à la chambre qu'il occupe et « sait par cœur un tas de phrases consolatrices pour les principaux événements de la vie », p. 275. Fuyant le réel, comme son épouse, « il s'en remet au Seigneur. C'est plus commode. À chaque difficulté, il tombe en prière et laisse Rachel se débrouiller » ; [...] Tout ce qu'il demande c'est de ne pas y voir clair », p. 238. On trouve une illustration immédiate de ces jugements quand Rachel dit à son père que tout est arrangé et qu'il répond que c'est grâce à Dieu, p. 239.

Il « joue au pasteur », dit-il à Olivier, p. 356 ; il « s'imagine qu'il croit, parce qu'il continue à agir comme s'il croyait ». Il n'est plus libre de ne pas croire. Cette foi ou apparence de foi fait de plus vivre toute la famille : « la foi de papa, c'est notre gagne-pain », p. 358. **Armand dénonce ainsi cet aveuglement intérieur qu'on appelle « la mauvaise foi ».**

Ce regard sur son père introduit le thème de la révolte contre la religion, le puritanisme et l'hypocrisie paternelle. Il se révolte d'autant plus que ses parents voulaient qu'il devienne pasteur à son tour : « On m'a chauffé pour ça, gavé de préceptes pieux en vue d'obtenir une dilatation de la foi, si j'ose dire », p. 358.

C'est pour cette raison qu'il déteste la vertu, ou du moins, cette fausse vertu : « Ce qu'il y a de plus sincère en moi est la « haine de tout ce qu'on appelle vertu ». Cette haine est le résultat d'une « première éducation puritaine », p. 359 : elle « laisse au cœur un ressentiment dont on ne peut plus se défaire ».

Cette éducation délétère renvoie à celle que Gide a reçue.

Les parents Vedel ont échoué auprès de tous leurs enfants. Alexandre est parti le plus loin possible des siens et est devenu un nihiliste sans scrupules. Laura s'est mariée avec un homme qu'elle n'aime pas et se trouve seule, démunie, enceinte d'un bâtard. Sarah se révolte, est « résolue à conquérir sa liberté, à s'accorder toute licence, à tout oser » ; et se sent « capable de tous les défis ». La vertu de sa sœur, Rachel, l'effraie tellement, **qu'elle est tentée par le mal** : « Je ne veux pas croire à ton ciel, je ne veux pas être sauvée », p. 341. Rachel n'a pas de vie, elle s'est sacrifiée aux autres.

Cette critique de la religion apparaît sous forme de projet dans le *Journal des Faux-Monnayeurs*, p. 23 : « Le pasteur, en apprenant que son fils, à 26 ans, n'est plus le chaste adolescent qu'il croyait s'écrie : "Plût au ciel qu'il fût mort à la guerre ! [...] ne fût jamais né !" Quel jugement un honnête homme peut-il porter sur la religion qui met de telles paroles dans la bouche d'un père ? »

Sur son frère Alexandre : « Mon cochon de frère, qui a fait des dettes dans les colonies », p. 238.

Sur Rachel dont il connaît l'ampleur du sacrifice ; il souligne qu'elle vaut mieux que ceux pour lesquels elle se sacrifie, p. 238, ainsi juge-t-il aussi sévèrement Laura : « Celle-ci l'a bien récompensée, cette garce. »

Il a compris l'aspect angélique de sa sœur : « La seule personne de ce monde que j'aime et que je respecte. Je la respecte parce qu'elle est vertueuse », p. 359.

Décèle aussi la bonté d'Olivier, son « cœur d'or », p. 359.

Il critique aussi l'instinct grégaire en art qui consiste à admirer ce que l'on doit admirer ; il prend l'exemple de la Joconde à la moustache, p. 357. (Marcel Duchamp, 1919)

Dans le *Journal des Faux-Monnayeurs*, Robert (Passavant) parle d'un livre qu'aucun d'eux « n'a lu » mais « on a tacitement convenu de lui trouver tous les mérites [...] », p. 68.

Armand participe ainsi au « roman somme » : « Tout ce que je vois, tout ce que j'apprends, tout ce qui m'advient [...] je voudrais le faire entrer dans ce roman » écrit Gide, p. 32, dans son *Journal des Faux-Monnayeurs*.

En réalité, Armand est l'un des personnages les plus malheureux et désespérés du roman.

2. Un personnage mélancolique en perdition

a. Un faux-monnayeur

Armand joue sans cesse un personnage, comme nous l'avons déjà mentionné.

Il devient ainsi un faux-monnayeur.

Ainsi dit-il à Olivier, p. 356 : « Je t'ai parlé comme tu désirais que je parle » « Tu réclamais un morceau en mineur ; alors [...] j'ai joué ma complainte avec une âme en tire-bouchon, et des tourments à la Pascal » ; « Je ne suis sincère que quand je blague. »

Armand pense que tout le monde joue (on retrouve là la métaphore du *theatrum mundi*) : « Comme si chacun de nous ne jouait pas » ; il pense que « la vie n'est qu'une comédie », dit-il p. 356, **mais moi « je sais que je joue »**. Il est à la fois sincère (il ose dire ce qu'il pense et il sait qu'il n'est pas lui-même) et faux (en n'étant jamais lui-même).

Armand est paradoxalement ainsi plus vrai que les autres. Nous avons montré comment il révélait les vices cachés de ses parents. **Il renvoie ainsi à l'un des grands thèmes du roman : la mauvaise foi (que nous avons précédemment mentionnée) la sincérité et l'insincérité, l'hypocrisie (au sens étymologique du terme : en grec, le mot *hypocritès* signifie acteur)**. Dans son *Journal des Faux-Monnayeurs*, p. 54, Gide consacre plusieurs pages à l'hypocrisie : il définit « l'esprit faux » : celui qui éprouve le besoin de se persuader qu'il a raison de commettre tous les actes qu'il a envie de commettre » Le premier degré de l'hypocrisie est de chercher « à persuader les autres ». Mais il y a une hypocrisie « plus profonde », lorsqu'on devient la première victime de toutes les fausses raisons qu'on se donne. « Le véritable hypocrite est celui qui ne s'aperçoit plus du mensonge, celui qui ment avec sincérité ».

Armand explique à Olivier qu'il se dédouble : « Quoi que je dise ou fasse, toujours une partie de moi reste en arrière, qui regarde l'autre se compromettre » [...] « Quand on est ainsi divisé, comment veux-tu qu'on soit sincère ? », p. 356. Il va jusqu'à dire qu'il ne comprend plus ce que veut dire ce mot, p. 356.

Ce discours cache sans doute sans doute des regrets : Armand rêverait d'un monde vrai.

Derrière ce masque se cache un jeune homme fragile qui se hait lui-même et hait tout ce qu'il fait.

b. La haine de soi et la mélancolie

Sa sœur, Sarah, le dit « très malheureux », p. 115. Armand est autodestructeur et destructeur : ainsi Bernard décrit-il Armand à Édouard en disant que « son esprit n'est appliqué qu'à détruire [...] c'est contre lui-même qu'il se montre le plus acharné », p. 252 ; il ajoute qu'il a honte de tout ce qui est « bon » en lui, « généreux, noble et tendre. » À cela, Édouard ajoute qu'il pense comme Olivier que ses sarcasmes « abritent » sans doute « une excessive sensibilité » et « une grande souffrance », p. 252 ; Sarah dit aussi qu'il a, p. 115, « besoin d'abîmer tout ce à quoi il tient le plus. »

C'est pourquoi Rachel le bouleverse mais il la provoque : « Et j'agis toujours de manière à offenser sa vertu » dit-il au sujet de Rachel, p. 59.

Cette haine de soi et cette autodestruction se traduisent par le choix de se rapprocher de Passavant. **Il sait très bien qu'en devenant son secrétaire, il passe du côté du mal**. Il dit d'ailleurs à Olivier : « Il est à faire vomir ton Passavant », p. 355. C'est donc bien parce qu'il se déteste qu'il accepte ce poste : il déclare « j'aime ce qui me dégoûte », p. 355 et se voit en effet lui-même comme « un sale individu », p. 355. On constate qu'il exprime sans cesse du dégoût pour les autres et pour lui-même (Cf. Citation précédente au sujet de son grand-père et celle-ci à propos de Passavant).

Sa chambre sordide est à l'image qu'il se fait de lui-même. Elle est décrite au chapitre 7 de la troisième partie, p. 274, comme étant nauséabonde. Armand décrit lui-même les tableaux accrochés aux murs et en décrypte la symbolique : le premier évoque « tous les maux », le second « les âges de la vie », le troisième la luxure. Armand contribue volontairement à rendre sa chambre la plus sordide possible : lit défait, cuvette non vidée. Cynique, il prétend qu'elle « l'inspire ». Son *Vase nocturne* est à l'image de l'idée qu'il se fait de lui-même et de la vie : le vase nocturne étant en réalité un pot de chambre, Armand choisit le sujet le plus répugnant qu'il puisse trouver. « Je trouve mon poème exécrable » dit-il p. 276. Il ajoute que quand il se contemple tel Narcisse « il ne voit qu'une tête de raté ». Armand est par excellence le type même du mélancolique. Il se réfère d'ailleurs à Baudelaire lorsqu'il parle à Olivier de son *Vase nocturne*, p. 275. **L'insuffisance du monde, à laquelle se joint sa propre insuffisance, l'attriste au point de lui ôter le désir de vivre.** Il se fait du souci pour Rachel, p. 277, puis utilise ses problèmes de vision comme métaphore : il se voit comme un imbécile qui sait qu'il l'est : « je n'ai le sentiment que de mes manques » [...] et il voudrait écrire « le traité de l'insuffisance » ; jouant sur les mots il ajoute : « Je suis insuffisant pour l'écrire », « j'aurais cherché [...] le point limite, en deçà duquel rien n'est », p. 278, « cette ligne de démarcation entre l'être et le non-être, je m'applique à la tracer partout », p. 279-280.

Cette mélancolie est aussi due à un désir de pureté qu'il ne peut atteindre. Il est en admiration devant sa sœur Rachel qui représente sa soif cachée de vertu et de pureté. Il est même le seul personnage à mesurer l'angélisme de Rachel et à l'aimer autant, alors qu'il se moque de tout, même de la vertu. De même, lorsque Sarah et Bernard partent dormir, il regarde la « hideur de sa chambre et sait qu'il ne pourra pas dormir : il contemple alors les deux jeunes gens dormir et est submergé par l'émotion : « Il voudrait être leur sommeil, leur baiser ». Armand « s'agenouille » et nous lisons ces mots étonnants, qui révèlent sa quête paradoxale d'absolu : « Quel Dieu peut-il prier ainsi les mains jointes ? Une indicible émotion l'étreint » [...] Il sanglote », ch. 8, 9, III, p. 295.

Conscient de son impureté, il semble penser que son bouton sur la lèvre est un signe de sa souillure et l'annonce d'une maladie grave, sans doute incurable, p. 360. Son désespoir est tel qu'il refuse de se soigner. C'est ce même désespoir qui lui donne envie de rejoindre son frère Alexandre et d'adopter son mode de vie, p. 360-361.

Le fait que ce soit lui qui lise la lettre d'Alexandre révélant la chute de Vincent est un signe : une prolepse de sa future déchéance et perdition.

Conclusion

Dans ce roman d'apprentissage, Armand fait, avec Olivier et Bernard, partie des jeunes gens. Tous trois représentent trois différentes formes d'apprentissage. Olivier et Bernard en sortent grandis, Armand, lui, s'y perd. Ce personnage original permet au romancier d'introduire des thèmes essentiels : la révolte contre la famille, l'hypocrisie et le puritanisme, l'insincérité et la mauvaise foi et l'instinct grégaire en art. Il ouvre aussi sur une réflexion sur le désespoir et le mal, la quête d'absolu et la mélancolie. Le triste destin de ce jeune homme brillant, cynique mais épris d'absolu, contribue au pessimisme du roman.

Pour aller plus loin

Les citations du ***Journal des Faux-Monnayeurs*** de Gide sur les personnages peuvent être réutilisées pour tous les sujets sur un personnage.

Sujets comprenant des éléments communs :

- Armand apparaît dans le sujet sur la sincérité et le mensonge et dans le sujet sur le diable
- Sujet sur la critique religieuse
- Sujet sur le roman métaphysique
- Sujet sur le pessimisme du roman

Entraînement 2 **Boris est désigné par la périphrase « le pauvre enfant » dans le *Journal des Faux-Monnayeurs*, p. 87. Pensez-vous que cette périphrase convienne au personnage de Boris ? Quelle est l'importance du personnage de Boris dans le roman *Les Faux-Monnayeurs* de Gide ?**

Conseils avant de commencer

Pour trouver les idées et le plan, réfléchissez d'abord aux moments où Boris apparaît.

Ensuite, demandez-vous quand il apparaît :

> Le lecteur fait d'abord sa connaissance *in absentia* par son grand-père au chapitre 13 de la première partie. On le rencontre ensuite dans la deuxième partie, Saas-Fée, lorsqu'Édouard va le chercher, dans 4 chapitres sur 7. Dans la troisième partie, il apparaît aux chapitres 3, 4, 15, 18.

> Ce personnage apparaît dans 10 chapitres, soit un quart des chapitres.

> C'est un bâtard, comme Bernard et le fils de Laura mais il est frappé d'une sorte de tristesse et de difficulté à vivre, qui inhibent sa vitalité.

> Il apparaît comme un être malade puisque Sophroniska s'occupe de lui et cherche à le soigner.

> La seule qui puisse le réconforter est Bronja, la fille de Sophroniska mais elle meurt.

> Une sorte d'ironie tragique entoure cet enfant : on le sépare de la seule personne qu'il aime (Bronja) pour aller rejoindre un vieillard triste et plaintif dans une ville et une pension qu'il ne connaît pas ; Bronja meurt. Il dort dans la chambre de Bernard qui n'a pas le temps de s'occuper de lui parce qu'il prépare son « bachot » ; Georges lui joue la comédie de la fausse amitié et il cherche désespérément l'amitié des faux-monnayeurs alors que Gontran de Passavant aurait été un véritable ami.

- **Analyser les termes du sujet**

  Une question sur l'importance du personnage signifie qu'il faut réfléchir au rôle qu'il joue dans l'intrigue : la fait-il évoluer ? au rôle qu'il joue auprès des autres personnages : les fait-il évoluer ? Est-il pour eux une aide, un obstacle ? Possède-t-il une fonction symbolique ? Reprenez les éléments de la dissertation sur un personnage pour vous aider. La citation du sujet insiste sur sa tristesse ou sa malchance.

- **Rassembler ses idées et des citations**

  Pensez à réunir la banque de données de citations qui concernent ce personnage.

- **Élaborer un plan**

  Veillez à bien garder le fil conducteur du sujet et la cohérence de votre plan.

  Un plan logique semble découler de ce qui précède. Ce plan est du même type que celui pour Bernard et Édouard.

C'est à vous..

Corrigé

Plan

1. La fonction dramatique du personnage

a. Un enfant déconcertant

b. Ses relations avec les autres personnages

c. Un élève asocial, victime des faux-monnayeurs

2. La fonction symbolique du personnage

a. Boris, image de Gide enfant

b. Un adolescent mal à l'aise

c. Un enfant pur et inadapté au monde

Introduction

Boris apparaît *in absentia* au chapitre de la première partie. C'est son grand-père, M. de La Pérouse, qui révèle son existence à Édouard. Le vieillard, affligé et dépressif, n'a jamais vu son petit-fils et pense qu'il irait mieux s'il faisait sa connaissance. C'est pourquoi Édouard lui propose d'aller le chercher en Suisse, où il se trouve à ce moment-là. Hélas, l'arrivée du jeune garçon va déclencher le drame final du roman. Il s'agit alors de se demander quelle est l'importance du personnage de Boris dans le roman. Nous étudierons en premier lieu la fonction dramatique du personnage et en deuxième partie sa fonction symbolique.

Développement

1. La fonction dramatique du personnage

a. Un enfant déconcertant

Le lecteur fait la connaissance du jeune garçon par le Journal d'Édouard, à la première ligne du ch. 2, III, Saas-Fée : « Je n'ai pas eu de mal à trouver le petit Boris ».

Celui-ci se présente d'emblée comme un enfant capricieux et déconcertant. Il parle de travers, répond à côté et fait le bêta.

Bronja lui parle des anges, qu'il ne voit pas parce qu'il se croit « méchant », p. 173. On peut rapprocher cet épisode de la fin du roman, lorsque Bernard combat avec l'ange dans sa chambre. L'enfant ne voit pas l'ange et croit que Bernard prie... Est-il toujours « méchant » ?

Sophroniska le présente comme un enfant déséquilibré et malade, p. 175 dont elle attend des « aveux » pour pouvoir le guérir.

Il souffre de la mort de Bronja mais n'exprime pas sa tristesse, qu'il cache « comme un trésor », p. 363. C'est un garçon hypersensible qui subit de grands chagrins. Ce personnage sert à mettre en valeur la faiblesse et les dangers du dogmatisme de la psychanalyse.

b. Ses relations avec les autres personnages

Dès qu'il arrive à la pension Vedel, Boris est malheureux : d'abord parce qu'on l'a séparé de Bronja et qu'ensuite la jeune fille meurt.
Il ne s'entend pas avec son grand-père qui le croit de « cœur un peu sec », p. 345 et « ses camarades le terrifi(ai)ent », p. 247. Dès le jour de la rentrée des classes, les trois élèves : Ghéri, Phiphi et Georges le détestent et se moquent de lui. Cet enfant paraît inadapté à la vie en société.
Il ne réagit pas comme Gontran de Passavant qui travaille et ne se mêle pas aux autres : « il (*Gontran)* ne se laisse pas entamer par les autres », p. 249.
Boris, par manque de discernement, est attiré par Georges et non pas par Gontran.

c. Un élève asocial, victime des faux-monnayeurs

Dans son *Journal des Faux-Monnayeurs*, Gide rapporte un article du *Journal de Rouen* du 5 juin 1909, à propos du suicide d'un lycéen à Clermont-Ferrand. *Le Journal des Débats* (Journal qui parut de 1789 à 1944) donne de plus amples détails sur ce suicide et notamment sur la participation monstrueuse de « quelques gamins », p. 104, qui l'ont poussé à commettre cet acte désespéré. Toutes les circonstances de ce drame ont été reprises par Gide et appliquées à Boris. Ghéri sait qu'il y a une balle dans le pistolet et Georges sans doute aussi. Ainsi, les trois faux-monnayeurs du collège sont-ils responsables — en grande partie — de la mort de Boris. Phiphi éprouve une véritable amitié pour Boris : « Boris eut bien du mal à retenir ses larmes quand Phiphi, sur ses joues, fit sonner deux gros baisers d'enfant », p. 371, alors que Georges, lui, joue un double jeu que le narrateur qualifie de « monstrueux » : il joue une « comédie d'amitié » à laquelle Boris se laisse prendre, p. 367. « Quant à Ghéri, ce qu'il s'en fichait ! » ironise le narrateur, p. 371. Cet enfant illustre la théorie des forts et faibles qui veut éliminer les faibles ; il est également le miroir de la corruption des adolescents qui va jusqu'à tuer un enfant.

Ce jeune garçon inadapté à la vie en société et surtout à la vie avec des collégiens cruels, est en partie une image de Gide enfant.

2. La fonction symbolique du personnage

a. Boris, image de Gide enfant

En effet, Gide a perdu son père très jeune (comme Boris) et sa mère l'a élevé très strictement. Il allait en classe à l'Ecole Alsacienne à Paris et a beaucoup souffert de ses camarades. Comme Boris, « il ressemblait à une fille, le sentait et s'en désolait », p. 247. Gide était sujet à des crises nerveuses (Sophroniska parle de Boris en disant qu' « il souffre d'une quantité de petits troubles, de tics, de manies, qui font dire : c'est un enfant nerveux », p. 175) et a beaucoup manqué l'école.

Il a de nombreux points communs avec Boris et il peut ainsi évoquer sa souffrance d'enfant.
La jeune Bronja peut également faire référence à la cousine de Gide, Madeleine (plus âgée que lui), dont il est tombé amoureux, encore tout enfant.

b. Un adolescent mal à l'aise

Cet adolescent ne se sentait à l'aise qu'avec Bronja qui le prenait au sérieux.
La disparition de la jeune fille le laisse aux prises avec des adolescents brutaux qu'il rêve de côtoyer, alors que ceux-ci ne pensent qu'à le blesser. Ses manières délicates les heurtent et révèlent leur propre cruauté. Devant les exigences des conditions d'admission à la *Confrérie des Hommes Forts*, Boris « sent(it) un grand chavirement dans sa tête », p. 369, mais il s'efforce de paraître brave pour plaire aux trois comparses.
Il comprend qu'il va mourir puisqu'il cherche des prières dans sa tête avant de prendre le pistolet mais n'en trouve pas. Il est tellement mal à l'aise qu'il est incapable de penser par lui-même, de raisonner et de se dire qu'il va mourir à onze ans, bêtement, sans aucune raison valable, sinon celle de plaire à trois voyous. Il fait ainsi basculer le roman dans la tragédie.

c. Un enfant pur et inadapté au monde

Le monde sans pitié des collégiens est ainsi montré à travers ce garçon qui veut faire ses preuves de bravoure pour s'agréger à une bande d'amis. Il comprend très vite que les trois autres n'y vont « pas franc jeu », p. 369, mais son désir d'amitié est tel qu'il veut leur prouver qu'il a « plus de cœur qu'eux », p. 369. Le narrateur emploie un verbe péjoratif et ironique pour définir le besoin d'amitié de Boris : il « bramait après un peu d'estime et d'amour » écrit-il p. 367. Par l'emploi de ce verbe réservé aux cervidés, la référence biblique du « cerf altéré qui cherche l'eau vive » (Psaume 42) est évidente, chez Gide qui a reçu une éducation protestante stricte et qui connaît très bien la Bible. La soif d'amitié, d'amour et tout simplement de reconnaissance est tellement forte chez Boris que la seule référence qui lui convienne est spirituelle, d'une exigence absolue. Ainsi, la fonction symbolique de Boris est-elle d'opposer les adolescents pervers et cruels à la pureté des enfants sensibles et délicats. Un aspect du roman — extrêmement pessimiste — met en évidence qu'il n'y a pas de place pour des enfants comme Bronja et Boris dans ce monde.

Conclusion

Le jeune Boris, victime des faux-monnayeurs, est un enfant hypersensible, assoiffé de tendresse et d'amitié. Il n'est pas sans rappeler Gide enfant par beaucoup de traits et sa fonction symbolique est de stigmatiser la cruauté adolescente des collégiens, qui sont « sans pitié » comme l'écrivait La Fontaine. Il révèle aussi la faiblesse et la sensibilité de certains enfants qui endurent un long martyre durant leur scolarité parce qu'ils ne ressemblent pas aux autres élèves.

Boris est là aussi pour montrer la séparation entre le monde des anges et des démons, des forts et des faibles.

Il est un contre-exemple de la théorie des bâtards.

Ce personnage rend « le roman plus romanesque », c'est-à-dire qu'il le sort de la mise en abyme et des préoccupations esthétiques.

Entraînement 3 Le personnage de La Pérouse ferme le roman *Les Faux-Monnayeurs*, ce qui souligne son importance. Que pensez-vous de son rôle dans le roman ?

Conseils avant de commencer

- **Analyser la question**

  Reportez-vous à la méthodologie de la dissertation portant sur un personnage, question à 8 points : Quand apparaît-il ? À quelle fréquence ? En lien avec quel(s) autre(s) personnage(s) ? Quelles sont ses préoccupations ? Fait-il avancer l'intrigue ?

- **Rassembler ses idées et des citations**

  Il est le professeur de piano et l'ami d'Édouard. Le mari de Mme de La Pérouse, le père d'un homme disparu et le grand-père de Boris. On le retrouve dans 7 chapitres seulement mais il fait avancer l'intrigue de façon tragique, puisqu'il est indirectement la cause du suicide de son petit-fils.

  Il apparaît dans le Journal d'Édouard, au chapitre XII de la première partie. Il tient l'harmonium pendant le mariage de Laura et de Douviers. Description (rare) du visage du vieillard, p. 101 à 103. Le début du chapitre 13 lui est consacré, p. 118 à 125. Le vieil Azaïs évoque aussi son « vieil ami » et « sa chère femme » ainsi que « son charmant petit-fils », p. 231 (signe qu'il ne le connaît pas si bien que cela).

On le retrouve p. 156. C'est Mme de La Pérouse qui vient ouvrir à Édouard et qui se plaint de son mari. M. de La Pérouse arrive ensuite et veut la chasser. À son tour de se plaindre d'elle, p. 158. Il parle de suicide pour trois mois plus tard, p. 160. Édouard lui propose d'aller chercher Boris à Saas-Fée, il accepte aussitôt, p. 161. « L'excellent homme », p. 162, et son épouse, occupent presque tout le ch. 18, I, avec leur mésentente conjugale et les angoisses métaphysiques du vieil homme.

1, III : Boris rencontre son grand-père et cela se passe mal.

3, III : visite à L P..., p. 240 à p. 246.

On le retrouve au ch. 15, III, p. 342-346, puis en surveillance, p. 373, avant le suicide de Boris puis après, p. 376 et p. 377-378, les dernières pages du roman.

Dans le *Journal des Faux-Monnayeurs :* p. 75 : 3 novembre 1923 : « Si j'ai raté le portrait du vieux Lapérouse *(sic)* c'est pour l'avoir trop rapproché de la réalité ; je n'ai pas su, pas pu perdre de vue mon modèle. [...] Rien encore ne m'a donné tant de mal. Le difficile c'est d'inventer là où le souvenir vous retient. »

Dans la deuxième partie du *Journal des Faux-Monnayeurs*, André Gide répond à une lectrice qui lui reproche d'avoir honteusement plagié Saint-Simon dans ses *Mémoires*, à propos de la maladie de La Pérouse. Elle l'accuse d'un « manque absolu de franchise » parce qu'il n'aurait pas avoué son emprunt, p. 109.

Dans sa réponse, Gide déclare à sa correspondante que le modèle de La Pérouse lui a été soufflé par la réalité : « La Pérouse a été inspiré, et jusque dans son suicide manqué, par un vieux professeur de piano, dont je parle longuement dans *Si le Grain ne meurt*... », p. 111.

En note de bas de page, Gide rajoute : « La ressemblance de Monsieur le Prince, fils du Grand Condé, avec mon vieux La Pérouse, reste épisodique et de médiocre importance. Elle se résume en ceci que l'un comme l'autre, dans les derniers temps de sa vie, se considérait et demandait qu'on le considérât comme mort. [...] Le sentiment de l'irréalité de ce qui nous entoure ou si l'on préfère, la perte du sentiment de la réalité, n'est pas si rare que certains n'aient pu l'observer, ou l'éprouver momentanément par eux-mêmes. J'avoue que je suis sujet à cette singulière illusion, juste assez pour pouvoir imaginer fort bien ce qu'elle peut devenir si l'on y cède avec complaisance, ou lorsque les facultés de redressement s'affaiblissent, comme dans les deux cas où j'ai pu l'observer d'assez près sur autrui. »

- **Élaborer un plan**

Il faut veiller à bien garder le fil conducteur et en vérifiant si le schéma proposé s'adapte à la spécificité de ce personnage. Traiter aussitôt le sujet après avoir vérifié la cohérence du plan envisagé.

C'est à vous

Corrigé

Le plan découle facilement de ces rapides analyses.

De tout ce qui précède, on peut esquisser un plan qui rendrait compte à la fois des déboires familiaux du vieillard et de son angoisse métaphysique.

1. **Présentation du personnage en relation avec les autres**
2. **Quel est le rôle de La Pérouse ?**
   a. Place du personnage dans l'intrigue
   b. Rôle symbolique du personnage

Remarque **Cette deuxième sous-partie** élargit le sujet aux dimensions symboliques du personnage, c'est-à-dire ce qu'il représente : cela peut être un thème, un type humain, une vertu ou un vice, une visée critique de l'auteur.

Comme dans le plan type, on peut commencer par la présentation du personnage et ses relations avec les autres : un homme aigri et dépressif/ Un mari désenchanté : la *décristallisation* /Un père et un grand-père désespéré. Sa place dans l'intrigue apparaît en fin de première partie. La seconde partie souligne son rôle symbolique : désespoir mystique, crainte du Diable, de Dieu et perte de la réalité.

1. **Un échec familial complet dans une vie de « dupe »**
   a. Un homme aigri et dépressif
   b. Un mari désenchanté : la décristallisation
   c. Un père et un grand-père désespéré
2. **Un désespoir mystique**
   a. La crainte du Diable
   b. La crainte de Dieu
   c. La perte de la réalité

Introduction

Parmi les nombreux personnages des *Faux-Monnayeurs*, Anatole de La Pérouse, p. 231, est le seul dont le narrateur esquisse un portrait physique, par l'intermédiaire du Journal d'Édouard. C'est la tristesse qui paraît d'emblée sur son visage et la suite du roman ne fera que confirmer cette première impression. C'est aussi lui qui ferme le roman. Il s'agit alors de se demander quelle est l'importance du personnage de M. de La Pérouse dans le roman d'André Gide paru en 1926. La première partie traitera de l'échec familial complet de ce vieillard et la deuxième partie rendra compte de son désespoir mystique.

1. Un échec familial complet dans une vie de « dupe »

a. Un homme aigri et dépressif

Édouard lit tant de tristesse sur le visage « vieilli, plus beau, plus noble que jamais » de M. de La Pérouse, qui tient l'harmonium au mariage de Laura, p. 101, qu'il se promet d'aller lui rendre visite plus tard. Il le rencontre à nouveau à la sortie du mariage et l'adverbe « tristement » revient auprès du vieillard. À sa visite suivante, Édouard évoque à nouveau le « beau » visage qu'avait cet homme, autrefois. Il est maintenant en veston élimé, un bas sur la tête et nettoie lui-même la cheminée. Très vite, le professeur de piano se plaint de ses élèves, de la vie en général, et enfin plus précisément, il accuse ses proches de l'avoir « roulé », p. 120 : « Madame de La Pérouse,... mon fils..., tout le monde... le Bon Dieu m'a roulé ». Cet homme est montré par Édouard comme quelqu'un en pleine déchéance, physique, matérielle et spirituelle. Il se plaint de tout et de tous, particulièrement de sa femme, qu'il croit « complètement folle », p. 122. Il annonce aussitôt son désir de suicide à Édouard sous la forme métaphorique du « voyage », p. 121. Dès qu'il évoque un sujet : le feu de la cheminée, un meuble, ses élèves etc., il cite sa femme et les paroles venimeuses qu'elle prononce à tout propos. Plus tard, il se considère comme mort, depuis le jour où il a tenté de se suicider. Il perd tout sens de la réalité.

b. Un mari désenchanté : la *décristallisation*

Son besoin de s'épancher lui fait raconter sa vie à Édouard : il aimait sa femme mais leur relation s'est détériorée à cause de leur désaccord sur l'éducation de leur fils. On peut faire ici référence au phénomène psychologique de l'amour qui s'éteint et qu'Édouard nomme la lente décristallisation, dans son Journal, p. 77 : « J'estime qu'on le peut observer, au bout d'un temps plus ou moins long dans tous les mariages d'amour ». Le couple La Pérouse en est l'illustration parfaite mais aussi les Molinier, les Profitendieu, les Vedel... Mme de La Pérouse est également décrite par Édouard, p. 156 : « traits durs... regard aigre... sourire faux... ». Portrait accompagné d'une restriction : « est-ce parce que je suis prévenu contre elle ? » Ainsi, le portrait qu'en fait Édouard est peut être déformé par l'influence qu'aurait M. de La Pérouse sur lui. Mme de La Pérouse se plaint de son mari comme lui se plaint d'elle. Plus loin, p. 158, Édouard se demande encore si la « brutalité » du vieillard, pourrait « justifier les accusations de la vieille ». Le lecteur reste dans l'indécision avec toutefois, une inclination pour lui, contre elle, puisque La Pérouse est l'ami du narrateur. Il raconte son suicide raté à Édouard et garde toujours près de lui ses pistolets, que Ghéri volera et avec lequel Boris va se suicider. Le vieillard montre son désespoir à propos du petit Boris qu'il aime passionnément sans le connaître. Il n'en a qu'une photographie volée à sa femme. Ainsi, La Pérouse joue un rôle dans l'intrigue puisqu'Édouard va chercher Boris et le ramène à Paris où il va se suicider avec le pistolet de son grand-père.

c. Un père et un grand-père désespéré

M. de La Pérouse n'a jamais revu son fils, parti en Pologne rejoindre sa fiancée, enceinte de Boris. Ce fils a été élevé par sa mère, qui prenait systématiquement le parti contraire de ce qu'il disait à l'enfant (d'après La Pérouse). Il n'avait donc aucune intimité avec lui et il a appris très tard que son fils avait eu un enfant avec son élève de piano. Il ne lui reste donc que ce petit Boris qu'il ne connaît pas et dont il désire fortement faire la connaissance avant de mourir. Il sait qu'il se trouve à Saas-Fée, où Édouard propose immédiatement d'aller, ce que La Pérouse accepte tout de suite. La rencontre entre le grand-père et son petit-fils ne se passe pas bien du tout et Boris boude dans un coin du salon, quand Sophroniska vient le rechercher, une heure plus tard. Il est d'autant plus déçu de ce petit-fils distant qu'il en attendait une grande joie (non éprouvée d'ailleurs). Il n'en aperçoit, pense-t-il, que « la froideur et l'indifférence », p. 247 quand ils se croisent à la pension Vedel. Le vieillard fait un piètre surveillant qui n'a aucune autorité sur les élèves. Il croit toujours que son petit-fils ne l'aime pas et « qu'il a le cœur un peu sec », p. 345 Il a donc une relation difficile avec les jeunes... il est décalé, ce qui pose dans le roman la question de la relation entre les différentes générations. Cependant, lorsque Boris place le pistolet contre sa tempe à l'étude, devant lui, il reste « figé, paralytique, secoué d'un grand tremblement », p. 374. Curieusement La Pérouse occupe une grande partie des deux dernières pages du roman. Il est vrai qu'Édouard vient lui rendre visite après la mort de Boris et le vieillard se plaint encore, non pas de la mort de son petit-fils mais de la connivence du diable et du Bon Dieu contre lui.

En effet, son angoisse métaphysique est en gradation dans tout le roman. Les deux dernières pages évoquent essentiellement La Pérouse et son délire de persécution de la part de Dieu et du diable.

2. Un désespoir mystique

a. La crainte du diable

« Il n'y a que le diable qui parle », p. 377. Ce n'est jamais que le diable que nous parvenons à entendre. Le diable s'est emparé de la création toute entière. Son bruit couvre à présent la voix de Dieu, p. 377. Ainsi le vieux La Pérouse est-il persuadé d'être enveloppé de la malice diabolique qui aurait pris la place de la parole divine. La présence diabolique, dont il est souvent question dans le roman, est paradoxale, lorsqu'il s'agit de La Pérouse. Gide insiste plusieurs fois dans le *Journal des Faux-Monnayeurs* sur le fait que la « réalité » du diable « s'affirmerait d'autant plus qu'on croirait moins en lui. C'est là le propre du diable dont le motif d'introduction est : « Pourquoi me craindrais-tu ? Tu sais bien que je n'existe pas », p. 37, ou encore « *Le traité de la non-existence du diable*. Plus on le nie, plus on lui donne de réalité. Le diable s'affirme dans notre négation », p. 34. Or, La Pérouse ne nie pas le diable, au contraire, il affirme qu'il est tout-puissant. Il estime en être le jouet ainsi que celui de Dieu. Ce personnage donne un profil métaphysique à ce roman somme.

b. La crainte de Dieu

Dieu s'amuse, nous sommes des marionnettes et il tire les fils, p. 244, « Je ne suis qu'un jouet entre les mains de Dieu » dit-il à Édouard, p. 246. Auparavant, il avait déjà évoqué l'image d'un Dieu qui « s'amuse » avec les hommes, p. 121 : « Dieu s'amuse. Je crois qu'il joue avec nous comme un chat avec une souris », p. 121. L'image qu'il propose de Dieu empire à chaque fois. « Accordez-moi que c'est une triste chose, lorsque l'amour, au lieu de faire la félicité de la vie, en devient la calamité... C'est sans doute ainsi que Dieu nous aime », p. 245. Il inverse toutes les valeurs : la volonté humaine devient « les fils qui font marcher la marionnette, et que Dieu tire », p. 244. Il développe une amertume de plus en plus grande. « Dieu se tait toujours » dit-il et finalement, dans son délire il pense que « le diable et le Bon Dieu ne font qu'un ; ils s'entendent », p. 377. Au point, que non seulement Dieu se moque de nous mais il est cruel : « La cruauté, voilà le premier des attributs de Dieu », p. 378. Ainsi le vieux La Pérouse, par une antithèse absolue, inverse-t-il les attributs divins d'amour et de miséricorde universellement admis, en dérision et cruauté.

c. La perte de la réalité

Il apparaît finalement comme un homme très dépressif : « Pourquoi est-il si rarement question des vieillards dans les livres ?... Un vieillard ça n'intéresse plus personne », p. 120. Lorsqu'il raconte à Édouard qu'il est allé écouter *Hernani*, il s'indigne des « turpitudes » que l'on montre sur scène, p. 162. Pour lui, l'harmonie « n'est qu'une accoutumance au mal, au péché », p. 162. Ainsi tout ce qu'il voit ou entend est tourné en négatif. « Tout notre univers est en proie à la discordance », p. 163. Il parle beaucoup de lui, de ses souffrances et de ses nuits sans sommeil ; il tourne beaucoup autour de sa personne, p. 343, en se plaignant sans cesse. Il n'est pas une apparition du personnage qui soit positive. Il entend des bruits réels ou imaginaires ?, p. 344. Est-ce un écho à sa peur du bruit, lors de son suicide raté ?, p. 243. Son idéal d'harmonie est remplacé par des « bruits », ce qui est le comble de la souffrance pour un musicien comme lui. Mais Édouard ne les entend pas et le bruit cesse après la mort de Boris. Il paraît coupé de la réalité. Il est terrorisé par les élèves. Il se considère comme un homme mort et demande qu'on le considère ainsi.

Conclusion

M. de La Pérouse est un personnage proche d'Édouard qui voit ses défauts et ses bizarreries. Il fait avancer l'intrigue en faisant venir Boris à Paris et en laissant traîner ses pistolets, dont l'un servira au suicide de son petit-fils. Ce personnage dépressif et angoissé perd le sens de la réalité et le lecteur reste dans l'indécision quant au jugement qu'il peut porter sur le vieillard. Quelle est la part de la réalité, quelle est la part de l'imagination dans son délire de persécution ? Si ce personnage représente la vieillesse pour Gide, il rajoute encore un aspect très pessimiste au roman.

Entraînement 4 Quels sont la place et le rôle des personnages féminins dans *Les Faux-Monnayeurs* et dans Le Journal ?

Conseils avant de commencer

- **Analyser la question**

  Il s'agit de tous les personnages féminins.

  Il faut prendre « place « et rôle » dans tous les sens des termes : sont-elles importantes ? Quand apparaissent-elles ? Ces apparitions sont-elles fréquentes ? Et pourquoi ? Quelles sont leurs fonctions ?

- **Rassembler ses idées et des citations**

  Il faut faire une liste des personnages féminins et procéder à un classement selon leur âge, leur statut, leur fonction. Aidez-vous du tableau des personnages par ordre d'apparition. Il faut parcourir les deux œuvres en cherchant les passages où les personnages féminins sont décrits, évoqués...

  Pensez à réunir la banque de données de citations qui concernent ces personnages.

- **Élaborer un plan**

  Sujet non pas sur un seul personnage mais sur un ensemble de personnages.

  Il faut donc adapter le schéma proposé à un ensemble de personnages et veiller à bien garder le fil conducteur. Traiter aussitôt le sujet après avoir vérifié la cohérence du plan envisagé.

C'est à vous...

Corrigé non rédigé

Le plan découle facilement de ces rapides analyses et reprend les axes du plan sur un personnage :

1. **Place et fonction dramatique et sociale des personnages féminins**
    a. Un roman polyphonique, une galerie de portraits
    b. Place dans l'intrigue
2. **L'échec sentimental**
    a. L'échec conjugal et amoureux
    b. La bâtardise et la mauvaise éducation au sein de la bourgeoisie
3. **Fonction esthétique et symbolique**
    a. La mise en abyme et « le roman somme »
    b. Le roman métaphysique, les anges et les démons

Introduction

Annonce du sujet : *Les Faux-Monnayeurs* d'André Gide présente un nombre de personnages étonnamment important qui, malgré la modernité et l'originalité du roman, sont au centre de l'intrigue.

Commentaire rapide du sujet : Les protagonistes sont manifestement des personnages masculins, mais de nombreuses femmes les entourent. Deux femmes occupent les premières pages de son Journal, ce qui témoigne de l'intérêt qu'il porte à la place des personnages féminins dans son roman. **Problématique :** Nous nous demanderons donc quels sont précisément leur place et leurs rôles.

Annonce du plan en 3 parties : Nous proposerons dans une première partie une galerie de portraits qui permet de voir la place des personnages féminins dans l'intrigue. Puis nous verrons que certaines femmes représentent l'échec conjugal et amoureux, pour terminer sur leur fonction esthétique et symbolique.

Développement

1. Place et fonction dramatique et sociale des personnages féminins

a. Un roman polyphonique, une galerie de portraits

Toutes les femmes du roman diffèrent les unes des autres.

> **Mélanie Védel, la rêveuse**

Édouard décrit Mélanie Védel et n'hésite pas à utiliser l'adjectif « niaise » pour la caractériser, p. 109 ; mais à d'autres moments il se montre plus nuancé, tout en gardant une pointe d'ironie : « Sa conversation n'est pas sans charme ». Il constate qu'elle ne finit pas ses phrases, « ce qui « donne à sa pensée une sorte de flou poétique ». Derrière la lassitude et l'aspect rêveur de Madame Védel, **réside sans doute une certaine insatisfaction devant ce monde, une quête d'idéal** ; mais elle reste superficielle. « Elle fait de l'infini avec l'imprécis et l'inachevé. Elle attend de la vie future tout ce qui manque ici-bas ». Rappelons que son prénom évoque la noirceur (de *mélas* en grec : noir).

> **Madame de La Pérouse, la harpye**

Édouard la compare à une harpye, p. 156 : avec des « traits » « plus durs », un regard « plus aigre », « un sourire plus faux que jamais » ; « Sous sa perruque à bandeaux noirs qui durcit les traits de son visage blafard, avec ses longues mitaines noires d'où sortent des doigts comme des griffes, Mme de La Pérouse prenait un aspect de harpye ».

> **Lilian, la libertine**

Plus originale que les autres personnages féminins, Lady Griffith est un personnage pittoresque et fantasque : « Mes pensées sont toujours de la couleur de mon costume », dit-elle à Vincent, p. 67. Son nom laisse présager une grande capacité de nuisance et lui correspond bien : *grief* en anglais signifie « chagrin » et « ennui » et par homophonie Griffith fait penser au mot « griffes » en français, attributs des félins, image de la femme fatale attirante et dangereuse, voire délétère.

> **Madame Sophroniska, la psychanalyste, antibourgeoise**

Face aux épouses engluées dans les conventions, elle apparaît comme un personnage plus libre. C'est une intellectuelle qui a adhéré aux théories psychanalytiques de Freud et qui se plaît à discuter avec Édouard.

> **Sarah, la jeune fille émancipée**

Elle est « résolue à conquérir sa liberté, à s'accorder toute licence, à tout oser » ; et se sent « capable de tous les défis », p. 281. Bernard en fait un « mini-portrait en la comparant à sa sœur Laura, p. 285 : elles ont le même front, les mêmes lèvres : « ses traits respiraient une grâce moins angélique et ses regards remuaient il ne savait quoi de trouble en son cœur ».

> **Sa sœur Laura, « une âme noble »**, p. 179

Elle tâche toujours de se conduire avec vertu, à l'image de sa sœur, Rachel. Ainsi, fait-elle partie des personnages angéliques comme Rachel, Bronja et Séraphine.

> **Rachel, le sens du sacrifice**

C'est un beau personnage : « C'est la plus belle âme de femme que je connaisse », écrit Édouard, p. 230. Rachel est un être pur, comme Boris, Gontran, Bronja ou Séraphine.
Dans cette galerie, quelques personnages ébauchés :
Séraphine veille sur le petit Gontran comme une mère. Elle est, à l'image de son nom, un ange gardien.
Cécile Profitendieu, elle aussi, est figée dans son image de musicienne, comme sainte Cécile.

> **La petite Bronja, un ange**

Elle fait partie des personnages angéliques du roman comme Rachel. Elle est décrite en effet par Édouard comme une enfant « exquise » avec ses nattes blondes « son regard et le son de sa voix semblent plutôt angéliques qu'humains », p. 172. Il pense aussi que c'est « la plus jolie créature qu'il n'ait vue de sa vie » p. 170.

b. Place dans l'intrigue

Marguerite Profitendieu n'apparaît qu'au début du roman. Sa place est donc inaugurale.
En trouvant les lettres qui lui étaient adressées, Bernard découvre sa bâtardise. Cette découverte va façonner son destin (fuite de la maison, rupture avec son père, errance et quête d'identité, d'abord douloureuse puis formatrice).
À la différence de Marguerite, Laura traverse tout le roman. Elle apparaît d'abord in absentia, ce qui permet au lecteur de la découvrir selon différents points de vue et de l'attendre avec curiosité. Gide écrit en effet dans son *Journal des Faux-Monnayeurs,* p. 63 : « Ne pas amener trop au premier plan — ou du moins pas trop vite — les

personnages les plus importants, mais les reculer au contraire, les faire attendre ».

Laura joue un rôle important parce qu'elle permet de lier les destins des différents groupes de personnages. Ses anciennes amours avec Édouard la placent très vite parmi les protagonistes du roman. Elle appartient à la famille Vedel et se trouve en contact avec les familles Molinier (Vincent) et Profitendieu (Bernard). Sa relation avec Vincent la met indirectement en contact avec Lilian et Passavant.

Certaines femmes ont une influence délétère sur d'autres personnages :

> Madame Sophroniska, en donnant le talisman à Strouvilhou et en laissant partir Boris, contribue indirectement et involontairement à la perte de l'enfant et donc au Mal.

> Lilian Griffith apparaît très tôt dans le roman, p. 53, et y joue un rôle important : elle est un lien supplémentaire entre deux groupes de personnages, celui de Passavant et les Molinier. C'est elle qui entraîne Vincent dans une histoire où il se perdra.

  Dès que Bronja et Boris sont séparés, le jeune garçon se laisse prendre par l'amitié feinte des « faux-monnayeurs » et lorsqu'il apprend la mort de la jeune fille, il sombre dans le désespoir, comme l'indique son dernier geste, p. 364 : « Le monde entier lui paraissait désert ». Il perd avec elle « sa raison d'aimer » : comment croire désormais aux anges ? « Même son ciel à présent se vidait » Boris rentra dans l'étude comme on plongerait « en enfer ».

Les femmes interviennent donc dans le destin des personnages.

2. L'échec sentimental

a. L'échec conjugal et amoureux

La plupart des personnages féminins et notamment les femmes d'âge mûr illustrent le thème de l'échec amoureux et conjugal, de la décristallisation. Cette mésentente conjugale est liée à l'hypocrisie bourgeoise.

Marguerite, Pauline, Mélanie, Madame de La Pérouse :

> Dès les premières pages, Marguerite Profitendieu apparaît comme l'épouse infidèle. Ses lettres délicatement attachées par « une faveur rose », p. 13, témoignent de la nostalgie d'un passé et d'un amour perdus : « une lettre d'amour vieille de dix-sept ans », p. 13.

  Son entrevue avec son époux montre une relation distanciée et une incompréhension mutuelle. Paradoxalement ce sont la vertu de son époux et son pardon accordé qui lui pèsent et même « l'étouffent ». Cf. citation p. 30-31.

> Mélanie Vedel contribue aussi à représenter, non plus la mésentente, mais l'absence d'amour conjugal : elle voit très peu son mari, ce qui lui « permet de s'imaginer qu'elle l'aime », écrit Édouard.

> Pauline Molinier apparaît comme un personnage plus complet et plus nuancé, si on la compare aux deux épouses précédentes. Elle est, elle aussi, décrite selon le point de vue d'Édouard, son demi-frère. Victime de l'adultère, elle représente à son tour la mésentente conjugale.

Elle a ainsi pour fonction de souligner l'hypocrisie d'Oscar Molinier qui « fait retomber sur la vertu de sa femme la responsabilité de ses faillites », p. 224.

> La mésentente conjugale, qui se dissimule sous le confort bourgeois, atteint son paroxysme avec le personnage de Madame de La Pérouse. La « profonde désunion de ce vieux ménage », constatée par Édouard, peut être considérée comme l'aboutissement malheureux de la vie conjugale, après de nombreuses années, ce que Gide désigne par le terme de « décristallisation » : « Les premiers temps de notre ménage avaient été charmants » « je l'aimais », p. 123, dit Monsieur de La Pérouse à Édouard. Les deux époux vivent un véritable enfer d'incompréhension, d'agacement et de paranoïa mutuels : « Elle qui se croyait martyre et dont il se faisait le bourreau ». « Voici deux êtres attachés l'un à l'autre pour la vie et qui se font abominablement souffrir », « J'ai souvent remarqué chez les conjoints quelle intolérable irritation entretient chez l'un la plus petite protubérance du caractère de l'autre... La vie conjugale n'est plus qu'un enfer », p. 157. Bien que les torts soient en partie partagés, l'accent est mis sur la noirceur de l'épouse qui, par jalousie, brûle les lettres du frère défunt de son époux et est décrite par Édouard comme une harpye, comme nous l'avons mentionné, p. 156 : Édouard conclut : « L'amour au lieu de félicité de la vie en devient la calamité », p. 245.

> Laura, bien que plus jeune, vient enrichir le thème de l'échec conjugal (mariage raté avec Félix Douviers) et de l'échec amoureux : elle attire quatre personnages masculins et aucune de ces histoires n'aboutit : Édouard, Félix Douviers, Vincent et Bernard. Cependant elle accepte de façon résignée et avec courage celui que les circonstances et ses principes éthiques lui imposent.

b. L'échec amoureux

Lilian Griffith représente un autre aspect de l'amour, qui, lui aussi est délétère. Proche de Passavant, elle compose avec lui un couple de libertins pervers ; amoureuse de Vincent, elle est pourtant à l'origine de sa perte. Elle fait donc partie de l'entourage de Passavant dont elle est la maîtresse sans sembler éprouver de l'amour pour lui. Leur relation rappelle celle du Vicomte de Valmont et de la Marquise de Merteuil dans Les *Liaisons dangereuses* de Choderlos de Laclos. Lilian lui confie qu'elle aime Vincent et qu'elle se charge de l'éduquer : « Elle se penchait avec un instinct d'amante et de mère au-dessus de ce grand enfant qu'elle prenait à tâche de former », p. 65 ; là encore, l'influence du libertinage est visible. Dans une lettre, elle décrit à

Passavant sa relation avec Vincent : « Nous avons été présentés à lui par le démon de l'ennui avec qui nous avions fait connaissance à bord » ; cet ennui les conduit à se haïr. « L'amour nous paraissait trop fade... d'abord de l'irritation, une sorte d'animosité... c'est devenu féroce. Ah !Je sais à présent ce que c'est que d'éprouver de la passion pour quelqu'un », p. 314. Elle participe ainsi au thème de la décristallisation. Nous apprenons à la fin du roman, par une lettre d'Alexandre à Armand qu'elle est morte, sans doute tuée par Vincent qui semble avoir perdu la raison : « Une femme qui l'accompagnait [...] a dû se noyer dans le fleuve, certain jour que leur embarcation a chaviré. Je ne serais pas étonné que mon compagnon ait favorisé la noyade », p. 362. Vincent et elle se sont perdus au jeu de l'amour et de la haine, sous l'effet de l'ennui.

Il est évident que les deux enfants, Bronja et Boris, sont épris l'un de l'autre : Bronja demande à sa mère : « Qu'est-ce qu'on appelle au juste une idylle ? » p. 363. Elle meurt avant que la vie n'abîme cet amour comme elle a abimé les autres dans le roman. Ils échappent ainsi à la décristallisation.

c. La bâtardise et la mauvaise éducation au sein de la bourgeoisie

Les mères, dont nous avons décrit l'échec conjugal, ne parviennent pas non plus à transmettre à leurs enfants une éducation qui les aide à se construire :

- Marguerite Profitendieu et Laura mettent au monde des enfants adultérins et bâtards. Le thème de la bâtardise est un thème complexe et essentiel. Les bâtards sont souvent plus forts et résistants que les autres, mais leur itinéraire est difficile. Au début du roman, Bernard trouve les lettres de l'amant de sa mère et découvre ainsi sa bâtardise. Nous avons vu que cette découverte va façonner son destin. Le destin de l'enfant de Laura reste incertain.
- Malgré sa sensibilité, sa lucidité et sa vertu, Pauline Molinier n'est pas capable d'éduquer ses enfants : Vincent, sur qui elle avait « fondé de grands espoirs », lui échappe, elle confie Oliver à Édouard et reste démunie devant Georges.
- Mélanie Vedel est trop rêveuse pour s'occuper convenablement de ses enfants. Elle ne voit ni les sacrifices de Rachel, ni la souffrance d'Armand qui se cache sous son cynisme. Elle s'amuse de ses plaisanteries sans en déceler l'amertume. Sarah lui échappe.
- Madame de La Pérouse « gâte » son fils, lui apprend à mentir et l'éloigne de son père, p. 123.

L'échec du mariage et de l'éducation est inséparable de la critique de la bourgeoisie et de la famille, comme lieu de l'étouffement.

Tout est caché. Il faut soulever le voile du confort bourgeois pour déceler l'absence d'amour, des secrets honteux (l'adultère) ou une vie infernale (les époux La Pérouse).

Pauline, soucieuse de préserver ses enfants, pour lesquels elle a une affection profonde, cache ainsi la double vie de son époux.

La description de la famille Vedel permet de décrire l'enfer familial et l'hypocrisie religieuse. Mélanie Vedel étouffe et tente d'échapper à la réalité par la rêverie et la religion. Elle n'est pas décrite par le narrateur mais par Édouard à deux reprises dans son Journal. La famille Vedel est l'occasion pour Édouard de dénoncer la famille comme étant le lieu de l'étouffement et de « l'égoïsme » le plus « hideux », p. 117. C'est alors qu'apparaît l'expression « régime cellulaire ».

Mélanie Vedel reproche par exemple à Armand de ne pas mettre de faux-col après avoir affirmé qu'il ne fallait pas se soucier des apparences. Ces contradictions révèlent un esprit un peu léger et une certaine hypocrisie sociale. Le faux-col pourrait être la représentation d'une comédie sociale imposée.

Ces épouses et mères participent donc à la critique de la famille, de la religion et de l'éducation qui parcourt le roman.

3. Fonction symbolique et esthétique

a. La mise en abyme et « le roman somme »

La plupart des personnages féminins introduisent une mise en abyme qui s'ajoute aux nombreuses autres de ce roman.

Pauline : l'une de ses déclarations est une mise en abyme ; elle dit à Édouard qu'un romancier peut résoudre « les situations fausses mais que dans la vie rien ne se résout, p. 308.

Lilian : en mentionnant à quel point les discours de Vincent sont passionnants et « plus amusant(s) que les plus beaux romans du monde », p. 146.

Madame Sophroniska compare son métier à celui de romancier, introduisant une nouvelle mise en abyme dans le roman.

Édouard pense que Laura est « née pour les premiers rôles », p. 303, mais son « drame [...], c'est d'avoir épousé un comparse ».

Dans ce « roman somme » Gide tâche d'introduire les grands mouvements de pensée de ce début de siècle.

Madame Sophroniska ou l'échec de la psychanalyse et Lilian Griffith, ou l'échec de l'individualisme :

Madame Sophroniska pratique de « nouvelles méthodes pour soigner l'âme humaine », p. 170. Soucieuse de libérer le petit Boris de ses « démons » et croyant à l'efficacité de ses méthodes d'investigation psychologique, elle les applique sur l'enfant. Un tel dogmatisme et une telle intrusion dans l'esprit d'autrui effraient Édouard et sans doute Gide lui-même, qui crée là un personnage ambigu. Son nom (Sophroniska) renvoie pourtant à la sagesse (il vient de *sophron,* mot grec, qui signifie sage et de *sophrosunê,* sagesse et mesure). Elle se montre en effet lucide en décelant la pureté de Boris et les bienfaits que lui procure sa fille Bronja ; mais elle fait preuve d'imprudence et donc de manque de sagesse, comme nous l'avons vu avec Boris.

Lilian : sa place est en grande partie symbolique. Lady Griffith est la seule femme dont le passé est connu et justifie son évolution psychologique. Traumatisée par le naufrage de *La Bourgogne*, la jeune femme altruiste et sensible (qui a tout fait pour sauver une petite fille...) s'est endurcie au point d'être devenue nietzschéenne : « J'abomine les médiocres et ne puis aimer qu'un vainqueur », p. 69. Elle est devenue individualiste et impitoyable : « J'ai compris que j'avais laissé une partie de moi sombrer avec *La Bourgogne*, qu'à un tas de sentiments délicats désormais je couperais les doigts et les poignets pour les empêcher de monter et de faire sombrer mon cœur », p. 69. Cette dureté est l'un des dangers de l'individualisme poussé à l'extrême.

Sarah semble représenter l'émancipation des jeunes filles de ce début de siècle : elle refuse les conventions, les règles, les principes éthiques de vertu. Elle s'oppose à ses deux sœurs et se construit dans cette opposition : Elle « considérait la pieuse résignation de Rachel comme une duperie » et voyait dans le mariage de Laura « un lugubre marché, aboutissant à l'esclavage ». Édouard constate que « sa robe découvrait ses bras et son cou », p. 111, alors que Rachel rabat ses manches en le voyant. Sarah est constamment dans la transgression, ce qui est manifeste dès son apparition : elle propose à Édouard de lire le journal intime de son père, p. 113. Elle est effrayée par la vertu de Rachel au point d'être tentée par le mal : « Je ne veux pas croire à ton ciel, je ne veux pas être sauvée », p. 341. Le romancier laisse Sarah prendre en main son destin. Elle peut réussir comme elle peut se perdre, à l'image de Vincent, Armand ou Alexandre.

b. Le roman métaphysique, les anges et les démons

Lilian est tenté par le mal. Il participe au mal en étant proche de Passavant. C'est l'un des personnages les plus complexes et les plus ambigus du roman. Dans sa lettre à Passavant elle écrit, p. 314 : « Je ne sais plus trop si je l'emmène ou s'il m'emmène ; ou si plutôt, ce n'est pas le démon de l'aventure qui nous harcèle ».

Madame de La Pérouse participe, elle aussi, au mal, comme nous l'avons vu.

Rachel a choisi la voie du bien, du sacrifice, une forme de sainteté. Elle essaie en vain de sauver Sarah.

Comme la plupart des personnages féminins, elle révèle, par l'admiration qu'elle provoque, le bien qui se trouve en chacun et notamment chez son frère Armand : « La seule personne de ce monde que j'aime et que je respecte. Je la respecte parce qu'elle est vertueuse », p. 359. Elle aide aussi Bernard à mieux discerner le bien du mal. Juste après sa lutte avec l'ange, Rachel lui apparaît. Soudain, saisi de pitié pour elle, il « prit Sarah en haine et le plaisir qu'il goûtait avec elle en horreur », p. 336.

Laura est très vertueuse elle aussi, bien qu'elle ait trompé son époux : se croyant condamnée, elle aurait cherché auprès de Vincent le plaisir amoureux qu'elle n'aurait pas trouvé auprès de son époux. Elle provoque chez les hommes un sentiment complexe, entre amour et dévotion. Bernard, à son contact, a envie de « piquer une tête en plein ciel ou (de) se jeter à genoux ». Elle intervient de façon positive dans l'apprentissage de Bernard : « Près d'elle, on est comme forcé de penser noblement », p. 169. À ce titre, son prénom est emblématique : Laure est la muse du poète Pétrarque. **Elle sert ainsi de révélateur pour le lecteur, qui connaît mieux, grâce à elle, certains personnages ; elle les révèle aussi à eux-mêmes** : chacun s'interroge sur les sentiments qu'elle fait naître et les analyse. Elle se trouve ainsi sur la « route » de Bernard et au cœur de son apprentissage de l'existence, l'aidant aussi à mieux lire en lui-même.

La petite Bronja fait partie des personnages angéliques du roman, comme Rachel. Elle introduit avec Boris le thème de l'ange, face à celui du diable, du démon ; les deux enfants apparaissent, en effet, juste après le moment où Olivier, furieux de la lettre de Bernard, se précipite chez Passavant. L'effet de contraste est fort. Les anges occupent le premier dialogue des enfants et préoccupent beaucoup Boris. Ils sont familiers à Bronja : « Tu crois que si je priais très fort, moi aussi je les verrais ? » demande Boris ; elle répond : « Tu les verrais si tu perds l'habitude de mentir et si Dieu veut bien te les montrer », p. 173. Elle lui propose de prier Dieu et la Vierge de « l'aider à ne plus être méchant ». C'est elle qui tente de secourir Boris et de le sauver de ses démons. Très intelligente et perspicace, elle comprend très bien le jeune garçon. Lorsque plus tard il apprend qu'elle va mourir, p. 337, il est totalement bouleversé ; ne parvenant pas à prier, c'est elle qu'il invoque dans sa prière. Notons que cet épisode a lieu en même temps que la lutte de Bernard avec l'ange. Il est possible qu'elle soit trop pure pour ce monde et que ce soit pour cette raison que Gide ne la laisse pas vivre.

Conclusion

Tous ces échecs renforcent l'aspect pessimiste du roman : Pauline Molinier est un personnage résigné et incapable de se battre, elle apparaît comme désespérée, p. 307 : « Je restreins mon bonheur d'année en année [...] j'ai raccourci mes espérances », « je voudrais n'avoir jamais eu d'enfants ». Sa conscience de la fausseté des situations et des sentiments la fait participer à l'une des grandes thématiques du roman. Madame de La Pérouse accentue la souffrance de son époux, sa difficulté à vivre, **contribuant ainsi au pessimisme présent dans ce roman** : le vieux monsieur se sent « roulé » par tout le monde : sa femme, son fils et Dieu, p. 120. Lilian vit avec Vincent un ennui poche du désespoir. Lilian fait donc partie des personnages ambigus à la fois destructeurs et autodestructeurs de ce roman, comme Vincent, Alexandre et Armand. De plus, Rachel est malheureuse parce qu'elle et incomprise par sa mère et Sarah. Armand est le seul à l'aimer vraiment mais ne le lui montre pas. La place des personnages féminins est donc essentielle.

Entraînement 5 Dans Le *Journal des Faux-Monnayeurs*, André Gide hésite à plusieurs reprises sur la manière de commencer son roman *Les Faux-Monnayeurs*, pour finalement proposer l'incipit que nous connaissons. Quel est l'intérêt d'un tel incipit ?

Conseils avant de commencer

- **Analyser la question**

  La question de l'incipit est essentielle. Ici, elle est plus complexe puisque dans le *Journal des Faux-Monnayeurs*, Gide hésite au sujet de l'incipit à trois reprises et ne garde aucune de ses propositions.

- **Rassembler ses idées et des citations**

  Gide propose deux lieux différents pour n'en choisir aucun : un quai de gare, p. 38, et à deux reprises le Jardin du Luxembourg, lieu du trafic de fausses pièces d'or, p. 20. Ce lieu est repris p. 64 avec Olivier qui monologue et auquel le lecteur est censé s'attacher.

  Les personnages de ces incipits sont Édouard et Lafcadio (deux fois) et Olivier (une fois).

  Quel intérêt présentent ces différents incipits ?

  Quel intérêt présente celui du roman ?

- **Élaborer un plan**

  Le plan est assez simple. Il est intéressant de le construire sur la comparaison entre les différents incipits pour finalement souligner l'intérêt de celui des *Faux-Monnayeurs*, cf fiche méthode sur un passage clé.

C'est à vous..

....

....

....

....

....

....

Corrigé

Corrigé sous forme de plan détaillé, non rédigé : à vous de composer une dissertation avec tous les éléments dont vous disposez maintenant.

1. Les différents incipits proposés dans le *Journal des Faux-Monnayeurs*

a. Un incipit à la gare

Dans le *Journal des Faux-Monnayeurs* : « En attendant les bagages à l'arrivée du train [...] j'ai la brusque illumination du début des *Faux-Monnayeurs*, la rencontre d'Édouard et de Lafcadio et le premier abord avec cette phrase : « Je parie que vous voyagez sans billet ». Gide ajoute : « Tout cela me paraît très médiocre [...] ». Il est donc passé de « l'illumination » à un jugement négatif.
Nous savons que Lafcadio se dédoublera en Édouard-Bernard. Lafcadio est ici soupçonné par Édouard d'être en infraction avec la loi. Cela peut introduire la future transgression de Bernard lorsqu'il s'emparera de la valise d'Édouard.
Cette ébauche annonce donc l'épisode essentiel de la gare Saint-Lazare dans le roman.
Les gares sont souvent des lieux symboliques.
Rappeler la fin du ch. 8 et le ch. 9 : épisode des retrouvailles entre Édouard et Olivier (protagonistes dont la relation affective est au cœur du roman). Bernard les suit, ramasse le ticket de consigne... L'intrigue est fortement liée à ces événements.

b. Le Jardin du Luxembourg et le trafic de fausses pièces d'or, p. 20

Gide pense que le « décor » ne doit pas être « indifférent » à l'action. « Je me demande pourquoi pas le Jardin du Luxembourg où se fait le trafic de fausses pièces d'or, derrière le dos de Lafcadio... ».
Ce passage correspond sans doute au ch. 5, III : dans le roman, le lieu est très vague : indiqué p. 254 : « Olivier se hâte vers la Sorbonne ».
Ce chapitre présente deux moments simultanés : la discussion entre Bernard et Olivier autour du sujet du « bachot » et la première fois que Georges fait passer une fausse pièce d'or, p. 258. Il s'agit d'un lieu de rencontres amicales et intellectuelles entre les jeunes gens dans ce roman d'apprentissage. Cette conversation est importante et le geste de Georges est un moment essentiel de l'intrigue.

c. Reprise de cette première scène au jardin avec Olivier

« Dans cette première scène du Luxembourg [...] je fais parler les indifférents ; Olivier est le seul qui monologue. On ne doit pas l'entendre ; à peine l'entrevoir ; mais déjà l'aimer, s'attacher à lui et souhaiter de le voir et de l'entendre. Le sentiment doit ici précéder la connaissance », p. 64.
Gide choisit de commencer son roman par Olivier. Il semble aimer ce personnage : il le pense susceptible d'attirer l'intérêt et la sympathie immédiates du lecteur.

Il est intéressant de noter que Gide n'a finalement choisi aucun de ces incipits. Nous allons essayer de voir quel intérêt présentent les premières pages du roman.

2. L'incipit finalement choisi pour le roman

a. La découverte de la bâtardise

Étude de la première phrase : « C'est le moment de croire que j'entends des pas dans le corridor » qui est déjà une mise en abyme.
Bernard joue un rôle vis-à-vis de lui-même.
Symbolique du meuble décrit très précisément et qui pourrait symboliser le roman.
Importance des lettres.
Importance de la bâtardise.

b. La rupture avec le père

Rupture très cruelle ; mésestime de ce père, qui est une erreur de jugement de Bernard...
Nous découvrirons la lettre qu'il lui écrit au chapitre suivant.
Reprise d'éléments de cette lettre.

c. La quête de soi dans un roman d'apprentissage

Le personnage de Bernard tel qu'il apparaît dans cette scène et par la suite.
Bernard et la quête de soi jusqu'à la fin du roman.
Quête de soi d'autant plus difficile qu'il vient de perdre son identité.

Pour aller plus loin

Sujets comprenant des éléments communs :

- Sujet sur Bernard
- Sujet sur la bâtardise

III. Méthodologie du sujet à 12 points

Fiche Méthode générale : les incontournables

Travail sur le sujet

Relier avec l'objet d'étude : « lire, écrire, publier »

Bien envisager le sujet en mettant toujours en parallèle le roman et le *Journal des Faux-Monnayeurs*.

Les idées

Comment ne rien oublier

Il faut toujours avoir à l'esprit qu'un sujet à 12 points englobe les grands thèmes de l'œuvre : quels sont-ils ? Lesquels peut-on mettre en lien avec ce sujet ?

Cf. Liste des thématiques : vérifier si elles font partie du sujet.

Cerner le sujet

- Analyse des mots clés en en cherchant le champ sémantique :
- Gardez à l'esprit toutes les acceptions du mot ou des mots pour envisager le sujet dans sa totalité :
  - > Quels personnages sont concernés ?
  - > Quelle est la place du sujet dans l'intrigue ?
  - > Comment évolue le sujet ?
  - > Quelles en sont les causes et les conséquences pour les personnages ?
  - > Quelles en sont les conséquences aussi pour le lecteur ?
  - > Gardez bien le sujet comme fil conducteur de votre dissertation.

Préparer la dissertation

Comment trouver un plan le plus rapidement possible ?

Il faut vous remémorer tous les passages où il est question du sujet.

Applications

Sujet 1 **André Gide dans son journal écrit que le diable pourrait être « le sujet central du livre, le point invisible autour duquel tout graviterait ». Quels sont la place et le rôle du diable dans le *Journal des Faux-Monnayeurs* et dans *Les Faux-Monnayeurs* ?**

Les incontournables

Travail sur le sujet

Les idées

Comment ne rien oublier ?

Il faut toujours avoir à l'esprit qu'un sujet à 12 points englobe les grands thèmes de l'œuvre : quels sont-ils ? Lesquels peut-on mettre en lien avec ce sujet ?

Vérifier si les thématiques font partie du sujet : cf. Liste des thématiques.

Cerner le sujet

- **Analyse des mots-clés en cherchant le champ sémantique**

  Ici, il s'agit du diable, qui, chez Gide, est une notion complexe.

  Relevez les allusions au diable (démon, Malin, Satan).

  La difficulté du sujet : le diable est à la fois évoqué comme une créature qui agit sournoisement en faisant croire qu'elle n'existe pas et comme une représentation du mal.

  Or, dans ce roman, le mal c'est :

  > Tout ce qui est lié au mensonge (hypocrisie, mauvaise foi, fausse amitié, tromperie).

  > Le refus de la vertu liée de façon erronée à la religion.

  > Le culte de la force et le rejet des faibles.

> La haine de soi ou des autres.

> Le désespoir.

- **Quels sont les personnages concernés ?**

  Ce sujet est très vaste et concerne tous les personnages liés au mal et au trafic de la fausse monnaie.

  Il concerne aussi les victimes du mal.

  Parcourez le roman en vous intéressant à Lilian, Vincent, Armand, Sarah, Passavant, Strouvilhou et tous les faux monnayeurs.

  Il faut différencier :

  > les agents du diable : des êtres totalement mauvais et malfaisants : Passavant, Strouvilhou et Ghéridanisol.

  > leurs disciples qui sont sous influence et le servent : Lilian et Georges (effrayé par la mort de Boris, celui-ci semble vouloir se reprendre).

  > leurs victimes qui se laissent contaminer à des degrés divers :

  – personne n'échappe totalement au diable : Bernard, Édouard, et même Boris se laissent tenter puis résistent. Mais ils restent du côté du bien.

  – il en est de même pour Olivier qui se laisse d'abord corrompre par Passavant puis s'échappe.

  > D'autres courent un vrai danger :

  – Sarah, par opposition à la vertu, est tentée par le vice et la débauche.

  – son frère Armand se laisse volontairement corrompre par refus de la vertu, désespoir et haine de soi.

  – Vincent et Lilian sont perdus : Vincent est le prototype de celui qui se laisse corrompre : son itinéraire est emblématique...

- **Quelle est la place du sujet dans l'intrigue ? Comment évolue le sujet ?**

  La fréquentation du diable aboutit à la mort de Boris. Le diable a donc une place essentielle.

- **Quelle est la symbolique ?**

  La symbolique apparaît plus haut dans l'analyse du sujet.

Conseil Gardez bien le sujet comme fil conducteur de votre dissertation.

Faire tout cela au brouillon sous forme de notes très courtes. 5 min

Préparer la dissertation

I Construire un plan

Comment trouver un plan le plus rapidement possible ?

Il faut vous remémorer tous les passages où il est question du sujet.

Conseil Le plan se déduit aisément de tout ce travail préalable, essentiellement mental. Ne perdez pas de temps à tout écrire.

5 min

I Le plan

1. **La présence du diable**
   a. La place du diable dans le *Journal des Faux-Monnayeurs* et les *Faux-Monnayeurs*
   b. Le personnage de Vincent tenté par le diable et victime exemplaire de cette force maligne dans le *Journal des Faux-Monnayeurs*
2. **Les victimes de Passavant**
   a. Vincent, victime de Lilian Griffith, elle-même, à la fois agent et victime du diable
   b. Les autres victimes de Passavant ou du diable
3. **Une chaîne démoniaque**
   a. Passavant, Strouvilhou et Ghéri
   b. Les enfants pervertis, la confrérie des hommes forts

Rédaction du devoir

45 min

Remarque Il est impossible de traiter ce sujet de manière exhaustive en 2 heures. Le choix qui a été fait ici ne l'est déjà pas, puisqu'il exclut les liens entre Édouard et le diable, la création littéraire et le démon (théorie de Dostoïevski) et le personnage de La Pérouse.

Introduction

Présentation de l'œuvre et annonce du sujet

André Gide a reçu enfant une formation religieuse à la fois solide et prégnante et toute son œuvre témoigne d'un questionnement religieux constant. Son père était protestant et sa mère, d'abord catholique, s'est convertie au protestantisme. À la mort de son père en 1880, c'est sa mère qui parfait son éducation religieuse, mais de façon très austère et puritaine. C'est pourquoi, dans *Le Journal des Faux-monnayeurs* et *Les Faux-Monnayeurs,* on trouve une critique sévère des protestants et de l'hypocrisie religieuse et des questions d'ordre métaphysique : c'est à ces questions-là que nous nous intéresserons, et notamment à celles de l'existence du Diable, ses différentes représentations et son influence dans la vie des personnages.

Problématique

Gide écrit dans le *Journal des Faux-Monnayeurs* que le diable pourrait être **« le sujet central du livre, le point invisible autour duquel tout graviterait ». Nous nous demanderons donc quels sont la place et le rôle du diable** dans le *Journal des Faux-Monnayeurs* et dans *Les Faux-Monnayeurs* en prenant cette acception au sens large, et notamment d'un point de vue symbolique.

Annonce du plan en 3 parties

Nous verrons en premier lieu que le diable est très présent dans les deux œuvres et que Vincent en est une victime exemplaire, sous l'influence de Passavant et de Lilian. Nous étudierons ensuite les autres victimes de Passavant, pour constater finalement que ce dernier forme, avec Strouvilhou puis Ghéridanisol, une chaîne démoniaque, dont les victimes sont des enfants.

Développement

➤ Première partie

1. La présence du diable

a. La place du diable dans le *Journal des Faux-Monnayeurs* et les *Faux-Monnayeurs*

Argument

Le diable au centre des préoccupations de Gide et du roman

Le diable est un thème récurrent dans le *Journal des Faux-Monnayeurs* et l'auteur veut lui donner une place essentielle dans son roman.

Exemple

Le diable est mentionné dans le premier paragraphe des *Faux-Monnayeurs* au sujet de Bernard : « La famille respectait sa solitude, le démon pas ». Il apparaît aussi dès le début du *Journal des Faux-Monnayeurs*, à la date du 2 janvier 1921, p. 34. Il s'agit du « traité de la non-existence du diable » avec l'idée que « le diable s'affirme dans notre négation ». Gide exprime clairement l'intention d'en faire « le sujet central de tout le livre, c'est-à dire le point invisible autour de quoi tout graviterait ». La question ressurgit quelques pages plus loin, p. 37, au sujet du « cahier d'Édouard ». Le diable fait partie des personnages du roman : il « circulerait incognito à travers tout le livre » et sa « réalité s'affirmerait d'autant plus qu'on croirait moins en lui : c'est là le propre du diable : pourquoi me craindrais-tu ? Tu sais bien que je n'existe pas ». Cette phrase est pour Gide l'une « des clés de voûte du livre », p. 37.

Commentaire

C'est donc le diable qui suggère à Bernard de réparer la pendule et ainsi lui fait découvrir les lettres de sa mère. Or, cette découverte déclenche l'intrigue.

Commentaire *(suite)*

On retrouve dans ces citations du *Journal des Faux-Monnayeurs* des idées récurrentes : Gide veut manifestement que le diable tienne une place essentielle comme le souligne la métaphore de « la clé de voûte » mais sous une forme invisible, c'est-à-dire insidieuse. **Le paradoxe est que le diable est bien plus présent et dangereux quand on le nie et ne croit pas en lui.** Ainsi Gide emprunte-t-il sa voix au discours direct : il s'agit d'un « dialogue » des plus pervers : **le tentateur invite l'homme à ne pas croire en lui pour renforcer son pouvoir maléfique. Il peut alors agir à sa guise et s'infiltrer partout.** Il est vrai que dans le roman, il prend différentes formes et se révèle très puissant.

Transition

Cette théorie est reprise à la fin du *Journal des Faux-Monnayeurs* dans le chapitre « Identification du démon » et nous voyons que l'une des illustrations de cette théorie est le personnage de Vincent.

b. Le personnage de Vincent tenté par le diable et victime exemplaire de cette force maligne dans le *Journal des Faux-Monnayeurs*

Argument *Le personnage de Vincent, victime du diable*

Vincent apparaît dans le *Journal des Faux-Monnayeurs* comme l'une des premières victimes du diable. Et le roman met en scène des adolescents et des jeunes gens, d'autant plus malléables qu'ils sont en quête d'identité.

Exemple

Dans le *Journal des Faux-Monnayeurs*, Gide compare trois personnages, Olivier, Vincent et Bernard. Les deux premiers « ont de très bons et nobles instincts et s'élancent dans la vie avec une vision très haute de ce qu'ils doivent faire » mais ils sont de « caractère faible et se laissent entamer » alors que « Bernard réagit contre chaque influence et se rebiffe ». « Vincent se laisse lentement pénétrer par l'esprit diabolique », p. 70.

Commentaire

Ce contraste entre les intentions et les actes souligne la fragilité des jeunes gens ; de plus, cette opposition entre force et faiblesse est très présente dans le roman, devenant synonyme d'une opposition entre le bien et le mal. La gradation dans l'emploi des verbes (« entamer » puis « pénétrer »), le verbe pronominal « se laisser » et l'adverbe « lentement » soulignent le cheminement du diable et sa prise de possession progressive et insidieuse du jeune étudiant en médecine.

Exemple

Vincent devient l'illustration de sa théorie : « Il sent qu'il appartient d'autant plus à Satan, qu'il ne parvient pas à croire à l'existence du Malin », *Journal des Faux-Monnayeurs*, p. 70. La phrase déjà citée au discours direct réapparaît.

_ ***Commentaire***

Notons le verbe « appartenir » : il y a bien possession. Notons aussi qu'il s'agit vraiment du diable et non d'une simple métaphore du Mal : il est désigné par les termes de « Satan » et du « Malin ».

_ ***Exemple***

Gide dans le *Journal des Faux-Monnayeurs* développe la situation de Vincent pour montrer comment cette contamination s'est produite. « Il se croit devenir le diable », il « finit par « croire qu'il est Satan ». Et cette assurance « d'avoir le diable dans son jeu » lui fait réussir tout ce qu'il entreprend. « Il sait qu'en gagnant le monde il perd son âme », p. 71. Puis Gide utilise le point de vue de Vincent qui « comprend par quels arguments le Diable l'a dupé » dans son aventure avec Laura.

_ ***Commentaire***

La possession ici est totale et l'on reconnaît le mythe de Faust. L'on retrouve aussi implicitement le thème de la faute. C'est parce qu'ils se sont crus condamnés qu'ils se sont permis cette union illégitime. Laura devient une victime de Vincent, lui-même une victime du Diable.

Transition

Cependant le diable n'intervient pas seul dans ce roman ; il est en quelque sorte secondé par des personnages, eux-mêmes diaboliques.

➤ Deuxième partie

2. Les victimes de Passavant

a. Vincent, victime de Lilian Griffith, elle-même, à la fois agent et victime du diable

_ ***Argument***
Vincent sous l'emprise du couple Passavant Lady Griffith

On peut remarquer en effet une sorte de hiérarchie. Vincent s'est laissé entraîner par différentes figures du diable : Lady Griffith qui s'est elle-même laissée entraîner par le diabolique Passavant. Vincent tombe très vite entre les mains du couple infernal.

_ ***Exemple***

La première fois que Vincent est évoqué, il est lié à la nuit, ch. 3, I, p. 37 : « Depuis quelque temps, Vincent sort la nuit ». Au ch. 4, I, nous suivons Vincent qui se rend chez le comte de Passavant rue de Babylone. Au chapitre suivant, lorsque Vincent laisse Lilian et Robert, nous lisons : « C'était l'heure douteuse où s'achève la nuit, et où le diable fait ses comptes » ; puis : « Laissons-le, tandis que le diable amusé le regarde glisser sans bruit la petite clef dans la serrure... », p. 60.

_ ***Commentaire***

La première remarque, apparemment sans importance ne l'est plus a posteriori : Vincent est d'emblée un personnage nocturne, lié aux ténèbres. Le nom de la rue où habite Passavant n'est pas anodin. Passavant habite dans la rue du mal, du péché. De plus, dans l'épigraphe de ce chapitre, nous lisons : « Mon fils, vous serez damné », p. 43. Enfin, la présence du diable est clairement soulignée. Il a pris possession de Vincent et s'en réjouit.

_ ***Argument***
Passavant se lie aux frères Molinier

Cette possession est liée à la prise de pouvoir de Passavant sur Vincent ; elle se fait par étapes. En effet, Passavant se lie d'abord avec les frères Molinier.

_ ***Exemples commentés***

Le narrateur laisse un mystère planer autour des raisons secrètes que Passavant, « l'ami de tout le monde », a d'attirer Vincent. Nous verrons plus tard que la fausse amitié est diabolique pour Gide. On ne sait pas non plus quand les Molinier ont rencontré Passavant pour la première fois, comme s'il s'était insidieusement glissé peu à peu dans leur vie : « Je ne sais trop comment Vincent et lui se sont connus », p. 43. Il leur offre des glaces comme il offrira plus tard de prêter de l'argent...

_ ***Argument***
Le jeu

Passavant l'attire par l'argent en l'emmenant « dans un salon de jeu » p. 44 où Vincent perd l'argent consacré à Laura.

_ ***Exemple***

« Vincent avait mené jusque-là un vie assez vertueuse », p. 44. « De quel démon avait-il écouté le conseil ? », p. 45. **« Quel démon lui souffla certain soir, qu'elle (la somme d'argent consacrée à Laura) serait probablement insuffisante ? »** Vincent répond lui-même à la question : « Non, ce n'était pas Robert de Passavant [...] qui « n'avait rien dit de semblable ; mais sa proposition d'emmener Vincent dans un salon de jeu tomba précisément ce soir-là ; et Vincent avait accepté. Ce tripot avait ceci de perfide ... ». Le narrateur précise que Vincent est de « cœur sensible » mais plus « voluptueux qu'aimant, il s'était fait facilement, de la dureté même, un devoir », p. 46.

_ ***Commentaire***

Le discours indirect libre nous permet d'entrer dans les pensées de Vincent au moment où il se laisse pervertir par le jeu. Or, le jeu est un vice. Nous voyons bien que Passavant agit sournoisement comme le diable et fait figure de destin. Comme il a tout perdu, il quitte brutalement Laura (« il s'était arraché d'entre ses bras », p. 46) et en la quittant, il s'éloigne de son devoir et de la vertu. Le narrateur dévoile ses faiblesses, reprenant ses théories du *Journal des Faux-Monnayeurs*. Cette idée est reprise au ch. 16, p. 142 : « Naturellement bon, il avait dû se forcer », « pour se montrer dur avec Laura ». Le narrateur analyse avec une certaine ironie comment Vincent, pourtant bon de nature, change.

Exemple

Au début du ch. 16, I, nous lisons : « Douter si cette somme consacrée sera suffisante, n'est-ce pas s'apprêter à céder, lorsque le démon fera miroiter devant ses yeux la possibilité de la grossir » ?

Commentaire

On retrouve l'illustration de la conception du diable dans le *Journal des Faux-Monnayeurs*. Le narrateur va jusqu'à intervenir pour expliquer comment peu à peu Vincent s'est laissé piéger, p. 142, et reprend les étapes de l'emprise du démon, qui est mentionné plusieurs fois, à propos de l'argent. Vincent devient l'illustration même d'une théorie, un symbole.

Argument

Passavant attire les deux frères

Passavant utilise différents moyens pour séduire Vincent tout en le maintenant à une place subalterne. L'étape suivante est de mettre la main sur Olivier.

Exemple commenté

Passavant met sa voiture à disposition de Vincent, le piège se referme sur lui. Puis il lui parle d'Olivier : « Il a l'air très intelligent, votre frère [...] dites-lui de venir me voir ». En acceptant cela, Vincent jette son frère dans les griffes du diable et le met en danger. Nous verrons plus tard comment Passavant essaie de corrompre Olivier.

Argument

Lady Griffith

L'étape suivante est la conséquence de la perte au jeu et l'abandon de Laura. Passavant le pousse à continuer à jouer, p. 46, et l'entraîne chez Lady Griffith qui va rapidement prendre la place de Laura. C'est une étape mortifère, ch. 7, I. Dans le *Journal des Faux-Monnayeurs*, p. 69, Gide prévoit « d'accentuer la défaite de sa vertu au moment où il a commencé de gagner au jeu ». Lady Griffith est sans doute amoureuse de Vincent mais elle a été pervertie par Passavant et par des épreuves. Qui est-elle et quel est son lien avec le diable ? Proche de Passavant, elle compose avec lui un couple de libertins pervers. Leur relation rappelle celle du vicomte de Valmont et de la Marquise de Merteuil dans *Les Liaisons dangereuses* de Choderlos de Laclos. C'est l'un des personnages les plus complexes et les plus ambigus du roman.

Exemple commenté

Son nom laisse présager une grande capacité de nuisance et lui correspond bien : Grief en anglais signifie « chagrin » et « ennui » et par homophonie Griffith fait penser au mot « griffes » en français, attributs des félins, image de la femme fatale attirante et dangereuse, voire délétère. Lilian Griffith fait « aussi penser à Lilith, la première femme fatale apocryphe, l'anti-Eve de la tradition juive. » (Pierre Chartier, Foliothèque, p. 121)

Argument
Le choix de la force

Lilian s'est endurcie par le passé et veut que Vincent s'endurcisse à son tour. « Lady Griffith aimait Vincent peut-être ; mais elle aimait en lui le succès » p. 65. Lilian introduit le thème de la force qui est lié à celui du diable. L'humanité est présentée comme étant composée de forts et de faibles ; ceux qui choisissent d'être forts écrasent les faibles et sont du côté du diable.

Exemple

« J'abomine les médiocres et ne puis aimer qu'un vainqueur », dit-elle, p. 69. Elle est devenue individualiste et impitoyable et se charge d'éduquer et de former Vincent : « Elle se penchait avec un instinct d'amante et de mère au-dessus de ce grand enfant qu'elle prenait à tâche de former » p. 65.

Commentaire

Son passé justifie son évolution psychologique. Traumatisée par le naufrage de *La Bourgogne*, elle s'est endurcie au point d'être devenue nietzschéenne. Elle a découvert l'existence du mal et cette découverte l'a métamorphosée. Elle est donc incapable de vivre une histoire d'amour sans perversion et pervertit ainsi Vincent ; là encore, l'influence du libertinage et du diable est visible.

Commentaire
(suite)

Telle Pygmalion, elle veut faire de lui son œuvre, le transformer en homme fort et dur. Elle l'entraîne ainsi dans un monde où l'on détruit les faibles et le fait adhérer aux théories de Passavant et Strouvilhou, qui sont les personnages les plus diaboliques du roman.

Argument
Vincent corrompu par Lilian

Vincent avoue à Lilian sa passion pour elle et se laisse corrompre.

Exemple

Vincent lui parle des mains qu'on coupe (« il me semble que quelque chose veut monter dans ma barque »). il dit entendre une voix de quelque chose qu'il repousse, p. 144, « une voix que j'écoutais dans mon enfance ».

Commentaire

Cette voix est sans doute la voix de Dieu. Pourtant Vincent ne croit pas au surnaturel et cela donne « au démon de grands avantages ». Vincent est attaqué par « le démon » d'une manière « retorse et furtive », en lui faisant croire que les défaites sont des triomphes. Il a résisté à Laura et choisit de faire partie de ceux qui coupent les mains. En se croyant fort parce qu'il devient impitoyable, Vincent montre qu'au contraire il a été vaincu par le diable comme Lilian. Il prend ces défaites pour des victoires. N'oublions pas que le prénom Vincent vient du latin *vinco* et de son participe présent *vincens* qui signifie vaincre. Vincent signifie celui qui est vainqueur. Son prénom serait donc illusoire.

– ***Argument***
Le démon de l'ennui et la haine

Par la suite, Vincent et Lilian sont pris par le démon de l'ennui qui les conduit à se haïr. On n'entend plus parler de Vincent jusqu'au ch. 11, III où il est fait mention de lui dans la lettre écrite par Lilian à Passavant, p. 314.

– ***Exemple***

« Je ne sais plus trop si je l'emmène ou s'il m'emmène ; **ou si plutôt, ce n'est pas le démon de l'aventure qui nous harcèle ». puis ajoute : « Nous avons été présentés à lui par le démon de l'ennui »** ; « L'amour nous paraissait trop fade », p. 314.

– ***Commentaire***

Cet ennui les conduit à se haïr. Dans le *Journal des Faux-Monnayeurs,* Gide écrit que « Ces deux amants sont faits pour se haïr », p. 83. Nous apprenons à la fin du roman, ch. 16, III, p. 361, par une lettre d'Alexandre à Armand, qu'elle est morte, sans doute tuée par Vincent, qui semble avoir perdu la raison, p. 362.

– ***Commentaire***
(suite)

Alexandre le décrit comme **« possédé par le diable »,** ou plutôt « il se croit le diable lui-même ». Vincent et elle se sont perdus au jeu de l'amour et de la haine, sous l'effet de **plusieurs démons, celui de l'aventure et de l'ennui**. Un ennui proche du désespoir.

– ***Argument***
Le désespoir et la haine

L'histoire de Vincent et Lilian met en lumière deux facettes fondamentales du diable : la haine, celle de soi et des autres et l'exploitation du désespoir.

– ***Exemple***

Nous avons constaté quel désespoir avait produit chez Lilian l'épisode du naufrage de *La Bourgogne*. Vincent, en sortant de chez Lilian, « médite ; il éprouve que du rassasiement des désirs peut naître, accompagnant la joie et comme s'abritant derrière elle, une sorte de désespoir », p. 70.

– ***Commentaire***

Cette phrase révèle chez Vincent une grande capacité d'analyse et de lucidité. Le diable s'empare en effet de personnes intelligentes, ce qui souligne son pouvoir. Il entre aussi dans cette faille qu'est la lassitude, la tentation du désespoir et paradoxalement l'aspiration à un idéal.

Le fait que Lilian et Vincent soient partis dans des contrées lointaines a sans doute favorisé la prise de possession du diable. Il est écrit que Vincent, déjà, avant même de partir, se sentait dépaysé auprès de Lilian, ch. 16, I, p. 142-143.

Transition

Ainsi, tous ceux qui tournent autour de Passavant sont soit ses complices, soit ses victimes. Armand et Sarah sont aussi des victimes à la fois du mal et de Passavant.

b. Les autres victimes de Passavant ou du diable

– ***Argument***
Armand

On retrouve des points communs entre Vincent et Armand : une très grande intelligence et lucidité et une forme de désespoir. Cependant Vincent se laisse prendre peu à peu sans s'en rendre compte alors qu'Armand en est conscient.

— ***Exemple***

Il rejette la vertu, non pas celle de sa sœur Rachel : « La seule personne de ce monde que j'aime et que je respecte. Je la respecte parce qu'elle est vertueuse », p. 359, mais celle que représente sa famille : « Ce qu'il y a de plus sincère en moi est la « haine de tout ce qu'on appelle vertu ». Cette haine est le résultat d'une « première éducation puritaine », p. 359 : elle « laisse au cœur un ressentiment dont on ne peut plus se défaire ».

— ***Commentaire***

Ainsi, accepte-t-il de se laisser corrompre par Passavant par haine de la vertu, et de soi et volonté d'autodestruction. **Il sait très bien qu'en devenant son secrétaire, il passe du côté du mal**. Il dit d'ailleurs à Olivier : « Il est à faire vomir ton Passavant », p. 355. C'est donc bien parce qu'il se déteste qu'il accepte ce poste : il déclare « j'aime ce qui me dégoûte », p. 355, et se voit en effet lui-même comme « un sale individu », p. 355.

— ***Argument***
Sarah

De même sa sœur Sarah rejette, elle aussi, la vertu familiale.

— ***Exemple***

Elle est effrayée par l**a vertu de Rachel au point d'être tentée par le mal** : « Je ne veux pas croire à ton ciel, je ne veux pas être sauvée », p. 341. Par provocation, elle se laisse séduire par Passavant pendant la soirée des Argonautes.

— ***Commentaire***

Même s'il échoue, cela montre le désir que Passavant a d'exercer son pouvoir sur le plus de personnes possible, dès qu'il les sent fragilisées, c'est-à-dire dès qu'il sent leur vertu et leur force défaillir.

Cette scène avec Sarah a lieu de façon significative après qu'Édouard a averti Olivier des dangers qu'il court en s'associant à Passavant, p. 289.

— ***Argument***
Olivier finit par échapper à Passavant

— ***Exemple commenté***

Le dialogue avec Armand a définitivement éclairé Olivier qui comprend, comme par un effet de miroir, les dangers auxquels il a échappé, c'est-à-dire une sorte de mort psychique : « Je vois que j'ai bien fait de me retirer » dit-il à Armand, p. 357. Ce lien avec la haine de soi et des autres est emblématique de l'influence diabolique de certains personnages.

Transition

Nous avons constaté que la présence du diable et sa prise de possession de Vincent sont inséparables de l'influence de Passavant sur le jeune homme. Passavant est de toute évidence un personnage diabolique et sans doute un allié du diable.

3. Une chaîne démoniaque

a. Passavant, Strouvilhou et Ghéri

– ***Argument***
Passavant une première apparition révélatrice

Passavant apparaît pour la première fois au ch. 4, I, apparition que nous avons déjà mentionnée. Son père vient de mourir. Nous remarquons qu'il est en contraste avec son petit frère Gontran et leur domestique Séraphine en train de veiller le défunt.

– ***Exemple commenté***

Passavant se montre indifférent à la mort de son père et justifie son manque d'affection par le peu d'amour qu'il a lui-même reçu. À cette indifférence s'oppose l'attitude de Séraphine, qui porte un nom d'ange, et du jeune Gontran ; ce dernier est décrit comme un adolescent dont le visage n'exprime « que de la tendresse encore, et de l'amour ». Leur conversation porte sur Dieu qui « s'occupe de tout ça » et Gontran cherche désespérément à rapprocher les mains du mort autour du crucifix. Cette scène prend une place d'autant plus symbolique qu'elle présente les deux frères, l'un comme un démon et l'autre comme un être proche d'un ange.

– ***Argument***
Un personnage connu et faux

Dès son apparition, le comte Robert de Passavant prend une grande place. Il n'est pas au centre de l'intrigue mais il donne l'impression que tout le monde le connaît et parle de lui.

– ***Exemple***

Au début du ch. 8, I, Édouard lit le roman de Passavant. « On en parle partout », pense-t-il. Nous avons déjà relevé qu'il est « l'ami de beaucoup de monde », p. 43, et donc de personne, puisque l'amitié est une élection.

– ***Commentaire***

Ce qui caractérise en effet Passavant est sa relation avec autrui qui est toujours biaisée, fausse et intéressée. Il désigne Olivier sous le nom « d'ami présomptif », p. 141. Il est toujours en représentation et contrôle ses émotions. Son comportement face à Édouard quand il vient récupérer les affaires d'Olivier est à ce titre révélateur, p. 312. Or nous allons constater que tous les faussaires, dans le domaine des sentiments ou ailleurs, sont des figures du mal. La mauvaise foi est effectivement diabolique aux yeux de Gide. Le narrateur désigne Passavant par l'expression « suppôt damné », p. 142.

– ***Argument***
Un personnage délétère

Son comportement avec Vincent et Olivier montre à quel point il est nocif.

Exemples commentés

Il est écrit dans le *Journal des Faux-Monnayeurs*, p. 69, que le caractère d'Olivier « peu à peu se déforme », et qu'il « commet des actions profondément contraires à sa nature et ses goûts », jusqu'à éprouver « un abominable dégoût de lui-même ». « Passavant va l'abîmer c'est sûr. Rien n'est plus pernicieux pour lui que cet enveloppement sans scrupules » dit l'auteur lui-même dans le fameux ch. 7, II, p. 217. Cette perversité est d'autant plus forte qu'il est vexé d'avoir perdu son emprise sur Olivier : Il « ne résistait pas au plaisir de verser sur le bonheur quelques gouttes du poison de sa perfidie », p. 313, ch. 1, III. Puis Passavant se réjouit de ce qui arrive à Lilian et Vincent : « c'est bien fait » pense-t-il p. 315.

Argument

Strouvilhou : des apparitions mystérieuses

Passavant est en contact avec un autre personnage diabolique, Victor Strouvilhou.

Exemples commentés

Strouvilhou apparaît pour la première fois au ch. 12, I, à l'occasion du mariage de Laura, comme pensionnaire de la pension Azaïs, p. 105. Il est aussitôt perçu comme inquiétant. Il réapparaît au ch. 15, I. lorsque Passavant fait partir Olivier pour pouvoir le recevoir en toute tranquillité. Olivier aperçoit alors son nom sur la carte de visite présentée par le domestique. Il est intéressant de noter que l'auteur a choisi de faire voir au lecteur ce nom tel qu'Olivier le voit : en milieu de page, écrit très gros en lettres majuscules. Ce procédé étonne et met en valeur ce personnage comme étant central, p. 140. Ce nom étrange peut être décomposé ainsi : Victor (vainqueur), Strou (trou)-vil (vil ou vilain)-hou.

Exemples commentés *(suite)*

Il réapparaît d'une façon similaire au ch. 3, II, comme un nom sur le registre de l'hôtel, p. 191. Le personnage reste très mystérieux. Au ch. 5, p. 205, Madame Sophroniska dit avoir donné le talisman de Boris à « un certain M. Strouvilhou » qui « s'intéressait » à l'enfant » ; elle le décrit comme « très aimable, « très empressé » et « fort intelligent ». Cette allusion est une prolepse de ce qui va se passer. En faisant cela, la psychologue met Boris entre les mains du diable.

Exemples commentés

Sa réapparition, au ch. 5, III, p. 260, comme cousin de Ghéridanisol, au moment où il est question des enfants faux-monnayeurs, est à nouveau indirecte. Ghéri lui emprunte ses paroles : il faut que les « gosses » soient « de bonne famille » pour que les parents puissent « étouffer l'affaire » si « l'affaire s'évente ». Ces allusions, sans que le lecteur fasse vraiment connaissance avec lui, font de lui un personnage à part, une sorte d'ombre qui plane et qui agite en secret.

_ ***Argument***
Une idéologie dangereuse et destructrice

On ne le retrouve qu'au ch. 11, III, quand il rend visite à Passavant, p. 315. Les hommes sont manifestement en rivalité d'influence, comme si Passavant avait enfin trouvé quelqu'un à sa mesure. Tous les deux jouent un rôle sans être dupes l'un de l'autre. Leur discussion révèle aussitôt une idéologie délétère.

_ ***Exemple***

Quand il évoque l'humanité, il va jusqu'à souhaiter « un bel accident qui réduise en bouillie toute cette ordure vivante », p. 316. Passavant l'écoute et approuve : « Vous me plaisez ainsi, Strouvilhou », p. 317. Il ajoute qu'en tant qu'homme il se « méprise et (se) hai(t) à l'égal d'autrui », p. 317. Son discours s'achève sur le rejet des enseignements du Christ et de son sacrifice et sur « la haine d'une religion » qui protège les « faibles, les rachitiques, les blessés ». Il fait l'éloge de la force en se référant à la nature où « seuls les êtres robustes prospèrent », p. 317. « C'est l'amélioration de la race à laquelle il faut travailler » et celle-ci n'est possible qu'en supprimant les « malvenus ».

_ ***Commentaire***

Il exprime là un idéal eugéniste et prend pour exemples les haras où l'on sélectionne les individus les plus robustes ; cela rappelle Vincent évoquant les poissons qui s'adaptent aux degrés de salinité variable et dévorent les autres.

_ ***Commentaire***
(suite)

Strouvilhou est sincère et se dit « idéaliste et mystique ». Il est d'autant plus dangereux qu'il est intelligent et cultivé, comme en témoigne sa référence à *L'Odyssée* et à « l'implacable Proserpine ». Cette référence à l'Hadès n'est pas anodine, puisqu'il s'agit des Enfers.

_ ***Exemple***

La dernière allusion à Strouvilhou se réduit à une phrase à la fin du ch. 15, III, p. 352. Mais elle est essentielle. C'est bien lui qui dirige l'affaire de la fausse monnaie et manipule Léon Ghéridanisol.

_ ***Commentaire***

On assiste ici à une sorte de pacte diabolique. Passavant n'a plus de pouvoir sur Lilian et Vincent et Olivier vient de lui échapper. Strouvilhou prend le relais et a lui-même de l'influence sur Ghéri : Ghéri à son tour corrompt les enfants.

Transition

Se forme alors une chaîne ininterrompue de méchanceté. Cette chaîne diabolique est l'un des fils conducteurs de l'intrigue complexe du roman et aboutit à la mort de Lilian, à la folie de Vincent, à la perdition d'Armand et enfin à la mort du petit Boris.

b. Les enfants pervertis, la confrérie des hommes forts

_ ***Argument***
Ghéri et les enfants

Ghéri apparaît pour la première fois au début de la troisième partie, ch. 4, p. 247 ; il est lui aussi très inquiétant et dangereux :

_ ***Exemple***

« Un certain Léon Ghéridanisol faisait centre et déjà s'imposait ».

– *Commentaire*

L'on remarque la présence de l'adverbe « déjà » qui souligne l'idée que Ghéri prend rapidement de l'ascendant sur les autres. Le groupe des enfants est présenté en même temps que Ghéri : « Des groupements presque aussitôt s'étaient formés », p. 247.

– *Argument*
L'audace de Ghéri

Le narrateur en fait un court portrait et met en valeur son « culot », p. 248. Il est non seulement effronté mais surtout méchant. Cette méchanceté fascine Georges qui fascine Phiphi.

– *Exemple commenté*

Derrière le mot « culot », se profile l'idée d'audace, une audace qui consiste à s'affranchir de toute morale pour accomplir des actes illégaux et contraires au bien. Ghéri s'amuse aux dépens des autres : il s'adresse à une femme en lui disant que son enfant est laid mais ne vivra pas ». Georges, aussitôt impressionné « n'a d'attention que pour Ghéri, qui n'a d'attention pour personne », p. 249. Cette fascination se propage d'un personnage à l'autre et les empêche de réfléchir par eux-mêmes : Philippe « ne demanderait pas mieux que s'attacher à Boris ; mais il se laisse mener par Ghéridanisol jusqu'à n'oser plus éprouver aucun sentiment personnel ».

– *Exemple*

Au chapitre suivant, Ghéri pousse Georges à se servir de la fausse monnaie : « Mes agneaux, si vous ne voulez pas [...] je ne suis pas embarrassé pour trouver d'autres types qui auront plus de culot que vous », p. 259. Puis il empêche Phiphi de faire de même pour le frustrer.

– *Commentaire*

Dans la même phrase, on trouve les verbes « affecter » et « feindre » qui soulignent à quel point Ghéri joue un jeu. C'est aussi un faux-monnayeur sur le plan symbolique.

– *Commentaire*
(suite)

Sa relation avec les enfants et leur relation entre eux est fondée sur des défis constants et du mimétisme. Il faut montrer qu'on « est capable de... », c'est-à-dire qu'on peut faire preuve de toutes les audaces et de force. On retrouve ici la théorie des forts devant éliminer les faibles. C'est pourquoi Ghéri crée « La Confrérie des hommes forts ». Cette association réunit Georges et Phiphi qui veulent sans cesse prouver l'un à l'autre de quoi ils sont capables.

– *Argument*
Georges

Mais les enfants passent du défi à la perversité. Très tôt dans le roman, Georges se montre un enfant menteur et retors, voire pervers.

– *Exemple commenté*

« Si vous racontez à mes parents l'histoire du livre, je dirai que vous m'avez fait des propositions », dit-il à Édouard au ch. 11, I, p. 110. Georges accumule les mauvaises actions pour « épater » les autres, p. 250 : il vole sa mère, dérobe et montre les lettres de son père, fréquente des prostituées, écoule de la fausse monnaie...Cet enfant à la perversité polymorphe fascine le romancier Édouard ; Strouvilhou et Ghéri ont compris qu'ils pouvaient aisément se servir de lui.

_ ***Argument***
La fausse amitié

Les relations amicales poussent ici à la malfaisance.

_ ***Exemple commenté***

Nous lisons p. 22, dans le *Journal des Faux-Monnayeurs* qu'un ami « c'est quelqu'un avec qui on serait heureux de faire un mauvais coup ». À cela s'ajoute que Georges feint d'être ami avec Boris pour le pervertir : « cette comédie d'amitié que Georges consentit à jouer », p. 367. Pour Gide cette perversion de l'amitié est diabolique. Georges sera complice de Ghéri jusqu'à la fin, même au moment de la mort de Boris, avec l'arme qu'il prend, dissimule, donne à Ghéri... il est donc dangereusement atteint par le mal. Mais devant le crime, il est horrifié et se jette dans les bras de sa mère qui remercie « Dieu » de lui avoir ramené son fils.

_ ***Argument***
Boris une victime

Ainsi, Boris, parce qu'il est fragile, devient la victime de Ghéridanisol :

_ ***Exemple***

il « ne peut souffrir Boris. Sa voix musicale, son air de fille, tout en lui l'irrite, l'exaspère ». La gradation est claire ici. Il est question de « l'instinctive aversion qui, dans un troupeau, précipite le fort sur le faible ». « (..) »Peut-être a-t-il écouté l'enseignement de son cousin et sa haine est-elle un peu héroïque [...] il trouve des raisons pour se féliciter de haïr. Il a fort bien compris combien Boris est sensible au mépris qu'il lui témoigne [...] » p. 364.

_ ***Commentaire***

La haine est manifeste ici puisqu'elle apparaît à plusieurs reprises sous forme de polyptotes. Ghéri adhère à la même idéologie que Strouvilhou.

_ ***Commentaire***
(suite)

Gide, qui voit en Boris l'enfant qu'il était lui-même, fait alterner dans ce passage, qui précède la mort de Boris, deux points de vue : celui de Ghéri, haineux et pervers, et celui du narrateur, omniscient et révélant ainsi les pensées et la souffrance, presque une torture, de Boris.

_ ***Argument***
La mise à l'épreuve

Ghéri utilise le même système qu'avec Georges et Phiphi et défie Boris. Il a compris que le jeune garçon préfère mourir plutôt que d'avoir l'air faible et être exclu. Nous avons ici deux signes de la présence du diable : la théorie de l'homme fort et la fausse amitié.

_ ***Exemples Commentés***

Il met en place plusieurs stratagèmes pour impressionner l'enfant, p. 364-365.

L'aspect démoniaque de Ghéri est manifeste à son **« bizarre sourire »,** fin du ch. 17, p. 370. On retrouve ce sourire lorsque Phiphi, affolé, lui envoie un billet au sujet du pistolet. Ce **sourire « persiste » comme un masque « qu'on aurait dit imprimé sur ses traits ».** Ghéri sait que le pistolet est chargé. Déshumanisé, il reste indifférent jusqu'à la fin. « Quant à Ghéri, ce qu'il s'en fichait », fin ch. 17.

Argument
Perversion de l'enfance

Le diable ici pervertit aussi l'enfance.

Exemple commenté

Le mot « enfant » est souvent utilisé par le narrateur (p. 250-1 par exemple). Strouvilhou et Ghéri, en cherchant à corrompre des enfants, qu'ils désignent par l'expression « gosses », p. 260, pervertissent et abîment l'innocence. Juste avant la mort de Boris, Phiphi lui donne « deux gros baisers d'enfant », p. 371. Cette expression souligne à quel point l'enfance est ici pervertie, salie par des personnages comme Ghéri. Gide, pétri de connaissance biblique, connaît à l'évidence ce passage où Jésus dit (Matthieu 18, 6) : « Si quelqu'un scandalisait l'un de ces petits qui croient au moi, il vaudrait mieux pour lui qu'on suspendît à son cou une meule de moulin et qu'on le jetât à la mer ».

Conclusion

Bilan
Réponse à la problématique

La place du diable dans l'intrigue est désormais évidente puisque de nombreux personnages en sont, soit les agents, soit les victimes. Au fil du roman, son rôle s'accentue, comme le montre la chaîne diabolique que nous avons étudiée. En effet, le réseau d'influences qu'elle met en place est de plus en plus pernicieux jusqu'à devenir mortifère. Passavant se contente d'être pervers et d'influence délétère. Strouvilhou expose une théorie des plus dangereuses et destructrices ; et c'est son cousin Ghéridanisol qui la met en pratique de façon assassine en pervertissant les enfants et en provoquant volontairement la mort de Boris. L'issue du roman en devient tragique.

Pour aller plus loin

Liste de quelques autres sujets possibles et proches de celui-ci :

Ce sujet rejoint les sujets sur les personnages agents ou victimes du diable.

Il est en lien avec le titre *Les Faux-monnayeurs* et la sincérité et le mensonge.

Il pose aussi la question du bien et du mal et de la présence d'anges face aux démons.

L'étude de la théorie sur les forts et les faibles peut être associée à un sujet sur la politique.

Il peut être rapproché à un sujet sur le roman métaphysique.

Sujet 2 Quelle place tiennent la sincérité et le mensonge dans le roman *Les Faux-Monnayeurs* et le *Journal des Faux-Monnayeurs* ?

Les incontournables

Objet d'étude

Les idées

Comment ne rien oublier ?

Il faut toujours avoir à l'esprit qu'un sujet à 12 points englobe les grands thèmes qui parcourent toute l'œuvre : quels sont-ils ? Lesquels peut-on mettre en lien avec ce sujet ?

Cf. Liste des thématiques : vérifier si elles font partie du sujet :

> La présence du diable (père du mensonge)
> La fausse-monnaie
> Les faux sentiments en amour et en amitié
> Les bâtards
> La fausse littérature
> L'hypocrisie sociale
> Les bourgeois
> La politique

Cerner le sujet

Analyse des mots clés en en cherchant le champ sémantique :

> **Sincérité** : l'étymologie latine de ce substantif renvoie à l'idée de pureté, de propreté.
  La sincérité dans les relations affectives signifie vérité et authenticité.
  Dans les relations sociales elle suggère l'authenticité et la transparence.
> Le **mensonge** est au contraire l'intention de tromper, de paraître autre que ce que l'on est.

Le titre annonce l'importance de la sincérité et du mensonge dans tout le roman.

Il faudra penser à tous les aspects de la sincérité et du mensonge : les objets, les personnages et leurs relations en société et dans l'intimité, les idées.

Conseil Gardez bien le sujet comme fil conducteur de votre dissertation.

Préparer la dissertation

Il faut vous remémorer tous les passages (extrêmement nombreux...), où il est question de sincérité et de mensonge, de fausseté.

Comme nous l'avons vu, ce thème englobe presque tous les aspects de la vie dans ce roman.

Spécificité du roman *Les Faux-Monnayeurs*

La spécificité de ce roman est que le narrateur ne joue pas franc jeu non plus ; il prétend être dépassé par ses personnages. Le chapitre qui traite essentiellement de ce sujet est le chapitre 7 de la deuxième partie ; toutefois, le roman est parsemé de réflexions du narrateur, qui fait intervenir le diable comme un personnage qui parcourt le roman et influence chacun.

Quel que soit le sujet

> Il faut aussi voir quels personnages sont concernés par le sujet et éviter de tout concentrer sur quelques protagonistes : tout le monde est concerné sauf Bronja, Boris et Rachel.

> Il convient aussi d'envisager les causes et les conséquences du sujet et ces dernières, aussi bien du côté des personnages que des lecteurs.

> Il est aussi important de se demander pourquoi Gide a voulu écrire ce roman.

Construire le plan

Conseil Le plan se déduit de tout ce travail préalable, essentiellement mental. Ne perdez pas de temps à tout écrire.

5 min

1. **Les faux-monnayeurs et le mensonge**
   a. La réalité des fausses pièces
   b. Le titre du roman renvoie métaphoriquement aux faux écrivains
   c. L'hypocrisie dans les rapports sociaux : le diable ?
2. **La confusion des sentiments**
   a. Le narrateur et ses personnages
   b. Bernard, Olivier, Armand
   c. Édouard et Laura
3. **L'échec partiel de la sincérité et de l'amour**
   a. L'échec retentissant de l'amour conjugal
   b. L'hypocrisie bourgeoise et religieuse
   c. Les familles et le manque de sincérité

Application

Quelle est la place de la sincérité dans l'intrigue ? Quelle est la place du mensonge ?

Certains personnages sont plus représentatifs que d'autres en ce qui concerne ces deux thèmes.

> Ceux qui cherchent le bonheur avec sincérité : y parviennent-ils ?
> Ceux qui cherchent à tromper les autres : y parviennent-ils ?
> Ceux qui se trompent eux-mêmes.
> Ceux qui oscillent entre ces deux tendances.
> Le narrateur
> Le diable

Dans son *Journal des Faux-Monnayeurs*, p. 54 et sqq, Gide consacre plusieurs pages à l'hypocrisie : il définit « l'esprit faux » : celui qui éprouve le besoin de se persuader qu'il a raison de commettre tous les actes qu'il a envie de commettre » Le premier degré de l'hypocrisie est de chercher « à persuader les autres ». Mais il y a une hypocrisie « plus profonde », lorsqu'on devient la première victime de toutes les fausses raisons qu'on se donne. « Le véritable hypocrite est celui qui ne s'aperçoit plus du mensonge, celui qui ment avec sincérité ».

Gide évoque aussi la difficulté d'être soi-même, p. 76.

Rédaction du devoir

45 min

Introduction

_ ***Annonce du sujet***	Le titre même des *Faux-Monnayeurs*, roman d'André Gide, paru en 1926, induit évidemment chez le lecteur l'idée que le mensonge et la fausseté vont se trouver au cœur de l'ouvrage.
_ ***Commentaire rapide du sujet si nécessaire***	Il s'agit du premier et dernier roman d'André Gide, « roman-somme », dans lequel il a voulu faire rentrer toutes ses préoccupations : affectives, sociales, littéraires et politiques.
_ ***Problématique***	Il serait alors intéressant de se demander quelle place occupent la sincérité et le mensonge dans ce roman et le *Journal des Faux-Monnayeurs*.
_ ***Annonce du plan en 3 parties***	Dans un premier temps, nous chercherons l'identité de ces faux-monnayeurs et le mensonge qu'ils véhiculent ; dans un second temps nous analyserons la confusion des sentiments amicaux et enfin, nous constaterons l'échec partiel de la sincérité et de l'amour.

Développement

➤ Première partie

1. *Les faux-monnayeurs* et le mensonge

a. La réalité des fausses pièces

— ***Argument***
La fausse monnaie

Frapper la monnaie est l'apanage d'un état et fabriquer de la fausse monnaie était autrefois un crime passible de mort. En effet, il s'agit de tromper le marchand avec qui a lieu l'échange commercial et de profiter d'une somme d'argent sans l'avoir méritée par un travail quelconque.

— ***Exemple***

Cette triple faute est accomplie sans aucun scrupule par Georges, fils de bonne famille et Ghéridanisol, chef de la petite bande des faux-monnayeurs, dirigée dans l'ombre par leur gourou, Strouvilhou. Ghéri a « cinquante-deux boites de vingt pièces chacune à placer » p. 260. Ce sont de petites pièces de cristal recouvertes d'or, (décrites par Bernard p. 189). Georges entre dans un bureau de tabac et ressort triomphant avec un paquet de cigarettes « de luxe » et la monnaie rendue.

— ***Commentaire***

D'une fausse pièce de dix francs, payée un franc, Georges a volé le commerçant d'une partie de sa marchandise et de sa recette.

— ***Commentaire***
(suite)

En conséquence, il y a tromperie vis-à-vis du marchand, mensonge vis-à-vis de la société et tricherie vis-à-vis de l'état. L'ampleur de cette mystification enveloppe donc la sphère entière de la vie quotidienne de quelques adolescents recrutés dans la bourgeoisie : ainsi, s'ils se compromettent, leurs parents seront prêts à payer pour étouffer l'affaire. Ces adolescents, faux-monnayeurs de pièces, sont les images de faux-monnayeurs métaphoriques, les faux écrivains et les faux amis.

b. Le titre du roman renvoie métaphoriquement aux faux écrivains

— ***Argument***
Passavant, type même du faux écrivain

Dans ce roman où la littérature est un des thèmes principaux, les écrivains occupent une place réelle. Édouard, diariste et écrivain, juge d'autres écrivains. À Saas-Fée, lorsque Bernard énonce le titre du roman qu'Édouard écrit, ce dernier avertit déjà le lecteur et ses interlocutrices, par le procédé théâtral de la double énonciation : « Je crains qu'il ne soit un peu trompeur ». La mise en abyme permet au lecteur de se référer au titre du roman de Gide, qui par écho, évoque son propre titre et ainsi, de le trouver trompeur. Le narrateur précise aussi à qui pense l'écrivain, lorsqu'il pense aux faux-monnayeurs.

_ ***Exemples***

« À vrai dire, c'est à certains de ses confrères qu'Édouard pensait d'abord, en pensant aux faux-monnayeurs ; et singulièrement, au vicomte de Passavant », p. 188. « Cet homme lui paraît moins un artiste qu'un faiseur » avait écrit le narrateur à propos du romancier en vogue, p. 72. De même, Lilian, « l'amie » de Passavant lui déclare : « Vous avez toutes les qualités de l'homme de lettres : vous êtes vaniteux, hypocrite, ambitieux, versatile, égoïste... », p. 53.

_ ***Commentaire***

Ainsi, les écrivains sont-ils décriés par une antiphrase ironique et par un présent de vérité générale qui englobe toute la profession. Gide semble mettre en doute la capacité de sincérité des écrivains, donc la sienne. Il justifie aussi le titre de son ouvrage qui désigne à la fois la bande d'adolescents faux-monnayeurs et une grande partie des écrivains.

_ ***Argument***
L'écrivain à la mode

Édouard évoque Passavant très tôt dans son journal, d'abord parce que celui-ci exerce le même métier et qu'il lit son dernier livre, *La Barre Fixe*. Ensuite, contrairement à lui, Passavant est à la mode, ce qui agace Édouard : lui-même ne fait rien pour que ses écrits se trouvent dans les kiosques de gare. Il le considère enfin comme « son rival », p. 72.

_ ***Exemple***

« Passavant, autant n'en point parler, n'est-ce pas ? Rien n'est à la fois plus néfaste et plus applaudi que les hommes de son espèce », p. 217. Le narrateur lui reproche aussi « une certaine indigence de tempérament et « une fatuité naturelle », p. 312. « Il prétend éclairer l'opinion » écrit-il encore de lui, p. 71.

_ ***Commentaire***

(Il semblerait que le personnage de Passavant ait été inspiré par Cocteau que Gide n'appréciait pas beaucoup et *La barre Fixe* serait un titre moqueur en écho aux *Enfants Terribles*, paru en en 1925). La suffisance de Passavant et la légèreté de Lady Griffith les empêchent de vivre une véritable amitié. Leurs rapports sont pourtant détendus et sans artifice, semble-t-il. Aussi n'est-ce pas une amitié sincère mais plutôt une sorte de complicité qui les unit.

_ ***Argument***
Le faux-ami

Le narrateur souligne encore le manque de droiture de Passavant lorsqu'il signe l'exemplaire de *La Barre Fixe* qu'il offre à Olivier.

_ ***Exemple***

« De grâce Orlando, quelques pas de plus. Je ne suis pas encore bien sûr d'oser parfaitement vous comprendre ». Et il ajoute « À Olivier Molinier, son ami présomptif, Comte Robert de Passavant », p. 141.

_ ***Commentaire***

L'ambivalence de l'adjectif « présomptif » qui signifie à la fois : « désigné d'avance par la parenté ou par l'ordre de la naissance » et « prévu, présumé » signe le manque de sincérité de Passavant.

Commentaire
(suite)

En effet, cet adjectif est en général associé au substantif : « héritier ». Le narrateur souligne d'ailleurs l'ambigüité de cette « épigraphe, qui laissa Olivier songeur », p. 141. Gide fait sans doute ici référence à *Comme il vous plaira* de Shakespeare et aux personnages des deux frères, Olivier et Orlando, qui se disputent d'abord puis se réconcilient. Le titre d' « ami » dont il se pare envers Olivier, qu'il vient de rencontrer, est beaucoup trop hâtif. Que cherche-t-il auprès de cet adolescent ? De toute façon, il se « dit l'ami de beaucoup de monde », p. 43, ce qui est léger, vaniteux au sens étymologique du terme, c'est-à-dire vide. Cette amitié soudaine et déclarée est sans doute inquiétante pour Olivier, comme le prouvera la suite du roman. Ainsi, Robert de Passavant fait-il partie à la fois des faux écrivains et des faux amis. Il serait l'incarnation du diable dans le roman, si le narrateur ne présentait pas le démon comme un personnage à part entière.

c. L'hypocrisie dans les rapports sociaux : le diable ?

Argument
La présence du démon

Dès l'incipit, le démon apparaît comme personnage, jouant dans l'ombre. Il va se montrer plus ou moins efficace sur certains personnages. Dans le *Journal des Faux-Monnayeurs*, André Gide note au 13 janvier 1921 à propos de ses personnages : « J'en voudrais un (le diable) qui circulerait incognito à travers tout le livre et dont la réalité s'affirmerait d'autant plus qu'on croirait moins en lui ».

Exemples

C'est lui qui suggère à Bernard de réparer la pendule et ainsi lui fait découvrir les lettres de sa mère, c'est lui qui conseille à Vincent de jouer les cinq mille francs donnés par sa mère et c'est lui encore qui « fait ses comptes », p. 59, quand Vincent rapporte chez Lilian les cinquante mille francs qu'il a gagnés au jeu. Les exemples sont pléthore dans le texte, on ne peut les citer tous.

Commentaire

Gide, qui développe le thème du diable sur plusieurs pages de son *Journal des Faux-Monnayeurs*, déclare qu'il ne croit pas à l'existence du diable. L'omniprésence de ce personnage, diable ou démon, est plutôt à envisager comme la mauvaise foi inhérente à chaque individu et à tous les rapports sociaux, que ce soient des rapports entre maîtres et serviteurs ou entre pairs.

Argument
Maîtres et serviteurs

Robert côtoie Lilian Griffith mais cette relation n'est pas vraiment amicale, elle est, comme nous l'avons vu, mondaine. « Son affection faiblissait aussitôt qu'on se passait d'elle » prévient le narrateur, p. 315, à propos du comte. Et Lilian n'est pas plus fiable que Passavant.

Exemple

Lilian tenait à ce qu'un domestique, toujours, vît sortir ses hôtes », p. 59, alors qu'elle donne secrètement la clé de sa maison à Vincent, pour qu'il revienne.

— ***Commentaire***

Vis-à-vis de son domestique et vis-à-vis de Passavant (qui n'est d'ailleurs pas dupe), elle veut apparaître vertueuse. Inversement, les domestiques ne sont pas dupes : « Le laquais qui lui *(à Vincent)* ouvre sait très bien ce qui se cache de timidité sous cette feinte assurance », p. 43.

— ***Argument***
M. Profitendieu

L'hypocrisie dans les rapports sociaux apparaît également entre M. Profitendieu et son domestique.

— ***Exemple***

Au moment où il apprend par Antoine que Bernard est parti, le magistrat « se ressaisit aussitôt ; il n'avait pas à laisser paraître son étonnement devant un subalterne », p. 23.

— ***Commentaire***

Ainsi, Lilian et M. Profitendieu cherchent-ils à paraître irréprochables devant leur domestique, comme si leur supériorité sociale les empêchait d'être faillibles.

— ***Argument***
Rapports entre pairs

De même, les rapports entre pairs sont vus par certains comme une partie de tennis, un match à disputer avec un gagnant et un perdant. L'échange verbal est source de rivalité, voire de conflit et non pas d'échange agréable ou constructif.

— ***Exemple***

Au dîner des *Argonautes*, c'est ainsi que Passavant compte se montrer supérieur à Édouard : « Il lui suffisait d'avoir gagné cette manche et de tenir Édouard en respect », p. 285. Il lui faut également un « miroir complaisant, pour briller » en société, p. 284.

— ***Exemple***
(suite)

Son idée est de jouer sans cesse un personnage (*hypocrite* en grec signifie acteur) en société pour tromper : « Averti des bruits désobligeants qui couraient sur ses rapports avec Olivier, il cherchait à donner le change », p. 289, en séduisant Sarah.

— ***Commentaire***

Son comportement avec la jeune fille est donc à la fois une marque d'hypocrisie envers la société et de mensonge envers elle. Comme nous pouvons le constater, Passavant est très impliqué dans l'hypocrisie, comme faux-écrivain et comme faux-ami. Il pourrait également faire partie des faux-monnayeurs comme son accointance avec Strouvilhou permettrait de le penser... mais le narrateur n'en dit rien.

Transition

Le narrateur lui-même joue un rôle hypocrite en prétendant être dépassé par ses personnages, au chapitre 7 de la deuxième partie mais aussi de façon récurrente pendant toute la narration.

➤ Deuxième partie

2. La confusion des sentiments

a. Le narrateur et ses personnages

— ***Argument***
Un narrateur faux-monnayeur ?

Au milieu de la narration, le narrateur prétend que ses personnages lui échappent comme il l'a déjà fait croire précédemment, en déclarant qu'il ne sait pas ce qui leur arrive

_ *Exemple*

et il « se demande avec inquiétude où va le mener son récit », p. 215.

_ *Commentaire*

Ainsi peut-on considérer que le narrateur lui-même manque de sincérité. S'il ne ment pas, il prétend tout de même qu'il est impuissant quant à l'orientation que vont prendre ses personnages. Il semble alors soutenir les assertions que l'on croise au long du roman : « Je ne sais pas trop où il dîna ce soir, ni même s'il dîna du tout », p. 32, ou encore : « Je ne sais trop comment Vincent et lui (*Passavant*) se sont connus », p. 43. Dans le *Journal des Faux-Monnayeurs*, Gide prétend que « le mauvais romancier construit ses personnages ; il les dirige et les fait parler. Le vrai romancier les écoute et les regarde agir ; il les entend parler dès avant que de les connaître. », p. 85. Cette soi-disant méconnaissance de ses personnages lui permet surtout de ne pas développer des détails « indifférent[s] à l'action, p. 20, *Journal des Faux-Monnayeurs*.

_ ***Argument***
De la difficulté d'une amitié sincère

Le narrateur élargit la difficulté de la sincérité jusqu'à l'amitié, avec les personnages d'Olivier et Bernard qui sont pourtant meilleurs amis.

_ *Exemples*

Dès le premier chapitre du roman, lorsque Bernard sort rejoindre Olivier, nous lisons, p. 15 : « Bernard était son ami le plus intime, aussi Olivier prenait-il grand soin de ne paraître point le rechercher ; il feignait même parfois de ne pas le voir ». Nous retrouvons la même gêne et la même entrave à la spontanéité entre Édouard et Olivier, lorsque ce dernier vient chercher son oncle à Saint-Lazare. Leur rencontre tourne court parce qu'ils sont gênés l'un et l'autre par l'ampleur de leurs sentiments réciproques qu'ils n'osent montrer. « Et chacun d'eux, sentant la gêne et l'agacement de l'autre, s'en croyait l'objet et la cause », p. 83.

_ *Commentaire*

Ces deux exemples semblent ressortir du même défaut de simplicité et de confiance. C'est la volonté de paraître insensibles et la crainte d'être mal reçus, qui poussent les personnages à feindre l'indifférence. Ainsi, le sentiment de l'amitié, qui est pourtant un sentiment appelant la réciproque, peut-il être vécu comme une gêne et même comme une souffrance. Le narrateur dédouane pourtant ses personnages en analysant leur manque de sincérité comme « une singulière incapacité de jauger son crédit dans le cœur et dans l'esprit d'autrui », p. 81. Aussi, est-ce bien la peur de l'autre qui empêche la sincérité et installe la gêne entre les personnages qui s'aiment.

_ ***Argument***
L'expression des sentiments

D'autres réflexions du narrateur viennent préciser cette idée de gêne dans l'expression des sentiments.

_ *Exemples*

Boris, dans sa détresse à la mort de Bronja, « repliait la sienne et la cachait comme un trésor », p. 363. Lorsque Charles Profitendieu cherche à réconforter son père du départ de Bernard, il se montre gauche et le narrateur se pose la question de cette maladresse : « Peut-être devient-il maladroit précisément lorsque ses sentiments sont sincères », p. 31. Cela rejoint en opposition ce qui a été dit précédemment de la relation complice de Passavant et de Lilian.

_ *Commentaire*

Ainsi, c'est la sincérité des sentiments, qui, d'après le narrateur, rend ceux-ci malaisés à exprimer. La douleur de Boris à la mort de Bronja est quasiment sacrée et serait galvaudée si elle était exprimée. Paradoxalement, la duplicité semble beaucoup plus aisée à montrer. Ainsi lorsque Georges « consent[it] à jouer » « cette comédie d'amitié », p. 367, envers Boris, le jeune garçon s'y laisse prendre et se trouve même « conquis ». Les sentiments des personnages autres que Passavant (celui-ci est le seul personnage carrément antipathique avec Strouvilhou et Ghéridanisol) ne sont pas toujours sincères, consciemment ou non. Le narrateur leur prête alors des défauts et des qualités qui expliquent ce comportement.

b. Bernard, Olivier, Armand

_ *Argument*

Bernard de l'incipit à la fin

Dès la première phrase de l'incipit, Bernard joue un rôle, au sens plein du terme.

_ *Exemple*

« C'est le moment de croire que j'entends des pas dans le corridor ». Par le verbe « croire » il fait de lui-même un personnage de roman, comme un double qui se regarde agir. Qui est-il ? Un personnage de roman ou un personnage de roman qui joue un rôle de personnage de roman ?

_ *Commentaire*

Il n'est ainsi pas tout à fait honnête avec lui-même ni le narrateur avec le lecteur, pas plus qu'il ne l'est avec son ami lorsqu' il « affect[e] de ne pas rechercher Olivier », p. 15. À la fin du roman, le jour des résultats du « bachot », Bernard, poussé par « un élan de sympathie » vers un camarade orphelin en pleurs, est subitement pris d'une « absurde pudeur » et l'évite. Ce n'est qu'à la fin du roman que Bernard est capable de dépasser ses pudeurs, sa rancœur d'adolescent et de retourner chez celui qui lui tient lieu de père.

Argument
Bernard et la sincérité

C'est le seul personnage avide de pureté, avec Bronja. Il est celui qui veut rendre un son pur. « Bernard était beaucoup trop spontané, trop naturel, trop pur... », p. 171. Bernard est celui qui évolue le plus de l'incipit à l'excipit. Le narrateur aime le caractère de l'adolescent, et son évolution (ainsi que celle d'Olivier) fait de ce roman, un roman initiatique.

Exemple

À la fin du roman, le jeune homme lutte avec l'ange ; il « a mûri », nous prévient le narrateur.

Commentaire

Bernard cherche et trouve la sincérité des sentiments au long de la narration. Il passe d'une révolte adolescente cruelle à un apaisement mûr qui lui permet d'être sincère avec son père putatif.

Argument
Armand, un personnage masqué

Ce n'est pas du tout le cas d'Armand, qui aime véritablement sa sœur Rachel ; on pourrait presque dire qu'il la vénère et pourtant, ce jeune homme est incapable d'exprimer ses sentiments. Même l'amitié qu'il éprouve pour Olivier ne peut s'exprimer simplement et il déclare à son ami :

Exemple

« Je ne suis sincère que quand je blague », p. 356, au grand dam de celui-ci. Ce garçon hyper sensible et désespéré ne peut pas se montrer sincère par peur de faire face aux manques dont il souffre férocement. « Manque d'argent, manque de forces, manque d'esprit, manque d'amour » explique-t-il à Olivier, p. 278.

Commentaire

Il est évident que c'est le dernier manque d'Armand qui le rend si amer et si vulnérable à la fois. Il n'a rien reçu de son père ni de sa mère qu'il juge sévèrement l'un et l'autre. Cet adolescent ne peut pas accéder à la sincérité ni à la vérité des sentiments à cause de sa trop grande souffrance. L'amour pour sa sœur Rachel est le seul dont il puisse parler. « Rachel est la seule personne de ce monde que j'aime et que je respecte. Je la respecte parce qu'elle est vertueuse. Et j'agis toujours de manière à offenser sa vertu », p. 359. Ainsi la provocation permanente d'Armand n'est-elle due qu'à un désir d'être aimé et pourtant il refuse l'aide d'Olivier et court à sa perte en acceptant les avances de Passavant. Si l'on suit le narrateur, c'est parce qu'il aime sincèrement sa sœur qu'il ne peut exprimer cet amour fraternel.

c. Édouard et Laura

Argument
Amour et sincérité

En effet, « Quiconque aime vraiment renonce à la sincérité » écrit Édouard dans son journal, à propos de Laura et de lui-même, p. 75. Par son personnage principal, Gide pose la question « irritante » de la sincérité. Celui-ci reconnait la sincérité de Laura mais pas la sienne. Comme Montaigne, il considère qu'il est un être changeant, dont l'« être du matin ne reconnaîtrait pas celui du soir », p. 75. C'est donc qu'il n'aime pas Laura comme elle l'aime.

_ *Exemple*

Mais ne méprise-t-il pas Douviers qui se présente sans artifice ? « Je sens je ne sais quoi d'insuffisant chez Douviers, d'abstrait et de jobard. Il prend toujours les choses et les êtres pour ce qu'ils se donnent ; c'est peut-être parce qu'il se donne pour ce qu'il est » écrit-il dans son journal, p. 98.

_ *Commentaire*

La formule en chiasme désavoue la sincérité de Douviers comme un manque, un défaut, au lieu d'y reconnaître une qualité. Édouard réprouve cette vertu comme la marque d'un accès trop facile à la personne de l'autre. Il pense nécessaire de garder une part de mystère, voire de duplicité dans les relations sociales.

Transition

Et pourtant, c'est le manque de sincérité qui est dénoncé par Gide, que ce soit dans les couples, les familles et la société en général.

➤ Troisième partie

3. L'échec partiel de la sincérité et de l'amour

a. L'échec retentissant de l'amour conjugal

_ *Argument*

La décristallisation

Les couples des *Faux-Monnayeurs*, c'est-à-dire, les La Pérouse, les Vedel, les Molinier et les Profitendieu ont chacun une tare cachée. Les La Pérouse s'exaspèrent, le pasteur Vedel n'est jamais là, le père Molinier trompe son épouse et Marguerite Profitendieu a trompé son mari. Ainsi est mise en avant la *décristallisation* évoquée par Édouard dans son journal, qu'il pose en antithèse de la cristallisation stendhalienne de l'amour.

_ *Exemple*

« La lente *décristallisation*, dont je n'entends jamais parler, est un phénomène psychologique qui m'intéresse bien davantage. J'estime qu'on le peut observer, au bout d'un temps plus ou moins long, dans tous les mariages d'amour », p. 77.

_ *Commentaire*

Pas un couple ne résiste à la destruction : Mme de La Pérouse part en maison de retraite, Marguerite Profitendieu quitte son mari, Pauline Molinier cache les frasques du sien et le pasteur Vedel ne s'occupe jamais de sa famille. Gide l'a annoncé par les écrits d'Édouard : pas un couple ne résiste à l'épreuve du temps. Ce que Gide pense des couples déborde forcément sur leur descendance et lui a inspiré le fameux cri : « Familles, je vous hais ! » dans son ouvrage *Les Nourritures Terrestres* paru en 1897. La suite de la citation éclaire un peu ce cri de haine : « foyers clos, portes refermées, possessions jalouses du bonheur ». C'est le bonheur bourgeois, sûr de lui, tourné sur lui-même, ronronnant, que Gide exècre. Voilà pourquoi, aucune famille ne résiste à l'épreuve du bonheur, dans les *Faux-Monnayeurs.*

b. L'hypocrisie bourgeoise et religieuse

_ ***Argument***
Le pasteur, modèle d'hypocrisie

La famille Azaïs-Vedel est montrée comme un modèle d'hypocrisie familiale et religieuse. Au mariage de Laura, Sarah montre à Édouard un carnet intime de son propre père où il évoque la difficulté d'arrêter de fumer. Or Édouard se souvient que le pasteur Vedel avait soutenu que fumer n'avait jamais été un problème pour lui. La jeune fille suggère alors que « » fumer » était mis là pour autre chose », p. 114.

_ ***Exemple***

Édouard ne réagit pas pour ne pas « laisser paraître tout ce qu'[il] soupçonnai[t] là d'hypocrisie », p. 114. Rappelons que M. Vedel est pasteur, ainsi la critique contre la bourgeoisie se double-t-elle de la critique religieuse.

_ ***Exemple***
(suite)

Cette dernière est renforcée par Armand lorsqu'il évoque son père. « Mon père joue au pasteur », p. 356, dit-il à Olivier. Ou encore, « la foi de papa, c'est notre gagne-pain », p. 358. Il exhale sa rancœur en ricanant : « Tu ne sais pas ce que peut faire de nous une première éducation puritaine. Elle vous laisse au cœur un ressentiment dont on ne peut plus jamais se guérir... si j'en juge par moi », p. 359.

_ ***Commentaire***

André Gide, qui a reçu de sa mère une éducation puritaine, signe son dégoût de l'hypocrisie bourgeoise et religieuse. C'est Armand, le personnage le plus désespéré du roman, et Sarah, la révoltée, qui dénoncent cette hypocrisie. Cette dissimulation révoltante les pousse à quitter leur famille mais le narrateur semble indiquer qu'ils courent à leur perte, l'un et l'autre.

c. Les familles et le manque de sincérité

_ ***Argument***
L'analogie avec les plantes

Le fonctionnement des familles (dont les enfants ne sont pas des modèles d'éducation réussie, que ce soit Vincent ou Georges Molinier, Alexandre, Armand ou Sarah Vedel), est comparé explicitement par Vincent Molinier à la végétation lorsqu'il parle des bourgeois terminaux qui se développent mieux que ceux qui sont proches du tronc.

_ ***Exemple***

« Quand j'observe que, de tant de bourgeons, deux tout au plus se développent, condamnant à l'atrophie, par leur croissance même, tous les autres, je ne me retiens pas de penser qu'il en va de même pour l'homme. Les bourgeons qui se développent naturellement sont toujours les bourgeons terminaux — c'est-à-dire : ceux qui sont le plus éloignés du tronc familial », p. 149.

Commentaire

Cette comparaison et la suivante, qu'il effectue entre les poissons *sténohalins* et *euryhalins,* soutiennent l'idée que les familles sont mortifères et que ceux qui peuvent échapper à cette ambiance funeste, sont ceux qui s'en éloignent. Bernard en effet, grâce à sa coupure volontaire d'avec sa famille, a pu évoluer et mûrir. Il rentre tout de même chez son « père » mais comme un adulte et non plus comme un adolescent. Il est le seul qui soit capable d'agir ainsi ; Olivier, lui, choisit de rester éloigné de sa famille, Sarah repart pour l'Angleterre, Armand court se perdre chez Passavant, Alexandre vit en Afrique, Vincent est parti et devenu fou. Seuls les résignés comme Rachel, restent à la maison. Mais elle se sacrifie et les autres l'exploitent. Et Bernard, comme nous l'avons vu, est le seul qui peut retourner chez lui, parce qu'il a su couper avec le mensonge familial.

Conclusion

Bilan

Réponse à la problématique

Ainsi, la sincérité et le mensonge sont bien inscrits au cœur des *Faux-Monnayeurs* dans presque tous les aspects de la vie, le titre de l'œuvre étant en lui-même une annonce de ces deux thèmes. Famille, bourgeoisie, littérature, religion, chaque contenu de la vie est touché par le manque de sincérité et est ainsi dénoncé par Gide. Les êtres sont broyés par le mensonge et l'hypocrisie : soit ils meurent comme Bronja et Boris, soit ils se perdent comme Armand et Sarah.

Ouverture

Seul Bernard s'en sort bien, parce qu'il est un personnage avide de pureté, qui ne s'est pas laissé entamer par l'hypocrisie. Il a lutté et est sorti victorieux, montrant ainsi qu'une issue est possible. Son retour chez lui sauve le roman et d'un regard désespéré sur la société.

Pour aller plus loin

- **Liste de quelques autres sujets similaires :**
  Un sujet sur le titre
- **Sujet comprenant des aspects de celui-ci :**
  > Un sujet sur le roman social
  > Un sujet sur la critique religieuse
  > Un sujet sur la fiction ou le mensonge romanesque

Sujet 3 André Gide n'évoque pas la mise en abyme dans son *Journal des Faux-Monnayeurs* mais dans son Journal. C'est à partir de ce roman que l'expression a été forgée. À votre avis, pourquoi peut-on parler de mise en abyme à propos des *Faux-Monnayeurs* ?

Les incontournables

Objet d'étude

Les idées

Comment ne rien oublier ?

Il faut toujours avoir à l'esprit qu'un sujet à 12 points englobe les grands thèmes qui parcourent toute l'œuvre : quels sont-ils ? Lesquels peut-on mettre en lien avec ce sujet ?

Cf. Liste des thématiques : vérifier si elles font partie du sujet :

> Qu'est-ce que la mise en abyme ?
> La présence du narrateur
> La littérature
> Un roman qui se montre s'écrivant
> Le *Journal des Faux-Monnayeurs*
> Le Journal de Gide
> Édouard porte-parole de Gide ?
> D'autres personnages porte-parole ?

Cerner le sujet

- Analyse des mots clés en en cherchant le champ sémantique.
- La mise en abyme, un terme héraldique ?

  Jusqu'à Gide, on parlait du procédé de « théâtre dans le théâtre » pour la pièce jouée dans *Hamlet* et le théâtre de l'*Illusion Comique* de Corneille.

Conseil Gardez bien le sujet comme fil conducteur de votre dissertation.

Préparer la dissertation

Il faut vous remémorer tous les passages (extrêmement nombreux), où l'on peut repérer une mise en abyme.

Spécificité du roman *Les Faux-Monnayeurs*

La spécificité de ce roman est précisément le fait que c'est à partir de sa rédaction que le terme « mise en abyme » s'est appliqué à ce procédé littéraire.

Quel que soit le sujet

Il faut aussi voir quels personnages sont concernés et surtout quels passages du roman le sont également.

Il est aussi important de se demander pourquoi Gide a voulu écrire ce roman.

Construire le plan

Conseil Le plan se déduit de tout ce travail préalable, essentiellement mental. Ne perdez pas de temps à tout écrire.

5 min

1. **La mise en abyme comme principe d'écriture**
   - a. Héraldique, peinture ou poésie ?
   - b. Le Journal de Gide et le *Journal des Faux-Monnayeurs*
   - c. La rédaction des *Faux-Monnayeurs* d'Édouard
2. **Le thème du miroir ou une mise en abyme interne**
   - a. Les gestes en miroir et les paroles rapportées
   - b. Le mythe de Narcisse
   - c. Le thème du double
3. **Les porte-parole de Gide ou la littérature en question**
   - a. Les Argonautes et les écrivains
   - b. Strouvilhou et la littérature, Passavant et le symbolisme, Armand et le modernisme
   - c. Le vertige de la mise en abyme, un jeu intellectuel ?

Application

Quelle est la place de la mise en abyme ? Pourquoi ?

Rédaction du devoir

45 min

Introduction

_ *Annonce du sujet*

André Gide avait tout juste vingt ans lorsqu'il écrivit *Les Cahiers d'André Walter*, dont le personnage éponyme écrit un roman. Ce premier écrit de Gide est fait d'un journal et de notations sur la littérature et l'écriture. « Exactement comme dans les *Faux-Monnayeurs* » dit l'écrivain à Jean Amrouche qui l'interroge à la radio, en 1949.

_ *Commentaire rapide du sujet si nécessaire*

En effet, Gide reprend la même conception de l'écrivain écrivant un roman dont le protagoniste est un écrivain écrivant un roman. C'est ce qu'il appelle lui-même dans son Journal : la mise en abyme.

_ *Problématique*

Il s'agit de s'interroger sur la réalité de la mise en abyme dans les *Faux-Monnayeurs.*

_ *Annonce du plan en 3 parties*

Dans un premier temps, nous chercherons à comprendre ce qu'est la mise en abyme comme principe d'écriture. Nous verrons ensuite la façon dont le thème du miroir est développé dans le roman et enfin, en troisième partie, nous étudierons les porte-parole de Gide en ce qui concerne la littérature dans *les Faux-Monnayeurs.*

Développement

➤ Première partie

1. La mise en abyme comme principe d'écriture

a. Héraldique, peinture ou poésie ?

_ *Argument*

Depuis l'adolescence, Gide écrit un journal dont nombre de pages apparaissent dans son premier livre *Les Cahiers d'André Walter* (publié en 1891 sans nom d'auteur). Ce *Journal* sera publié en deux parties chez Gallimard 1887-1925 et 1926-1950). C'est dans ce *Journal* que Gide écrit en 1893 : « J'aime assez qu'en une œuvre d'art, on trouve ainsi transposé, à l'échelle des personnages, le sujet même de cette œuvre. Rien ne l'éclaire mieux et n'établit plus sûrement toutes les proportions de l'ensemble ». Il donne ensuite comme exemples, les tableaux de Memling ou de Quentin Metsys où un miroir « reflète à son tour, l'intérieur de la pièce où se joue la scène peinte ». Il évoque aussi la scène de théâtre dans *Hamlet* et ses propres écrits :

– *Exemple*

« Aucun de ces exemples n'est absolument juste. Ce qui le serait beaucoup plus, ce qui dirait mieux ce que j'ai voulu dans mes *Cahiers*, dans mon *Narcisse* [...] c'est la comparaison avec ce procédé du blason qui consiste dans le premier, à en mettre un second, en abyme ».

– *Commentaire*

S'agit-il ici de la mise en abyme héraldique où un objet mis au fond (*abyme*) de l'écu sans toucher aucune autre pièce est dit : mis en abyme ? Ou s'agit-il comme certains critiques l'ont suggéré, du blason littéraire, dans lequel le poète célèbre une partie du corps féminin ? Il semblerait plutôt qu'il faille en rester à la première interprétation, puisque Gide donne des exemples picturaux où le miroir joue le rôle essentiel de reproduction de la scène, ce qui n'est pas le cas du blason littéraire.

b. Le *Journal* de Gide et le *Journal des Faux-Monnayeurs*

– *Argument*
Journal d'Édouard et Journal des Faux-Monnayeurs

André Gide s'est toujours passionné pour la littérature et s'est toujours regardé écrire. Son *Journal* commence en 1889, à l'« automne » mais il a commencé à l'écrire au moins trois ans auparavant, vers dix-sept ans.

– *Exemples*

Des années plus tard, il commence la rédaction de son *Journal des Faux-Monnayeurs* le temps de la rédaction de son roman, de 1919 à 1925. Il y confie toutes les difficultés et les hésitations qu'il éprouve lors de cette rédaction ambitieuse. « Il faut que ce carnet devienne en quelque sorte « le cahier d'Édouard », écrit-il le 13 janvier 1921 dans le *Journal des Faux-Monnayeurs*.

– *Commentaire*

Évidemment, lorsque nous retrouvons les mêmes interrogations, les mêmes doutes quant à l'écriture et à la littérature, dans le *Journal* d'Édouard, qui est en train d'écrire un roman, nous pouvons parler de mise en abyme.

– *Argument*
Cahier tout entier versé dans le livre

En effet, comme son créateur, Édouard tient un Journal et écrit un roman, intitulé *Les Faux-Monnayeurs*. Édouard dans son Journal puis dans son carnet, ne cesse de revenir à l'écriture de ce fameux roman qui ne paraîtra jamais. Le Journal d'Édouard remplit environ un tiers du roman et de nombreux faits sont rapportés par le romancier. Aussi est-ce son point de vue qui prédomine dans l'œuvre.

– *Exemple*

« Somme toute, ce cahier où j'écris l'histoire même du livre, je le vois tout entier versé dans le livre, en formant l'intérêt principal, pour la majeure irritation du lecteur » précise Gide dans le *Journal des Faux-Monnayeurs* en août 1921.

Commentaire

Ainsi, le principe de la mise en abyme chez Gide, évolue-t-il entre 1893 et 1921. La mise en abyme passe d'un simple plaisir esthétique (*J'aime assez*) à un intérêt essentiel. En effet, si Gide veut « tout verser » sans réserve » (*Journal des Faux-Monnayeurs* 2 janvier 1921), dans son unique roman, c'est afin de pouvoir formuler ses préoccupations esthétiques, littéraires, politiques, sociales, scientifiques et religieuses.

Commentaire (suite)

C'est bien ce que recherche Édouard en essayant de rédiger son roman. Il fait part de ses doutes aux personnages présents à Saas-Fée.

c. La rédaction des *Faux-Monnayeurs* d'Édouard

Argument

Édouard et Gide partagent les mêmes angoisses littéraires

Dès les premiers jours de la rédaction de son Journal (28 octobre), p. 78, Édouard note ses difficultés à propos du titre, dont il doute qu'il soit bon, de même que son contenu. Les hésitations du romancier, confiées à son Journal, ressurgiront grâce au dialogue avec Bernard, Sophroniska et Laura en Suisse ; les paroles rapportées au style direct sont plus vivantes et rendent les incertitudes du romancier moins factices que dans son Journal mais ses interrogations restent les mêmes que celles de Gide. Les protagonistes, qui lui donnent la réplique et le contredisent, peuvent aussi exprimer les différentes voies entre lesquelles oscille le romancier.

Exemples

Dans ce dialogue dans la chambre d'hôtel de Laura, Édouard s'écrie : « Pourquoi refaire ce que d'autres ont déjà fait ou ce que j'ai déjà fait moi-même, ou ce que d'autres que moi pourraient faire ? », p. 182, faisant écho aux notes du *Journal des Faux-Monnayeurs* du 1er novembre 1922 : « ... Pour exciter Édouard à produire ce pur roman qu'il rêvait, la conviction qu'on n'en avait point produit de semblable, lui était nécessaire ».

À la même date, il écrit encore : « On parle sans cesse de la brusque cristallisation de l'amour. La lente *décristallisation*, dont je n'entends jamais parler, est un phénomène psychologique qui m'intéresse bien davantage », p. 77. Cette réflexion d'Édouard est la transcription de la note de Gide dans son *Journal des Faux-Monnayeurs* au 1er janvier 1921 : « Si la "cristallisation" dont parle Stendhal est subite, c'est le lent travail contraire de *décristallisation*, le pathétique ; à étudier. »

Commentaire

Les exemples de reprises du *Journal des Faux-Monnayeurs* dans les *Faux-Monnayeurs* sont évidemment nombreux et ne peuvent être rapportés tous ici. Il s'agit tout de même de comprendre que la mise en abyme de l'auteur dans son roman est réelle, si le romancier Édouard des Faux-Monnayeurs fait part de commentaires exprimés par l'auteur Gide dans son *Journal des Faux-Monnayeurs.*

Édouard « n'a pas encore écrit une ligne », p. 78 et p. 186 de son roman, mais ce qui l'intéresse vraiment c'est sa conception, sa réflexion sur l'écriture romanesque, dont il fait part à Laura et Bernard. « Ce carnet contient la critique de mon roman ; ou mieux : du roman en général.

Commentaire *(suite)*

Songez à l'intérêt qu'aurait pour nous un semblable carnet tenu par Dickens ou Balzac ; si nous avions le journal de *L'Education Sentimentale* ou des *Frères Karamazov* ! l'histoire de l'œuvre, sa gestation ! Mais ce serait passionnant, bien plus que l'œuvre elle-même... » p. 186. Ainsi sont justifiés à la fois le journal d'Édouard et le *Journal des Faux-Monnayeurs,* ce dernier étant par analogie mis en abyme.

Argument *Réalité et écriture romanesque*

Mais pour qu'il y ait un roman, il faut une ou plusieurs intrigues, que Gide prend dans la réalité (les faits divers des faux-monnayeurs lues dans le journal de Rouen (septembre 1906) et le « suicide d'écoliers de Clermont-Ferrand (5 juin 1909). « Fondre cela dans une seule et même intrigue » écrit-il au début du *Journal des Faux-Monnayeurs,* le 16 juillet 1919.

Exemple

Son but est bien « de présenter d'une part la réalité, présenter d'autre part cet effort pour la styliser », p. 184. Comment réussir cet objectif ? : « J'invente un personnage de romancier, que je pose en figure centrale ; et le sujet du livre, si vous voulez, c'est précisément la lutte entre ce que lui offre la réalité et ce que, lui, prétend en faire », p. 185. Ce à quoi Laura rétorque « Je vois très bien ce qui va arriver... dans ce romancier, vous ne pourrez faire autrement que de vous peindre », p. 185.

Commentaire

La mise en abyme est totale : le narrateur rapporte les paroles d'un personnage qui cite lui-même les écrits de l'auteur. Édouard rapporte ici les réflexions de Gide lui-même. Dans ces passages précis, Édouard est le double de Gide, la mise en abyme de l'auteur. Mais ce n'est pas toujours le cas, Édouard n'est pas exclusivement le modèle de la mise en abyme.

Transition

En effet, il existe une autre façon de mettre en abyme dans le roman. Il s'agit de gestes accomplis dans un sens et refaits en sens inverse, comme dans un miroir temporel.

2. Le thème du miroir ou la mise en abyme interne

a. les gestes en miroir et les paroles rapportées

– ***Argument***
Une autre façon de mettre en abyme

Il s'agit d'objets, de motifs, sortis de poches, de tiroirs ou de valises et remis à leur place initiale. Le plus souvent, il s'agit de lettres. Ce procédé commence dès l'incipit et concerne les lettres que Bernard découvre par inadvertance. On le retrouve plus tard lorsque, dans le train, Édouard accomplit certains gestes qu'il refera exactement à l'inverse.

– ***Exemples***

Après avoir replié la lettre révélatrice de sa bâtardise et l'avoir réinsérée parmi les autres lettres, « Il remit la liasse dans le coffret et le coffret dans le tiroir de la console », p. 14. Il fait glisser par-dessus les lames de bois et la lourde plaque d'onyx qui orne la console. Enfin, par-dessus tout cela, il remet les candélabres de cristal et la pendule à sa place, après avoir bien sûr, accompli les gestes inverses, avant sa découverte. De même, Édouard dans le train, prend sa valise dans le filet de son compartiment et glisse la lettre de Laura dans son cahier, plus exactement dans les premiers feuillets de ce cahier. Quelques instants plus tard, il « referme le journal sur la lettre et remet le tout dans la valise », p. 77. Bernard accomplira les mêmes gestes quelques heures plus tard lorsqu'il ouvrira la valise.

– ***Commentaire***

Ce jeu de miroir se retrouve plusieurs fois dans le roman, dévoilant une autre facette de la mise en abyme. Cette facette est proche de la définition qu'en donne Gide lui-même, ainsi que nous l'avons vu précédemment. Mais, ici, le procédé est littéraire et non pas pictural : le miroir devient temporel, puisque les gestes s'accomplissent une première fois puis une seconde (voire une troisième), en sens inverse.

– ***Argument***
Un miroir déformant

D'autres éléments sont repris en miroir mais dans un miroir déformant. Le miroir ne se rapporte plus aux gestes des personnages mais à leurs paroles, rapportées par un tiers.

– ***Exemples***

Olivier dans son « affreuse lettre » à Bernard, rapporte les paroles de Passavant, lui-même parodiant les paroles de Vincent à propos des « animaux marins des bas-fonds », p. 210, qu'il trouve « intéressant comme un roman » reprenant sans le savoir les paroles de Lilian, lorsque Vincent lui expliquait la différence entre les poissons *euryhalins* et *sténohalins* : « Quand je te disais que cela valait tous les romans », p. 150.

_ ***Commentaire***

Passavant s'étant approprié les explications de Vincent, ses propos rapportés par Olivier comme appartenant au comte, sont déformés et se présentent selon le principe de l'anamorphose. Il faut un miroir courbe pour les remettre dans leur forme initiale. C'est au lecteur de tenir ce miroir courbe. Édouard évoque aussi un miroir lorsqu'il prend des notes dans son carnet.

_ ***Argument***
Le miroir stendhalien

Il écrit à propos de son nouveau carnet dans son nouveau carnet (Bernard lui ayant volé sa valise contenant l'ancien) :

_ ***Exemples***

« C'est le miroir qu'avec moi je promène. Rien de ce qui m'advient ne prend d'existence réelle, tant que je ne l'y vois pas reflété ».

_ ***Commentaire***

Il file la métaphore du miroir stendhalien, en rapportant presque exactement les mots du romancier dans *Le Rouge et le Noir*: « Un roman, c'est un miroir que l'on promène le long d'un chemin ». Il pose ainsi le thème de la réalité romanesque qu'il abordera à nouveau à Saas-Fée avec Bernard et Laura, en termes de miroir, comme la mise en abyme. Le miroir qui reflète la réalité renvoie lui-même au mythe de Narcisse et au thème du double.

b. Le mythe de Narcisse

_ ***Argument***
Gide et Boris

Gide a écrit le *Traité du Narcisse* en 1892 et il raconte dans son *Journal* à l'automne 1889, qu'il « contemplai[t] [s]es traits, inlassablement... dans le miroir d'un petit bureau secrétaire » donné pas sa mère. Le thème du miroir et du double l'intéresse donc depuis toujours. Ainsi, nous pouvons retrouver une grande part autobiographique dans les *Faux-Monnayeurs*, selon une autre facette de la mise en abyme.

_ ***Exemple***

Le jeune Boris par exemple est en grande partie une image de Gide enfant : orphelin, « il s'est tenu pour responsable de la mort de son père », p. 203, à cause de « ses mauvaises habitudes » ; comme Boris, il a également beaucoup souffert de ses camarades de classe, ainsi qu'il le raconte dans son autobiographie, *Si le grain ne meurt*: « Je fus moqué, rossé, traqué... un nommé Lopez... dirigeait la bande et celui-là vraiment voulait ma mort ».

_ ***Commentaire***

Si Gide n'est pas allé jusqu'au suicide, comme Boris, il a connu le désespoir et « il souffr[ait] abominablement d'être exclu », p. 365.

_ ***Argument***
Gide et Bernard

Gide adolescent se retrouve chez Bernard ; comme lui, il obtient le baccalauréat en septembre et décide aussitôt de se consacrer à la littérature.

Exemple

« J'accepterais un poste subalterne : correcteur d'épreuve, prote... que sais-je ? », p. 340 ; dit Bernard à Édouard à qui il est allé demander conseil, le lendemain du jour où il a obtenu son « bachot ». Celui-ci va essayer de le faire entrer « au Grand Journal » dont il connaît le directeur.

Commentaire

Dans deux étapes de sa vie, Gide se dépeint dans ses personnages. On peut aussi le retrouver chez Édouard, dans son amitié particulière avec Olivier, qui est sans doute l'image de Marc Allégret, jeune homme qui accompagna Gide en Afrique de l'Ouest pendant onze mois. Marc avait vingt ans et Gide au moins le double, ce qui correspond à peu près à la différence d'âge entre Olivier et Édouard. Ainsi ces trois personnages représentent des épisodes de la vie de Gide, mise en abyme de sa personnalité.

c. Le thème du double

Argument
Édouard et son double

Mais le thème du double proprement dit se retrouve en Édouard qui se regarde vivre et penser. Comme Montaigne, « [s]on être du matin ne reconnaîtrait pas celui du soir », p. 75, et Édouard écrit dans son Journal : « Je m'échappe sans cesse et ne comprends pas bien, lorsque je me regarde agir, que celui que je vois agir soit le même que celui qui regarde, et qui s'étonne, et doute qu'il puisse être acteur et contemplateur à la fois ».

Exemple

Armand lui fera écho lorsqu'il avoue à Olivier : « Quoi que je dise ou fasse, toujours une partie de moi reste en arrière, qui regarde l'autre se compromettre, qui l'observe, qui se fiche d'elle et la siffle ou qui l'applaudit », p. 356.

Commentaire

Ce thème du double rejoint alors, d'une part le thème de la sincérité des personnages et d'autre part, la possibilité pour ces personnages de se faire l'écho des atermoiements de Gide.

Argument
Des personnages doubles ou en double

D'autres personnages ressentent un dédoublement comme Gontran qui entend un juron sortir de sa bouche sans s'en rendre compte ou M. de La Pérouse qui se considère comme mort. Mais la dualité des personnages se retrouve aussi en écho, positif ou négatif, entre certains d'entre eux.

Exemple

Laura et Marguerite Profitendieu ont toutes les deux un enfant adultérin et n'aiment pas leur mari ; Édouard et Passavant sont tous deux écrivains, l'un pour le bien l'autre pour le mal ; ils ont tous deux Olivier comme ami ; M. Profitendieu et Félix Douviers pardonnent l'inconduite de leur femme...

Commentaire

Ce thème du double, constant dans les *Faux-Monnayeurs* participe du principe de la mise en abyme et de son système d'échos. Ceux-ci explorent les diverses facettes d'un individu ou d'un thème qui leur est attribué.

Transition — On ne peut limiter la mise en abyme de ce roman ni à la narration ni aux personnages, il faut l'étendre à toutes les préoccupations de Gide qui s'est choisi plusieurs porte-parole dans le roman. Nous bornerons notre analyse à la littérature sans la déployer à la politique ou à la religion, qui ferait de notre étude une dissertation démesurée.

➤ Troisième partie

3. Les porte-parole de Gide ou la littérature en question

a. Les Argonautes et les écrivains

– ***Argument***
Le banquet des Argonautes

Le banquet des Argonautes est une réunion des écrivains en vue de l'époque. Olivier doit s'y rendre avec Passavant et insiste auprès de Bernard pour que son ami l'y rejoigne.

– ***Exemple***

Celui-ci finit par accepter en promettant d'y « entraîner Édouard », p. 266. Lorsqu'ils y arrivent, avec Sarah, le Président des Brosses inaugure une série de discours avec une « emphase qui tenait lieu d'esprit », p. 283.

– ***Commentaire***

Le statut du Président en fait le représentant de son association et annonce ainsi la teneur des discours qui seront prononcés plus tard. *La Barre Fixe* de Passavant est bien sûr hautement louée et Alfred Jarry apparaît comme un « jocrisse » (« *benêt ridicule qui se laisse mener par le premier venu* » Larousse), « un pierrot » pour Sarah, « un domestique » pour Bernard. « Tout en Jarry sentait l'apprêt » écrit le narrateur qui décrit l'écrivain plus qu'aucun autre de ses personnages. Passavant déclare à Sarah : « C'est Alfred Jarry, l'auteur d'*Ubu Roi*. Les Argonautes lui confèrent du génie parce que le public vient de siffler sa pièce », p. 286. Ainsi, les goûts littéraires des Argonautes sont-ils donc de la simple provocation, la volonté d'admirer ce que le public réprouve. L'argument n'a évidemment aucune valeur littéraire... Mais Gide laisse plusieurs de ses personnages s'exprimer à propos de la littérature.

b. Strouvilhou et la littérature, Passavant et le symbolisme, Armand et le modernisme

– ***Argument***
La littérature en général

Ainsi, Strouvilhou, chez Passavant, déclare « que de toutes les nauséabondes émanations humaines, la littérature est une de celles qui [l]e dégoûte le plus ». Il n'y voit « que complaisances et flatteries », p. 319. Il mêlera par la suite les champs lexicaux de la littérature et de la finance, mettant le titre du roman en abyme : Strouvilhou veut « démonétiser tous les beaux sentiments, et ces billets à ordre : les mots », p. 319. Ainsi, le roman ne cesse de traiter de littérature, en bien ou en mal et l'auteur, par le journal d'Édouard, avait déjà fait part de ses doutes sur la probité des écrivains.

– ***Exemple***
Le Symbolisme et le Modernisme en art

De même que dans le *Journal des Faux-Monnayeurs,* Gide évoque l'école symboliste et lui reproche « le peu de curiosité qu'elle marqua devant la vie », p. 60 ; de même il reproche aux symbolistes d'être « des pessimistes, des renonçants, des résignés » pour qui la littérature est « la seule échappatoire aux hideuses réalités » ; ces écrivains « n'apportèrent pas une éthique nouvelle mais seulement une esthétique » écrit-il dans le *Journal des Faux-Monnayeurs,* p. 60. Cette fois, dans le roman, c'est Passavant qui est le porte-parole de Gide : « La grande faiblesse de l'école symboliste, c'est de n'avoir apporté qu'une esthétique... c'étaient des gens sans appétit... » pontifie-t-il devant Olivier, p. 139.

– ***Commentaire***

Gide semble se situer entre le symbolisme dépassé à son époque et le modernisme prôné par Armand lorsqu'il évoque « Le Vase Nocturne », le « Fer à repasser » et « La Joconde à moustaches », p. 357 pour la revue de Passavant. Ces trois œuvres évoquent les « ready-made » de Marcel Duchamp, exposé pour le premier aux Etats-Unis et publiés pour les deux autres en 1917 et 1919. Armand lui-même considère que son œuvre est « stupide » et le soulagement d'Olivier de s'être retiré de cet entourage délétère confirme le peu d'estime que Gide portait aux provocations artistiques de son époque.

c. La mise en abyme, un jeu intellectuel ?

– ***Argument***

Enfin, la mise en abyme la plus profonde du roman est le jeu de miroirs successifs par lequel Gide s'amuse à rapporter le vol du guide d'Algérie par Georges.

– ***Exemple***

À ce sujet, Édouard fait lire à Georges (1), p. 347, un passage de son roman (2) — qui est donc déjà écrit — qu'il retranscrit dans son journal (3), p. 351, alors qu'il avait déjà raconté ce vol dans ce même journal quelques mois auparavant, le 1er novembre (4), p. 89, de même que Gide l'avait lui-même noté dans son *Journal des Faux-Monnayeurs* (5) le 3 mai 1921, p. 40 du *Journal des Faux-Monnayeurs.*

– ***Commentaire***

Cet exemple revêt un aspect ludique et plaisant qui tient de la virtuosité, de « *l'Art de la fugue* » évoqué par Édouard à Saas-Fée, p. 187. « Je ne vois pas pourquoi ce qui fut possible en musique serait impossible en littérature », explique-t-il à Sophroniska. La fugue est en effet une superposition d'éléments musicaux qui n'est pas sans rappeler la superposition des récits du vol dans le roman.

Conclusion

Bilan
Réponse à la problématique

La mise en abyme est donc protéiforme dans le roman *Les Faux-Monnayeurs* de Gide. Elle y existe comme principe d'écriture ou par la combinaison de différents miroirs ; on la trouve aussi par le truchement de certains personnages, porte-parole de l'auteur, à propos de la littérature, de l'art et même de la politique de son temps.

Ouverture

La mise en abyme concerne toutes les préoccupations de Gide, tout ce qu'il voulait « faire entrer sans réserve » dans son unique roman.

Sujet 4 Lorsque Laura demande à Bernard son nom de famille, il répond : « Je n'ai pas de famille », « je n'ai pas de parents ». C'est-à-dire : je suis ce que sera cet enfant que vous attendez : « un bâtard », p. 131. Quelle est la place de la bâtardise dans le *Journal des Faux-Monnayeurs* et *Les Faux-Monnayeurs* ?

Les incontournables

Travail sur le sujet

Les idées

Vérifier si les thématiques font partie du sujet.

Cerner le sujet

- **Analyse des mots-clés en en cherchant le champ sémantique** :
La bâtardise est à prendre en premier lieu au sens propre. Il y a dans ce roman trois enfants naturels auxquels s'ajoute Lafcadio dans le *Journal des Faux-Monnayeurs*. Ces enfants sont le fruit d'un adultère et donc d'une faute et révèlent la faillite du mariage. Ils sont éventuellement liés à la honte. La bâtardise peur avoir un sens symbolique. Le bâtard est celui qui croit ou prétend être celui qu'il n'est pas.
- **Quels personnages sont concernés ?**
Ce thème concerne en premier lieu Lafcadio (dans le *Journal des Faux-Monnayeurs*) Bernard, Boris, l'enfant à naître de Laura et Laura elle-même dans *Les Faux-Monnayeurs* ; et en second lieu leurs parents et grands-parents et tous les personnages qui gravitent autour d'eux

- **Est-ce un thème essentiel ?**

  Lafcadio est le protagoniste du roman de Gide *Les Caves du Vatican*. C'est un bâtard qui éprouve sa liberté par le biais de l'acte gratuit. Dans son *Journal des Faux-Monnayeurs*, Gide a d'abord l'intention de reprendre ce personnage et d'en faire le narrateur et le protagoniste des *Faux-Monnayeurs*.

  Puis, peu à peu, Lafcadio se dédouble en deux protagonistes : Édouard et Bernard.

  Les trois autres personnages sont très importants. Ils sont au cœur du récit.

- **Quelle en est la symbolique ?**

  La bâtardise est à la fois réelle (cf plus haut) et symbolique : le bâtard est comme la fausse monnaie. Il est la preuve de la faillite du mariage. Gide pense les bâtards plus forts et plus aimés que les autres enfants. Le bâtard ne possède rien et n'est rien, il doit se forger sa propre identité. Dans ce roman de l'adolescence, tout adolescent éprouve la nécessité de prendre des distances voire rompre avec sa famille puis de se trouver, comme les bâtards.

- **Quelle est la place du sujet dans l'intrigue ? Comment évolue le sujet ?**

  L'incipit place aussitôt les bâtards au centre du récit et de l'intrigue. C'est Bernard qui ouvre et ferme le roman. La bâtardise est la cause de son errance et le point de départ de sa quête d'identité et de sens. Or, l'apprentissage de Bernard est l'un des fils conducteurs du roman.

  Puis survient Laura, enceinte d'un futur bâtard ; Bernard y voit aussitôt un lien avec sa propre histoire.

  Parallèlement est traitée l'histoire de Boris, enfant particulièrement fragile dont le sort est au centre de l'intrigue.

  Le personnage de Lafcadio est aussi un bâtard, ce qui souligne l'intérêt de Gide pour ces enfants.

  Le sort de ces trois personnages est au centre de l'intrigue. Ce roman aux nombreux personnages et aux multiples intrigues a pour fil conducteur le destin de ces trois personnages. Bernard et Boris cherchent à se trouver. L'un se construit, l'autre y laisse la vie.

Conseil Faire tout cela au brouillon sous forme de notes très courtes.

5 min

Préparer la dissertation

I Construire un plan

Comment trouver un plan le plus rapidement possible ?

Il faut vous remémorer tous les passages où il est question du sujet.

Et notamment en vous attachant aux trois personnages concernés

On peut donc commencer par :

> Présentation du thème et des personnages concernés
> Place du thème dans l'intrigue
> Le destin des bâtards et la symbolique

Conseil Le plan se déduit aisément de tout ce travail préalable, essentiellement mental. Ne perdez pas de temps à tout écrire.

5 min

Le plan

1. **Trois bâtards parmi les protagonistes**
   - **a.** Lafcadio dans le *Journal des Faux-Monnayeurs*
   - **b.** Bernard
   - **c.** L'enfant de Laura, le bâtard, l'enfant de la honte, et Boris
2. **La bâtardise, au centre du roman**
   - **a.** La force des bâtards
   - **b.** La famille, une entrave
   - **c.** Les pères adoptifs : de bons pères
3. **Bernard et Boris des destins différents**
   - **b.** Bernard, force et liberté
   - **b.** Boris, fragilité et aliénation
   - **c.** Le retour de l'enfant prodigue

Rédaction du devoir

45 min

Introduction

Présentation de l'œuvre et annonce du sujet

L'incipit du *Journal des Faux-Monnayeurs* et des *Faux-Monnayeurs* de Gide mettent au premier plan un personnage qui, se sachant ou se découvrant fils naturel, fait l'épreuve de sa liberté.

Commentaire rapide du sujet si nécessaire

Or, dans *Les Faux-monnayeur*s deux autres bâtards se trouvent au centre de l'intrigue et le thème de la bâtardise revient à plusieurs reprises.

Problématique

Nous nous demanderons donc quelle est la place de la bâtardise dans ces deux œuvres.

Annonce du plan en 2 parties

Nous étudierons comment apparaissent ces personnages et quels sont les liens entre la bâtardise et des thèmes gidiens essentiels. Enfin, nous verrons quel destin attend ces personnages.

Développement

➤ Première partie

1. La bâtardise au centre du roman

a. Lafcadio dans le *Journal des Faux-Monnayeurs*

_ ***Argument***
Lafcadio et Bernard

Dans son *Journal des Faux-Monnayeurs*, Gide a d'abord l'intention de reprendre le personnage de Lafcadio, protagoniste de son roman *Les Caves du Vatican*, et d'en faire le narrateur et le protagoniste des *Faux-Monnayeurs*.

_ ***Exemple***

C'est la première phrase du *Journal des Faux-Monnayeurs* : « j'hésite depuis deux jours si je ne ferai pas Lafcadio raconter mon roman. Ce serait un récit d'événements qu'il découvrirait peu à peu et auxquels il prendrait part en curieux, en oisif et en pervertisseur ».

_ ***Commentaire***

Or, Lafcadio est comme Boris et Bernard un bâtard, le fils naturel d'un diplomate, le comte Juste-Agénor de Baraglioul. Il a été élevé par les amants successifs de sa mère et ne fait la connaissance de son père qu'à son chevet, juste avant sa mort. Il se présente alors comme étant Lafcadio de Baraglioul. Juste-Agénor décide de lui léguer une partie de ses biens mais lui fait promettre de ne jamais prétendre appartenir à cette famille. Il est intéressant que Gide ait pensé reprendre ce personnage orphelin de père et rejeté, ce jeune homme original et audacieux, qui éprouve sa liberté par le biais de l'acte gratuit, en tuant son voisin de compartiment dans un train.

_ ***Exemple***

Puis, dans le *Journal des Faux-Monnayeurs*, Lafcadio se dédouble peu à peu en deux protagonistes : Édouard et Bernard. À partir du moment où apparaît Bernard, Lafcadio n'existe plus.

_ ***Commentaire***

Cet héritage désiré par Gide fait d'Édouard et de Bernard les protagonistes de son roman ; la bâtardise est aussi un thème clé. C'est à la fois une difficulté et une liberté.

Transition

Bernard ouvre le roman en découvrant sa bâtardise

b. Bernard

_ ***Argument***
Bernard personnage inaugural

L'incipit du roman met en scène le personnage de Bernard découvrant sa bâtardise.

_ ***Exemple***

Il vient de trouver des lettres d'amour adressées à sa mère dix-sept ans auparavant. « Oui la date était péremptoire [...] c'est bien de lui qu'il s'agissait ». Et il préfère ignorer qui est son père : « Libre à moi d'imaginer que c'est un prince [...] Ne pas savoir qui est son père, c'est ça qui guérit de la peur de lui ressembler [...] Ne retenons de ceci que la délivrance ». Ce passage fait écho à celui du *Journal des Faux-Monnayeurs*, p. 92.

Commentaire
La bâtardise une nouvelle naissance

Cette découverte n'attriste pas Bernard, au contraire. Elle le libère et ressemble à une nouvelle naissance, comme le souligne le terme « délivrance ».

Exemple

Nous constatons au chapitre suivant que Bernard a écrit une lettre cruelle à son père adoptif. « Je dois cesser de vous considérer comme mon père, et c'est pour moi un immense soulagement. Et me sentant si peu d'amour pour vous [...] Je préfère partir [...] ». Il termine en écrivant qu'il « préfère être un bâtard plutôt qu'être né de (son) père [...] je signe du ridicule nom qui est le vôtre, que je voudrais pouvoir vous rendre et qu'il me tarde de déshonorer », p. 24-25.

Commentaire

Le mot « soulagement » fait écho à celui de « délivrance ». Bernard rejette donc toute forme de famille et d'héritage et quitte la maison familiale. Il peut prendre en main son destin, se créer une nouvelle identité. Cette entreprise à la fois déraisonnable et courageuse dresse un premier portrait de Bernard et une première image de la bâtardise.

Transition

Mais Bernard n'est pas le seul fils naturel de ce roman. Boris et l'enfant à naître de Laura le sont aussi.

c. L'enfant de Laura et Boris

Argument
L'enfant de Laura, le bâtard, l'enfant de la honte

Au chapitre 8, nous apprenons l'existence d'un autre fils naturel à naître, en lisant la lettre que Laura a adressée à Édouard.

Exemple

Laura a honte d'avoir trompé Félix et plus encore d'être enceinte d'un enfant qui « n'est pas de lui » : « Je ne suis plus digne de le revoir [...], que ne suis-je morte là-bas [...], je n'ose retourner chez lui », p. 72. Elle a honte aussi vis à vis de ses parents, p. 73. Cette honte maternelle est visible aussi dans la lettre de Bernard au juge Profitendieu : il pense que pour sa mère, il représente « quelque chose de sa vie qu'elle aurait voulu effacer », p. 25. Et il écrit à son père que tout ce que ce dernier a fait pour lui, il l'a fait « par horreur du scandale, pour cacher une situation qui ne (lui) faisait pas beaucoup d'honneur ».

Commentaire

Apparaît ici un autre aspect de la bâtardise. Laura se sent tellement coupable et indigne de son mari et de sa famille qu'elle songe à se donner la mort. Le bâtard nait donc dans des circonstances particulièrement douloureuses. La lettre de Bernard met l'accent sur ce que représente pour une mère la future naissance d'un enfant adultérin, non désiré, signe même de la faute. Le bâtard jette l'opprobre sur la famille. L'emploi du pronom indéfini « quelque chose » montre à quel point l'enfant bâtard, non désiré et objet de déni, va avoir du mal à se trouver une identité.

Argument
Boris, l'adolescent bâtard

À ces deux bâtards, l'un adulte, l'autre, pas encore né, s'ajoute un troisième, un jeune adolescent.

Exemple

Nous découvrons son existence au ch. 13, I, p. 123, lorsque dans son journal, Édouard raconte sa visite chez La Pérouse. Ce dernier lui révèle l'existence de son petit-fils, né d'une liaison entre son fils et sa maîtresse, une jeune musicienne, de nationalité russe. La Pérouse l'appelle « le petit ». il montre la photo de l'enfant qui a treize ans : « Il est très délicat », dit-il. Édouard trouve que l'enfant lui ressemble mais La Pérouse revendique une autre ressemblance, celle de son frère mort, p. 124. Nous apprenons son prénom, p. 124. « Auriez-vous cru qu'il était possible d'aimer un enfant qu'on n'a jamais vu » « Ce petit, c'est ce que j'ai de plus cher au mode », p. 125. Au chapitre 18, sur la demande du vieillard qui veut voir son petit-fils avant de mourir, Édouard part pour la Suisse le chercher.

Commentaire

Nous constatons que chaque bâtard a un destin différent. Le petit Boris est, certes, comme les autres, un enfant né dans le secret d'une union non légitime. Cependant, il est non seulement reconnu par son grand-père mais encore l'objet d'une adulation particulière, d'origine fantasmatique. Ainsi, porte-t-il sans le savoir un lourd fardeau. Il est ce qui maintient en vie un vieillard seul et désespéré ; de plus, il hérite des traits d'un grand-oncle chéri et perdu. Il est aussi malgré lui un élément de l'intrigue, puisqu'il justifie la raison d'un changement de lieu, où vont se retrouver les trois bâtards : Bernard qui accompagne Édouard comme secrétaire, Laura qui est sous leur protection et le petit Boris. À la différence de Bernard, il est pour l'instant inconnu du lecteur.

Argument
Les trois bâtards sont liés les uns aux autres

Non seulement les trois bâtards vont se retrouver en Suisse mais leurs sorts sont liés.

Exemple

Lorsque Laura demande à Bernard son nom de famille, il répond : « Je n'ai pas de famille », « je n'ai pas de parents », c'est-à-dire : je suis ce que sera cet enfant que vous attendez : « un bâtard », p. 131, ch. 14, I. Plus tard, lorsqu'il apprend que Félix Douviers accepte d'adopter cet enfant et de l'aimer, ce geste le renvoie à sa relation avec son propre père, p. 196. Puis Bernard propose à Édouard de s'occuper de Boris : « Je l'aiderais, me ferais précepteur, son ami », p. 213.

_ *Commentaire*

Bernard s'identifie donc à l'enfant de Laura à plusieurs reprises. Il le fait aussitôt, dès sa première rencontre avec Laura et le sort d'enfant le renvoie au sien et lui permet de réfléchir. Nous analyserons plus tard cette filiation qui est d'autant plus forte qu'elle est choisie et non subie. Nous constatons aussi que Bernard cherche à protéger Boris, qui aurait en effet besoin d'un père. Cependant Bernard se révélera trop jeune et trop égocentré pour pouvoir veiller sur Boris.

Transition

Si les bâtards sont si importants c'est aussi parce qu'ils illustrent une théorie gidienne et représentent un lien particulier entre eux et leurs ascendants.

➤ Deuxième partie

2. La bâtardise, au centre du roman

a. La force des bâtards

_ ***Argument***

Les bâtards sont plus forts parce qu'ils échappent à la famille

Le soulagement, éprouvé par Bernard au début du roman, correspond à une théorie gidienne : les bâtards sont censés être plus forts que les enfants légitimes.

_ ***Exemple***

Cette théorie apparaît de façon explicite au ch. 12, I, lorsqu'Édouard, dans son journal, évoque la famille comme une « geôle » : « L'avenir appartient aux bâtards — quelle signification dans ce mot : « Un enfant naturel ! » « Seul le bâtard a droit au naturel », p. 116. « La voix du sang n'est qu'un mythe », p. 196. Il dit aussi que « le petit (de Laura) sera sûrement plus robuste » que son père adoptif, p. 211.

_ ***Commentaire***

Ce rejet de la famille survient après la description des Vedel, prototypes des parents, qui par leur puritanisme, leur absence du sens du réel et leur hypocrisie, ont donné à leurs enfants une éducation délétère. Le bâtard est un « sans famille », un déshérité qui échappe ainsi à « l'influence familiale ». Cette absence de lien devient une absence de contrainte. L'enfant naturel est un être neuf et libre.

b. La famille, une entrave

_ ***Argument***

Critique de la famille et du mariage

La bâtardise permet donc de critiquer la famille et le mariage, à l'intérieur desquels les liens sont à la fois ceux du sang et de l'amour.

_ ***Exemple***

Bernard dit qu'il ne croit pas à « ce qu'on appelle bêtement « la voix du sang », que « ce n'est qu'un mythe », p. 196. Il développe cette idée en se référant à des peuples d'Océanie qui ont pour coutume « d'adopter les enfants d'autrui » puis les préfèrent aux autres.

— *Exemple* *(suite)*

Cette réflexion survient après la lecture de la lettre de Félix à Laura. Dans le *Journal des Faux-Monnayeurs*, Gide désire mettre « l'insubordination de l'enfant » au centre de son roman, p. 44.

— *Commentaire*

Or, dans ce roman les liens du sang sont illusoires et se dénouent. Les parents aiment maladroitement leurs enfants et les élèvent mal. La révélation de secrets honteux comme celui de Bernard montre à quel point les liens conjugaux et familiaux sont fragiles.

— *Exemple*

Cette même théorie sur la force des bâtards apparaît de façon implicite et métaphorique dans le discours de Vincent au ch. 17, I, p. 149, sur la botanique. Il trouve aussitôt une analogie entre les hommes et le développement des bourgeons, p. 150 : « Les bourgeons qui se développent naturellement sont toujours les bourgeons terminaux [...] ceux qui sont les plus éloignés du tronc familial ».

— *Commentaire*

Il est intéressant de noter que, filant la métaphore, Vincent parle de « tronc familial ». Ces bourgeons terminaux sont de toute évidence les bâtards. Les autres sont « condamnés à l'atrophie ».

— *Exemple*

Une fois cette description terminée, Vincent revient vers celle des poissons, abordée précédemment, p. 146 : « Les sténohalins languissent et en viennent à périr », devenant la proie des « euryhalins » qui « vivent de préférence sur les confins des grands courants ».

— *Commentaire*

L'analogie est moins évidente. On peut se demander si le milieu salé, à l'image de l'arbre, correspond à la famille et les « dessalés » aux personnages féroces éloignés de la famille. Cependant, les bâtards ne sont pas féroces, mais indépendants.

Transition

Cette critique de la famille met en valeur la force des liens autres que ceux du sang

c. Les pères adoptifs : de bons pères

— *Argument*
Les pères adoptifs sont de meilleurs pères que les pères biologiques

Nous remarquons que Félix Douviers et Albéric Profitendieu sont de meilleurs pères qu'Oscar Molinier et le pasteur Vedel.

— *Exemple*

L'amour de Félix Douviers apparaît à plusieurs reprises. Dans la lettre qu'il écrit à Laura, nous lisons cela : « Au nom de ce petit enfant qui va naître et que je fais serment d'aimer autant que si j'étais son père ». p. 196 et Édouard dit de Douviers qu'« il va adorer cet enfant », p. 211. Bernard déclare croire « qu'on peut aimer l'enfant d'un autre autant que le sien propre », p. 196.

Exemple
(suite)

Albéric Profitendieu est frappé au cœur par la lettre cruelle de celui qu'il « aimait comme il n'avait jamais aimé les autres », p. 26. On retrouve cet amour paternel d'Albéric Profitendieu, inaltéré, à la fin du roman, p. 326-7-8. Édouard rencontre un homme brisé. « Voici que se révélaient chez ce faux père, des sentiments d'autant plus forts sans doute, qu'ils échappaient à la commande [...] ». Le juge demande à Édouard de transmettre un message à Bernard : « Dites-lui que je ne lui en veux pas [...] que je n'ai jamais cessé de l'aimer... comme un fils ».

Commentaire

Cette fragilité et cette capacité de pardon et d'amour font contraste avec son rôle de bourgeois sûr de lui et de ses privilèges. Après que les secrets honteux de l'adultère et de la bâtardise sont révélés et acceptés par ceux qui en sont les victimes, c'est-à-dire les maris trompés, ce sont ces pères-là qui se montrent les plus aimants. Ils le sont alors plus que les pères biologiques. Félix fait preuve de grandeur et de générosité en s'engageant à aimer un enfant qui n'est pas le sien. Sa droiture permet de croire qu'il respectera cet engagement. Albéric Profitendieu a élevé Bernard et le préfère à ses enfants légitimes. Son affection pour cet enfant, qui n'est pas le sien, et son chagrin à l'idée de l'avoir perdu encadrent le roman. Ce père affecté qui, comme Félix, pardonne aussi à son épouse de l'avoir trahi, attire la sympathie du lecteur.

Transition

Bernard est l'illustration de la théorie gidienne sur la force des bâtards.

➤ Troisième partie

3. Bernard et Boris des destins différents

a. Bernard, force et liberté

Argument
Bernard, illustration d'une théorie

Le soulagement éprouvé par Bernard et son caractère sont en effet l'illustration de cette théorie de la force des bâtards.

Exemple

Bernard est un jeune homme plein de force. Son père adoptif, malgré sa douleur à la lecture de la lettre de son fils, pense que « jamais aucun de ses autres enfants, de ses vrais enfants, n'aurait été capable d'écrire ainsi », p. 26. Il admire ce que « certes il aurait dû blâmer » : « ce qu'il sentait en Bernard de neuf, de rude et d'indompté ». C'est en effet un jeune homme audacieux comme le constate le narrateur lui-même : « Et n'as-tu pas promis à ton ami de tout oser ? », p. 86. Olivier lui avait dit précédemment, I, 3, p. 38) : « Tout ce qui te passe par le tête, tu le fais ». « Dans un instant, j'irai vers mon destin. Quel beau mot, l'aventure ! Ce qui doit advenir ; [...] debout valeureux Bernard, il est temps », se dit Bernard à lui-même, p. 61.

Exemple *(suite)*

« Bernard au contraire réagit contre chaque influence et se rebiffe » lit-on dans le *Journal des Faux-Monnayeurs,* p. 70.

Commentaire

Depuis l'incipit, Bernard fait preuve d'indépendance et de courage. Chaque personnage en témoigne et Bernard croit lui-même en sa propre force. Le narrateur s'intéresse à lui de façon privilégiée, devenant presque une sorte de père spirituel protecteur. Le jeune homme est énergique et, désormais, son sort ne dépend plus que de lui seul.

Exemple

Au ch. 6, I, p. 63, Bernard se compare au héros éponyme de Shakespeare, Hamlet : « Tout le monde ne peut pas se payer, comme Hamlet, le luxe d'un spectre révélateur. Hamlet ! C'est curieux comme le point de vue diffère, suivant qu'on est fruit du crime ou de la légitimité ». Or, ce sont des vers de Shakespeare qui ouvrent ce chapitre : « We are all bastards [...]. »

Commentaire

Il y a donc dans ce chapitre une double référence à Shakespeare. L'exergue du chapitre est une phrase dite par Posthumus dans *Cymbeline*. Bernard devient ainsi un héros shakespearien ou proche de ceux-ci. L'énergie de Bernard parcourt le roman. Il est plus volontaire et courageux qu'Olivier, plus optimiste et confiant qu'Armand. Il est aussi épris d'une forme de pureté. L'auteur en parle, p. 216, « je sens en lui de la virilité, de la force ».

Argument
Bernard une monnaie qui se veut vraie symbolique

De plus, le thème de la bâtardise apparaît en lien avec l'un des thèmes essentiels du roman, la fausse monnaie. Le bâtard peut être considéré comme une fausse monnaie puisqu'il n'est pas celui qu'il semble être. Or, c'est Bernard qui montre la fausse pièce à Laura. Cette pièce est celui qu'il ne veut pas être.

Exemple

Au chapitre 6, Bernard pense que s'il n'avait pas découvert sa bâtardise, il aurait vécu « dans l'ignorance, le mensonge et la soumission », p. 64. Or, il ne supporte pas cette idée. Il dit en effet à Laura : « Je voudrais, tout au long de ma vie, au moindre choc, rendre un son pur, probe, authentique. Presque tous les gens que j'ai connus sonnent faux. Valoir exactement ce qu'on paraît ; ne pas chercher à paraître plus qu'on ne vaut », II, 4, p. 197-198.

Commentaire

Au début du roman, Bernard Profitendieu découvre qu'il est une fausse pièce de monnaie : il est le fils d'un autre. Son nom est une usurpation, l'enfant naturel est un imposteur. Or Bernard refuse de faire partie des faux-monnayeurs. Parce qu'il est, comme il le dit lui-même, à la différence de Hamlet, issu du crime, il désire passer de la fausse monnaie à la vraie monnaie en se construisant sa propre identité. Cette identité, il pourra la revendiquer comme étant sienne et non usurpée.

_ ***Argument***

Bernard évolue

Les adolescents sont comme les bâtards

Bernard, ainsi libéré des liens familiaux, évolue.

_ ***Exemple***

Bernard écrit à Olivier qu'il a changé, p. 170 : « Quand tu me reverras, je crois que tu me trouveras changé ». Dans le ch. 7, II, où l'auteur réfléchit sur ses personnages, nous lisons : « Nous avons déjà vu Bernard changer ; des passions peuvent le modifier plus encore », p. 216. Et voilà ce qui est écrit à la fin du roman : « Sa lutte avec l'ange l'avait mûri. Il ne ressemblait déjà plus à l'insouciant voleur de valise... », p. 337.

_ ***Commentaire***

Le roman de Gide met en scène des jeunes gens qui se cherchent et mûrissent. C'est aussi un roman d'apprentissage. Bernard, tel un adolescent qui ne se reconnaît plus, prend des distances et rompt avec sa famille, puis part en quête de lui-même. **Tous les adolescents sont alors symboliquement des bâtards**. La situation de Bernard est particulière puisqu'il se démunit de tout pour renaître. Le roman décrit son cheminement vers l'âge adulte.

Transition

Cette pureté et cette quête se retrouvent chez Boris mais, à la différence de Bernard, Boris est fragile et faible.

b. Boris fragilité et aliénation

_ ***Argument***

Boris, l'envers de la théorie gidienne sur les bâtards

Le petit Boris est aussitôt évoqué comme un enfant perturbé et fragile. Il est l'envers de la théorie selon laquelle les bâtards sont plus forts que les autres. Il n'est pas sans courage mas il manque de force. Il est successivement mis sous la protection de différentes personnes qui disparaissent, ne s'en occupent pas avec assez de soin et de vigilance ou vont jusqu'à le maltraiter.

_ ***Exemple***

Madame Sophroniska applique sur Boris des théories qui ne la rendent pas clairvoyante. Elle donne imprudemment le talisman à Strouvilhou. Elle laisse Édouard emmener l'enfant et l'éloigner de Bronja qui est la seule à pouvoir veiller sur lui et le sauver. Édouard fait preuve de la même imprudence en le confiant à son grand-père puis en le mettant à la pension Vedel. C'est là qu'il deviendra la victime des autres enfants.

_ ***Commentaire***

C'est en cherchant à intégrer une nouvelle famille « les faux-monnayeurs » qu'il se perd : Georges joue une « comédie d'amitié » à laquelle Boris se laisse prendre, p. 367. Boris comprend assez vite que ses nouveaux camarades n'y vont « pas franc jeu », p. 369, mais son désir d'amitié est tel qu'il veut leur prouver qu'il a « plus de cœur qu'eux », p. 369.

— *Commentaire* *(suite)*

Le narrateur emploie un verbe péjoratif et ironique pour définir le besoin d'amitié de Boris : il « bramait après un peu d'estime et d'amour » écrit-il, p. 367. Par l'emploi de ce verbe réservé aux cervidés, la référence biblique du « cerf altéré qui cherche l'eau vive » (Psaume 42) est évidente, chez Gide qui a reçu une éducation protestante stricte et qui connaît très bien la Bible. La soif d'amitié, d'amour et tout simplement de reconnaissance est tellement forte chez Boris que la seule référence qui lui convienne est spirituelle, d'une exigence absolue[1]. La mort de Bronja, à la fois grande sœur, fiancée et mère, le désespère au point de lui ôter le goût de vivre. Boris se laisse en quelque sorte mourir, puisqu'il semble craindre que le pistolet soit chargé. **Boris s'est perdu en se cherchant une nouvelle famille. Il représente la face tragique de la bâtardise.**

Transition

Bernard, à la différence de Boris, réussit à trouver un équilibre. Il retrouve son père.

c. Le retour de l'enfant prodigue

— *Argument* *La quête d'un nouveau père.*

Malgré son désir d'autonomie, Bernard adopte un nouveau père en se mettant sous la protection d'Édouard. Il devient son secrétaire pour des raisons matérielles, puis cherche auprès de lui une sorte de père spirituel.

— *Exemple*

À la fin du roman, il cherche un conseil auprès d'Édouard qui le renvoie à lui-même, p. 340 : « Je suis venu vous trouver pour écouter un conseil/ Je n'ai pas à vous en donner, vous ne pouvez trouver ce conseil qu'en vous-même [...]. Il est bon de suivre sa pente pourvu que ce soit en montant ».

— *Commentaire*

Les relations entre Bernard et Édouard sont complexes et Bernard reste très indépendant : « Il ne supportait pas qu'Édouard prît de l'ascendant sur lui », p. 181. Il ne supporte pas non plus de se faire « sermonner » par Laura, p. 199, et a « horreur des recommandations, des conseils »

— *Argument* *De la haine du père à la certitude d'être aimé de celui-ci*

Bernard a longtemps haï son père. Cette haine est visible dans la lettre qu'il lui écrit puis au chapitre 6. Puis peu à peu, cette haine disparaît pour laisser place à la certitude d'être aimé. Cette certitude permettra son retour.

— *Exemple*

« Quant au cocu, c'est bien simple : d'aussi loin que je m'en souvienne, je l'ai toujours haï », pense-t-il au début du roman, p. 63. Bernard commence à réfléchir à sa relation avec son père en Suisse et en discute avec Laura. L'attitude de Félix Douviers à l'égard de l'enfant de Laura le renvoie à sa relation avec son propre père. Nous avons déjà cité cette phrase de Bernard : « On peut aimer l'enfant d'un autre autant que le sien propre », p. 196.

1. Passage repris de la dissertation sur le personnage de Boris.

Exemple *(suite)*

Il a désormais honte de sa lettre et mesure son ingratitude. Il a compris que son père non seulement l'aimait mais lui « témoignait une sorte de prédilection ». Il demande à Laura s'il doit retourner chez lui, implorer son pardon, p. 197 ; Laura lui conseille d'attendre. À la fin du roman, Édouard annonce au lecteur que « Bernard est retourné chez son père [...] c'est ce qu'il avait de mieux à faire » En apprenant que « le juge n'allait pas bien, Bernard n'a plus écouté que son cœur », p. 378.

Commentaire

Nous avons déjà analysé le contraste entre la cruauté et l'injustice de la lettre de Bernard avec l'affection paternelle à son égard. Cette méchanceté se retrouve dans la phrase citée. Bernard en devient presque vulgaire. Il a besoin de passer par cette étape de rejet pour se trouver et pouvoir adopter son père comme celui-ci l'a adopté. Il ne subit pas une paternité non désirée et hasardeuse, il la choisit.

Il reconnaît aussi par là un certain enracinement dont tout homme a besoin. Gide prône l'individualisme, non le déracinement total qui se révèle dangereux voire mortifère, comme en témoigne le sort d'Armand, d'Alexandre, de Vincent et de Lilian.

Commentaire *Le destin de l'enfant de Laura*

Le destin de l'enfant de Laura reste ouvert. Comme il a été adopté par Félix, on peut l'imaginer sauvé et heureux. Mais il peut aussi vivre un destin similaire à celui de Bernard. Le roman qui se termine sur le nom de Caloub a une forme de boucle. Tout recommence. Ainsi, peut-on penser que l'enfant de Laura, qui est souvent comparé à Bernard, finira par découvrir sa bâtardise ; il se révoltera, partira à la recherche de son identité pour revenir finalement vers un père qui, dès le début, l'a aimé.

Argument *Le roman, un bâtard*

La bâtardise renvoie au thème de la filiation et de l'héritage. On peut alors penser que tout romancier qui se veut original cherche à faire de son roman un bâtard.

Exemple

Édouard se sent provoqué lorsque Laura lui demande à quoi son roman va ressembler : « Pourquoi refaire ce que d'autres que moi ont déjà fait ? ». « Le roman reste le plus libre, le plus *lawless* », dit-il, p. 182.

Commentaire

Nous savons que dans ce roman miroir, la plupart des thèmes renvoient à l'écriture romanesque ; or, Bernard emploie à son sujet quasiment le même mot anglais que celui prononcé par Édouard : Bernard dit qu'il se prenait pour un révolté, « un outlaw ». Reprenons la citation de l'incipit : « Ne pas savoir qui est son père, c'est ça qui guérit de la peur de lui ressembler [...] Ne retenons de ceci que la délivrance ». Le roman se doit d'être libre, de ne ressembler à aucun autre. Il a besoin de prendre des distances par rapport à son héritage pour évoluer. Il finit, comme Bernard, par accepter certains modèles. Cette question de l'innovation et de l'héritage romanesque est au centre du *Journal des Faux-Monnayeurs* et des *Faux-Monnayeurs*.

Conclusion

Bilan
Réponse à la problématique

La bâtardise est donc au centre de l'intrigue ; d'une forte portée symbolique c'est une question très riche qui permet de faire réfléchir le lecteur sur de nombreux thèmes du roman. Sans donner de réponse (tel est en effet le projet de Gide : « Inquiéter tel est mon rôle » p. 96 du *Journal des Faux-Monnayeurs*), il met le lecteur face à des destins contradictoires, où le besoin d'aimer et d'être aimé sauve ou perd les êtres.

Pour aller plus loin

Liste de quelques autres sujets possibles et proches de celui-ci :

- Ce sujet renvoie aux trois personnages : Bernard, Boris, Laura
- Il renvoie aussi à des sujets sur la critique des liens familiaux et conjugaux
- Il traite de la relation entre les êtres et de l'individualisme
- Il est lié au thème de la fausse monnaie et de l'écriture romanesque

Entraînements

Remarque Les corrigés sont sous forme de plans : à vous de composer une dissertation avec tous les éléments dont vous disposez maintenant.

Entraînement 1 Nous lisons dans le *Journal des Faux-Monnayeurs* la définition de l'amitié : « Un ami, disait-il (Méral), c'est quelqu'un avec qui on serait heureux de faire un mauvais coup », p. 24. Quelle est, selon vous, la conception de l'amitié dans le *Journal des Faux-Monnayeurs* et *Les Faux-Monnayeurs* ?

Pour vous aider à commencer

- **Analyser le sujet**

  Cette phrase s'applique manifestement aux faux-monnayeurs. Ceux-ci sont en effet réunis pour faire le mal et corrompre les autres.

- **Qui sont les personnages directement concernés ?**
  > Georges, Phiphi, Ghéri et surtout Strouvilhou.
  > Il s'agit donc d'une perversion de l'amitié, qui se retrouve chez d'autres personnages, comme Passavant : l'amitié comme moyen de séduire autrui dans son propre intérêt.
  > Passavant, le faux ami, l'ami de tout le monde, le prédateur amical.
  > Georges joue le même jeu vis-à-vis de Boris.

- **Quelles sont les victimes de cette fausse amitié ?**
  > Boris, victime des faux-monnayeurs.
  > Les proies de Passavant :
    - Vincent
    - Armand
    - Olivier

Cette conception de l'amitié n'est pas la seule dans le roman, qui, de plus, met en scène des jeunes gens en plein apprentissage de la vie.

- **Il existe différentes sortes d'amitié :**

  > L'amitié amoureuse
    - Passavant — Lilian, complicité libertine
    - Édouard — Olivier
    - Édouard — Laura
    - Bernard — Laura
    - Boris — Bronja

  > La véritable amitié :
    - La Pérouse et Édouard
    - Bernard et Olivier
    - Olivier et Armand

C'est à vous...

....

....

....

....

....

....

....

....

....

....

....

....

....

Corrigé

Le plan découle facilement de cette étude : dès que l'on essaie de classer méthodiquement les différents aspects d'une notion, le plan émerge sans trop de difficultés.

1. **Les Faux-monnayeurs : ceux avec qui on est heureux de faire un mauvais coup**
   a. Les enfants manipulés par Strouvilhou
   b. Passavant, le faux-ami : l'amitié telle une fausse monnaie
   c. Les victimes
2. **L'amitié amoureuse**
   a. La complicité libertine
   b. L'amour pur : Bernard et Laura — Édouard et Laura — Boris et Bronja.
   c. Édouard et Olivier : maître et disciple
3. **La véritable amitié**
   a. Édouard et Olivier, confidents et consolateurs de La Pérouse et d'Armand
   b. Bernard et Olivier, de l'amitié adolescente à la maturité
   c. L'amitié est le seul sentiment pérenne.

Entraînement 2 **Nous lisons dans le *Journal des Faux-Monnayeurs* : « Si la cristallisation dont parle Stendhal est subite, c'est le lent travail contraire de décristallisation, le pathétique », p. 35. Quelle est la conception de l'amour dans le *Journal des Faux-Monnayeurs* et *Les Faux-Monnayeurs* ?**

Pour vous aider à commencer

- **Analyser le sujet**

  Analyse des mots du sujet : Qu'est-ce que la *cristallisation* pour Stendhal ?

  Qu'est-ce que la *décristallisation* pour Gide — Édouard ?

- **Quels sont les personnages concernés ?**

  Tous les couples mariés avec une gradation en fonction de l'âge.

  Le pathétique est une conséquence de la décristallisation et oriente le roman vers une conception désespérée de l'amour conjugal.

  Parallèlement à l'amour conjugal voué à l'échec, les autres formes d'amour sont aussi condamnées :

  Voici les personnages concernés :

  > Lilian et Passavant

  > Lilian et Vincent

  > Bernard et Laura

  > Édouard et Laura

  > Bernard et Sarah

  Face à cet échec, seule l'amitié perdure.

C'est à vous..

....

....

....

....

....

....

Corrigé

Le plan découle facilement de cette préparation.

1. **La décristallisation de l'amour conjugal et ses conséquences**
   a. La cristallisation stendhalienne et la décristallisation
   b. L'adultère et la bâtardise
   c. La haine
2. **La décristallisation des autres formes d'amour**
   a. Lilian et Passavant, une liaison dangereuse
   b. Le dégoût de la chair : Bernard et Sarah — Vincent
   c. Lilian et Vincent : le démon de l'ennui

Proposition d'ouverture pour la conclusion : même l'amour pur est condamné (Bronja et Boris) ; seule l'amitié perdure.

Entraînement 3 **« Tout ce que je vois, tout ce que j'apprends, tout ce qui m'advient depuis quelques mois, je voudrais le faire entrer dans ce roman » *Journal des Faux-Monnayeurs,* p. 34 (Même sujet : « Il me faut, pour écrire bien ce livre, me persuader que c'est le seul roman et dernier livre que j'écrirai. J'y veux tout verser sans réserve », p. 35). Pourquoi peut-on lire *Les Faux-Monnayeurs* comme un roman-somme ?**

Pour vous aider à commencer

Analyser le sujet

Cf. Thématiques : Gide a introduit dans ce roman toutes ses préoccupations : morales et spirituelles, sociales et politiques, intellectuelles et littéraires ou esthétiques ; tous les thèmes qui l'intéressent, des éléments autobiographiques... C'est pourquoi ce roman est souvent désigné comme « un roman somme ». À l'intérieur du roman, Édouard se pose la question du danger d'un tel foisonnement.

C'est à vous ....

....

....

....

....

....

....

....

....

....

....

....

....

Corrigé

Pour trouver vite un plan, il suffit d'organiser ces thématiques en trois parties, en partant des moins importantes aux plus importantes. Les préoccupations de Gide sont :

1. **Sociales et politiques**
2. **Littéraires et esthétiques**
3. **Morales et spirituelles**

PLAN

Il s'agit maintenant de trouver des sous-parties et des exemples.

1. **Un roman Social et politique**
   a. **Critique de l'hypocrisie bourgeoise**
      Familles Profitendieu et Molinier. La bâtardise. L'hypocrisie religieuse des Vedel-Azaïs. La mauvaise éducation.
   b. **L'engagement politique et *Les Déracinés* de Barrès**
   c. **La théorie des forts et des faibles (la sélection)**
      Vincent et les poissons, Lilian et les mains coupées, Strouvilhou et sa haine des faibles.
2. **Un questionnement littéraire et esthétique**
   a. **Le procédé de la mise en abyme**
      Le *Journal des Faux-Monnayeurs* et le Journal d'Édouard
   b. **Le roman en question, le roman pur**
      Toutes les conversations et notamment à Saas-Fée sur le roman et les réflexions personnelles d'Édouard.
   c. **Le modernisme**
      Les propos d'Armand et de Strouvilhou sur l'art. La revue de Passavant. Les Argonautes
3. **Un questionnement moral et spirituel**
   a. **La fausse monnaie et sa symbolique**
      Les pièces de monnaie, la fausse amitié, l'insincérité
   b. **Un roman d'apprentissage**
      Bernard, Olivier et Armand, l'amour, l'amitié
   c. **Le diable au centre du roman**
      Les personnages diaboliques et leurs victimes.

Remarque Il serait étonnant qu'un tel sujet tombe, vu son ampleur. Toutefois, si c'était le cas, il vous faudrait effleurer chaque sous-partie pour éviter de vous perdre. Vous ne disposez que d'une heure dix pour traiter un tel sujet.

Entraînement 4 Gide admirait beaucoup le tragédien Racine et ses personnages l'évoquent au milieu du roman. Peut-on, d'après vous, considérer *Les Faux-Monnayeurs* comme une tragédie ?

Pour vous aider à commencer

Analyser le sujet

Qu'est-ce qu'une tragédie ?

Pourquoi Gide admire-t-il particulièrement Racine ? (p. 183)

Dans une tragédie racinienne il y a une transcendance, qui se traduit le plus souvent par la fatalité ; Racine fait aussi preuve d'une justesse psychologique admirable.

Le personnage tragique est déchiré entre deux exigences inconciliables comme Armand, La Pérouse et Bernard jusqu'à la lutte avec l'Ange. Le petit Boris est effrayé aussi par l'abîme qui sépare son exigence affective et sa solitude, son désir de pureté et la tentation du péché.

Dans ce roman la fatalité poursuit Boris et le met peu à peu entre les mains de ceux qui vont le perdre : Georges et Ghéri.

La mort de Boris à la fin du roman apparente celui-ci à une tragédie.

Reprendre ces éléments et les organiser sous forme de plan.

C'est à vous..............................

Corrigé

1. **Des personnages tourmentés par des questions existentielles**
   - **a.** La quête d'un sens à leur vie et aux sentiments
     Bernard, Olivier, Vincent, Armand, Lilian
   - **b.** La quête d'une identité
     Bernard
2. **Des personnages tourmentés par des questions métaphysiques**
   - **a.** Deux figures angéliques et salvatrices : Bronja et Rachel
     Bronja essaie de sauver Boris
     Rachel essaie de sauver Sarah et représente un idéal pour Armand
   - **b.** Le combat entre vice et vertu
     Armand est détruit par son père et désespère de l'homme et de lui-même devant son incapacité à adhérer à la vertu.
3. **Un roman à l'issue tragique**
   - **a.** La Pérouse et le choix de croire en un Dieu Malfaisant
   - **b.** La solitude tragique de Boris, sa mort et la victoire du Mal (la fatalité)

Bibliographie

Œdipe Roi, Sophocle/Pasolini

Aristote, *La Poétique*

Jacques Lacarrière, *Sophocle,* Éditions l'Arche, 1960

Jacqueline de Romilly, *La Tragédie grecque,* Éditions PUF, 1973

Urs Von Balthasar, *La Gloire et la Croix,* tome 4, Éditions Aubier Montaigne, 1981

Dictionnaire du cinéma, Éditions Larousse, 2001

René de Ceccaty, *Pasolini,* collection « Folio Biographies », Éditions Gallimard, 2005

Cahiers du cinéma, n°169 et 195

Avant-Scène, n° 97, Novembre 1969

Les Faux-monnayeurs, Journal des Faux-Monnayeurs, André Gide

Eric Marty, *André Gide, Qui êtes-vous ?,* Éditions La Manufacture, 1987

Pierre Lepape, *André Gide, Le messager,* Éditions du Seuil, 1997

Pierre Chartier, *Les Faux-Monnayeurs d'André Gide,* Collection Foliothèque, Éditions Gallimard, 1991

Stephan Ferrari, *Les Faux-Monnayeurs d'André Gide,* Collection Connaissance d'une œuvre, Éditions Bréal, 2001

Michel Lacroix, « L'aventure de la bâtardise critique : rupture, filiation et mise en abyme dans *Les Faux-monnayeurs* », Littérature 2/2011 (n° 162), p. 36-47 : www.cairn.info/revue-litterature-2011-2-page-36.htm

Table des matières

◣ *Œdipe Roi*, Sophocle/Pasolini

Des repères pour étudier l'œuvre

- **Méthodologie** ... 12
- **Introduction** ... 14
- **Résumé *analytique* de la pièce *Œdipe Roi* de Sophocle** ... 16
- **Résumé *analytique* du film *Œdipe Roi*** ... 22
- **Les grandes thématiques** ... 28
- **Vocabulaire spécifique pour l'étude du film de Pasolini** ... 31

Méthodologie du sujet à 8 points

- **Fiche méthode générale** ... 38
- **Méthodes et sujets** ... 39

Sujets portant sur un personnage

Sujet 1 ... 40
Quel est le rôle du personnage de Tirésias dans l'*Œdipe Roi* de Sophocle et de Pasolini ?

Sujet 2 ... 49
Quelle est l'importance du rôle de Créon dans *Œdipe Roi* de Sophocle et de Pasolini ?

Sujets portant sur un passage-clé

Sujet 3 ... 57
Comment est représentée la rencontre mythique et symbolique entre Œdipe et la Sphinge dans l'*Œdipe Roi* de Sophocle et de Pasolini ?

Sujets portant sur un motif

Sujet 4 ... 67
Comment est traité le motif du pied ?

- **Entraînement 1 :** *Pourquoi peut-on dire que Jocaste est un personnage tragique ?* 72
- **Entraînement 2 :** *Quelle est l'importance du Chœur dans la tragédie de Sophocle Œdipe Roi et dans sa réécriture cinématographique de Pasolini ?* ... 80
- **Entraînement 3 :** *Comment la mort de Jocaste et l'aveuglement d'Œdipe sont-ils représentés ?* ... 86

Méthodologie du sujet à 12 points

- **Fiche méthode générale : les incontournables** 90
- **Applications** 92

Sujet 1 92
Peut-on considérer Œdipe comme un roi déchu ?
Sujet 2 101
Dans quels lieux les deux auteurs ont-ils choisi de mettre en scène le mythe d'Œdipe ?
Sujet 3 113
Comment est traité le thème de la souillure ?
Sujet 4 125
Quel est le sens de cette phrase de Tirésias : « Ce jour te fera naître et mourir à la fois » ?
Sujet 5 136
Jacqueline de Romilly dans son ouvrage *La tragédie grecque* (Éditions PUF, 1970) donne comme titre à l'un de ses chapitres : « Sophocle ou la tragédie du héros solitaire. » Pensez-vous que cette affirmation s'applique au personnage d'Œdipe dans l'*Œdipe Roi* de Sophocle et de Pasolini ?
Sujet 6 142
Quelle est la symbolique de la cécité dans *Œdipe Roi* de Sophocle et de Pasolini ?

- **Entraînement 1 :** *Peut-on considérer l'Œdipe Roi de Sophocle et de Pasolini comme une quête de la vérité ? (Plan détaillé)* 152
- **Entraînement 2 :** *Peut-on considérer Œdipe comme un personnage victime de l'hybris ?* 156
- **Entraînement 3 :** *Dans quelle mesure la pièce Œdipe Roi et le film de Pasolini sont-ils une réflexion sur la fatalité ?* 163
- **Entraînement 4 :** *« Qu'est-ce qu'une tragédie de Sophocle, sinon une méditation sur la violence et le sacré ? » écrit Jacques Lacarrière. Cette définition s'applique-t-elle à Œdipe Roi de Sophocle et de Pasolini ?* 166
- **Entraînement 5 :** *De quelles fautes Œdipe s'est-il rendu coupable ?* 170

Les Faux-Monnayeurs, Journal des Faux-Monnayeurs, André Gide

Des repères pour étudier l'œuvre

- **Méthodologie** 178
- **Introduction** 179
- **Résumé des *Faux-Monnayeurs*** 181
- **Les grandes thématiques** 195

I Méthodologie du sujet à 8 points

- **Fiche méthode générale** 202
- **Méthode et sujets** 203

Sujets portant sur un personnage

Sujet 1 204

André Gide écrit au sujet d'Édouard dans le *Journal des Faux-Monnayeurs,* p. 67 : « C'est un personnage d'autant plus difficile à établir que je lui prête beaucoup de moi. » Quelle est l'importance du personnage d'Édouard dans *Les Faux-Monnayeurs* et le *Journal des Faux-Monnayeurs* ?

Sujet 2 211

André Gide écrit au sujet de Bernard dans le *Journal des Faux-Monnayeurs* (p. 92 : « Bernard pense : "— Se diriger vers un but ? — Non ! Mais : aller de l'avant" ». Pensez-vous que cette ligne de conduite corresponde à ce personnage ?

Sujets portant sur un passage-clé

Sujet 217

Dans *Le Journal des Faux-Monnayeurs,* André Gide hésite à plusieurs reprises sur la manière de commencer son roman *Les Faux-Monnayeurs,* pour finalement proposer l'incipit que nous connaissons. Quel est l'intérêt d'un tel incipit ?

Sujets portant sur un motif

Sujet 219

Quelle est la place des lettres dans *Le Journal des Faux-Monnayeurs* et dans *Les Faux-Monnayeurs* ?

- **Entraînement 1** 230
  Armand dit à Olivier dans les Faux-Monnayeurs p. 356 : « Je ne suis sincère que je blague ». Pensez-vous que cette boutade soit représentative du personnage ?
- **Entraînement 2** 239
  Boris est désigné par la périphrase « le pauvre enfant » dans le Journal des Faux-Monnayeurs p. 87. Pensez-vous que cette périphrase convienne au personnage de Boris ? Quelle est l'importance du personnage de Boris dans le roman Les Faux-Monnayeurs de Gide ?
- **Entraînement 3** 244
  Le personnage de La Pérouse ferme le roman Les Faux-Monnayeurs, ce qui souligne son importance. Que pensez-vous de son rôle dans le roman ?
- **Entraînement 4** 251
  Quels sont la place et le rôle des personnages féminins dans Les Faux-Monnayeurs et dans Le Journal ?
- **Entraînement 5** 261
  Dans Le Journal des Faux-Monnayeurs, André Gide hésite à plusieurs reprises sur la manière de commencer son roman Les Faux-Monnayeurs, pour finalement proposer l'incipit que nous connaissons. Quel est l'intérêt d'un tel incipit ?

I Méthodologie du sujet à 12 points

- **Fiche Méthode générale : les incontournables** 266
- **Applications** 267

Sujet 1 267

André Gide dans son journal écrit que le diable pourrait être « le sujet central du livre, le point invisible autour duquel tout graviterait ». Quels sont la place et le rôle du diable dans le *Journal des Faux-Monnayeurs* et dans *Les Faux-Monnayeurs* ?

Sujet 2 284

Quelle place tiennent la sincérité et le mensonge dans le roman *Les Faux-Monnayeurs* et le *Journal des Faux-Monnayeurs* ?

Sujet 3 297

André Gide n'évoque pas la mise en abyme dans son *Journal des Faux-Monnayeurs* mais dans son Journal. C'est à partir de ce roman que l'expression a été forgée. A votre avis, pourquoi peut-on parler de mise en abyme à propos des *Faux-Monnayeurs* ?

Sujet 4 308

Lorsque Laura demande à Bernard son nom de famille, il répond : « Je n'ai pas de famille », « je n'ai pas de parents ». C'est-à-dire : je suis ce que sera cet enfant que vous attendez : « un bâtard ». p. 131. Quelle est la place de la bâtardise dans le Journal des *Faux-Monnayeurs* et *Les Faux-Monnayeurs* ?

- **Entraînement 1** 322

Nous lisons dans le Journal des Faux-Monnayeurs la définition de l'amitié : « Un ami, disait-il (Méral), c'est quelqu'un avec qui on serait heureux de faire un mauvais coup » p. 24. Quelle est, selon vous, la conception de l'amitié dans le Journal des Faux-Monnayeurs et Les Faux-Monnayeurs ?

- **Entraînement 2** 325

Nous lisons dans le Journal des Faux-Monnayeurs : « Si la cristallisation dont parle Stendhal est subite, c'est le lent travail contraire de décristallisation, le pathétique » p. 35. Quelle est la conception de l'amour dans le Journal des Faux-Monnayeurs et Les Faux-Monnayeurs ?

- **Entraînement 3** 327

« Tout ce que je vois, tout ce que j'apprends, tout ce qui m'advient depuis quelques mois, je voudrais le faire entrer dans ce roman » Journal des Faux-Monnayeurs, p. 34 (Même sujet : « Il me faut, pour écrire bien ce livre, me persuader que c'est le seul roman et dernier livre que j'écrirai. J'y veux tout verser sans réserve », p. 35). Pourquoi peut-on lire Les Faux-Monnayeurs comme un roman-somme ?

- **Entraînement 4** 330

Gide admirait beaucoup le tragédien Racine et ses personnages l'évoquent au milieu du roman. Peut-on, d'après vous, considérer Les Faux-Monnayeurs comme une tragédie ?

Aubin IMPRIMEUR

Achevé d'imprimer en août 2016
Dépôt légal, août 2016 / N° d'impression 1607.0020
Imprimé en France